空权论

（插图典藏版）

［意］朱利奥·杜黑 ⊙ 著

欧阳瑾 ⊙ 译

台海出版社

图书在版编目(CIP)数据

空权论：插图典藏版 /（意）朱利奥·杜黑著；欧
阳瑾译 .-- 北京：台海出版社，2017.2（2021.3重印）
ISBN 978-7-5168-1275-4

Ⅰ.①空… Ⅱ.①朱… ②欧… Ⅲ.①制空权－研究
Ⅳ.① E816

中国版本图书馆CIP数据核字(2017)第030704号

空权论：插图典藏版

著 者：（意）朱利奥·杜黑		译 者：欧阳瑾	
责任编辑：刘 峰		装帧设计：同人阁文化传媒·书装设计	
版式设计：同人阁文化传媒·书装设计		责任印制：蔡 旭	

出版发行：台海出版社

地 址：北京市东城区景山东街 20 号　　　邮政编码：100009

电 话：010－64041652（发行，邮购）

传 真：010－84045799（总编室）

网 址：www.taimeng.org.cn/thcbs/default.htm

E-mail：thcbs@126.com

经 销：全国各地新华书店

印 刷：香河利华文化发展有限公司

本书如有破损、缺页、装订错误，请与本社联系调换

开 本：710mm×1000mm　　　　　1/16

字 数：387千字　　　　　　　　　印 张：21

版 次：2017年5月第1版　　　　　印 次：2021年3月第3次印刷

书 号：ISBN 978-7-5168-1275-4

定 价：45.00元

序

在制空权理论领域那些伟大的代表性人物当中，朱利奥·杜黑无疑处于核心的地位。他的著作，可能并没有多少人阅读，却经常被人们引用，作为摘录或者警句，出现在制空权的其他代表人物、支持者甚至是批评者的作品当中。虽然他是一个极具争议性的人物，但正是围绕着他的这些争议，我们才有了证据来表明其作品的价值与深度，来说明当今空军应当熟悉其思想的必要性。

制空权如今已经发展到了这样一个阶段：虽说它更多的是指航空航天力量，但这一点却并没有让杜黑的观点变得过时。实际上，作为全球性空军技术的提供者，我国所拥有的多种技术力量，在许多方面都证明了他的眼界非常广阔。杜黑与英国的休·"波姆"·特伦查德和美国的威廉·"比利"·米切尔，被人们公认为空权时代早期的三大代表人物。此次再版其作品，旨在继续进行杜黑本人利用本书1921初版、富有洞察力地开启的那种对话。读者可能会发现，自己虽然并不赞同本书中的许多内容，但还是会承认，其中很多方面都具有不朽的价值。杜

杜黑（1869-1930），意大利著名军事理论家、制空权理论的倡导者。首先系统地提出了制空权理论，在世界军事理论家之林占据了不可动摇的一席。

休·特伦查德（1873~1956）。英国空军将领，因组建皇家空军而被誉为"皇家空军之父"，是早期提倡进行战略轰炸的代表人物之一。

威廉·米切尔（1879~1936）。美国将领，曾任美国陆军第一集团军空军指挥官。早期空军战略家之一，与杜黑、特伦查德一起被认为是空中战争理论的三位先驱。

黑的核心观点——即在现代战争中制空权最为重要，其意义业已在本世纪[1]的历次战争——从索姆河[2]之战到科威特和伊拉克之战——中得到了证明。

理查德·P·哈利恩博士

---

[1]　This century：本世纪。此处指二十世纪。

[2]　Somme：索姆河。法国北部注入英吉利海峡的一条河流，第一次世界大战中协约国与轴心国曾在此爆发了一场激战，并首次投入了坦克。

前　言

　　《空权论》的第一版，是1921年在战争部的资助之下出版的。自那以后的数年来，这个版本中所内含的许多观点都已经付诸实施了。事实上，我提出的那份国防计划中的诸多要点，都已经获得采纳，并且整合进了全国武装部队的组建当中；这些要点就是：

　　1. 将陆、海、空三军置于统一指挥之下并协同行动，这是我对1922年的国防问题提出来的一种设想。

　　2. 成立一个航空委员会，之后再组建航空部。

　　3. 将"独立空军"与辅助航空兵区分开来，从而实现上述设想；我认为此种观点对于国防来说至关重要，并且与当前形势下的诸多事实相对应。

　　既然我的想法都已被采纳并且业已付诸实施，那么再版我的书似乎就没有什么必要了。不过，我认为这样做还是有必要的；之所以再版当时所写内容并在其中加入了第二编，我的理由如下：

　　1921年我写作第一版的时候，距我首次说明其中所表达的那些观点已有十多年了。在那些年里，我一直都在竭尽全力地让人们充分认识到制空权的重要性；但我的所有努力，在军事当局和政府官僚的干预之下，却无一获得成功。最后，到了1921年，由于形势出现了此处无需说明的变化，我才成功地让战争部出版了本书，并且分发到陆、海两军官兵的手中。这是我经过漫长而艰巨的努力之后，获得的第一次成功。但在那个时候，为了给国家做出实实在在而有益的贡献，我不得不谨慎行事，不能过分强烈地反对当时身居高位的那些人某些根深蒂固的观念。因此，我不得不弱化我的想法，只是论述一些不可或缺的基本原则，以待更加有利的时机，再去充分论述自己的观点。幸好，如今的形势已经不同了。无论愿意还是不愿意，军事当局都不得不改变他们对于空军的看法了。我已经走出了第一步；如今则已到了完整阐述我关于制空权这一问题的想法的时候。因此，第一卷第二编应当看成是对第一编的补充。

　　第二编中所表达出来的那些观点，虽说看上去可能会很鲁莽，或许还会显得很奇怪，但我敢肯定，它们也将一路向前，最终会像其他观点一样为人们所接受。这不过是个时间早晚的问题罢了。

朱利奥·杜黑

（1927年第二版）

目　录

第一卷　空权论

第二卷　未来之展望

第三卷　要点重述

第四卷　19××年战争

第一卷
空权论

（1921年首次成书出版）

第一编

第一章　战争的新形式

□战争的技术手段

航空技术为人类开辟了一种新的活动领域，那就是空间领域。在向空间领域进军的过程中，必然会产生出一个新的战场来；因为无论两个人在哪儿相遇，都不可避免地会产生冲突。事实上，在民用领域利用航空技术之前，航空技术就已广泛地应用于战争领域了。〔作者注：1911～1913年的意、土战争期间，意大利首次在利比亚应用了航空技术，来进行侦察和通信联络。〕第一次世界大战爆发之时，尚处于萌芽状态的这种新技术，便获得了在军事方面发展起来的强大动力。

对于空军的实际用途，起初人们还只有很模糊的认识。这种新的武装力量，是突如其来地出现在战争领域的；它的特点，与当时所用的其他武装力量

意土战争期间，意大利首次在利比亚应用航空技术。

的特点完全不同，还不是很明确。刚刚出现的时候，人们几乎都没有意识到这种新型战争工具的种种潜力。许多人都极端地认为，人类不可能在空中作战；而其他一些人则只是承认，这种新型的作战工具最终可能只是现存战争手段一种有益的辅助力量罢了。

起初，飞机的行动速度与主动程度——飞机是空军最初主要加以利用的作战工具——使得人们主要将它看成是一种搜索工具和侦察工具。后来，人们逐渐形成了用飞机来为火炮测距的想法。接下来，虽说飞机具有明显优于地面作战手段的特点，使得人们开始用飞机来进攻敌方防线或者进攻敌人防线的后方，但人们对飞机的这一功能还不是很重视，因为人们认为飞机没法运输大量的进攻性武器。后来，因为需要对付敌方的空中行动，防空火炮和所谓的驱逐机便应运而生了。

这样一来，为了满足空战要求，人们便需要逐步加强己方的空军力量才行。不过，由于此种需要加以满足的要求是在一场大规模的战争中显现出来的，因此随后空军力量的增强也是迅速和狂热的，而非稳妥和按部就班地进行的。所以，将此种新型的空中武器只当成是陆军和海军的辅助性武器这种不合理的观念，几乎在整个第一次世界大战期间都蔚然成风。直到一战末期，一些参战国里才出现了一种观点，认为将独立的进攻任务交给空军力量去完成不但是可行的，也是很明智的。然而，并没有哪个参战国完全践行了此种设想——原因或许在于，还没有找到践行此种设想的方法，战争便结束了。

然而，现在［英译者注：即第一次世界大战结束3年之后的1921年。］这种观念重新出现了，并且似乎正在强烈地影响着最关注这些问题的各国权威部门。事实上，它正是人们为满足防御这些新型战争武器的迫切需要而提出的唯一合理的解决之道。从本质上来说，人类生活在地球表面，因此人类之间的战争自然也会始于地球表面。我们并不清楚，首次开始海上航行的时候，人类是否也认为海洋战争只是陆地战争的一种辅助手段；不过我们确实知道，自远古时代以来，我们就一直在海洋上独立作战——虽说与陆军合作，却并不依赖于陆军的力量。然而，如今对于生活在地表的人类来说，天空却比海洋更具利害关系了；因此，什么理由也无法阻止人类得出天空是一个同等重要的战场这一结论。

尽管陆军主要是一支地面力量，但它也会有海上航行手段，来协同其陆上的作战行动；而这一事实，也并未否定海军完全可以凭借自身的航海手段，在根本没有陆军参与的情况下独立完成作战任务。与此类似的是，尽管海军主要是一支海上力量，但它也会有陆上作战手段，用以协助海军完成作战行动；并且，这一事实也并未否定陆军完全可以凭借其陆上作战手段，在根本不用任何航海手段的情况下实施作战任务。同样，陆军与海军都可以拥有空中手段，来分别协同陆上和海上的作战行动；而这一事实，也不会排除我们拥有一支空中力量并且让它凭借自身的手段，完全不依赖于陆、海两军，去完成作战任务的可能性、可行性和必要性。

在此种情况下，一支空中力量理论上应当与陆、海两军具有同等的重要性，并且与它们保持后两者之间那样一种关系。显而易见，陆军和海军在各自战场上的作战行动，都必须具有一个相同的目标——也就是说，赢得战争。它们必须据此行动，同时彼此之间又不相互依赖。为了让两军互不依赖，我们必须严格约束两军的行动自由；而这样一来，就会削弱两军的整体作战效率。同样，一支空军应当始终与陆、海两军协同行动；但是，空军也必须不依赖于陆、海两军才行。

在这里，我想简要说明一下如今我们所面临问题的大致情况，并且强调这个问题的重要性。既然我们已经通过反复尝试的方法，从第一次世界大战的压力之下解脱出来了，那么我们理应用一种完全不同的方法，来找出这个问题的解决之道，找出一个有望让我们以最小的努力获取最大回报的解决办法才是。

一个国家，必须做好国防部署，以便让自己处于最佳的状态，以承受未来的任何战争。不过，为了进行有效部署，这些防御措施提供的作战手段，必须与未来战争可能呈现的特点和采取的形式相适应。换言之，未来战争的特点与形式，就是在为一国提供真正有效的防御时，备战部署所依赖的重要基础。

社会组织的普遍形式，已经给战争赋予了一种全民的性质——也就是说，一个国家的全部人口与全部资源都会被拖入战争的深渊当中去。并且，由于整个社会如今必定正在沿着这个方向发展，所以人类的远见应当有能力预见到，未来战争在性质和规模上都会是全面战争。就算人类的洞察力有限，我们也仍然能够极其肯定地说，未来战争的特点必将与过去战争的特点截然不同。

任何一场战争的形式——军人的主要兴趣，正在于战争的形式——都取决于有效的技术手段。比如说，众所周知，火器的应用是一种强大的力量，它改变了战争的形式。但是，火器只是逐渐发展起来的，只是在古时利用物体弹性的那些战争武器——诸如弓箭、弩炮、石弩等的基础之上，经过改进而来的。我们在自己的一生中都已看到，利用小口径速射枪械——连同带刺的铁丝网——对陆上战争产生了多么巨大的影响；我们也已看到，潜艇是怎样改变了海战的性质。［作者注：《晨报》[1]1917年9月8日称："新组建的海军参谋总部

---

[1] Le Matin：《晨报》。法国始创于1884年的一份报纸，曾为第一次世界大战前法国发行量最大的日报之一，后于1944年停刊。

历史处最近出示了公众极其关注的一些证据，从而明白无误地表明，倘若德军在其肆无忌惮的潜艇战中显示出多一点儿胆量，倘若德军潜艇指挥官们那种非凡的勇敢之气没有因德皇及其总理的犹豫与踌躇而化为无形的话，我们可能就会输掉这场战争。正是德国人自己，在1917年春季过后，一步一步地削减了德国潜艇的数量和作战行动。"〕

我们还助纣为虐地采用了两种新型武器，即空战武器和毒气。不过，这两种武器都还处在萌芽阶段，并且在性质上完全不同于其他武器；因此，我们还无法准确地估计出，它们对未来战争的形式可能会产生什么样的影响。但毫无疑问，那种影响将会是巨大的；所以我可以毫不犹豫地断定，这种影响将彻底颠覆迄今所知的一切战争形式。

这两种新型武器互为补充。化学业已为我们提供了威力最为强大的炸药，如今它又将为我们提供威力更加强大的各种毒气；而细菌学，甚至还可以为我们提供更加可怕的细菌武器。要想理解未来战争的性质，我们只需想象一下：如果一国的细菌学家能够发现在敌国传播流行性疫病、同时让本国人民对这些疫病具有免疫力的办法，那么这个国家又会拥有多么强大的破坏力啊。制空权使得该国非但可以用高性能炸药制成的炸弹去袭击敌方的任何一处领土，还可以通过化学战和细菌战，彻底摧毁敌人的整个国家。

那么，如果我们暂时停一停，来估量一下这些新型武器的潜力——这些武器，将来无疑是会得到改进和发展的——那么我们就会认识到，第一次世界大战所提供的经验，不过是一个起点，一个已经被我们远远抛在身后的起点罢了。我们不能把这种经验当成国防备战的基础；因为此种备战，必须着眼于未

第一次世界大战中的飞机和飞行员

来的需要。

我们还要牢记下面这个事实：我们如今正面临着对这些新型武器——它们的潜力还不为人们所知——进行仔细研究和广泛应用的有利条件；而这些条件，也正是德国被迫弃而不用的那些条件。协约国迫使德国裁撤并解散了常备部队。德国会忍气吞声地接受这种低人一等的地位吗？该国会不会在需求的驱使之下去寻找新型武器，以便取代如今协约国禁止该国拥有的那些旧式武器，并且用这些新型武器来复仇呢？德国在化学细菌学和机械学两个领域内都处于世界领先的地位，这一事实我们不能忽视。我们已经能够看到种种迹象，表明德国正想沿着这条路线发展，并且会利用一向都让德意志民族与众不同的那种强烈而不屈不挠的决心，去开发出新型的战争武器来。该国可以在实验室里秘密地进行开发；而对于实验室，外国的任何裁军监督措施必定都会毫无作用；即便这些措施过去一直都很有效，也是如此。

然而，不管德国可能还是不可能这样做，我们都不能忽视这些新型武器的作用，也不能否认它们在国防备战中的关键价值。不过，要想准确评估这些武器的重要性，我们就必须准确地了解这些武器本身及其相对于陆军和海军的价值才行。而进行此种评估，正是本书的首要目标。

□新的可能性

只要继续生活在地球表面，人类的活动就必须适应地球表面所形成的环境。由于战争活动需要部队进行大范围的机动，因此战争爆发地的地形，便决定了战争的主要特点。陆地表面崎岖不平的地形构成了各种各样的障碍，会让大部队行动不便。因此一直以来，人类或是沿着障碍最少的路线行动，或是在一些更加难行的地区旷日持久而费劲地去克服遇到的障碍。这样一来，地球表面上便逐渐布满了易于通行的交通线路，它们在许多地方相互交叉，而在别的地方则被较难通行、有时甚至是无法通行的区域所分割开来。

与此相反，海洋在性质上到处都是相同的，因此海洋表面处处都可以航行。不过，由于海洋以海岸线为界，因此通常只是在同一海岸线上相互有联系的地方之间，或者沿着外国控制并规定下来的路线，才有航行自由；否则的话，人们便只有绕过海岸线，才能进行长距离的航行。

战争，是两种彼此根本对立的意志之间的冲突。一方想要占领地球上的某一区域，而其对手则想要抵抗这种占领；因此，倘有必要，双方都会使用武装力量。结果便会引发战争。

进攻部队会试图沿着阻力最小或者最易通过的路线，向己方想要占领的地区进击。防御方自然会将部队沿着敌军的进击路线进行部署，以阻住敌军的去路。为了更好地阻止敌军进击，防御方会尽量将部队部署在地形有利于己方之处，或是沿着具有最难通行之障碍的路线部署。因为这些天然的障碍都是永久固定、一直不变的，就像地球上的富庶和肥沃地区——因而也是各国最为觊觎的地区——一样，所以地球表面的某些地区似乎命中注定，永远都会是人类的战场所在。

由于战争只能在地球表面上进行，因此军队也只能沿着地表业已确定下来的路线进行运动和交战。所以，要想获胜，要想控制本国觊觎的地区，一方便只能突破对方的坚固防线去占领该地区。由于发动战争越来越需要各国的全部资源来支撑，因此，为了防止敌军入侵，交战国便不得不将己方的军队沿着战线部署；而随着战争继续下去，战线也在不断延长，以至于像上一次战争中那样，战线几乎遍布整个战场，把各方军队的去路全都阻断了。

在这些战线的后方，或者说一定距离之外——此种距离，是由地面武器的最大射程决定的——交战国的平民百姓并没有直接受到战争的影响。敌军的进犯，不可能在此种预定的距离之外对他们构成威胁；因此，百姓们会继续安全而相对宁静地生活。战场范围是严格划定了的；而武装部队也与平民百姓不同，后者顶多只是被或多或少地组织起来，以满足战时国家的需要罢了。战斗人员与非战斗人员之间，甚至还有着法定的区别。因此，尽管第一次世界大战极大地影响到了所有国家，但只有一小部分人实际参与了作战并阵亡，这是事实。大多数人都继续在安全且相对和平的环境下工作，为这一小部分人提供战争所需的资源。这种局面产生的原因，在于这样一个事实：如果不首先突破敌方的防线，就不可能侵入敌方的领土。

但是，此种局面已经过去；如今，我们不用先突破敌方的坚固防线，就可以深入敌军后方了。正是空军，使得这一切成为了可能。

飞机在行动和飞行方向上具有彻底的自由；它可以用最短的时间——即直线飞行——沿着任何一条有利航线，往返于某一区域的任何地点。在地球表面上，人类完全无法干预一架在第三维度中自由飞行中的飞机。过去限定战争条件和赋予战争特点的所有力量，对空中活动都无能为力了。

有了这种新型武器，战争的影响便不再仅仅局限于地面火炮的最大射程之内，而是让参战各国远至数百英里之外的陆地和海洋，全都感受得到了。各个地区的百姓不可能再安全、平静地生活下去，而战场之上，也并非只有那些实际的作战人员了。相反，战场将会以参战各国的边界为限；而这些国家的所有公民，也全都会变成作战人员，因为他们都有可能遭到敌方的空中打击。士兵和平民之间的差异，也将不复存在。陆上和海上的防御力量，已经不再是为了保卫其身后的国土而存在；在陆上或海上获胜，也无法再保护本国民众，使之不会遭到敌人的空中打击了——除非此种胜利是实际占领了敌方领土，或者占领了敌方提供空中力量的一切基地，才能确保本国国民不会遭到空中打击。

所有这些方面，都必定给未来的战争形式带来深刻的影响，因为未来战争的基本特点，将完全不同于过去所有战争的特点。这样一来，我们或许就能直观地理解，制空权的持续发展——无论是技术上的还是实际应用方面的——将会如何阻碍并相对削弱地面武器在保卫本国不受敌国侵犯方面的威力了。

我们必定会得出的一个虽说残酷、却是不可避免的结论，这就是：面对如今航空技术的发展，在战争爆发之后，我们能够在阿尔卑斯山部署的最强大陆军，以及能够在海洋上部署的最强大海军，最终都将无法有效地防御敌方对我国城市进行的果断轰炸。

□巨大变革

第一次世界大战旷日持久，几乎让战胜国和战败国双方全都精疲力竭了。之所以出现此种结局，原因即在于此次大战的技术方面，而不是其他方面——

古斯塔夫·阿道弗斯（1594~1632）。古斯塔夫二世，17世纪瑞典的国王（1611~1632年在位），著名的军事统帅和军事改革家。他曾在波罗的海谋取霸权，故同波兰、丹麦和俄罗斯等国进行了多年战争，并曾大败神圣罗马帝国军队，后战死。

也就是说，在于火器的种种新发展都极大地有利于防御而非有利于进攻；并且，人们在心理上还无法立即理解火器发展给防御方所带来的优势，也是造成此种结局的部分原因。主张进攻战的人在各地都是掌权派，他们大肆鼓吹进攻性战争的好处；但与此同时他们却不记得，为了成功地发动进攻，他们必须拥有能够发动进攻的武器才行。另一方面，人们很少谈到防御方面的观点，只是偶尔会提一提，仿佛这是个很棘手的问题一样。这种态度，助长了军人通常所持的那种信条，即火器威力的增强有利于进攻而非有利于防御。这种信条，最终已经证明是错误的了，因为事实正好与之相反；而头脑清醒的人本来也是能够预见到的，因为随后的战争经历，已经清楚无误地表明了这一点。

事实是，火器的每一次进步或者

改良，都是有利于防御一方的。防御行动非但可以让己方的武器留存更久，还可让这些武器发挥出更大的作用。所以，从绝对意义上来说，武器威力越大，那些有助于保存武器并增强武器威力的部署措施的意义也会越重大，这一点就不难理解了。历史上还从未有过哪一次战争，像第一次世界大战中那样，广泛而彻底地利用了各种防御体系，这个事实就已清楚地表明了这一点；因为在这次世界大战中，各种防御措施都占到了不可思议的比重。要想证明这个事实，我们只需想一想，假如守卫其中的步兵和炮兵在装备上仍然像古斯塔夫·阿道弗斯那个时代的话，那么在此次大战中很长一段时间内都构成了整个战线主体堡垒的那些强大防御体系，又会有什么意义呢？要是那样的话，它们就可以说是毫无意义的了。

但是，随着火器威力增强，对进攻方来说，防御方既拥有了绝对的优势，也具有了相对的优势。我们不妨想象一下，让一名士兵身处有铁丝网障保护的堑壕里，而让进攻的敌人在空旷的战场上暴露1分钟；我们不妨再假设，攻防双方都装备了每分钟能够射击1发子弹的前装式毛瑟步枪。这样，我们就能绝对肯定地说，进攻方攻入由1名士兵防守的那道战壕只需要2个人；因为在允许的那1分钟之内，防御者只能击中2人中的1人，并且使其失去作战能力。而如果双方装备的都是每分钟能够射击30发子弹的来复步枪，那么我们也可以绝对肯定地说，进攻方必须要有31名士兵，才能攻入这条战壕。倘若这唯一1名防守的士兵能够有效地利用己方的铁丝网障保护好自己的话，那么这31名士兵在发动进攻之前可能进行的射击，对此次战事就丝毫产生不了影响。

在前一个例子当中，1名进攻的士兵会被1名防守的士兵有效地挡住；在第二个例子当中，因为所用的来复枪具有30倍的威力，所以进击的31名士兵也会被1名防守的士兵有效地挡住。随着火器威力的增强，为了取胜，进攻方必须用优势兵力去打破此种平衡才行。

事实上，在第一次世界大战期间，小口径武器的威力得到了极大的增强，使得防御方可以让大量进击的敌方步兵靠近到己方预先准备好的位置，然后死死地阻住其去路；而要是进攻方孤注一掷地想要达到目标的话，防御方也可以迫使进攻方不再

第一次世界大战中英军使用的火炮

用步兵进击己方部署在预定位置的兵力，并且不再集中使用各种口径火炮进行伤亡巨大的火力攻击，因为这种火力几乎会将阵地掀翻，让守方士兵与攻方士兵一齐消失。因此，进攻作战还从未像此次世界大战中那样艰难和代价巨大。

不过，说新型武器的威力增强有利于防御，并不是质疑"战争只有通过进攻行动才能取胜"这一无可争辩的原则。它只是指，由于武器火力增强了，所以进攻行动需要比防御行动部署更多的兵力。

可惜的是，人们直到战争后期才认识到这一事实。所以，在这场旷日持久的战争中，各国都是在没有装备恰当武器的情况下发动进攻的，而这些进攻要么是以大败而告终，要么只是在耗费了时间、金钱和人员之后部分地取得了胜利。由于集结大量人员和军需物资耗时耗力，人员和物资运送必然也会缓慢得很，所以这些准备不充分的进攻行动，不过都是成功地损耗了参战部队的实力、延长了战争持续的时间罢了。假如参战部队都只装备有前装式毛瑟步枪的话，我们肯定既看不到加固的混凝土战壕，也看不到带刺的铁丝网了；而这场大战，也会在数月之内便分出胜负。相反，我们看到的是一场旷日持久、用威力强大的武器对付更加强大之防御工事的殊死对抗，直到通过反复不断地猛攻，坚固的防御工事才得以突破，敌人的心脏才暴露在进攻者的面前。此次战争的持久，之所以使得协约国扭转了败局，只是因为它让协约国有了时间去获得新的盟友和新的部队；但从另一方面来看，它也差不多将战胜国和战败国双方完全拖垮了。

在备战的过程中，德国人已经考虑到了火器威力增加可能给防御方带来的优势。但他们考虑得最多的还是进攻战，因此为自己装备了最合适的武器——即305毫米口径和420毫米口径两种火炮——来发动战争，并且想凭借这些武

器，尽快扫清进攻之路上那些永久性的防御工事。这样，他们便以果断的进攻行动发动了战争；但是，当法国前沿阵地的形势迫使德军采取守势之后，德军又用一种防御体系，彻底而恰当地保护了自己的阵地，从而使

第一次世界大战中，德军士兵在防御工事里面。

得协约国大为震惊。因为这种防御体系不可能是临时制定的；它必定是早已预先设想和计划出来，以应对此种意外局面的。

德国人在备战时，还必须考虑己方不得不在一条战线以上作战的情况，以及在此种情形之下采取防守的优势——即用最少的兵力守住一条战线、而用最大的兵力在另一条战线上进击的优势。因此，德国无疑完善而系统化地制定了这一计划，一待形势表明有此必要，该国便会将这一计划付诸实施。这表明，即便是德国人坚守着"进攻方能取胜"这条原则，他们也清醒地认识到了防御本身以及它相对于进攻的重要性。

虽然防御方为保持力量平衡所需的优势兵力，会使得进攻行动比防守作战更为困难，但此种形势，会因进攻方可以分散其防线上的兵力并将可抽调的最大兵力集中于选定的进攻地区，从而间接地给进攻方带来优势。德军的所有战略性机动，都可归入此种套路：沿着己方体系化良好的防线，用少量兵力牵制住敌方的一部分兵力，同时用能够集结的最大兵力进击另一部分敌军。此种战略，在很长一段时间内都经常实施得很成功。

本已大吃一惊的协约国，一看到向法国腹地进击的德军停了下来，便开始自欺欺人地认为——尽管这些国家都没做什么防御准备工作——协约国能够同样轻而易举地打赢此次战争了；因此，各国并未立即着手采取那些本该在战争一开始就采取的、确保胜利的措施，而是在接下来的各个阶段中被迫去采取这些措施。从纯粹的军事意义来看，这次战争是因为人们没有理解现代战争的确切性质和要求而变得旷日持久的。此种理解不足，导致了一系列并不具有决定意义的进攻行动，使得军需物资的耗费同集结军需物资来发动这些进攻一样快，从而一再消耗掉了兵力上的优势；而此种优势，是打破交战双方实力平衡所必需的，并且本来仅凭此种优势就可以更早地结束战争的。

尽管第一次世界大战造成的破坏是巨大的，但各国之所以能够继续坚持战斗，原因即在于战争时断时续、旷日持久，从而让各国能够补充不断损失的物资和人员，并且继续将所有资源都投入到战争中去，直到这些资源耗尽为止。在这次大战中，从未出现过什么致命一击——即给敌方留下巨大创伤并使之感到死期将至的打击。相反，交战双方都发动过无数次的进击，且都多次受创；可这些创伤都不重，并且总是有时间来痊愈。这种创伤，虽说会让躯体越来越虚弱，却仍然给病人留下了一线生机，留下了能够恢复足够的体力来对付一个同样虚弱的敌人、使得最终小伤也能让敌人流尽最后一滴血的希望。事实上，双方是经过了不如战争早期那样激烈、并且只获得了一定战果的一场场战斗，才到达了最后的决战。毋庸置疑，倘若此次大战3个月就结束，而不是打了4年之久，那么大战所带来的破坏顶多就只有一半了。倘若只打了8天就结束，那么最多也只会带来四分之一的破坏程度。

所以，第一次世界大战的独特之处，是由近几十年来轻武器的发展所导致的。如今，既然此种发展的性质是不断变化而非静止不变的，倘若没有新的事实需要加以考虑，那么未来的战争就会与刚刚打完的此次世界大战具有相同的一般性特点，只不过这些特点看上去会更加明显罢了。换言之，在未来战争中，为了打赢战争，我们必须依赖于防御方对进攻方日益增强的优势，并因而依赖于增加打破双方实力平衡的难度，这一点便是合情合理的了。

倘若如此，既然我国有一条山脉所组成的牢固边界保护着，又没有征服他国的强烈欲望，那么我国理当处于一种极其有利的形势，能够面对任何敌人才是。只要有一支小型部队和有限的武器，我们便可以轻而易举地守住我国的领土，甚至是对抗兵力上占有巨大优势之敌的进击，并且凭借着能够获得充足的时间，故能应对战争时的意外情况。可事实并非如此：因为新型武器——正如我们在本书后文中将会看到的那样——增加了进攻方的优势；同时，它们就算不是完全抵消，也是将防御方的优势降到了最低，从而逆转了此种形势。此外，新型武器还使得那些没有充分备战和准备好立即行动的国家，都失去了防御准备的时间。没有哪种防御工事可与这些新型武器的威力相抗衡，因为这些新型武器能够以迅雷不及掩耳之势，发动致命打击并攻入敌方的心脏地带。

因为面对着战争性质上的这种巨大变革——此种变革，会令一些渴望征服他国并且毫不犹豫、毫不后悔的国家倍感鼓舞——所以，我们必须停下来，冷静、沉着却又深入透彻地研究一下这个问题：我们应当遵循一条什么样的正确道路，才能为我国提供一种有效的国防手段。

□进攻武器

由于飞机不受地表条件的约束，并且拥有无与伦比的速度——其速度超过了人类所知的其他所有交通方式——所以，飞机就是一种出类拔萃的进攻武器。

进攻方所具有的最大优势，便在于拥有制定作战计划的主动性——也就是说，进攻方能够自由选择进攻地点，能够转移自己的最大打击力量；而敌方因为处于守势且不知道进攻方向，所以不得不将兵力分散，沿着防线覆盖所有可能的进攻地点，以便获知进攻方的意图之后，能够及时将这些兵力转移到实际遭受攻击的地方去。战争中战略战术的全部谋略，基本上都存在于这一事实之中。

由此即可看出，那些能够迅速集结兵力、打击选定的敌军或敌方补给线上任何地点的国家，便是拥有最大进攻潜力的国家。在以小规模、轻装备、迅速机动的部队进行战争的那个年代，战术机动和战略机动有着广阔的发挥空间；可由于作战部队越来越庞大，所以运用战略战术的活动空间便缩小了，而战略战术也受到了更多的限制。在此次世界大战中，参战部队非但数量庞大，而且机动起来极其缓慢、笨重；结果，部队的机动降到了最低限度，而战争整体上也变成了敌对兵力之间一场直接而残酷的对垒。

相比之下，飞机无论往哪个方向飞，都是同样的轻而易举，并且要比其他任何运输工具都快。例如，倘有一架飞机驻扎在甲地，那么，对处在以甲地为圆心、以飞机数百英里续航距离为半径的那个圆圈内的所有地点来说，这架飞机便是一种潜在的威胁。驻扎在同一圆圈内其他任何地方的飞机，也可以同时在甲地全部集结起来。因此，一支空军对于处在其作战半径范围内的所有地点来说，都是一种威胁，其分队可以从各自的驻地出发并全部集结起来，对指定目标发起比我们迄今所知的其他任何方式都要迅速的打击。正是这个原因，使得飞机成为了一种最适合用于进攻作战的武器，因为飞机能够发动突然袭击，令敌人根本无暇调集援兵和躲避打击。

事实上，飞机的打击能力极其巨大，从而导致出现了一种悖论：为了保护自身，飞机需要一种比用于进攻更加强大的打击力量来进行防御。例如，我们不妨假设敌方拥有一支进攻能力为X的空军力量。即便是驻地分散各处，这样一支部队无论是逐渐集结还是以其他合适的方式，都可以轻而易举地集结起来，对处于其作战半径范围内的、任何数量的目标发动进攻。为准确起见，我们不妨假定有20个这样的目标。在这种情况下，为了防御来自这支进攻力为X的空军的任何进击，我们必须在这20个目标附近分别驻扎与进攻力X相当的防御力量才行；总计起来，就是要驻扎20倍于敌方的飞机。这样一来，为了自卫，我们至少需要相当于敌方进攻部队兵力20倍的空中力量才行——这种解决问题的办法有点儿荒唐，因为飞机是一种卓越的进攻性武器，并不适合用于防御。

这种武器是在此次世界大战中突然出现的，所以对于将其用作交战武器所导致的问题，我们还无法进行深入的研究。人们凭本能和经验，只会用防空措施来应对空中打击，不管此种防空措施用的是空中武器还是地面武器。这样就出现了防空火炮、侦察机和驱逐机。不过，后来的经验表明，尽管此次大战中空中进攻没有起到什么重大作用，而各国在计划和实施空中打击时也都很随意，但所有这些防空武器还是不够的。而每一次坚定实施的空中打击，全都实现了自己的作战目标。在这次大战中，威尼斯总是遭到反复轰炸；特里维索[1]就在我们的眼皮子底下几乎被夷为平地；而最高统帅部后来还被迫放弃了帕多

---

[1]　Treviso：特里维索。意大利东北部的一座城市，位于威尼斯西北偏北方向。它是古罗马的一个城镇，后来成为伦巴第公国所在地，14世纪并入威尼斯。在第一次世界期间曾为意大利军队最高统帅部所在地，多次遭到敌方轰炸。

第一次世界大战中，意大利军队使用的高射炮。

瓦[1]。在其他国家，无论是协约国还是敌方国家，也都发生过同样的事情。

尽管有着最为精细的通信系统，倘若敌军到达目标上空之后，我方的驱逐机分队还没有升空——很显然，我方的驱逐机分队不可能一直停留在空中——那么，它们基本上就不可能及时起飞，并阻止敌军在其选定的目标上空投下所载炸弹了。虽说有炮兵火力，但炮兵很难击中敌机；倘若击中过，那也是瞎猫碰上了死耗子——纯属偶然，就像用毛瑟步枪偶然击中一只麻雀那样。防空火炮也投入了战斗，穿过城镇的条条街道以及乡间的开阔地带追逐着，努力想要击中那些随心所欲地到处俯冲下来的敌机。他们的做法，很像是一个人骑着自行车追赶并想要逮住一只信鸽！到了火炮弹道的下落曲线上，炮弹又变成了从天而降的射弹。所以，这种防御火力最终一无用处，只是无益地分散了我国的巨大资源；有时，我们甚至还会为了防御一种可能的而非实际的进攻，白白地浪费掉这些资源！有多少高射炮炮口朝天，月复一月、甚至年复一年地守候着，提防着一种从未降临过的空中打击啊！有多少驱逐机，占用了诸多的人员和物资，却从未有机会保护什么东西啊！又有多少人，在长久而徒然地凝望着天空却等不到敌人出现之后，安然而愉快地入了梦乡啊！

我不清楚有没有人统计过，全国各地究竟有多少武器和资源用于防空；但无可置疑的是，这个总数必定非常庞大。所有这些努力和全部的资源，原本都可以有益地用于其他方面，却被我们毫不吝惜地浪费掉了。

这种分散人力与资源的做法，跟战争的基本原则以及战时的殷实经济是相违背的；我已经指出，是因为突如其来地出现的空中力量使得人们迷惑不解，使之产生出了一种不正确的防御观念，所以才导致出现了此种做法。倘若有一条疯狗杀气腾腾地在村里到处乱蹿，村民们是不会各自守在自家门前，手拿棍

---

[1] Padua：帕多瓦。意大利东北部的一个城市，位于威尼斯的西部，中世纪时是个重要的文化中心。

棒，欣然等着这条疯狗露面再将其击毙的。这种做法会妨碍到村民们的行动，可并不能阻止疯狗咬人。所以，没有哪个村民会那样去做。他们会聚在一起组成三四个小组，或者由更多的勇敢者去追赶那条疯狗，并且直抵疯狗的老巢，再在那儿将其击毙。

同样，除非摧毁敌方的空中力量，使之没有机会向我方发动进攻，否则我们就没有什么可行的办法，来阻止敌人进攻我方。如今——并且早已如此——不言自明的是，保卫海岸线不遭到敌国海军进击的办法，并不是将舰船和火炮沿着整个海岸线部署，而是夺取制海权了；也就是说，应当阻止敌方舰船在海上行动。地球表面就是天空的"海岸线"。空中与海洋这两种自然环境的条件都是类似的；因此保卫地球表面的陆地和海洋不受到空中打击的办法，也并不是将火炮和飞机分散部署于整个地区或整片海域，而是阻止敌方飞机在空中飞行。换言之，就是"夺取制空权"。

我们应当承认，这是一种合乎逻辑的、理性的观点；即便目的是为了单纯的防御——也就是说，为了阻止敌方飞机飞行或者阻止敌方实施任何空中行动，也该如此。

夺取制空权，意味着要主动采取行动——即进攻而非防御，因为进攻是最适合于空中力量的一种行动。

□空中进攻的重要性

了解未来空中进攻可能达到何种重要性，对于评估制空权来说是必不可少的；而此次世界大战，则能为我们部分地阐明制空权这个概念。

空投炸弹只需落到目标上面，就算是达到了轰炸目的；因此，制造此种炸弹所需的金属，并不像制造大炮炮弹所需的那样多。假如说，由高性能炸药制成的炸弹内部需要相应比例的大量金属，才能确保它有效爆炸的话，那么内装燃烧剂和毒气的炸弹所需的金属，就可以减少到最低限度了。据我们粗略地估计，这两种炸弹中所含金属占其总重量的百分之五十就差不多了。制造空投炸弹不需要优质钢铁和其他特种金属，也不需要精心加工。只要构成炸弹的有效成分——即炸药、燃烧剂和毒气——具有最大的威力就行，因此，这方面的研究都应当朝着这个目标努力。

我们决不要指望空中轰炸会像火炮射击那样精准；而这一点并不重要，因为空中轰炸根本就无需如此精确。除了一些罕见的情形之外，火炮的打击目标本来就是用于承受大炮火力的；可空中轰炸的目标，防御性却很差，是无法承受此种打击的。轰炸目标始终都应当是那些大规模的目标；小型目标并不重要，故不值得我们在此加以关注。

轰炸行动的指导原则应当是：实施一次进攻就应当彻底摧毁目标，从而无需对同一目标进行再次轰炸。抵达目标上空，是种始终都会带有一定风险性的空中行动，因此只应当进行一次。彻底摧毁目标，会带来精神和物质两方面的效果，其影响力可能会极其巨大。要想对这种影响力有个概念，我们只需想象一下，倘若敌人宣称将会毫不留情地轰炸人口密集的中心城市，并且不分军事目标与非军事目标，那么这些城市里的民众会有什么反应就行。

通常来说，空中打击针对的目标是：和平时期的工业和商业设施；重要的公共和私人建筑；交通干线和交通中心；以及某些指定的居民区域。为了摧毁这些目标，需要三种类型的炸弹——即炸药炸弹、燃烧弹和毒气弹，并且按照情况所需来分配它们所占的比例。炸药炸弹能够炸毁目标，燃烧弹能够让目标起火燃烧，而毒气弹则能阻止消防人员灭火。

用毒气攻击时，必须经过精心计划，使得毒气在目标地域扩散开来并且持续一段时间，事实上，必须让它持续数天才行；使用优质毒气或者各种延时引信炸弹，完全可以做到这一点。我们不难看出，即便是在炸弹和燃烧弹供应有限的情况下，利用此种方法也能够在关键时期彻底消灭大范围内的人口，摧毁敌人的交通运输线；因此，在关键时期，此种行动可能具有无可估量的战略意义。

为了说明空中力量的重要性，我们不妨假定100公斤的烈性炸药能够摧毁一个半径为25米的区域。这种假设，是符合当前的实际情况的。那么，要想将此种烈性炸药的破坏力扩大到直径为500米的区域，那就需要100个100公斤炸药，即10吨炸药才行。如今，装填10吨烈性炸药，需要10吨金属弹壳。而现在，也已经有除机组人员之外还能轻松携带2吨炸弹的飞机了；因此，10架这样的飞机便能携带所需的全部炸弹，以摧毁这个半径为500米的圆形区域内的一切。要实现这一目标，只需训练10架飞机的机组人员，让他们尽可能均匀地将炸弹投到那一区域内就行了。

这就让我们有了进行有效轰炸行动所需的基本兵力单元的概念；也就是说，执行轰炸任务的兵力单元，必须能够摧毁指定区域内的任何目标。在我看来，此种指定区域的范围，应当正好等于一个直径为500米的圆形的面积。因此，倘若上述假设是正确的，那么此种兵力单元便应是10架飞机，并且每架飞机都能携带2吨炸弹。不过，准确的比例还待根据日后的经验来决定。

我已经说过，应当训练轰炸机飞行员从中等高空，比如说从3000米的空中，尽可能均匀地将他们所携带的炸弹投到这些区域内。我们可以通过改变瞄准数据，人为地扩大轰炸机编队那种自然的、呈玫瑰形的目标，来实现所投炸弹的均匀分布。假如指定区域内有极易攻击的目标，那么只需增加参战飞机的数量，便能将轰炸区域扩大到直径为500米的圆形区域之外。反之，对于其中有着较难摧毁之目标的区域，我们也可以通过减少参战飞机的数量，来缩小轰炸的范围。

不过，这些细节都是次要的。最重要的是，倘若采用此种战术，就会让轰炸机变成一种明确而精准的进攻力量，而不再是一种模糊的、不确定的力量了。

另一方面，倘若指定目标虽说面积较小，却具有重要的军事意义，那就应当在地图上指出这一点。在攻击时，少量炸弹偏离目标并不要紧。不过，倘若准备轰炸一个直径大于500米的目标，那么整个目标区域都应当如此标注出来才是。倘若打算摧毁某一区域，比如说一个直径1000米的范围内的一切，那么，我们将目标分成多个独立的区域，用4个相互独立却又协同行动的轰炸机分队进行攻击就可以了；倘若目标区域直径为1500米，那就用9个轰炸机分队，倘若目标区域直径为2000米，那就用16个分队，依此类推。然而此种轰炸行动，除非针对的是一些大型的平民聚居中心，否则就不可能成功实施。事实上，我们也不难想象，像伦敦、巴黎或罗马这样的大城市，倘若在中心城区有一个直径为500米至2000米的区域遭到了无情轰炸，会出现什么样的结果［英译者注：看一看1940年11月15日至16日那天晚上考文垂[1]受到的那种可怕的毁灭性打击就知道了；此种摧毁，可能是不到350架轰炸机一夜攻击所造成的。］。用1000架这样的轰炸机——正是如今所用的那种轰炸机，而不是仍属于某种设计中的、假想的未来轰炸机——并对它们进行必要的维护，补充每天损失的人

考文垂大轰炸。1940年11月，考文垂受到空袭，造成了严重破坏。

员，就可以组建成100支这样的作战分队。这样一支空军力量，如果掌握在懂得利用它的人手里，那么每天只需出动50个这样的分队，就可以摧毁50个这样的中心区域。这是一种大大优于其他已知进攻手段的进攻力量，使得相比之下，其他进攻手段的威力差不多都可以忽略不计了。

事实上，这种进攻力量的潜在价值，人们在十五年之前［英译者注：即1905年至1906年时。］是连做梦也没有想到过的；而如今，这种进攻力量之所以正日益强大起来，原因即在于人们一直都在建造并开发出大型和重型飞机。

---

[1] Coventry：考文垂。英格兰中部城市，位于伯明翰东南偏东。第二次世界大战中的1940年11月，考文垂受到空袭，造成了严重破坏。

同时，人们一直也在开发新型炸药、新型燃烧剂，尤其是新型毒气。在面对着这样一种进攻力量，在己方的交通运输线被切断、军需补给站被烧毁或者炸毁、兵工厂和后备力量被摧毁的时候，一支陆军又能怎么办呢？当一支海军无法再回本国港口躲避，当其基地被焚毁或者炸掉、军械厂和后备力量被摧毁之后，这支海军又能怎么办呢？倘若一个国家处在此种连续不断的威胁之下，民众日日被毁灭和死亡即将到来这种梦魇折磨着，又如何能够继续生活和工作呢？确实如此啊！我们始终都应当牢记，空中进攻非但可以针对武力抵抗力量最薄弱的目标，也可以针对精神抵抗力量同样最薄弱的那些目标。比如说，躲在残破战壕里的一个步兵团，即便是折损了三分之二的兵力，也仍然能够进行一定程度的抵抗；但是，倘若一家工厂里的工人看到一个车间被毁，哪怕是人员伤亡极小，这家工厂也会迅速解体，无法再生产了。

即便是在如今，假若希望评估空中进攻可能拥有的潜在力量，我们也应当牢记这一切。拥有制空权，意味着能够将进攻力量的威力发挥到人类无法想象的程度。它意味着能够切断敌方陆、海两军与各自作战基地之间的联系，使得敌军没有打赢战争的机会。它意味着能够完全捍卫本国的领土，能够保卫本国陆军和海军的作战效率，能够保护让人民安全地进行生活与工作的那种宁静心境。总而言之，就是意味着能够打赢。而另一方面，如果在空中被敌方打败，那么我们最终就会一败涂地，任凭敌人处置，完全没有机会保护自身，而且不得不接受敌人认为对其有利的任何条件了。

这就是"制空权"的意思。

注释1：特里维索市政府已经出版了一份题为《特里维索之苦难》的小册子，可以作为我上面所述内容的一个例证。自1916年4月至1918年10月间，奥匈帝国的飞行员对该市进行了32次空袭，每平方公里大约投下了1500枚炸弹。按每颗炸弹的平均重量为50公斤计算——很可能还没有这么重——在两年半的战争中，总共有75吨炸弹投到了特里维索市。

根据我个人所做的粗略计算，特里维索市外围最宽处的直径大约是1公里，需要4个轰炸机中队，每个中队需要10架轰炸机，即总共40架飞机，每架携带2吨炸弹，即总共80吨炸弹，才能造成如此巨大的破坏。

假如看一看《特里维索之苦难》里标明轰炸点分布情况的那些地图以及受损照片，我们很容易就能明白，那75吨或80吨炸弹倘若由炸药炸弹、燃烧弹和毒气弹按正确的比例组成，并在一天之内投下，那么特里维索就会被彻底摧毁，而城中居民也很可能罕有生还者了。特里维索之所以能够逃脱彻底被毁的命运，能够在危险重重的情况下仍然留在地图之上，并且能够在第一轮轰炸后撤出城中居民，只造成了平民中死亡30人、伤50人的轻微后果，原因即在于每次轰炸中，敌人平均只投下了50枚炸弹，从而给特里维索留出了时间，使之能够在轰炸间隙扑灭城中燃起的大火。

但在此期间，我方的防空部队却并没有采取有效的措施来阻止敌方的轰炸，而仅仅是标注出了被轰炸的地点罢了；因此，尽管我们宣称——尤其是到了战争结束的时候——我们已经夺取了制空权，但敌方的轰炸还是一直持续到了1918年10月底，或者说一直持续到了11月3日停战的时候。

注释2：英国舰队是如今世界上最强大的一支舰队；它由30艘战列舰组成，总吨位达到了792496吨，还不包括其他小型的作战单元。这些战列舰的舷炮齐射量，按照每一门炮发射一发炮弹来算，达到了194931公斤，即差不多195吨；也就是说，每艘战列舰的舷炮齐射量平均为6.5吨。

相比而言，一支由10架飞机组成的轰炸机分队里，如果每架飞机携带2吨炸弹，那么一次飞行就能投下20吨炸弹，略高于3艘英国战舰的舷炮齐射总量。同样，一支由1000架、每架携重2吨的飞机所组成的航空部队，能够一次性投下2000吨炸弹，略高于整支英国舰队中那30艘战列舰所有的舷炮一齐开火、每

无畏级战舰。原为英国海军于1906年建造的一艘吨位大于其他战舰的全主炮战列舰，在当时是航速最快、火力最猛的战舰，也是设计上具有划时代意义、世上第一艘采用统一型号主炮和蒸汽轮机驱动的主力舰。

炮射出10发炮弹后的总量。按每架估计造价为100万里拉[1]计算，1000架飞机的总造价大约为10亿里拉，差不多相当于1艘无畏级战舰的造价。

除了造价，海上力量与空中力量之间还存在着一种重大的差别。英国舰队只能对另一支愿意交战的舰队或者沿海地区静止不动的目标发射舰炮。而另一方面，一支庞大的空中机群，却可以对毫无还手之力或者毫无自我防御设施、并且可以位于陆地或海洋上任何地点的目标进行轰炸。

此外，我们不久就会看到，人们还将制造出有效荷载超过10吨，所载炸弹重量等于、甚至是超过一艘战舰舰炮齐射量的轰炸机。而且，倘若战舰与飞机之间开战，由于战舰上的重型火炮无法垂直开炮，因此战舰很可能会陷入极大的劣势之中。即便是战舰上的大炮能够垂直开火，它也是不可能击中一架移动迅速、几乎垂直地向其俯冲下去的飞机的——而垂直俯冲，则正是飞机的拿手好戏。美国和法国最后进行的实验，似乎为此提供了确凿的证据。

但除了这一点，此条注释中所给出的数据，至少会让我们更加清楚地认识到空中力量的重要性，以及实施空中打击所需手段的简单性。

□制空权

拥有制空权，是指能够阻止敌方的飞机飞行，同时让己方飞机能够自由飞行。如今已经有了具有中等载弹量的飞机，而制造足量的此种飞机来用于国防，并不需要耗费太多的资源。炸弹或炮弹中的有效成分，即炸药、燃烧剂或者毒气，也都已经在生产了。能够倾泻数百吨此种炸弹的空中机群，也很容易组建起来；因此，无论是从物质意义还是从精神上的重要性来看，空中进攻的打击力量和规模都要比迄今所知的其他进攻手段有效得多。掌握了制空权的国家，能够捍卫自己的国土不遭到敌人的空中进犯，甚至还能阻断敌方为支援其陆上或海上行动而实施的辅助性行动，从而使之无法再去采取其他什么作战行动。此种进攻行动，非但能够切断敌方海、陆两军与其作战基地之间的联系，还能对敌方领土腹地进行毁灭性的轰炸，从而瓦解敌方民众的武力和精神抵抗。

这一切，都是我们目前可以做到的事情，而非遥远的将来可能发生的情况。而此种可能性存在的事实，则向每一个人清楚地表明，我们必须理解这一点：拥有了制空权，就拥有了胜利。倘若失去了制空权，就注定会失败，只能接受胜利者强加的任何条件了。不过，因为这一结论适用于那些极具实际重要性的问题，并且由于它与人们公认的观点大不相同，所以我们理应停下来对这种说法加以详细论述，然后再继续论述其他的方面。

---

[1]　　Lire：里拉。19世纪中期至2002年间意大利的货币单位。现已为欧元所取代。

倘若一种结论是严格地按照逻辑、根据确实可证的事实、通过推理得出来的，那么，即便它看上去奇怪而极端，即便它与传统的思维模式直接对立，或者与人们根据同样确实可证、但性质截然不同的其他事实而形成的固定思维习惯直接对立，我们也应当承认这种结论的正确性。得出其他的任何结论，都是在否定推理本身。这样做，与下面这位农民的做法并无两样：尽管利用化肥和现代机械能够让他的收成增加一倍或两倍，但这位农民却仍然坚持像以前父辈、祖辈们那样去耕作土地。此种守旧、顽固的荒谬做法，不会给他带来任何好处，只会让他在市场上大栽跟头。

12年前［英译者注：即1909年］，从第一批飞机低矮地飞行于田地与天空之间——如今我们很难将其称之为飞行了——的那个时候起，我就开始宣传制空权的好处了。此后直到今天，我一直都在尽力提醒人们注意这种新型的战争武器。我认为，飞机应当是陆军和海军之外的第三个兵种。我认为，成千上万架军用飞机在一个独立的空军部管辖下往来于空中的那一天，终会到来。我认为，飞艇和其他轻于空气的飞行器，会因飞机所具有的优势而让位于飞机。而正像我在1909年所预计的那样，我当时所认为的一切，如今都已经变成了现实。

我那时并不是在预言，而现在所说的也依然不是预言。当时我所做的，就是研究此种新型武器引发出来的新问题，并且根据确实可证的事实进行推理；不过，尽管当时与现在一样，我从所得结论引申出来的那些推论可能听起来自相矛盾，但我还是会毫不犹豫地去追根究底。我十分确信，事实将会证明：我并没有错。

倘若运用冷静的逻辑推理和精确的计算，有人能够发现一颗未知行星的存在，并且让某位宇航员有了去发现这颗行星所需的全部数据；倘若通过精确推理，有人能够发现电磁波，从而让赫兹[1]有了继续进行实验的办法；那么，我们也应当对人类推理的正确性抱有信心，起码也应当像宇航员和赫兹那样，对人类的推理抱有信心才是。他们的推理，与我在此处试图进行的推理相比，可要深奥得多呢！

在此，我想请读者与我一起停下来，思考一下我刚才所说的一切——因为辩论是很有意义的——从而让每位读者都能据此得出自己的结论来。这个问题，并不容许我们有什么模棱两可的答案。要么正确，要么就是不正确。

我要说的是：在为了国防而进行备战的过程中，我们必须遵循一条全新的道路，因为未来战争的特点与过去战争的特点，必定会截然不同。

---

[1] Hertz：赫兹（Gustav Ludwig Hertz，1887～1975）。德国物理学家，因发现中子冲击原子定律而获得了1935年的诺贝尔奖。

我要说：此次世界大战，不过是战争特点演变曲线图上的一个点罢了；而演变曲线在这个点上突然转向，则说明有一些全新的因素产生了影响。正因为如此，所以固守过去并不会教给我们对未来有益的东西，因为这个"未来"，与过去发生的一切将会完全不同。我们必须从一个全新的角度来看待未来才行。

我要说：如果不认真考虑这些事实，那么在努力做到国防现代化的过程中，国家将不得不付出巨大的代价；可即便是付出了这些代价，也不会有什么用处，因为这样的国防措施是不可能符合现代的战争要求的。人们只有将我的论点驳倒，才能否定这一点。

我要再问一问：我们能够集结起来的最强大的陆军和海军，将无力阻止一支坚定不移、准备充分的敌军，无法切断敌军与其作战基地之间的联系，无法阻止敌人向我们整个国家散布恐惧、带来浩劫；是不是这样呢？

对于这个问题，只要我们除了陆、海两军之外，无意再去掌握合适的手段来应对此种不测的局面，那我们就可以这样回答："不对，不是这样的。"可就我而言，我却一直都是极其绝对地、如此回答这个问题："对，是这样的"；这是因为，我确信此种不测局面迫在眉睫，故我深入地思索了战争的新形式和新型武器带来的这个问题。

注释3：1909年我曾如此写道："对于我们这些迄今为止一直被无情地束缚于地上的人来说，对于我们这些几乎是带着悲天悯人的神情，傲慢地嘲笑少数英勇无畏之先驱所做的努力——我们认为这些先驱都被不可能实现的幻想蒙蔽了，可最终却证明，他们是真正的先知——的人来说，对于我们这些只拥有陆军和海军的人来说，天空将变成另一个战场并且其重要性并不亚于陆、海战场，这种想法看上去必定会奇怪得很。但从现在起，我们最好接受这种观点，做好应对未来新型战争的准备。虽说有的国家可以完全不依赖于海洋而生存下去，但肯定没有哪个国家可以不呼吸空气而存在下去。所以，未来我们就会有三种、而不是两种独立且界定明确的战场了；并且，尽管在每个战场之上都是用不同的武器来进行战争的，但它们之间却仍须协同行动，以实现一个始终如一的共同目标——那就是打赢战争。

"如今我们已经充分认清了拥有制海权的重要性；但不久之后，制空权也会变得同样重要，因为只要掌握了制空权，我们就能利用空中侦察以及清晰地看到目标的能力可能提供的优势——也只有到了那时，我们才能做到这一点。而这些优势，只有当我们的空中实力能够将敌人束缚于地面之上，才能充分加以利用。夺取制空权的斗争将会十分激烈；那些所谓的文明国家，将会尽力制造出最有效的武器，来发动此种战争。不过，在其他条件相同的情况下，任何战争最终都是由数量优势来决定的；因此，对于空中霸权的争夺将会无休无止地进行下去，只是偶尔会因经济上的突发情况而中断。由于存在此种空中霸权的竞争，所以空中机群将会随着其规模逐渐庞大而变得越来越重要。

"到了那时，陆、海两军就不应当再把飞机看成是一种用处有限的辅助性武器了。它们应当将飞机看成是战争这个强大家族中的第三个兵种，当然也是最年轻的一个兵种。"（朱利奥·杜黑少校，《论航空问题》，选自1910年罗马的《准备报》。）

如今，在经历了第一次世界大战之后，我却发现，十一年之前写下的这些话语完全无需改上一个字。尽管制空权的概念迄今并未付诸实践，但时间已经证实了我的推断。对于这种状况，责任并不在于我。但不管如何，如今这些观点正在迅速发展壮大起来，尤其是在意大利以外的地方——这正是大势所趋。

□最终结论

夺得制空权，就意味着胜利；在空中受挫，则意味着战败，意味着接受敌人随心所欲地强加的任何条件。此种论断的正确性，于我而言本身就是一条公理；而对那些不厌其烦、一直关注着本书的读者来说，其正确性则会变得越来越清楚无误，因为我希望，在本书中我能够彻底地阐明这一点。

从这条公理出发，我们马上就会得出第一个推论：为了确保国防安全，一国必须能够在战争爆发时夺得制空权——而夺得制空权，就足以确保其国防安全了。由此，我们又可以得出第二个推论：该国为确保国防安全所做的一切，目标都应当是设法获得能够在战时最有效地夺取制空权的那些手段。

任何努力、行动或者资源倘若背离了这一根本目标，就都会降低该国夺取制空权的可能性，并且一旦爆发战争，它们还会增大该国遭受失败的可能性。任何背离这一首要目标的做法，都是错误的。要想夺得制空权，我们就必须在空中、在敌人的作战基地或者生产中心——总而言之，就是在能够发现敌方飞行武器的地方——对敌人进行打击，从而剥夺敌方的一切飞行工具。这种破坏性的打击，只有在空中或者在敌国领土上才能实施。因此，我们只有通过空中手段才能做到这一点，用陆、海两军的武器是做不到的。所以，除非是用一支出色的空军部队，否则我们就不可能夺得制空权。由这一论断以及上述第一个推论，我们便可以得出一个具有实用意义的结论来，这就是：除非拥有一支能够在战时夺得制空权的空中力量，否则就不可能确保国防安全。这种说法，与目前盛行的国防观念自然是直接对立的，因为它把航空兵的重要性列在了首位。但尽管如此，要想否定这一论断，我们必须同时否定制空权的重要性才行。完全打破过去的惯例会令人不安；但是，人类征服天空的行为，本身就是令人不安的。

我已经指出，这一结论意味着用我们尚未充分认识到的一些新观念，来取代那些传统的观念。迄今为止，陆军和海军一直都是两个最主要的军种，并且无人对它们此种至高无上的地位提出过质疑。空中是人类以前无法进入的一个领域。不过，我们也没有什么先验性的理由来说明，从其与地面和海上力量之间的关系来看，空军为什么不能成为最主要的力量。在研究这些关系的过程中，我们得出了空军注定会优于陆、海两军的结论；这是因为，相比于空军巨大的作战半径来说，陆、海两军在进攻时的作战半径都是很有限的。

我已经说过，我们如今正处在战争演变曲线图中一个特殊的点上。在这个点之后，战争演变曲线突然转向了一个新的方向，打断了过去所有的连续性。因此，倘若想要尽可能不偏离前人走过的老路，那我们就会发现自己背离了现实，并且结果会是，让我们远离了自己所处时代的诸多现实。要想跟上如今的实际情况，我们必须立即改变方向，沿着现实本身前进才是。假如理性、常识和事实本身都告诉我们，与空军相比，陆、海两军的重要性正在下降，而我们却仍然坚持认为陆、海两军具有某些并无事实基础的虚假重要性，那我们就是在给本国的国防准备措施带来危害。

大自然的进步，并非是突飞猛进的；人类的进步，就更非如此了。因此我并未妄想过，说陆、海两军会在一天两天之内彻底废弃，只有空军会发展壮大。

至于目前，我只是要求给航空兵以应有的重视——在意大利，我们还远远没有做到这一点——并且，在过渡时期应当采取下述谨慎的方案：逐步削减陆、海两军的规模，同时相应增强空军实力，直到空军强大到足以夺取制空权。这一方案，会随着我们越来越坚定地推进，而变得越来越贴近现实。

胜利属于那些在战争特点发生变化之前就预先采取行动的国家，而不是属于那些在变化出现之后才去适应的国家。在这个战争模式迅速变化的时代，敢于率先走上新的道路的国家，就会获得新的战争手段相对于原有战争手段所具有的诸多优势。新的战争特点强调进攻的优势，它必定会导致双方在战场上迅速而具有决定意义地分出胜负来。那些被即将到来的战争弄了个措手不及的国家，一旦战争爆发之后就会发现，他们非但根本来不及再做准备，而且连战争的意义都理解不了。而那些率先做好准备的国家，不但会很快赢得战争，还会用最小的代价和最小的军费开支赢得战争。因此，待此种变化结束之后，虽说在战场之上很快便会分出胜负，但实际的战争却将由越来越强大的空军来进行。不过，在过渡期内，保持一支有限的空军力量，便足以遏制任何敌国的陆军和海军了。

倘若非得等到有人做出榜样之后，我们对此才深信不疑的话，那我国就会落后于别的国家了；而在这个时期落后则意味着，一旦爆发战争，我国就将被敌人打败。［英译者注：这正是波兰、法国、挪威、比利时、荷兰等国在当前这场战争中，面对德国和日本的战争机器曾经猝不及防，而英、美两国在某种程度上也是如此的原因。］并且正像我已经指出的那样，具有讽刺意义的是，现在的情况正是如此。为了保护自身不遭到德国可能进行的报复性攻击，协约国正迫使德国在实现其报复计划最确定的道路上前进。被迫裁减陆军和海军之后，德国将不得不发展航空兵。我们将会看到，一支有夺取制空权之实力的空军，只需相对有限的武器装备、一小批作战人员和适当的资源即可组建起来，在此种过渡时期尤其如此；而这一切，完全都可以在不引起可能的敌人注意的情况下悄悄地进行。在协约国强加的枷锁那种最轻微的刺激作用下，渴望自由的内在动力，必将推动德国沿着这条新的道路前进。［作者注：自我写下这些文字之后仅仅过了五年，本已在化学领域出类拔萃的德国，又无可置疑地在航空工程和民用航空领域居于领先地位了。而这些方面，都是快速而秘密地创建一支强大空军所需的基本且充分的要素。］

这条新的道路，是一条节俭之路，使得空、陆、海三军武器的作用一旦得到正确评估，我们便可以用有限的精力和资源，去为国防安全做好准备了。我们记得，英国舰队中有些海军将领曾经质疑过战列舰相对于飞机的重要性；我们也记得，美国已经进行过实验，表明在某些条件下，飞机是能够击沉铁甲战舰的。

如今，已经到了我们不能再无视这个问题的时候了；为了国防利益，我们应当正视这一问题才是。

□ "独立空军"和辅助航空兵

在根据航空时代的具体情况，概括地审视国防问题的时候，我们强调了空军独立于地面部队、以及空军具有快速的机动能力两个方面；并且，我们还得出了如下结论：除非拥有一支能够在战时夺得制空权的空军力量，否则就不能充分确保国防安全。我们也明白，为了夺取制空权，我们必须在空战中、在敌人的基地或机场、或者在敌人的制造中心，将敌方所有的航空武器摧毁；简言之就是，在能够看到敌方的航空武器，或者在敌方生产航空武器的地方，将这些武器摧毁掉。我们还注意到，在实施此种摧毁任务的过程中，陆、海两军都是毫无用处的。这种情况，自然会导致一种结果，那就是：一支有能力夺取制空权的空军力量，在建制上必然会是独立的，而在作战行动中，它也必然不用依赖于地面或海上部队。为了简单起见，下面我将用"独立空军"这个术语来概括所有的航空手段；这些航空手段结合起来，便形成了一支能够夺取制空权的空军。因此，前述结论便可以这样说：只有一支拥有适当力量的"独立空军"，才能确保国防安全。

目前，飞机唯一的军事用途，便是协助地面或海上部队的作战行动；正因为如此，所以飞机都由陆军和海军来指挥。迄今为止，世界上还没有哪个地方存在一支能够掌握制空权的空军。就算存在这样的一支空军，倘若假定陆地与海洋之上的天空同样均匀，那么这支空军就不可能依赖于陆军或者海军才能存在，也不可能依赖于陆军或海军才能实施作战行动；因为这种依赖是一种强制性的依赖，它会通过强制"独立空军"分散兵力，从而无法满足形势的真正需要。目前，还有飞机是由陆军和海军直接指挥的。侦察机便是一个例子，它的功能是引导炮兵火力——顺便说一句，此种功能从本质上来说并非空军的功能；假如军用飞机没有发明出来，通过其他手段也可做到这一点。其他的例子还有专门的轰炸机和驱逐机，它们即便并不是由陆军和海军直接指挥行动，也是附属于陆军或海军的。由陆军直接指挥的飞机，其首要功能自然便是推进陆军的特定作战目标；而置于海军直接指挥之下的飞机，其首要功能自然也是推进海军的特定作战目标。同样，陆军指挥的驱逐机分队，其明确任务自然是警戒陆地上面的天空；而海军指挥的驱逐机分队，其明确任务则自然是警戒海洋之上的天空。

此种状况，当然会令我们觉得并不恰当。碰到这种情况时，我们就可以清楚地看到，一支组织良好、一心要夺取制空权的敌军会轻而易举地达到目的，而我方陆、海两军所拥有的这些辅助性航空武器则也会毫无用处，因为面对敌方一心想要夺取制空权的"独立空军"，没有什么有组织的抵抗是能够阻住其去路的。陆、海两军希望装备辅助性航空武器来协助他们实施作战行动，这种想法是很正常的。不过，这种能够将陆、海两军的独立作战行动变成一个整体的航空武器，不过是陆军与海军的扩展罢了。我们不可能将它们看成一支真正的空军。引导炮兵火力的侦察机，不过就是一个采用空军形式的、有用的侦察员而已。

这一事实是不言自明的；因此，我们对于空中战争的讨论必然会得出这样一个结论：完全独立于陆军和海军而发挥作用的"独立空军"极其重要。

数年之前，我们刚刚开始使用"飞行兵种"这个术语的时候，此种新的战争武器似乎真的获得了成功。不过，只是貌似如此罢了；"飞行兵种"这一术语，仅仅表达出了一种联系，因为"兵种"只是整体当中的组成部分，而只有这一整体，才能被看成一个真正独立的兵种。直到采用"独立空军"这个术语之后，我们才认识到了一个能够在陆、海两军根本无法染指的新战场上作战的兵种。在陆军或海军指挥之下作战的飞机，我们顶多只能将它们看成是一种辅助性的武器；所以，为了简单起见，后文中我将称之为"陆、海两军的辅助航空兵"。

至此，我还只是概括地论述了空中的战争武器；因为我觉得，在本书的开头部分，还是一般性地介绍一下这个问题为好。但是，飞机实际上分成两个大类：轻于空气的和重于空气的，即飞艇和飞机。为了清楚起见，我还要说明一下：后文中我只会涉及到重于空气的飞机这一类，因为飞机是唯一适合用于战争的一种航空武器。

第二章　独立空军

□组建

我们已经定义，"独立空军"指从整体上来看，能够夺取制空权的所有空中武器的总和；我们也已明白，为了夺取制空权，必须摧毁敌人的所有飞行工具。因此，一支"独立空军"的组建和利用，都必须以实现此种摧毁为目标。

不过，用一个形象化的比喻来说，倘若想要彻底消灭鸟类，仅仅射杀所有飞行中的鸟儿还不够，因为还有鸟蛋和鸟巢。最有效的办法，便是系统地毁掉所有的鸟蛋和鸟巢；因为严格来说，没有哪一种鸟类能够一直飞行而不要落下来栖息。同样，搜索空中并摧毁敌方飞行中的飞机虽说并非全无用处，但也是一种效果最差的办法。更好的办法就是摧毁敌方的机场、补给基地以及飞机制造中心。虽说在空中，敌方的飞机可以逃走，但正如鸟蛋和巢穴都已被毁的鸟儿，那些仍然在外飞行的飞机返回时，就没有可以降落的基地了。所以，摧毁这些目标的最佳办法，就是由"轰炸单元"来实施空中轰炸。

然而，轰炸机的性质，决定了这种飞机并不是用于空战的；因此，我们必须先用驱逐机清理空中，以免敌军干扰，之后轰炸机才能执行轰炸任务。这些驱逐机分队，我称之为"作战单元"。

第一次世界大战中的德国轰炸机

　　一支"独立空军"，在建制上应当由轰炸单元和作战单元构成：前者用于直接进攻敌方的地面目标，后者则用于保护我方的轰炸机不会受到敌方可能进行的反击。由此可知，一支"独立空军"的轰炸单元越强大，它的破坏力也就越大。而另一方面，作战单元的整体实力只需相应地大于敌方的作战力量即可；也就是说，只需强大到足以在敌方的作战部队面前占有优势就行了。一旦"独立空军"夺取了制空权，就不再需要作战单元了。相反，一旦"独立空军"夺取了制空权、空中不再有敌机抵抗之后，轰炸单元就可以毫无风险地发挥其全部的进攻力量，切断敌方陆、海两军与其作战基地之间的联系，在敌方国家的内部散布恐惧与混乱，从而瓦解敌方人民的精神和武力抵抗了。

　　下面这两个要点，说明了组建一支"独立空军"应当遵循的两大基本原则：

　　1. 拥有最大的轰炸力量。

　　2. 拥有与敌方可能拥有的实力相称的作战力量。

□轰炸单元

　　轰炸单元必须拥有足够的打击力量，以确保获得真正重要的战果。指导空中进攻行动所必须遵循的基本原则，我已经指出来了；也就是说，一次轰炸必须彻底摧毁打击的目标，从而无须对同一目标进行再次打击才行。

　　在我看来，轰炸单元应当能够摧毁直径为500米的特定范围内的一切目标。那么这一区域的面积，就应当成为计算和确定轰炸单元所需实力的基础。一旦用经验性的标准将这样一个区域的面积或者其中的目标数量确定下来，那么接下来的一步，就是确定摧毁这一区域内全部暴露目标所需的活性物质——即炸药、燃烧剂和毒气的总量了。这个总量，会随着实际炸弹中所用活性物质的效力而或大或小地变化。假如我们考虑到，在其他条件相同的情况下，每个轰炸单元所需炸弹的数量取决于此种所需活性物质的总量，那我们就不难看出，使用最有效的活性物质会具有极大的优势。

　　一旦确定活性物质的基本总量，确定了此种总量与弹壳重量之间的比率，那么计算出摧毁上述区域内一切目标所需的炸弹总重量，就是一件很简单的事情了。而计算出此种重量之后，我们也就知道了一个轰炸单元所需的飞机数量。假设1公担[1]的活性物质足以摧毁半径为25米范围内的一切，并且通常来说炸弹内的活性物质占整个炮弹重量的一半，那我们就会得出结论说，摧毁一个直径为500米的范围需要20吨炸弹。此外，假定每架飞机的炸弹携带量是2

---

　　[1]　Quintal：公担。公制重量单位，1公担相当于100公斤。注意英制重量单位中也有此单位，多称"英担"，1英担在英国相当于112磅，在美国相当于100磅。

吨，那么我就能够断定，一个轰炸单元应当由10架飞机所组成。进行此种计算所依据的上述假设，并不是纯属推测；它们都是根据现有条件所作出的假设。因此，就算不是绝对准确，它们也可以让我们作出一种不可能太离谱的准确估计。当然，唯有经验才能确定准确的数据；也唯有经验，才能完全确定轰炸单元组织的具体情况。不过，这一点在此对我们并不是很重要。现在我们所关注的，是将这一问题的原则确定下来，并了解一个能够摧毁比如直径为500米的范围内一切目标的轰炸单元，应当具有多大的实力。

由此我们可能会认为，根据此种原则所确定下来的一个轰炸单元，代表了一种并不明确的进攻力量，或许能够对敌方造成一定程度的损害。事实并非如此。这样一个轰炸单元，代表着一种极其确定的进攻力量，拥有摧毁给定范围内一切目标的、确切可知的实力。当这样一个轰炸单元向指定区域内的敌方目标发动打击时，我们完全可以确定，目标定将被摧毁。那么，一支"独立空军"的整体进攻力量，便是根据其中包含的轰炸单元的数量来计算的；而反过来，轰炸单元的数量又是根据需要摧毁的给定区域的数量来计算的。此种进攻性力量——或者说破坏性力量更好——能够选取最有效、最令敌方感到痛苦的地点对敌人加以打击。以一支拥有500架飞机、每架飞机携带2吨炸弹的"独立空军"为例，它能够摧毁50个直径为500米的区域。这样一支空军，每天可以摧毁敌方50个飞机巢穴——即机场、航空补给站、飞机制造厂等等。用这样的速度，你觉得让欧洲任何一个大国的现有空军失去作战能力，又需要多久呢？各国又有什么样的空中或地面防御力量，能够抵抗此种攻击呢？

在讨论作战单元时，我们不妨先来看一看进行空中抵抗的可能性；因为去克服此种抵抗的，正是作战单元。至于地面部队的抵抗，除了防空火炮就没有什么了；而我也会尽量说明，即便是出动防空火炮，战斗机也能轻易应对。不过，除了这一点，实际上防空火炮的威力始终都是极为有限的；原因既在于其火力瞄准并不准确，也在于此种防御方式固有的那种将武器分散开来的做法。防空火力当然能让轰炸单元中的一些飞机失去作战能力——但这种损失是很有限的；不过，没有人指望着打仗会不冒一点儿风险，尤其是在能够将这些风险降到最低限度的时候。何况，我们只需源源不断地补充飞机，保持轰炸单元的实力，便能轻而易举地弥补上此种损失。

在补充飞机这个问题上，我们手头始终应当保持有足够的此种飞机，使之能够立即出动，并且此种预备飞机的数量配额决不能低于一定的限度。例如，假定轰炸单元可能的轰炸能力是20吨炸弹，那么可以由10架飞机、每一架携带2吨炸弹来进行；用5架飞机的话，那么就是每架飞机携带4吨炸弹；或者只用1架飞机——如果存在此种飞机的话——携带全部这20吨炸弹。从某种角度来看，我们最好尽可能地少用飞机，以简化轰炸单元的结构。但从另一个角度来看，轰炸单元内飞机数量过少的做法又是很不可取的；因为在此种情况下，即便只损失1架飞机，也会极大地削弱整个轰炸单元的威力。正因为如此，我才认为每个轰炸单元中的飞机数量决不能低于4架；这样的话，在上述假设的情形中，就是每架飞机携带5吨炸弹了。

现在，我们不妨来确定适合用于轰炸单元的那些飞机的一般特性。一架飞机，必须具有适航性和可用性这两个特点。无论是和平时期还是战争时期，任何飞行器都必须具备这两个特征才行。但此处我们应当确定的，却是飞机的功能性特征——即飞机的性能：它包括速度、续航距离、绝对航高、武器装备以及有效载重能力等方面。

速度：我们已经说过，克服敌方抵抗去实施作战任务的轰炸单元，是由作战单元来进行支援的。这就意味着，轰炸机无需拥有将敌方驱逐机甩在身后的那种速度；这个事实极其重要，因为它使得轰炸机无需参与到一场必定无法预料结果的速度竞赛中去。一个将自身的安全或者力量全都寄托在飞机飞行速度上的国家，赌的实际上是一把极其没有把握的牌——而倘若考虑到飞机的速度正在日益不断地增加，情况就尤其如此了。另一方面，胜利绝不可能通过迅速逃跑来赢得。飞机往往需要以牺牲载重能力为代价，才能获得极快的速度。因此，对于拥有巨大载重量的飞机来说，我们必须满足于它们具有中等速度就行了，因为从实用目的来看，中等速度最终实际上就是一种最合适的速度。所以，轰炸机应当是一种具有中等飞行速度的机种；因为在战斗机的保护之下，轰炸机无需逃跑或者躲避敌方的攻击，故无需为求速度而牺牲其载重量。

续航距离：一架战斗机的续航距离，是指它从机场起飞并且凭借自身动力返回机场的最大飞行距离。所以，轰炸机的续航距离应当越大越好；因为续航距离越远，轰炸机就越能深入敌方领土。续航距离的大小，完全取决于飞机发动机的油耗量以及飞机的载重量。所以，飞机的载重量越大，其续航距离就越远。

除了机组人员，一架轰炸机的载重能力应当在燃料载重和炸弹载重之间进行均衡分配。当然，人们明白，确定了飞机的最大总载重量——这是预先确定下来的一个固定值——之后，只需增加所载燃料重量、减少携带的炸弹重量，便可以增加轰炸机的续航距离，并且反之亦然。但我们在此所关注的，却是确定轰炸机的标准续航距离或者平均续航距离；而这一点，则取决于两个因素：在标准作战行动中，计划进攻的敌方目标的部署情况，以及选择具有此种续航距离并能够携带足以摧毁敌方目标的炸弹量的轰炸机。

在我看来，如今一架轰炸机的标准续航距离应当在200公里至300公里之间。我说的是"标准续航距离"；而在例外情况下，这一距离是能够很容易地进行修改的。假如标准续航距离是300公里，而预定的作战行动在100公里之内，那么，携带足以续航300公里的燃料，而不是减少燃料重量，没有利用因此而省下来的载重量去携带更多炸弹，就是一种浪费。相反，假如标准续航距离是300公里，而预定的作战行动却在400公里以外，那么就可以减少炸弹携带量，并相应地增加燃料载重量。飞机续航距离的这种弹性，还可以通过在建造飞机时采取一些额外的措施，允许飞机分别调整燃料与炸弹的总载重量来确保实现。

绝对航高：战斗机的飞行高度越高，就越难以受到防空火力的打击。由于轰炸行动的固有特点决定了轰炸应当是分散投弹而非集中投弹，因此，即便轰炸机飞得很高，也能有效地实施轰炸。所以，标准绝对航高应当在3000米至4000米之间。考虑到我国边境大部分都是高耸的山峰这一特点，故我国需要绝对航高足以在任何地方都毫无困难地飞越整个阿尔卑斯山脉的战斗机；也就是说，我国所需战斗机的绝对航高，应当在6000米至7000米之间。

武器装备程度：很显然，轰炸机的第一要素和首要目标，便是携带炸弹并配备特有的投弹装置。但这并不是轰炸机的全部装备；我们还需要其他一些东西才行。为了保持机组人员的士气，机上还必须装备某种防御武器才行。尽管轰炸机不可能是进行空中格斗的理想武器，但任由轰炸机上的人员在面对敌方驱逐机可能发动的攻击时完全束手无策，却是一种很拙劣的见识。因此，尽管我们明白空战应当留给作战单元去进行，但为轰炸机配备小口径速射火炮以做自卫，这一点仍是极有必要的。

有效载重能力：所有机种的最大有效载重能力，都是一个预先确定了的固定值，并且等于下述三个方面的总重量：机组人员、燃料和武器装备。机组人员自然应当控制在必不可少的最低限度，同时也要考虑到可能遭受的人员伤亡情况。燃料重量和武器装备重量之间的关系，我们已经探讨过了。那么，给定了标准作战行动中所需的燃料量和武器装备量之后，一架轰炸机的有效载重总量，就应当确保能够携带足够多的炸弹，以免轰炸单元中需要的飞机数量过多。在我看来，一个轰炸单元中的飞机数量，应当保持在4架到12架之间。

这些，就是轰炸机的功能性特点；而这些特点在转变为规范之后，则必须由飞机设计者和制造商来加以实现。

我已经要求读者，注意炸弹中使用的活性物质的威力具有极其重要的作用。事实上，这些活性物质的威力增大一倍，一支"独立空军"的实力自然也会增加一倍。过于节省这些物质，或者节省研究这些物质的性质和用途方面的经费，实际上会是一种很愚蠢的做法。

活性物质分为三个大类：炸药、燃烧剂和毒气。除了研究和分析每种活性物质的威力，我们还应当对在轰炸行动中将它们结合起来加以利用可能产生的威力进行研究。即便是如今对它们的了解仍然不多，我们起码也能感受到——并且，经验可能也会证实我们的此种印象——在此种结合利用当中，倘若更广泛地利用燃烧剂和毒气的话，那么高爆炸药就会退居次要地位了。在对诸如仓库、工厂、商店、食品供应站和人口中心等民用目标进行轰炸时尤其如此，因为利用燃烧弹引发大火、利用毒气弹使人们在一段时间内失去行动能力，可以更容易地摧毁这些目标。高效炸药只是在特殊情况下才有用，比如利用炸弹的爆炸力摧毁飞机跑道和破坏机场。不过，我特别详细地对炸弹加以说明，只是为了间接地让读者对轰炸单元的构成这一问题的整体范围有个概念罢了。

□战斗单元

战斗单元的基本功能，便是在轰炸机执行轰炸任务时，为其扫除沿途可能遭到的任何空中阻击。因此，设计和装备战斗单元中的飞机，主要应当以空战为目标。

在此次世界大战前的那个时代，军界流行的观点是认为人们不可能在空中进行战斗，并且，除了极少数例外情况，用于此次战争中的首批飞机，也都没有装备适于战斗的武器。不过，空战已经是一种现实，并且必将继续存在下去。

敌方实施的任何空中行动，都必定对敌方有利而对我方不利，因此我方必须与之展开斗争才行。在此次世界大战中，人们认为，承认我方侦察机无力阻止敌机对我方的防线实施侦察，是一种不明智的做法；但是，敌方侦察机同样也无法阻止我方飞机对其防线实施侦察。不过，空战还是随着时间的推移而自然地发展起来了。飞机上开始携带一些武器装备，而飞行员也开始学习进攻和防卫——于是，空中对抗便开始了。正是在此种混战中，我们清楚地看到了速度较快的飞机比速度较慢的飞机具有优势这个事实；飞得快的飞机，能够随意地发动进攻和逃跑。不久之后，驱逐机便从此种经验中诞生了；之所以准确地如此命名，是因为驱逐机的目标，就是干扰其他飞机并阻止其他飞机执行任务。在设计此种飞机时，人们最强调的就是飞行速度和武器装备这两个特点；结果，驱逐机随即就变成了空中霸主，能够在战斗中傲视其他所有机种了。由于需要保护其他机种不遭到敌方驱逐机的攻击，所以我们还需要另一种速度与驱逐机一样快、或者比驱逐机更快的飞机，需要一种能够追击驱逐机的飞机。

于是，各国间出现了一种竞赛，旨在开发出速度越来越快的飞机。当时的标准，就是比敌方速度更快、机动能力更强——就是要求拥有能够表演空中"杂技"的飞机；这样，飞行员一旦发现所驾飞机在速度上不如敌方，便能够避而不战并逃往安全之地。人们为了速度和机动能力而牺牲了其他的一切；因为速度和机动能力，是在空中对敌时，哪怕取得暂时的优势也必须具备的两个首要条件。机组人员的数量，减到了最低限度——只有一名飞行员，同时操纵机枪。续航距离也降到了最低限度——飞行时间总计不过一个小时，或者一个小时多一点儿罢了。

因此，驱逐机的作用就是搜索敌方的其他机种，并且保护己方飞机不受敌方驱逐机的攻击。由于驱逐机的速度最快，并且本来就是为进行空中杂技而设计出来的，从而使得这种飞机最难操纵，所以驱逐机都是由最勇敢的飞行员来驾驶的。飞行员之所以愿意驾驶此种飞机而不愿驾驶其他飞机，有两个我们不难理解的原因。

首先，派出其他机种——即侦察机、观察机和轰炸机——时，都是去执行明确的任务，从而使这些机种在遭遇敌方的驱逐机时，会处于劣势。另一方面，驱逐机的任务却没有那么明确，因此拥有更大的行动自由。它们在遭遇敌方的其他机种时，因为具有明显的优势，故可以对其加以攻击。或者，倘若遭遇敌方的驱逐机，它们既可与之进行混战，也可以完全避而不战；就算交上火了，它们也可以中途退出战斗并返回基地。这样一来，驱逐机的特点便变得更加丰富多彩、更加不受约束，也毫不单调了；甚至从某种意义上来说，这还使得驱逐机在执行作战任务时的危险性，比其他机种都要更小了。

其次，驱逐机通常都是在离最高司令部不远的地方执行任务。此外，我不妨还补充一句：最高司令部的安全，都是由驱逐机直接进行保护的。在战争期间，敌我双方始终都会试图去轰炸对方的指挥部；而不久之后，驱逐机也显而易见地变成了防御此种轰炸的最好武器。凭借着迅速起飞和快速爬升的能力，

第一次世界大战中的英国侦察机

此种飞机更有可能在敌机发动攻击之前进行拦截，并且经常能够击落速度较慢的敌方轰炸机。于是，空中警戒便变成了驱逐机的特定职责，而驱逐机也受到了最高指挥部的青睐，因为它们能够保卫最高指挥部的安全和指挥官内心的平静——至少它们在白天能够做到这一点。

此种青睐，使得驱逐机这一机种迅速地发展起来；但与此同时，它也淡化了国防问题，并且妨碍到了人们正确地理解制空权的含义。当战争中一方的驱逐机分队成功地击落敌方飞机，使之比己方损失更大之后，这一方马上就会宣称自己夺取了制空权。实际上，这一方获得的只是一种暂时的优势，使得敌方的空中作战行动暂时变得较为困难罢了。但是，此种优势并没有、也不可能使得敌方完全无法再参与空中作战。事实上，直到此次世界大战末期，所有交战国之间依然还在进行空战呢。

实际情况是，尽管宣称驱逐机具有进攻的特性，但人们几乎完全把驱逐机当成了一种防御性武器。这种情况是意料之中的事情。由于续航距离有限，驱逐机不得不扮演一个被动的角色，无法飞到敌国领空去搜索敌机。那个时代的驱逐机，也是不可能用于其他目的的。它们主要是用于击落正在进行侦察巡逻或者引导炮兵火力的敌机，并且保卫重要的中枢要地免遭轰炸。至于其他方面，由于作战行动分散，故其作用也很有限；因此，空战变成了一系列纯粹的个人相互对抗，个别王牌飞行员的技能与勇气在其中发挥得淋漓尽致。所以，驱逐机分队就像是一种空中侠客的松散集结，而不是一支有效地组织起来的空中骑兵。

如今我们可以看到，此种情况含有某些虚假的成分，其中有着某些听上去并不真实的东西；因为无论个人有多么勇敢、技艺多么高超，战争都不再是一系列分散的个人遭遇战了。如今的战争，是由大批的人员和武器来进行的。因此，这种空中侠客式的作风，应当用一支真正的空中骑兵——即"独立空军"——来替代才是。

在前文中我曾说过，假如空战中只依赖于飞机的速度，那就是把所有赌注都押在一副靠不住的牌上。比方说，假如一架驱逐机被一架速度更快的飞机追击，那它就不再是一架驱逐机了。就其本质而言，驱逐机必须是一种异常优越的武器，体现出某一时期最新的技术成果，并且由杰出的飞行员来驾驶。可战争是由能力和水准都很普通的人和武器来进行的；因此，我们必须改变目前对空战的看法，否则就会遭受失败。

在空战中，胜利取决于火力。速度的作用，不过就是追上敌机、与之交战或者逃离敌机，如此而已。一架虽说速度较慢、但装备有大量武器的战机，由于能够用自己的武器装备扫清前进道路上的障碍，因此始终都比速度较快的驱逐机更有优势。由速度较慢但装备有大量武器的飞机所组成的一个作战单元，是能够顶住敌方驱逐机分队的火力，并且成功地执行自己的作战任务的。事实上，搜索空中的敌机或者避开空中的敌机，都不是作战单元的任务。我已经指出过，并且在此还要再说一遍：作战单元的基本职能，就是为准备执行确定任务的轰炸单元扫除敌方在沿途所进行的空中抵抗。

我不妨举一个简单的例子，来说明我的意思。假设一个轰炸单元离开甲地，去轰炸乙地。在此次作战行动中，作战单元除了扫除敌方从甲地到乙地这一路上为阻挡轰炸单元的去路而设置的空中障碍，就没有别的目标了。倘若做得到的话，敌方的目标则是阻止轰炸单元对乙地进行轰炸。敌方是求战和发动攻击的一方。倘若敌方没有发动攻击，那就更好——轰炸乙地的任务就能较易完成。倘若敌方的确发起了进攻，那么我方的作战单元就会将其击退。因此，作战单元无需为了搜索敌机并迫使敌机交战而飞得很快；它只需护送轰炸单元，并且在敌方试图干扰己方行动的时候能够适当作战就足矣。

这样一来，作战单元的飞行速度应当稍大于轰炸单元的飞行速度，这一点就是显而易见的了。并且事实上，战斗机的续航距离与绝对航高，都应当大于受其护送与保护的轰炸单元的续航距离与绝对航高，这一点也是不言自明的。通常来说，战斗机的主要特点应当是：在速度、续航距离和绝对航高方面都优于轰炸机。

由此，我们可以得出下述结论：总的来说，这两类飞机之间的差别应当不大；也就是说，战斗机与轰炸机一样，除了能够携带充足的燃料，还应当具有一定的运载能力。战斗单元此种增加的运载能力，应当用于增强其火力，并且在可能做到的情况下，用于增强其装甲防护设备。这不过就是一个增加飞机的武器装备量、增强飞机全方位集中火力的能力的问题罢了。用轻型合金材料在飞机的关键部位加装防护装甲，可以为飞机提供一定程度的保护。当然，指望飞机全部用装甲来抵御一切可能的打击，这种想法是很荒谬的；不过，用很轻的装甲来挡开大量子弹，抱有这种期待却并不过分。

按照这些原则设计和建造出来的飞机，火力密度显然会极具优势，会胜过现存的任何驱逐机。倘若能够制造出一架可携带2吨炸弹的轰炸机，那我们自然也可以建造出一架飞行速度较快、续航距离较远和绝对航高较大且能够携带1吨炸弹的飞机来。因此，倘若将如此节省下来的运载能力用于火力装备，而不是用于携带炸弹的话，我们就会得到一架火力装备比现存的所有驱逐机都要强大得多的战斗机。

所以在一个作战单元的编制中，应当含有多架能够编队作战的飞机才是；并且，此种编队必须具有下述特点：能够全方位地集中强大的火力，以击退敌方的空中攻击，或者起码来说，也得让敌机需要冒着极大的危险才能靠近。与这种作战单元相比——我再说一次，它的目的并非进攻，而是保护自己不受攻击——飞行速度更快、机动能力也更好的驱逐机非但毫无优势可言，而且在轻武器方面反而会具有劣势了。要去进攻这样一个作战单元，只有用一支类似的、且由数量更多、实力更强、武器装备更好和装甲防护力量更强大的作战单元，才能成功。

只有实践经验才能为我们提供足够多的资料，来确定正确地组建此种作战单元的具体细节——即飞机数量、编制以及战术。在这里，我的目的是给读者呈现一种虽说简略、但同时也很具体的概念，以便让读者明白，一个作战单元究竟应当是个什么样子。

□武器装备的稳定性

我们已经明白一支"独立空军"应当如何组建，已经明白一支"独立空军"中应当包括轰炸单元和作战单元才能充分发挥出其威力。另外，其中还可以含有其他类型的飞机，例如进行侦察、携带紧急公文、在各个司令部之间进行联络的快速飞机。不过，其主力始终都必须是轰炸机和战斗机。保持武器装备的稳定性，就在于此。

空军面临的一个最为重大的问题，便是保持其武器装备的稳定性。人们常说，因为航空技术在不断地快速发展，所以军用飞机的设计和制造方案，应当每三个月一改才是。从如今指导人们组建空军的那些观念来看，这一说法是对的。比方说我们已经指出，目前人们对驱逐机非常重视。由于此种飞机的实力源自于飞行速度，又因为人们每天都在创造并打破新的飞行速度纪录，所以这一机种显然是很不稳定的；今天还是荟萃了技术发展最新成果的一架飞机，明天可能就会过时了。

并非只有驱逐机才会如此。还有一种称为"日间轰炸机"、人们试图将快速和大携弹能力集于其一身的飞机。根据人们对于其用途的流行看法，这些飞机之所以被称为"日间轰炸机"，是因为它们的轰炸活动受到了限制——即只能在白天进行；不过，它们同时也能利用自身飞行速度较快的优势，逃过敌方驱逐机的追击。人们认为，这种"日间轰炸机"与飞行速度中等的所谓"夜间轰炸机"互为补充，因为后者必须在夜幕的掩护下才能执行轰炸任务。这两种情形中的指导思想都是相同的；那就是，尽量通过逃跑来完成作战任务！人们的这种观念，亟须加以改正才行。此种观念荒谬得很，因为战争要求参战方具有克服敌方的抵抗来实施陆上、海上或空中作战任务的实力。但除此之外，显然这些所谓的"日间轰炸机"还必定始终处于一种很不稳定的状态，因为它们的威力完全倚赖于飞行速度,而飞行速度却是一个始终都处在变化之中的因素。

我对构成一支"独立空军"主体的飞机,确实有着与此大相径庭的看法。无论是轰炸机还是战斗机,它们都只需具有中等的飞行速度就可以了。我们无需过分强调速度;技术进步可以让我们不久便制造出飞行速度达每小时10到20英里、同时保持其他基本特性不变的轰炸机或战斗机,这一点并不重要。为了让武器装备跟得上技术的发展,重视武器装备本身的逐步改良就足矣。理论上的完美总是会让我们走向极端;但我们所关注的,却是走一条注重实用性的中间道路。

因此,正是一支"独立空军"的现存武器装备,决定了保持一支真正高效的空军必须具有的那种武器装备的稳定性。但实际上还不仅如此。倘若仔细审视一下轰炸机和战斗机那些我曾尽量确定下来的功能性特点,我们就不难看出,它们大都与民用飞机的功能性特点几乎没什么两样。毕竟,轰炸机本质上就是一种具有中等飞行速度、足够续航距离并装有专用设备来携带炸弹的运输机。实际上,只需更改其设备,便可将一架轰炸机变成一架民用飞机。对于一架具有标准续航距离和中等飞行速度(即便是其速度稍大于常规轰炸机)、并且具有执行轰炸任务所需的足够的运载能力(就算此种运载能力稍逊于常规轰炸机)的战斗机来说,也是如此。这也意味着——因为互易法则是双向有效的——通过军用航空部门和民航部门相互达成协议,民用飞机在必要的时候也可以改变成军用飞机。反过来就是说,随着民用航空的快速发展,"独立空军"的诸多需求和大部分武器装备,除了依赖于军事方面的进步,还可以依赖于民用航空领域的技术进步来加以满足。由于仍然依赖于具有极高性能特征的飞机,所以目前的军用航空还不能说拥有了此种优势。结果是,如今的军用航空非但没能保持好飞机设计和结构方面的稳定性,而且差不多完全要依赖于自身的资源。在后续几章中探讨军用航空和民用航空之间的关系时,我还将再次论述这个极其重要的问题。

第三章　空战

□普遍原则

在能够对一支"独立空军"的力量进行准确评估之前，我们首先必须考虑到下面这一点："独立空军"是一支进攻部队，能够以迅雷不及掩耳之势，从任何方向打击敌方的陆上或海上目标，并且能够突破敌方进行的任何空中抵抗。从这个事实当中，我们便可以得出指导其作战行动的第一条原则：一支"独立空军"，始终都应当保持整体作战。

这一原则，也是指导陆上战争和海上战争的原则；因此，空中进攻所产生的物质和精神效果——与其他所有的进攻形式一样——会在时间和空间两方面都集中地实施此种攻击的时候发挥到最大。除此之外，在作战行动中整体抱成一团，还能让空军成功地突破敌方的空中抵抗。

很显然，一支"独立空军"的续航距离，必定取决于组成其作战单元的那些飞机的续航距离。不过，由于其中的所有作战单元不可能驻扎在同一基地，因此不同作战单元相对于彼此之间、相对于整个战场的部署，就会对整支空军的续航距离产生一定的影响。一旦各个作战单元的部署确定下来，整支空军集中打击敌方目标的范围，在军用地图上只需沿着各作战单元所能到达之处的外围划上一条线，便可以显示出来。敌方的任何一个目标，不论是陆上目标还海上目标，只要处在这条线之内，整支空军便都能一样轻而易举地在数个小时内到达，顶多也只需要从其作战基地飞到这条界线上相距最远一处的时间，这一点是不言自明的。因此，我方就可以在完全秘密的情况下进行准备，可以在不事先惊动敌人的情况下发动此种进攻，并且保持主动进攻的诸多优势。由于是突然袭击，所以敌方不太可能有足够的时间在空中或者从地面上有效地避开此种打击。无论敌人能够怎么做，通常最多也只能利用其空军力量的一部分来对抗此种进攻。

无论一支"独立空军"的整体实力如何，只要手中掌握着数量充足的轰炸单元，那么它不但可以成功地对单个目标发动进攻，也可以成功地进击处在同一区域里的多个目标。由于轰炸单元可能摧毁掉指定区域内的任何目标，因此一支充分发动起来的空军有多少个轰炸单元，就能消灭多少个这样的目标或区域。一支拥有50个轰炸单元的空军，假如每个轰炸单元能够摧毁一个直径为500米的区域，那么一次出击便可以摧毁50个敌方的目标，比如补给站、工厂、仓库、铁路枢纽、人口中心，等等。

在考虑位于空军打击距离之内的这些目标时，应当将整个地区细分为50个小区域，每个小区域里含有一个目标。假如在细分之后划出了10个小区域，那就意味着我方空军能够在十天的作战行动中摧毁该地区内的所有陆上或海上目标，之后再将打击力量转用于摧毁其他指定的区域。

这些东西听上去都简单得很；但实际上，目标选取、区域分组和决定进攻并摧毁这些目标的先后顺序，是空战中最为困难、最为棘手的任务，我们可以将其称之为空军战略。在战争中，作战目标五花八门；而作战目标的选取，则主要取决于所要达到的目的——是夺取制空权，是让敌方的陆军和海军失去作战能力呢，还是瓦解防线之后敌方民众的士气。所以，有众多的因素在决定着这种选取——军事、政治、社会、心理，而它们又都取决于当时的环境。比方说，我始终都认为，一支空军的根本用途，便是率先消灭敌人的空军，从而夺取制空权。那么，这似乎始终都应当是"独立空军"的首要目标。可事实却并非一向如此。例如，倘若敌人的空军实力很弱，那么将人力物力花在这样一个不重要的目标上，就是一种浪费。相反，用其他各种各样的进攻行动去打败敌人并使之遭受更大损失，这种做法可能更有利。我们不妨假定——当然只是一种假设——德国拥有一支具有上述实力的空军，并且决定进攻法国，而法国此时却只配备了任由德国摆布的空军力量。那么，你认为德国摧毁法国的空军，并且攻入法国的心脏地带又要得了多久呢？

在将敌方的目标分别归入不同的小区域，以及部署这些区域本身的时候，也是这样的；因为它们都倚赖于各种不同的因素，而这些因素对整体实施空中作战行动都具有至关重要的作用。对于空战的这个方面，我认为不可能制定出什么具体的准则来。我们记住下述这条基本原则——它也是陆上战争和海上战争的指导原则——就可以了：用最可能短的时间，给敌人以最沉重的打击。

根据这一原则来看，突然袭击显然具有极其重要的意义。一支像前文所述的、实力真正强大的"独立空军"，能够给一个没有准备的敌人以沉重打击，从而在数日之内完全摧毁敌方的军队。为了证明此种说法的真实性，我建议读者自己来解决下面这两个军事问题：

假设一个可能的敌国拥有一支装备了足量轰炸单元的"独立空军"，其中每个轰炸单元都能够消灭一个直径为500米范围内的所有目标，并且拥有适度的续航距离——

1. 在一日之内切断皮埃蒙特[1]、利古里亚与意大利其他地区之间的所有铁路交通线，需要多少个轰炸单元？

2. 在一日之内切断罗马所有的铁路、电报、电话和无线电通讯，并且通过炸毁该市的政府机构、银行以及其他公共设施，使得整个罗马城陷入恐惧和混乱之中，需要多少个轰炸单元呢？

要是读者还记得，我们所说的这个"直径为500米的范围"，指的就是各种各样的炸弹、燃烧弹和毒气弹即将投放的区域，那么这两个问题的答案，实际上必定会是两个很小的数字；而读者对此种新型战争武器威力的概念，也就会更加明确、更加接近现实了。

□防御

未来可能爆发的空中进攻规模会很巨大，从而要求人们回答下面这个问题："我们如何才能抵御此种进攻呢？"对于这一点，我的回答将会始终如一："通过进攻。"

我已经多次强调过空军那种出色的进攻性特点了。就像一支骑兵的最佳防御办法始终都是进攻——除非骑兵不在马背上，空军自身最好的防御之法也是进攻，并且实际上空军在这方面的依赖程度更大。不过，在继续探讨空军之前，我们还应当彻底弄清楚"进攻"这个词的含义才行。

我们不妨假设甲国只装备了作战单元，并且在战争爆发之后，只能依靠这些作战单元来击退乙国"独立空军"的进攻。那么，你认为战争爆发之时，两国各自所处的形势会如何呢？十有八九，甲国的空军将不得不去搜索乙国的"独立空军"，并在找到之后迫使后者交战，再将后者打败。

找到敌方的"独立空军"，正是问题的关键所在。我们可以去找——但上哪儿去找呢？天空在哪儿都是一样的；其间并没有什么路标，表明乙国"独立空军"在进击甲国时会走哪一条路。于是，"进攻"一词便成了一个抽象的概念；而"找到"也只成了一种可能性，并不是一种必然性了。甲国的空军要想迫使乙国的"独立空军"与之交战，它的飞行速度就必须大于乙国空军的速度；而要想获胜的话，它的实力也必须强于乙国的"独立空军"，并且还得运气好才行。但是，倘若甲国空军对乙国"独立空军"的搜索进行得不成功，那么乙国的"独立空军"就可以进击甲国领土，并且给甲国造成巨大的损失，而甲国却根本无望对乙国造成什么打击了。然而，假若乙国认为甲国的空军很危

---

[1]　Piedmont：皮埃蒙特。意大利西北的一个地区，与法国和瑞士接壤。后文中的Liguria（利古里亚）也是意大利西北濒临利古里亚海的一个地区。

险，那么其"独立空军"无疑就会集中力量进击，去摧毁甲国空军赖以发挥威力的全部设施。这样一来，甲国浪费在搜索乙国"独立空军"上的工夫，非但会变成一种徒劳无用的空中兜风，还会导致己方遭受失败——就算不是立即失败，也是一种真正的失败；因为如果没有机会与乙国的"独立空军"交战，那么甲国空军的实力就是浪费掉了。

如果我们再考虑到，为了最充分地确保获胜，甲国空军还须整体作战的话，那么问题就变成在何地、在何时将分散于各个机场的空军部队集结起来了。

尽管表面上具有进攻性，但甲国空军的此种行动本质上属于防御性的，因而具有防御方的所有劣势。在陆上进攻，是指无需搜寻而对陆上固定不动的、属于敌国空军力量命脉的目标发起进攻。而在海上，情况则不同。通常来说，海军基地的防御力量都很强大，基本上不可能被敌方海军摧毁。这一事实，增加了交战一方发动海战以阻止敌方进攻己方的陆上目标、或是在海战过后对敌方的陆上目标发动进攻的重要性。然而，倘若海军基地不可能再获得保护，反而会被敌方海军在数小时之内摧毁的话，那么情况就完全不同了。在此种情形下，海军基地被毁，就会让战舰舰队的作用化为乌有；因为摧毁海军基地，会极大地有助于削弱这些舰队的作战效率，而无需浪费时间和物资，到海上去追赶和击沉它们。

对于一个国家来说，准备一支仅仅用于空战的空军，非但会危及本国的大后方，还会让己方失去进攻敌方目标的全部机会，从而彻底陷入一种空中劣势当中去。

唯一真正有效的空中防御，只能是一种间接防御；因为这种防御，在于通过摧毁敌方空军的力量之源，来削弱敌方空军的进攻能力。最可靠、最有效地实现这一目标的办法，便是在敌方的地面基地消灭其空军。此种情形之下的基本原则就是：摧毁敌方空军的地面巢穴和制造工厂等资源，与进行空中追击相比，能更加容易、更加有效地消灭敌人的空军。任何时候忽略了这一原则，我们都会犯错误。因此，就算只抱有防御的目标，一个国家也应当装备一支能够在陆上和海上发动有力进攻的"独立空军"。

我们还需要考虑一个问题；我称这一问题为"局部防御"，指为本国陆地和领海上的异常重要之地提供防御。从理论上来说，有两种方法可用于有效地实施此种防御：阻止敌人对这些地方进行轰炸，以及在遭到轰炸之后立即修复受损设施。这一点乍看上去是最不可能做到的，因为我们不可能将整座城市，连同其中的铁路枢纽、港口设施、补给基地、工厂等等全都用掩体挡住。在某种程度上来说，我们可以通过防空火力或者通过防御性的空中行动，将敌方的空军拒于一定距离之外，并且阻止敌军轰炸某些目标。但由于防空火炮的射程有限，并且威力不足，实际上并没有什么重大的作用，因此必须部署大量的防空火炮才行；又因为任何国家都有着诸多要害之地需要防御，所以即便是保护其中的一部分地方，也需要部署数量庞大的防空火炮。[英译者注：弗莱彻·普拉特在其最近出版的《美国与全面战争》一书中估计，要想保卫我国东北部各个城市和重要的枢纽，需要部署大约12万门防空火炮。]

此外，我们还需要考虑到这样一个事实：护送轰炸机的战斗单元会吸引火力，从而削弱防空火炮的作用。低空实施此种作战行动，甚至比在高空实施更加安全，而原因也很简单，那就是火炮需要有较大的仰角变化范围，才能一直瞄准俯冲下来的战机。飞行高度为100米的

弗莱彻·普拉特（1897～1956）。美国科幻和历史作家，以对海军历史、美国内战以及与坎普合著的小说而著称。

飞机比飞行高度为2000米的飞机更难击中，因为后者的仰角变化范围比前者大了20倍左右。所以，倘若担任护航任务的战斗机俯冲下来时，用机枪猛烈扫射防空火炮的炮台，那么炮手就不可能坚守战位，更不可能继续向在高空中飞行的轰炸机开火了。十有八九，就算炮手们不会被迫放弃火炮、转而拿起步枪，他们自然也会转移火力；虽说很难瞄准，他们也会尽力去击毁直接威胁到他们的那些战斗机了。对我而言，我认为使用防空火炮不过是浪费精力和资源罢了——而战争经验也已证实了我的这一观点。[英译者注：自本书于1921年写就之后，防空火炮的射程和精度已经得到了极大的改进，因而威力大增了。不过，这一点并未改变作者此种前提和论证本质上的正确性。]

至于利用空军来进行纯粹防御这个问题，我们只须回想一下，倘若敌方的"独立空军"在作战的时候像我们所推测的那样富有效率，那么敌军必定就会全体出动；因此，我方防御部队的实力，起码也须与敌方"独立空军"作战单元的实力相当才行。为了有效地进行防御，在受到敌方空军威胁的所有地区需

要部署的防御部队数量，就是一支与进击的敌方空军整体战斗实力相当的防御部队，和需要加以保护的防御阵地数量的乘积。即便是为了达到此种并非有利的后果，我方也必需耗费巨大的资源，甚至比敌方为了达到一种有利结果而耗费的资源还要多得多。这就清楚地说明，将这些资源放在最能发挥其作用的地方用于进攻，此种做法的代价更低，也更可取。

总之，在面对此种规模的空中进攻时，没有什么局部防御措施会十分有效；因此，为了局部防御而耗费人力和物力，这种做法是与正确的战时节约原则背道而驰的。

从本质上来看，空战中没有什么防御，有的只是进攻。因此，我们必须承受敌方对我方发动的进攻，同时努力利用我们的资源，对敌人发动更加沉重的进击。这就是必然指导着空战发展的基本原则。

□空战的发展

只要空军仍然仅仅属于陆、海两军的辅助性兵种，那么在战争爆发后，就不会出现真正意义上的空战。诚然，战争中会出现规模或大或小的空中战斗，但它们始终都是服从于陆上或海上作战行动而进行的。我们首先必须创造出诸如飞机、人员以及将它们组成一个独立的作战实体等基本要素，然后再将这些要素锻造成一个高效的战斗组织，才会出现真正意义上的空战。

在这种情况下，率先装备一支真正的"独立空军"的国家，便会在军事上获得优势地位，起码在别的国家效法之前会占有优势；因为该国将拥有一种威力强大的进攻武器，而别的国家却只能倚赖于辅助性的空中力量。毫无疑问，为了保持各国间的军力平衡，其他国家必将纷纷效仿该国的做法。

为了研究空战的发展情况，我们不妨来研究一下这两种情形：（1）装备有一支"独立空军"的甲国与没有"独立空军"的乙国间爆发一场战争；（2）各装备有一支"独立空军"的两个国家之间爆发一场战争。

一支"独立空军"，时刻都必须做好作战准备；否则，它就会失去百分之九十的作用。假定其中的各个单元具有某种速度，那么，不管和平时期它们的作战基地分布得有多么广泛，这支空军都应当能够在数个小时之内，将兵力沿其防线集结起来并做好战斗准备。假如散布于全国各地的民航单元也属于这支空军建制的组成部分，那么它们的位置也应当使之能够尽可能迅速地集结并编入空军才是。简而言之，这支"独立空军"必须系统地加以组织，并且确定好后勤保障，使得一旦爆发战争，我们马上就能将其投入战斗。

现在，我们来研究一下第一种情形。甲国的"独立空军"开始行动，打算在乙国进行战争动员的过程中将其击溃。但我们不妨假设，乙国立即动员起了其所有的军用航空力量。然而，该国只有驱逐机和轰炸机能够参战，因为其他的专业兵种只适合于与海、陆两军联合作战。那么很显然，甲国的"独立空军"将能自由行动，因为乙国的驱逐机无疑是不可能对前者构成任何妨碍的。反过来，假定甲国空军配有足够多的战斗单元，那么它就能够让乙国的驱逐机部队遭受重创。这样，甲国空军便能够通过摧毁乙国空军的动员、维护和生产中心，迅速地夺取制空权。

一旦夺得制空权，甲国"独立空军"中战斗单元的任务，自然就不会再限于仅仅为轰炸单元提供保护了，而是会变成在整支空军执行轰炸任务时，用这些战斗单元来压制敌方的防空火炮，以及轰炸或用机枪扫射敌方部队的集结地、补给车、运兵车或者行军纵队，等等。此外，假如飞机的结构允许我们进行必要的改装，那么这些战斗单元也可以很快地改装成一流的轰炸机。因此，在掌握制空权已是既成事实之后，甲国的"独立空军"就拥有了彻底的自由，能够不冒任何风险地、随时对敌方的全部领土发动打击，并且迅速地迫使敌方投降了。

通过轰炸铁路枢纽、车站、位于道路交会处的居民中心、军需仓库以及其他关键目标，甲国空军可以阻碍乙国陆军的动员。通过轰炸海军基地、造船厂、油料库、停泊着的战舰以及商用港口，甲国空军可以阻止乙国海军的有效作战。通过轰炸敌方最关键的居民中心，甲国空军可以让恐慌情绪在乙国全境散布开来，从而迅速地瓦解掉乙国民众的物质和精神抵抗。

倘若认为这种情况言过其实，那么读者只需看一看意大利的地图，把自己想象成意大利任何一个邻国的"独立空军"司令就行了。首先记住，自己手下的空军每天可以摧毁50个直径为500米的区域；然后再问一问自己，需要几天才能实现上述目标。我们同时还需考虑下面这个现实：即便是在航空技术发展的目前阶段，就算隔天出动半数飞机，这样一支"独立空军"每日的作战兵力也将达到大约1000架战机，并且只需配备数千人员就够了。这样一来，读者便可得出自己的结论了。

在此，我还要强调一下这个问题的一个方面——也就是说，此种空中进攻对于战争进程的影响，精神上的效果可能会比物质上的效果更大。比如，我们不妨以一座大城市的中心区域为例，想象一下其中的民众在遭到单个战斗单元的一次轰炸之后会怎样。对我而言，我根本就不怀疑，此种轰炸会对民众产生可怕的影响。下面这种情形，很可能会发生在该市一个半径大约为250米的中心区域：短短数分钟之内，大约20吨高效炸弹、燃烧弹和毒气弹倾泻而下。首先是炸弹爆炸，然后是燃起大火，最后是毒气弥漫，使得人们根本无法靠近被炸区域。数个小时之后，夜幕降临，火势将会蔓延开来，而毒气则会让一切生物都动弹不得。到了第二天，整座城市将会变得死气沉沉；倘若轰炸的是某条重要交通干线上的枢纽,那么交通就会中断。

　　单座城池一日之内遭遇的这种情形,也可能出现在10座、20座甚至50座城池中。何况,就算没有电报、电话或者无线电,坏事也会传千里;那么试问,这又会给其他虽说尚未受到攻击,但同样容易遭到轰炸的城市里的民众造成什么样的影响呢?在此种威胁之下,又有哪个行政或军事当局,能够维持好市内的秩序,能够让公共服务机构继续运作,能够让生产继续下去呢?而且,就算能够维持某种类似的社会秩序,能够继续进行某种工作,只要看到一架敌机,也足以让民众陷入恐慌之中,难道不是这样吗?简而言之,民众始终都深陷死亡和毁灭即将到来的噩梦之中,是不可能维持正常生活的。而倘若第二天又有10座、20座或50座城池遭到了轰炸,谁又能够阻止那些不知所措、惊慌不已的民众,能够不让他们纷纷逃向开阔的乡下,以躲避此种恐怖的空袭呢?

　　处于此种无情的空中打击威胁之下的一个国家,社会结构绝对会彻底瓦解掉。这样,民众出于自我保护的本能,为了结束此种恐怖和苦难,便会自发地揭竿而起,要求结束战争的——而这一切,将会发生在该国的陆军和海军根本还没来得及动员起来的时候!那些认为我过分夸大了此种后果的读者,只需回想回想下面这种情形就可以了:在为不久前一次轰炸中的死者举行葬礼时,只因一位送葬者将一只飞鸟误认为是一架敌机,整个布雷西亚[1]便乱成了一团;而那次轰炸与我在此所描述的轰炸相比,可以说不值一提呢。

　　现在我们再来看一看第二个例子,即两国各自拥有一支"独立空军"的情形。不难看出,在此种情形中,率先发动攻击的那个国家会比敌方更具优势,程度甚至超过了上一种情形;或者反过来说,我们不难看出,在敌方击中我方要害之前尽量避开敌方的打击,是多么的重要。那么,为了让此种情形变得简单一点儿,我们不妨假定两国的"独立空军"可以同时开始作战行动。我们已经明白,空战根本的指导思想就是承受敌人可能给我方造成的损害,同时利用一切手段去给敌人以更大的打击。因此,一支"独立空军"必须绝不与敌军纠缠作战。它唯一应当关注的,便是在可能的最短时间内,给敌人造成最沉重的地面打击;而这一点,则取决于我方可用的空军力量以及对敌方目标的选取。任何分散人力、资金和装备等资源,从而削弱一支"独立空军"的实力并背离其根本目标的做法,都会延缓战争的进程,从而推迟战争的结束。

　　正如我已经指出的那样,选取敌方目标是空战行动中最棘手的问题,尤其是在敌我双方都配备有"独立空军"的时候。在此种情形下,最终的胜利取决于敌人所承受的打击与其遭受此种打击之后恢复元气的实力之间的不均衡关

---

　　[1]　Brescia:布雷西亚。意大利北部的一座城市,位于米兰以东,曾经是高卢的一个小镇,亦是古罗马时期的一处要塞,在第一次世界大战中曾遭受过轰炸。

系；这种打击必须尽可能迅速地进行，以免敌人率先打击我方。当然，一方仍有可能利用其"独立空军"来夺取制空权，并且最终赢得战争。不过，若是另一方成功地率先发动打击，使得对方整个国家陷入彻底的混乱，那么对方就没有足够的时间来夺取制空权了。

事实上，关于空战的这个方面，我们是不可能制定出什么严格的准则的。我们甚至也无法概括出一般性的标准，因为选取敌方目标取决于一系列的客观情况，比如物质因素、精神因素和心理因素——它们虽说确实都很重要，我们却很难对它们各自的重要性去加以评估。未来各国"独立空军"的司令官们的能力，正是体现在这个方面，体现在理解这些无法精确估量的因素上，体现在选取敌方的目标上。

一旦选定了敌方的目标，并且确定了摧毁这些目标的顺序，空军的任务就变得很简单了——那就是，心无旁骛地在最短的时间内相继摧毁这些目标。因此，在我们所研究的这种情形下，至少从理论上来说，两国的空军都应当同时从其集结地全体出动，向各自所选定的目标进发，而不用在半路上彼此搜寻。倘若两军碰巧狭路相逢，那么必然就会爆发一场空战；不过，我要再说一遍，双方的目标都并不是搜寻彼此并在空中作战。

我认为，空战的这个方面非常重要，所以在此我愿意停一停，对其加以进一步的阐述。我们不妨假定其中的一支空军确实想搜寻到对方；但与此同时，后者却尽量避免两军遭遇，并且直接飞向自己选定的目标。实施搜索的这支空军虽说可能会找到对方，但也有可能空手而归。一支"独立空军"若是背离了自身的根本目标，浪费时间和自身行动的自由去在空中搜索敌方空军，那么它很可能无法在空中搜寻到敌方的空军，而后者此时也很可能正在毫不受阻地对其本土进行打击。这样，一方的空军就会成功地完成任务，而另一方则会错过机会而遭受失败。在此种战争中，时间是一个至关重要的因素；而这样一种失败，可能会对战争的结果产生重大的影响，因此应当不惜一切代价来加以避免才是。

在谈到空中作战时，我曾提到了让一支"独立空军"的作战单元实施隔天作

第一次世界大战中的澳大利亚第一飞兵团

战的可能性；不过，我只是以此为例，说明一支空军就算是在只有一半兵力、或者战机数量相对较少的情况下，也可以取得重大战果。而在实战过程中，将整支空军的兵力分散开来的做法，却是错误的；因为一支"独立空军"的目标，是在最短的时间内给敌人带来最重大的损失。一支"独立空军"的潜在实力，始终都应当毫不节省地充分加以发挥，尤其是在面对一支实力同样强大、同样可以对我方造成严重损害的空军时，更该这样去做。用精力充沛的后备力量替换掉原有的作战人员和武器装备可能很有好处；但是，整支空军本身——也就是说，编制内的全部战机——始终都应当是在打击敌方的目标。正是这些轰炸行动的总体效果，决定了战争的结果将有利于那支成功地在最短的时间内将最多的炸弹投向敌方目标的空军。

在阐述关于空战一般特征的这些思想时，我只是想尽量说明下面这一点：即便从整体来看，空战像是一件很简单的事情，但实际上其中却存在着许多棘手的问题，解决起来也非常复杂。不过，就算是在这种简短的概述当中，对于空战的残酷程度，我们也能是窥见一斑的。

倘若我们停下来，考虑一下空中进攻的规模与威力，就会认识到并不存在什么有效的躲避之法了；而且，由于分散空军的兵力去进行防御毫无用处，所以"承受敌人可能造成的任何损失"这句话，就是说明随空战而来的那种灾难的真实写照。

而想到此种战争的结局必须取决于消灭一个民族的物质和精神力量，空战就更具悲剧性了；这个民族将会陷入一种无处不在、无休无止的可怕灾难之中，直到所有的社会组织最终崩溃瓦解。［英译者注：这似乎正是德国在1940～1941年间从空中发动闪电战，轰炸并摧毁了波兰、荷兰、比利时、法国、希腊和南斯拉夫等国的抵抗意志（还有挪威，但程度较轻）后的情况。］好在此种战争会很快分出胜负，因为具有决定意义的打击全都是针对平民，而平民百姓又是各交战国最没法鼓起士气的一部分。尽管如此，未来的战争最终可能会比过去的历次战争更加人道，因为未来战争中人员伤亡的数量终究会逐渐减少。不过，那些没有做好准备去承受此种流血牺牲的国家会遭受失败，这一点依然是毫无疑问的。

□空战的未来

迄今为止，我一直在探讨的这些问题，全都是用目前已有的武器装备，就可能轻而易举地付诸实施的、实实在在的一些方面。我这样说的意思是，任何一个国家，倘若认识到了现有武器装备的重要性和优点，便可以按照我所说明的那些原则，将目前的空中武器实际应用到发动战争的技巧中去。

　　承认了此种前提之后，如今我们便可以去展望未来了——很显然，我们展望的是不久的未来，并且不是一种毫无意义的幻想，而是在展望一种重视航空技术发展普遍趋势的未来；假如我们希望跟上技术的进步，以备将来能够利用这些技术，就必须沿着这些普遍趋势为我们所指出的那条道路前进。

　　航空领域面临的实用技术问题，便是如何让空中飞行更加安全、更加可靠、更加经济，并且如何在各个方面更好地适应社会的需求。因此，对这个问题加以研究，旨在实现下述四个目标：

　　1. 加强飞机飞行时的安全，加大起飞和降落设施的安全系数。

　　2. 淘汰目前制造飞机时使用的那些会变形和磨损的材料。

　　3. 增大飞机的运载能力和续航距离。

　　4. 以更少的油耗为基础，增大飞机的飞行速度，并提高飞机的性能。

　　按照这些原则进行改良，会使飞机在和平时期与战争时期同样发挥出更大的作用。

　　现在，我就来简要地分析一下这些改良趋势。

　　1. 加强飞机飞行时的安全，加大起飞和降落设施的安全系数：在空中飞行的时候，飞机自身具有稳定性，并且往往能够自动保持平衡。只要飞机下面有足够的空间，只要飞行员不是故意违反飞机能够恢复正常的自然趋势而让飞机失去平衡，那么无论飞机进入什么样的情况，最终都会回复到其自然的飞行状态中去。这种现象，正是进行空中杂技——比如头朝下俯冲、盘旋上升、旋转飞行、翻筋斗，诸如此类——的基础。要想完成这种杂技飞行，飞行员只需用某种方式让飞机失去平衡就可以了；而要想恢复正常飞行，飞行员只需停止干预，飞机就会自动恢复平衡。异常的大气条件——如气阱[1]、暴风雨、大气逆流等等——也可以干扰到飞机的平衡；但在此种情况下，一旦大气的干扰作用停止，飞机同样也会自动地恢复平衡的。简而言之，一架飞机在空中会由于很多原因而失去自然的平衡，其中既有异常大气条件的原因，也有飞行员的操作原因。

　　这些干扰性的大气条件，一般都是低空即靠近大气压力最强的地表经常发生的现象。正像海浪在靠近海岸之处更无规律那样，就算是二者形成的原因完全不同，气流在靠近地表的地方扰动也会更强烈，因为地表相当于大气这个"海洋"的海岸线。

　　我在前文说明过，一名飞行员可能会有意让飞机失去平衡，而此种情形的前提是，飞行员仍然掌控着飞机，能够让飞机恢复平衡；否则的话，飞行员可

---

　　[1]　air pocket：气阱。气象学术语，指有强烈气流使得飞行中的飞机骤然下跌的一种大气现象。亦称"气穴"、"气陷"、"气潭"或"恶气流带"等。亦拼作air hole。

能就会操作失误，而失去对飞机的掌控。当然，飞机可能在任何飞行高度失去控制。只要飞行员保持冷静，他就可以轻而易举地及时让飞机恢复正常飞行，条件是飞机下方的空间足够大。不过，倘若飞行员慌了手脚，任由飞机继续失去控制的话，那么无论处在何种飞行高度，飞机也会坠毁的。

总而言之，我们可以看到，飞机飞得越高，飞行就越安全。但是，倘若可以在飞机上安装某种机械装置，来防止飞行员因为有意或无意的操作而让飞机失去平衡，那么多半的飞行事故都是可以避免的。由此人们开始发明一种机械装置——对于这种机械装置，我们在此无需详细讨论——来让飞机在飞行中自动保持平稳。驾驶一架能够自动保持平衡的飞机，应当就像驾驶一辆汽车那样简单。也就是说，用加速器在飞机爬升时增大引擎功率，而在下降时减小引擎的功率，并用方向盘来操纵左、右转向。我们当然很快就会实现这一目标了。

早在1913年，维佐拉的兵工厂就已制造出了一架只用一个加速器和转向盘来操纵的飞机，并且实现了起飞、飞行和降落。［作者注：非但实现了这一点，他们还制造出了无人驾驶的飞机，通过从地面发射的电磁波来操纵飞机的飞行。］这架飞机不允许飞行员让飞机失去平衡，还能对干扰性的大气条件自动做出反应，并且创造了自动飞行续航时间的世界纪录（超过了1个小时）。我们不难想象，一旦此种改进牢固地确定下来，会产生出一种什么样的实际效果。

起飞和降落，是飞行过程中两种最困难的操作，正如入港与离港是航海中最困难的两种操作一样。个中原因，要么在于飞机由流体介质抵达固体介质时会遇到不同的物理阻力，要么在于地面附近的大气扰流。二者之间，降落更加不易；并且，由于飞机接触地面时的冲击力与其速度成正比，因此降落速度越大，就越危险。

所以，飞行安全要求一架飞机能够以很慢的速度降落；而另一方面，人们却又要求飞机具有越来越高的飞行速度。目前飞机的飞行速度已经超过了每小时300公里，而每小时300公里相当于每秒钟大约83米，或者说稍高于四分之一音速。［作者注：如今飞机的速度已经超过了每小时400公里。］因此，航空技术所致力的，就是开发出飞行速度更大、而降落与起飞速度却更慢更安全的飞机。建造更好的机场、跑道和信号系统，这种形式的外部改善，无疑也会有利于飞行安全。［作者注：利用无线电束引导飞机进行仪器导航飞行与夜间飞行，如今已经变成了现实。］

2. 淘汰目前在制造飞机时使用的那些会变形和磨损的材料：作为一种机器，飞机取得了许多名不虚传的辉煌成就；不过，它距一种可以称之为十全十美的机器却还远得很。除了近来数次并不多见的实验之外，像木材和帆布这样容易腐烂的材料仍在用于制造飞机。诚然，木材和帆布具有某种弹性和重量很轻的特点，以至于即便是在如今，我们仍无法用金属来达到相同的弹性和轻质。而另一方面，木材和帆布的结构并不均匀，并且还会由于诸多的原因——比如在不利的气候条件下——而很快腐朽掉，所以它们是不是会永远有用，这一点是值得怀疑的。一架理想的飞机应当全由金属制成；因为金属的特性很确定，并且不易变形。由此，人们开始制造全金属制成的飞机；金属除了让飞机的结构更加稳固之外，还会减少将飞机存入机库的必要性，就算不是全无此种必要的话。这样做，尤其是在战时，将会大大节省时间和劳力。［作者注：事实上，木材和帆布似乎早已是过时的航空材料了。］

3. 增大飞机的运载能力和续航距离：增加飞机的运载能力这一趋势，是符合稳健经济的原则、符合人们希望增加飞机续航距离的愿望的。倘若一架飞机的运载能力增大了，那么制造和使用这架飞机的总成本就会相应地下降。一架运载两人而非一人的双座飞机，并不需要因为多运载了一人而将机组人员增加一倍。用一架飞机运载10名乘客或者10公担货物的成本，会低于用10架飞机来运载它们的成本。此外，通过在一定限度内改变有效载荷与燃油重量之间的比例，增加飞机的总体运载能力时也会增大飞机的续航距离。并且，我们只有利用运载能力大过如今所用的飞机，才能实现定期的越洋航班服务。

飞机是靠机翼升空的，整个飞机重量所造成的压力，全都分布在翼面之上。不过，由于每平方米翼面所支撑的重量不可能增大到某种预先确定的限度之上，因此，飞机的运载能力完全取决于其机翼的面积。所以，需要的运载能力越大，机翼面积也就越大。曾经有过一段时间，三翼飞机似乎是我们可能制造出来的最大翼面的飞机；但即便是这种面积最大的机翼，承载力也不可能超过一定的限度。不过，最近在意大利出现了一种新型飞机——即以三翼机翼组为基础，并由一种新的操作系统驾驶的无尾飞机。经过空中检测，实验证明这种飞机是很实用的。

由于这种沉重的飞机很可能只能在流体性表面起飞和降落，所以我们可能必须建造人工湖泊来供其降落才行。这会带来一定的军事优势，因为爆发战争的时候，敌人的轰炸机难以像轰炸陆地机场那样，轻而易举地摧毁水面机场。

4. 以更少的油耗为基础，增大飞机的飞行速度，并提高飞机的性能：要提高飞机的飞行速度，主要在于增大发动机的功率。［作者注：如今已经有了功率为2000马力的飞机，而人们还在制造功率为6000马力、有6～12台发动机的飞机。］由此可知，发动机功率越大，飞机克服空气阻力的本领就越大，而最终的飞行速度自然也会越大。不过，我们可以看出，这不可能是一种合算的方法。我们需要的是，不用增加发动机功率，而是用减少空气阻力的办法来提高飞行速度。但是，我们对于这个问题是无能为力的。空气阻力是一种客观存在。不过，随着飞机飞行高度增加，空气阻力会变小，这也是事实。因此，假如能够保持发动机的功率不变，那么我们飞得越高，飞行速度就会越快，而飞机的性能也就会越经济。

但是，问题并不像乍看上去那样简单，难处就在于保持发动机的功率。决定发动机功率的因素之一，便是其气缸的进气量；也就是说，气缸每一个进气冲程中吸入的空气与汽油的混合量。假如一个气缸的排量是一升，那意味着气缸中每爆炸一次，就会消耗一升的可燃混合气体。

空气的密度会随飞行高度不同而变化。假设海平面上的空气密度是1，那么到了5000米的空中，空气密度约为1/2，而到了18000米的高空，空气密度则变成了1/4左右。这就是说，在5000米高的空中，一台发动机倘若保持其气缸容积不变，那么它所吸进的可燃混合气体量（重量）就大约只有位于海平面时的一半；而到了18000米的高空，气缸吸进的可燃混合气体，则只有位于海平面时的1/10了。因此，假设位于海平面时发动机的功率是1，那么随着飞机上升，发动机的功率就会逐渐下降，在5000米的空中降至1/2，而在18000米的高空则会降至1/10。

这种现象，其实比上述情况更为复杂；不过，我在此所说明的内容，足以说明随着飞行高度增加，发动机的功率会因空气变稀薄而降低的道理了。这就解释了为什么每种类型的飞机，都有我们所称的"绝对航高"，即飞机能够达到的高度限度。到了最大飞行高度，飞机发动机的功率几乎就会消耗殆尽，因而无法再超过这一高度。

从理论上来说，为了在不同高度保持相同的功率，必须让发动机在任何高度吸入的空气，都与海平面上的空气具有相同的密度才行。还是从理论上来看，为了实现这一目标，将发动机吸入的空气密度压缩到1，即海平面上的空气密度就足矣；因为随着飞机爬升，空气会逐渐变轻。世界各地的技术人员都正在进行研究，想给这个问题找出一个可行的解决办法；而什么也阻止不了我们去设想，有朝一日，这个问题一定会在实际上而非理论上得到解决。

但是，由于空气的阻力与其密度成正比，所以，假设海平面上的空气阻力为1，那么在5000米的空中，空气阻力就会变成约1/2，而在18000米的高空，空气阻力则会变成1/10。因此，假如我们能够做到让飞机的发动机不论在何种高度都保持着相同的功率，那么从理论上来说，一架在海平面上速度为每小时150公里的飞机，到了5000米的空中就能达到每小时300公里的速度，而到了18000米的高空，飞行速度还能达到每小时1500公里；这样一来，飞机的最大飞行高度就没有限制了，因为飞得越高，飞机爬升起来就越容易。

当然，这些都只是理论上的目标，实际上可能永远也实现不了，但航空技术却始终都在朝着此种目标前进；事实上，技术人员们并没有灰心，他们认为，在不久的将来，可以让飞机在10000米的高空，以每小时500公里的速度正常而省力省油地飞行。［英译者注：此种高度就是大气中同温层的高度，而这种速度的飞机，就是我们这个时代的大型越洋客机。］当飞机在这样的高度上飞行变成一种常态之后，我们自然应当像对待飞机的发动机一样，用与海平面上的密度相同的恒定大气压，对客舱加以气封才行了。此种高速而合算的大规模空中交通，将会增大飞机的续航距离，并让乘坐飞机变得更加舒适。

根据可以看到的当前技术发展趋势，我们可以肯定地说，航空领域的进步将会产生飞跃，而在远距离飞行方面则尤其如此。一个无人会再想到去乘坐汽轮越洋过海的时代即将到来，就像如今我们没有人会再想到去乘坐帆船远渡重洋一样。而由于飞机被人们用做战争机器，其进攻力量会不断增强，所以我们完全可以相信，在不久的将来，日本就可以用空军进击美利坚合众国，而美国也可以用空军进击日本了。

我之所以深思未来，只是为了强调当前的需要；至于当前，我将随后再进行探讨。

第四章　空战的组织

□概述

1910年，我曾经如此写道："除了所涉及的武器技术问题，空战还需解决好空军的准备、组织以及利用问题；也就是说，这要求我们始创出第三种兵法，即空战的兵法。"［作者注：参见《关于航空问题》，罗马，1910年。］

我相信，这一说法如今会得到社会各界的一致认同；而在编纂关于空战兵法的本书时，我只是想简单地指出空战所能达到的高度，从而赋予其应得的重要性，使得研究战争的学者可以由此尝试着创立出兵法的第三个分支——即空战兵法来。

其中涉及的问题，为数众多且难以解决；不过，这些问题必须加以解决，因为我们在锻造出一支军队之前，首先必须明白用这支军队来干什么以及如何使用这支军队。到目前为止，我在本书中并未装腔作势地说要解决所涉及的诸多问题，而是只试图说明空战的一般特点和规模，以及确定创建一支"独立空军"所需的手段，并且在此过程中，形成了数条基本原则；我相信，人们会接受这些原则的。

不过，即便是从我寥寥说明的那一点儿内容中，我们明显也可以看出，建立一支"独立空军"，需要一种并非以经验主义为基础、而是以深入研究利用这支空军所必需的后勤部署为基础的组织。尽管战略性地利用一支"独立空军"，可能是明智地运用数条基本原则的结果，但"独立空军"的战术使用，却要求我们对这支空军的武器装备及其作战单元的构成，进行准确的理论和实践研究。研究空军的后勤或者战术，并非本书的论述内容。相反，我认为在此对"独立空军"的组织进行更深入一点的研究才是合宜之举，因为我们必须从组织问题入手才行。并且，由于一支"独立空军"不容许凭借任何想象中的飞行技术来进行组建，因此我应当尽量将目前与未来的需要关联起来进行论述。

□协同作战

在战争中，动用陆、海、空三军都应当是为了同一个目标，那就是获胜。为了发挥出最大的威力，这些部队必须充分协作且彼此和谐一致才行。三军应当像同一产品中的三种配料——或者要素——那样发挥作用；因为只有当所用原料配比正确的时候，才能获得品质最佳的产品。

就算是最富裕的国家，能够用在国防上的资源也不是毫无限制的。有了一定的资源之后，一个国家只要正确部署上述三种要素之间的配比，就能有效地确保本国的国防安全。这三大要素之间的比例关系越合理，国家用于国防的开支就会越少。不过，即便是这三种要素之间的比例关系很合理，它们也须完美地协同作战，才能发挥出最大的威力。在允许陆、海、空三军的司令员具有最大的自由行动权的同时，由一个最高权威来指挥三军协同作战，这种做法是有益于国防安全的。但是，即便做到了这一点，也还不够。我们还需将用于国防的那些资源进行正确的细分和配置，使之能够在爆发战争或者出现其他意外时发挥出最大的效力。

这些方面实际上是不言自明的，因此对它们再加阐述就是多此一举了。那么从逻辑上来说，要想做到这一点，就需要有下述两个条件：

1. 有一个权威机构来研究国防方面的各种需求，确定并将国家的资源以正确的比例分配给上述三大兵种——即陆、海、空三军。

2. 有一个权威机构准备好承担最高指挥的责任，指挥陆、海、空三军并协调其行动。

现在还没有这样的权威机构。相反，如今我们是用不可靠的经验主义方法在分配指定用于国防的那些资源；因此，给予每支部队的资源配置比例，更多的是一种机缘上的巧合，而不是一种真正的计划。在各个兵种分别由独立的机构指挥，并且各自抱着自己的特权不放的情况下，是不可能有别的什么样子的。一旦爆发战争，无论各个军种之间进行何种协作，都只能是一种偶然之事，尤其是因为它们之间以前并未协作过，没有先例可循。〔作者注：1927年，意大利根据墨索里尼的命令建立了一个最高指挥部，由参谋总长统率，从而提供了此种必备条件。〕不同军种之间缺乏协作，一向都是导致己方处于严重劣势的原因；而这在将来还会导致更加严重的劣势，因为未来的战争越来越会让交战国的所有机构全都参与进去，还因为空军这种新因素的重要性正在日益增大。

如今，我们正前所未有地需要遵循严格的逻辑要求，并且建立起一个既非陆军也非海军的全国性机构来；这个机构当具有清晰的视野，能够从整体上洞察战争，并且不带偏见地衡量这三大基本军种的重要性，以便通过它们的协作，获得最佳的战果。

但由于情况并非如此，并且由于我们必须从现在开始才行，所以我们必须立足现实情况，并从现实开始着手。如今的航空技术既不是属于陆军，也不是属于海军，虽说陆、海两军和民生活动中都有航空技术的参与。为了说明空军目前的组织为什么远远没有达到其可能的规模，我们只需实事求是地阐述清楚现实情况就可以了。在我看来，我们需要确定如下几条基本原则：

1. 陆军与海军在各自的战场之上用于推动或联合其作战行动的航空武器，无论参与的是何种行动，都属于陆军和海军整体的一个组成部分，因此我们也必须将它们看作是陆、海两军的一个组成部分。

2. 用于执行陆、海两军无法参与或是超过陆、海两军行动范围的作战任务的那些航空武器，必须独立于陆、海两军，形成一支我们所称的"独立空军"；而"独立空军"这个实体，尽管与陆、海两军并列且与它们协同行动，但在行动时却必须独立于陆、海两军。

3. 民用航空同其他的国家活动一样，应当得到国家的支持和鼓励，而在其他与国防并无直接联系的各个方面，都不应因它对于国防很重要而受到拖累。

4. 但在与国防直接关联的所有活动中，民用航空必须得到国防机构的支持。

我们过后就会看到，运用这四条不言自明的原则，就可以建立起合理而有效的组织来。

□辅助航空兵

我所说的"陆军和海军的辅助航空兵"，是指陆军和海军在各自的战场之上为了推进或联合其作战行动而利用的一切空中武器。要想构成陆军或海军整体中的一个部分，这些辅助性的空中武器必须：（1）包括在陆军和海军各自的预算之内；（2）从其组织到利用，都必须完全置于陆军和海军的直接指挥之下。

陆、海两军的辅助航空兵由独立的预算来提供经费，这种做法是毫无理由的。事实正好与此相反；因为这两个分支兵种的辅助航空兵，都应当与各自的总体实力和编制成比例才行，而要是这些辅助航空兵由独立的预算来提供经费，那就不可能做到这一点。唯一能够决定这种辅助航空兵之合理编制的机构，便是陆军或海军——当然要视具体情况而定；因为陆军和海军掌握了必要的资料，来判断空中武器是否最适于推进各自的作战行动。事实上，既然陆军能够决定比如说一支炮兵部队的编制——即火炮、炮架、弹药等的数量和种类，那么我们就没有什么理由，说陆军不能决定引导炮兵火力所需的飞机数量与型号。

比方说，倘若由大型的地面作战单元来指挥侦察机或者观察机的做法有利，那么无论是在和平时期的编制上，还是在战时对这些飞机的利用上，这些作战单元显然都会将侦察机或观察机完全控制在自己手里，以便获得最好的结果。于是，在制定作战计划时，这些部队就可以把自己所掌握空中武器的准确实力考虑进去了。反过来，这又会让空中作战单元熟悉地面部队的战术。此种制度，非但符合组织和使用这些空中作战单元的逻辑概念，还避免了双重控制的危险；这些危险，在辅助航空兵近乎独立于陆军的情况下，是很容易出现的。

第一次世界大战中，德军广泛使用气球用于侦察。

那么，作为陆军整体组成部分的军事航空部队，在补给、操练、使用和训练方面，便应当由陆军进行直接指挥。不过，在武装部队可以采用这第一条组织原则之前，我们必须先摒弃迄今为止仍在妨碍着航空兵与陆军保持互惠关系的那种先入之见才行——也就是说，认为航空纯属技术领域，应当专门留给技术专家来处理的那种观念；此种观念，源自人们认为航空是一种新技术，只有少数专家关心其本质的想法。

只要我们说明这个问题产生的确切环境，摒弃这一观念就是一件很容易的事情了。诚然，军用航空技术与其他任何一种航空技术一样，技术性极强，并且依赖于接受过航空技术培训的专业人员。但是，假如将其看作一种战争武器，那么航空技术也必须满足武器有效性的一些必要条件才行。例如，在引导炮兵火力时，既需要飞机，也需要受过训练的专业人员去驾驶飞机，并且同时利用这两者来控制炮兵火力。因此，二者都必须达到飞行要求才是。假如飞机和飞行员都达不到这一要求，那么炮兵就全无用处了。事实上，正是因为炮兵部队明白自身的需要，所以它必须确定自己所需飞机应当满足的先决条件，并且对驾驶此种飞机的人员进行必要的专门训练。

一旦研究透了这个问题，炮兵部队便可以这样说："我们需要多少多少侦察机，要某某型号的，装备有这种那种仪器设备，能够在某些限定机场降落。"如此等等。炮兵部队一旦做出了选择，由此而来的责任也将由它们来承担。决定军队哪一部分应当或者不应当使用哪一种飞机，并不是航空技术人员的职责。他们的责任，是按照炮兵部队给定的技术参数，生产出适航性能良好的飞机，而不是去评判他们生产出来的飞机在军事上的有效性。他们是无法做到这一点的。假如陆军或海军需要一种尚不存在的新型飞机，那么自然该由技术人员去研究部队的要求并制造出部队所需的飞机来，同时指明在生产有用之飞机的过程中，航空科学应当遵循的正确方向。当然，部队的这些要求必须是合理而可行的。否则的话，我们可能就会碰到一些荒唐的要求，比如让飞机能够停在空中不动。要想避免这种荒唐的要求，只需明白那些属于我们共同的文化遗产的常识就可以了；而我们可以肯定的是，一旦那些利用航空技术的人感受到了他们的选择所带来的责任，不久之后，此种航空文化也将变成人类共同遗产的一部分。

总之，航空技术人员所关注的，应当是按照技术参数制造出适航性能良好的飞机；而军方则应当配备飞行教练来驾驶和维护飞机。这样，军方和航空技术人员就履行了各自的正当职责，并且对各自的行为负全责，而不会去干涉对方的活动范围。

我已经说过，组织陆军辅助航空兵的责任在于陆军。在此，我并不会对这一说法的是非曲直加以讨论；为防有人提出反对意见，我只会说，为陆军配备辅助航空兵并非意味着军事编制上的重复。在后文中，我将说明这一点。

□独立航空兵

为了避免使用那些一开始就显得很极端的说法，我会把"辅助航空兵"和"独立航空兵"区分开来，并用后面这个术语代替"独立空军"，来指代注定要执行陆、海两军决不可能参与的一些战争使命的所有空中武器。如今，这些武器已经在所谓的轰炸机和驱逐机中渐现雏形了。

空中进攻能够在任何陆上或海上武器都无法到达的敌人防线后方实施，因此对陆军和海军都有好处。但是，如果不是为了别的什么原因，而仅仅因为此种空中协作有助于陆、海两军，就不能说此种空中武器必然应当由陆军或海军来直接指挥，以免分散兵力。我们也不能因此就得出结论说，在轰炸任务中，陆军只应当使用在陆上起降的飞机，而海军则只应当使用舰载飞机。上一次战争的经验告诉我们，两种类型的轰炸机分别从陆上基地或者海上基地出发，都是可以轰炸敌方的港口或者内陆城市的。即便是按照如今这种有限的制空权观念来看，驱逐机的作用就算并不是完全自行发动空战，起码也应当是在空中进行战斗。出于上述这些原因，可知驱逐机不应当由陆军或海军来控制。倘若陆、海两军都希望利用驱逐机来警戒其战场上空，那也是两军辅助航空兵的事。

我已经详细说明了，我为何认为承担战时夺取制空权这一使命的独立航空兵不可或缺。我也已经说过，在我看来，轰炸航空兵和驱逐航空兵目前所盛行的那些指导思想，是满足不了夺取制空权这一目标的；我还指出了轰炸航空兵和驱逐航空兵如何才能实现这一目标的方法。无论人们对现阶段的航空编制有着什么样的异议，我都认为，他们起码应当承认下面这一点才是：不准备好在未来的战争中夺取制空权，实在是一种愚蠢的做法。

做好准备的第一步，就是将轰炸航空兵和驱逐航空兵从陆、海两军分离出来，从而确立首个独立的核心和种子；无论采取什么样的形式，这一核心或种子在不久的将来都会发展成为一支"独立空军"。此种独立航空兵的实力强弱，取决于它所拥有的武器装备。不过，由于它必须保持独立，才能在其能力范围之内发挥出最大的威力，因此它必须由独立的预算来提供经费。我深信，随着公众逐渐开始认识到制空权的重要性，这种预算肯定也会逐步增加起来。同样，独立航空兵的编制与职能也必须摆脱外部的控制。尽管起源于陆、海两军，但航空兵这个兵种已经发展成熟起来，应当摆脱束缚了——因此，需要创立一个称职的机构来监管其发展；而这个机构，应当由熟悉整体兵法且能够接受新思想的人所组成。这些人不必全是技术专家；他们只需认识到，此种新型的空中武器具有极大的潜力。然后，从这一点开始着手就可以了；因为这并不是一个像确定机翼最佳外形那样的问题，而是一个决定用最佳的技术手段来创建一支作战力量，并在战争中用最佳方式对其加以利用的问题。

这个机构，必须仔细研究并解决相关的问题。尽管那些问题复杂且影响深远，但我们不得不从头开始这一事实，会让它们解决起来更加容易，因为我们可以随时纠正解决过程中所犯的错误。并且，与空战息息相关的，正是创立战争艺术第三个分支的这个机构。我之所以说"创立"，是因为如今并不存在这样一种分支。但是，如果让目前的轰炸航空兵和驱逐航空兵独立开来，倒也不失为学习这方面经验的一个办法。

总而言之，在其职责范围之内，这个设想中的机构与空军之间，应当保持最高军事委员会与陆军之间的那种关系，并且相应地行使其职责。

至此，读者们应当可以确定，虽然我描绘的是一幅巨大的油画，但我所提出的这些设想，在适度的范围内还是可行的。

□民用航空

对于航空活动作为一种民生进步手段的未来，人们可能有着不同的看法；不过，有一个方面却是肯定无疑的：这种新的交通方式，定将扎下根来并发展下去。[英译者注：这句话，表明杜黑是在尽可能深远地展望未来。] 飞机是人类凭借自身的天才与勇敢，历经数千年的尝试与失败才锻造出来的，也是交通运输史上速度最快、最了不起的一项发明。虽说目前还无法预测其最终的发展情况，但一切迹象都表明，它将长久存在下去。

这种新型的空中交通工具，有两个与其他一切交通工具不同的基本特点，即：

1. 无论是从本身的实际飞行速度来看，还是从它由出发地到抵达地走的是一条直线这个事实来看，它都是迄今所知速度最快的一种交通工具。

2. 它不需要通常意义上的"道路"。

迄今为止，所有的交通运输工具都由两大要素构成；其中的一个要素，便是道路。火车本身并非是一种交通工具，而汽车也无法在只有一条羊肠小道相连的两地之间来去。在海上交通中，尽管道路这个要素并非那么至关重要，但有的时候，人们还是必须历经像开凿苏伊士运河、巴拿马运河这样的艰苦劳作，才能缩短水路的距离。只有飞机能够在地球表面来去自如；飞机所需的，不过就是一个出发地和到达地罢了。

凭借这两个基本特点，飞机不但加快了现有交通运输的速度，还使得全球各地不论位置如何分散、相距如何遥远，它们之间的交通都可能变得更加快捷而合算。建造出更多、更好的交通运输工具，是我们社会结构中一个至关重要的因素；也正是这个事实，促进了航空技术的发展。由于具有这两个基本特点，这种发展的表现形式，将是出现许多能够节省大量时间的长途航线，以及其他一些航线；它们会跨越那些没有平常的公路和铁路的荒芜之地，从而解决这些地区的交通问题。我们不可能认为，人类会疏于去开发一种能够将罗马与伦敦之间的距离缩短至数个小时飞行的交通工具；而从埃及的亚历山大港到南非的开普敦，乘坐飞机也必定会比坐火车更快。［英译者注：1931年，帝国航空公司[1]在这两地之间开通了航线。］

随着空中旅行逐渐变得更加普遍、更加实用，短途的本地航线和长途的主要航线也会逐渐发展起来。不过，就算是在如今，我们也不难预见到，用于航空体育活动和私人旅行的飞机数量将会迅速增加。飞机已经承受住了最艰巨的考验，满足了人们最无畏的希望；而战争也已无可争辩地表明，怀疑飞机的人是何等的目光短浅。在这一切当中，意大利应当关注的是，必须建立大型的空中航线，并且动作要快；而其中的大部分航线，又必须覆盖整个地中海海域。三个欧洲大国[2]的中心线呈西北-东南走向，倘若这条中心线延伸并越过地中海，便会到达地处亚、非两洲交界之处的苏伊士。因此，这些航线中的绝大多数都会沿着这条中心线的方向分布，并且形成一张集结于英国的庞大航空网，覆盖法国和意大利，再由法、意两国呈扇形延伸到亚洲、非洲和巴尔干半岛。

由于地理位置和战后所获得的政治地位，意大利必然会成为旧大陆[3]空中交通的中心。这个无可否认的事实，虽说使得意大利在空中交通方面处于一种

---

[1]　Imperial Airways：帝国航空公司。1924年成立的一家英国航空公司，1940年改为英国海外航空公司（BOAC），1974年与英国欧洲航空公司（BEA）合并成为现在的英国航空公司（BA）。

[2]　根据下文中对于三国中心线走向的说明，此处应是指英国、法国和意大利。

[3]　The Old World：旧大陆，泛指欧、亚、非三洲，以区别于哥伦布所发现的"新大陆"（即美洲），亦称"旧世界"、"东半球"。

很优越的地位，但也使得我国必须尽可能快地去满足出现的迫切需求，以免失去手中所握的巨大优势，从而变成外国航空公司利用的一个场所。

假如我们在海洋领域利用了本国在地中海地区的地理位置与政治地位，那我们就更有理由在航空领域去利用本国的地理位置和政治地位了；因为航空领域的范围更广阔，而我们也是第一个进入这一领域的国家。这个领域内的一切，都有待于我们去实现，而我们又抢占了先机。出于政治、道德、经济以及国家安全等原因，在我国领土和地中海上来去的，都应当是我们意大利的飞机才行。这应当成为我国航空政策的指导方针。意大利不应当满足于只当外国船舶停泊的一个码头。要想充分利用本国的有利地位，意大利就必须做好准备，去满足地中海地区的航空需求，并且预见到那些会对此种航空本身发挥促进作用的需求。

很显然，开辟一条从都灵到罗马、再到亚历山大港的空中航线，将会有助于设立一条从伦敦到巴黎、再到都灵的航线，以及从亚历山大港到苏丹和巴勒斯坦等等更多的航线。因此，我们不但必须考虑到设立国内干线以及各殖民地之间的干线，还必须做好准备，去设立将我国沿海地区与非洲、亚洲和巴尔干半岛联系起来的航线。也就是说，我们必须成为旧大陆所有空中航线的交会中心。由于与其他大国相比，我国距巴尔干半岛更近，并且巴尔干半岛的航空工业比较落后，因此满足该地内部航空需要的责任，也应当由我国来承担；而我国位于亚德里亚海东岸的诸港都是天然的基地，可以由此向俄国南部和小亚细亚推进——正好越过了巴尔干地区——这个事实，则会让我们更好地理解此种责任。

从这些方面，我们显然可以看出，与其他任何一个国家相比，意大利或许都更加应当参与到航空领域的发展中去。除了前文所述的那些整体优点，航空领域的适度发展还会带来下述其他的好处，我们也应当加以合理的重视才行：

1. 经济和工业上的好处。航空技术的蓬勃发展，反过来会刺激整个航空工业的发展。航空工业最适合于我国的人才和资源。它只需要数量有限的原材料，并且需要熟练的技艺；虽说我国原材料匮乏，但技术熟练者却多得很。只要认认真真地投入其中，航空工业便是意大利可以出类拔萃的一种工业。

2. 国家安全上的好处。虽说人们希望此次世界大战是最后一场战争，但完全寄托于这样一种希望却是愚蠢之举。在这场世界大战中，诞生了空中力量，尽管这场大战并没有给出足够的时间，来展示出此种空中力量全部的重要性。毫无疑问，民用航空工具的完善将会增强空中力量在军事上的重要性；而在意外爆发战争时，掌握制空权也会比掌握制海权具有更大的优势。从军事实力方面来看，己方拥有一支庞大的空中交通队伍，实际上就等同于拥有了一支庞大的、随时准备好捍卫本国权利的"独立空军"。

总之,对意大利而言,在地中海地区大力发展航空领域将是一个机会,可以让它利用命运所赋予的那种了不起的地理优势,发扬其子民用鲜血换来的政治威望。这也为意大利提供了一个在一种重大工业中出类拔萃的机会;而此种机会,就是一条通往政治权力、国家财富和军事安全的道路。

在为设立国内、海外殖民地以及地中海地区的空中航线而制订计划时,我们必须带着全局观念入手,非但要考虑到上述好处,还不能因为直接代价巨大而斤斤计较、止步不前。当然,第一批航空线路起码在最初的数年间是不会有所回报的,因为开辟航线成本很高,而坐飞机也不符合人类的传统习惯,难免会遇到困难或者某种敌视。不过,所有这些障碍都会在短时间内加以克服,随后便会产生竞争,因此航线的成本就会迅速降低。

从任何字面意义来看,飞机都是一种非凡无比的机器,远远超出了我们最大胆的想象。在此次世界大战之前就说世间将会出现成千上万架飞机的人,被人们认为是痴人说梦;但是,航空领域恰恰却会以此种特点发展起来。数年之后,快速列车就会变成纯属三流的地方交通工具,"卧铺车公司"[1]也会更改名称,而国际邮件也将由空中交通工具专门运送了。

在我们所处的这种形势下,毫不含糊地投身于此种发展潮流之中,将是一种明智之举和颇具远见的做法。筹建这些航线的资金不会白费,而是为将来所投的一种可靠保险。

航空领域的发展是举国关注的一个问题,应当引起政府的密切注意。设立航空线路,会给各个领域——政治、经济、社会、军事等——带来诸多问题;而这些问题,必须由一个称职的国家机构,在内阁大臣的授权之下来加以解决。在这次世界大战期间,人们以为有一个差不多隶属于战争部或者军械部的航空委员会就足够了,因为它的职责只限于采购某些专业的武器装备。但在随后的和平时期,我们应当给这个致力于促进航空技术发展的、设想中的机构赋予更大的权力和更多的行动自由,同时让它与交通、工业、邮政、战争等不同部委进行密切的合作才是。

航空部必须具备应有的权威和能力,来处理与航空相关的所有问题,而不论这些问题的性质如何。此种问题的数量和重要性,都是会日益增加的;而考虑到这是一个新兴领域,受过此种教育的人员稀少,因此这种增加是逐步渐进而非突飞猛进的;而这个事实也具有好处,既能够让民众逐渐熟悉航空部的重

---

[1] Compagnie des Wagons-Lits:卧铺车公司。欧洲经营"东方快车"的一家服务公司,现属于法国雅高(Accor)集团。

要性，也可以让国家培养出更多的人员，来有效地应对未来航空领域发展过程中必然会出现的、越来越多的问题。

至于空中航线，航空部的职责可以是推动，也可以是协调。这就是说，主要的航线可由国家直接运营，或者是在国家的监管下，通过转让授权由私营公司来运营。不过，国家决不能将航空控制权全盘交给私营企业，因为后者主要关心的必然是私利，并且它们必然会无视国家更广泛的、较不直接的利益；可这些利益，对整个国家而言，却是重要得多。由于一旦形势需要，和平时期的民用航空装备能够并且应当迅速转化成军用航空工具，所以航空部应当密切注意所设想的这种空中运输队伍的编制和装备情况，以便其编制和装备能够迅速而便利地转变为作战武器。此外，航空部还应当鼓励和整合诸如本地的航空公司、从事航空体育和娱乐活动的私营企业等次级航空机构，以及巴尔干半岛和南美地区的航空企业，使之与整个航空工业结合起来，从而让意大利在未来的航空领域里占据领先位置。

通过如此阐述一个具有深远意义且最近才发展起来的课题——这个课题，我们需要具备勇敢而富有想象力的思想，才能加以应对——我们便可以看出，这样一个国家机构应运而生、并且贯彻这一计划是何等的必要了。在很短一段时间内，飞机本身与有效利用飞机这两个方面，都已经以真正不可思议的速度得到了发展和完善。所以，在这个问题上拖拉延误，可能会带来致命的后果。为了不落后于人，我们必须加紧工作才行——陶泥所做成的双脚，焉能与轻快的双翼并存呢？在这个相对来说尚未得到开发的领域，战争业已解放出了大量的新能量和新资源，它们全都乐于结合起来，准备满腔热情地投入到同盟国胜利之后必将到来的和平工作中去。在民用领域里，到处都有着大量的技术专家、熟练工人和实业企业业已转到这个新领域内从事生产了。许多大型企业也已在这个新的领域里联合起来，而大批勇敢的年轻人也已学会了飞行技术。

所有这些新的力量，都会在一条新的道路上奔涌向前——这条道路不是别的，正是空中之路；而且随之而来的，便会是国家之间为掌控主要航空线路、掌控能够以各种方式带来最大回报的航空线路而展开的激烈竞争。由于处在最重要的国际航线的交会中心，所以意大利和地中海地区自然也会变成旧世界对国际航空进行和平竞争的场所。在这种竞争中脱颖而出的唯一之道，便是为应对此种新的交通运输方式的要求而做好准备。因此，我们不但必须承担起这一任务，而且还须执行得又快又好。此时倘若胆怯与犹豫，将来便会悔之晚矣。

最后，我必须再补充一点，那就是在我看来，我国应当立即着手，推动以下述几点为基础的一种颇具远见卓识的航空政策：

1. 通过国家实施的协调性监管措施，根据这一原则来支持国内、海外殖民地和地中海地区的航空发展：从非洲、亚洲、巴尔干半岛飞往国内、海外殖民地和地中海地区的航班，以及南美洲内部的航班，都必须是意大利的航班。

2. 通过保护、宣传、提供研究和实验资金，支持航空工业的发展。

3. 通过制订将其迅速转变为战争工具的规定，支持空中航行和国家航空工业的发展；其中，国家所拨国防经费中的一大部分，可以有益地用于推进和平时期民用航空的发展。

要想详细研究此处简单概括出来的这些问题，我们需要进行深入的阐述才行。但我们在此只需引起人们对航空问题的注意就行了，因为在关于国家事务的新闻报道中，航空技术问题很容易被人们完全忽视，或者被人们认为不太重要；而实际上，它们对未来的航空却是至关重要的。

我们不妨拿来一幅罗马帝国的地图，看一看它的势力是如何从罗马出发，越过拍击着欧洲那道大堤坝的海盆向四周扩散的。在那个时代，此种势力扩散就是一种征服和文明。如今，意大利的新地位和飞机这种让人类得以掌控天空的新工具，也可以形成一种类似的扩散；不过，这一次是一种和平的扩散。罗马曾是人类早期文明中最伟大的帝国的中心，而在文明的最后一次征服中，必定也会变成速度最快的交通运输方式的中心——即变成世界上最重要的航空港。而在这个文明中心的上空，必须飘扬着因取得过辉煌战绩而依旧温暖的三色旗[1]才是。

因此，我才在此次世界大战结束之后，很快便在1919年1月16日的《新文集》上写了一篇论述"地中海地区的空中政策"的文章。当时我所写下的内容，如今依然适用；之后并没有出现什么新情况，使得我在那篇文章中表达的观点失去效力。不过可惜的是，意大利却并未能够在空中找到自己的发展道路；可在这两年中，外国在这方面却取得了诸多的成就。假如看一看欧洲地图上已有的或计划设立的空中航线，我们就可以看出，它们都是绕意大利而过，使得意大利几乎成了旧大陆空中交通运输的一处障碍了。无论是从我们自身利益的角度出发，还是从国家责任的角度来看，这种局面都不能再继续下去了。很显然，假如我们无法发挥出本国的航空能力，那我们就不得不给外国人以优先权，让其在意大利经营他们的航空公司了。［作者注：这些内容写于1921年。而在今年（即1926年），我很满意地看到了一个良好的开端：我国准备将此处所表达的那些观点付诸实施了。］

对于民用航空，我所论述的一切都旨在表明，为了国防安全，国家应当促

---

[1]　Tricolor：三色旗。此处自然是指意大利国旗，由绿、白、红三色从左至右构成。注意，欧洲许多国家曾经或现在依然用三色旗当作国旗，比如法国国旗为蓝、白、红三色。事实上，意大利国旗上的三色曾经与法国国旗上的三色完全一样，只是排列方式不同罢了。

进民用航空的发展才是。民用航空领域中的某些活动对国防有着直接的影响，而其他一些活动则没有。政府的国防机构应当不去关注这些对国防没有直接影响的民用航空活动，因为这些活动并不在其职权范围之内。这些活动，应当由国家从整体上来加以关注。只有那些具有直接影响的活动，才应当由负有国防职责的那些机构来加以关注。

□对国防具有直接影响的民用航空活动

这些活动，就是那些随时可以直接为国防所用的手段——即为独立航空兵和辅助航空兵可用的活动。它们就是进行轰炸和作战的专业活动，构成了可以发展成为一支"独立空军"的核心。

民用航空使用飞机、培训飞行员、让飞行员保持在职服役，并且利用各种各样的航空辅助设施；倘若满足了一定的条件，国防机构便可以直接利用这一切。于是，比如民用飞机，完全可以轻松而迅速地转变为战机。所以，国防机构在民用航空发展中的利益，就在于民用航空的发展也满足了国防方面的需要。在培训人员这个问题上，对民用航空提出的唯一条件，就是一旦爆发战争，民航方面必须做好立即动员的准备；而在和平时期，民航方面也必须对人员进行最低限度的培训，使得动员起来之后，这些人员能够满足战时服役的要求。应当由国防机构中分管航空的部门来指导并监督民航方面履行这些条件；而要实现这一目标，国家还应当为民用航空活动提供补贴。从这个意义来看，此种补贴的数额或许会很可观：假如我们真正计算出军方培训和维持一名飞行员的成本，那么不难看出，这一成本就是军方因民用航空机构培训出一名飞行员并使之持续服役而可以补贴给民用航空机构的最大限额。不过，这种最大限额仍然很高，所以实际补贴可以降低到一个低得多的数额，从而能够节省下一大笔开支。

至于飞机本身，即便是在军用航空领域，人们也存在着一种错误的观念，因为民用飞机与军用飞机必定具有不同的特点，而认为民用飞机无法用于作战。我之所以称此种观点为"错误的观念"，是因为除了其他方面，事实上世间还没有哪个国家，富裕到了可以维持一支能够随时行动的、充足的军用空中力量。所有国家，不论贫富，都会不得不将本国的民用航空设施资源应用到军事上去。

从绝对意义来看，一架必须同时达到民用和军用要求的飞机，对民用和军用两种目的来说，都不可能是一架完美的飞机；这一事实，是没有人会反驳的。但是，世间并不存在绝对的完美。在实践中，我们始终都必须努力，在两种极端之间选取折中办法。这种折中，对军用航空是有好处的，理由则是：倘若以始终都在发展的民用航空为基础，那么军用航空部门总是能够掌控最新式的飞机；而倘若完全倚赖于自身的武器，军用航空部门装备的，就总会是过了时的飞机。

这种错误的观点，还源自如今军用航空部门使用的几乎完全都是性能特点很极端的飞机这一事实；而民用航空中所使用的飞机，性能特点却都很普通。我再说一遍，除了偶尔几场空中战斗，所有空战都不是由性能极高的战机来进行的。［英译者注：在目前这场大战[1]中，美国"空中堡垒"[2]的优异表现充分地证明了杜黑的观点，因为"空中堡垒"正是由商用运输机型演变而来的。］战争是由大量的人员和武器装备来进行的；而凡属大量，无论是人员还是武器装备，就都是由普通者而非极端者构成的。在探讨"独立空军"的时候我曾指出，"独立空军"需要性能普通、多少与商用飞机特点相类似的飞机。因此，军用航空部门可以利用装备了某些专用设备——尽管并非特种设备——的民用飞机；而民用航空部门呢，由于考虑到与军方保持此种关系所能带来的好处，故满足起这些条件来，也会毫无困难。想一想一架军用飞机每天的运行成本，我们马上就能看出，为一架民用飞机每天的运行，军方应当提供的最大补贴额度是多少。这些方面就足以说明，军用航空部门能够为民用航空提供多大的支持了。

照理，此种资金支持应当包含在军用航空部门的财政拨款之内。随着民用航空逐渐发展、扩张并变得自给自足，此种财政支持的额度会逐渐降低，使得以稳定为特点的军用航空力量下降到最低规模；而到了战时，却仍然能够吸纳这些民用辅助力量，将其组建成一支有效的进攻力量。此种资金支持符合军用航空的利益，必须完全由军事当局一手掌控；因为军事当局，正是唯一能够决定民用航空的资源和活动必须遵守哪些条件、以直接有益于军用航空的机构。

但仅仅这样还不够。军用航空部门在民用航空发展的过程中还可与之展开更多的合作，将所有并非纯属军事的活动交由民航航空部门来进行。比如，训练飞行员、机师、维护和维修人员——总而言之，就是所有并非纯属军事的专业技术培训，都可以交给民用航空部门去完成。毕竟，无论是民航飞行员还是军用飞行员，都必须对自己所驾的飞机了如指掌；无论是民航机师还是军用机师，都必须熟悉飞机的发动机，并知道如何让发动机保持运转。因此，所有的航空技术培训，都可以交由私营企业来完成，从而减轻军方的负担，降低培训

---

[1] 指第二次世界大战。

[2] Flying Fortress："空中堡垒"。指美国在第二次世界大战期间所使用的四引擎B-17重型轰炸机。

成本，并且激发私营企业的责任感。

只要明确界定军用航空与民用航空间的不同权益，只要我们宽宏大度，没有误会，摒弃我们对尚处于发展初期的航空所产生的种种成见，那么军用航空就能够为民用航空提供诸多的支持，同时仍然能够按照自己的利益行事，并且避免受到干扰。

□对国防不具直接影响的民用航空活动

像其他的所有活动一样，这类活动对国防有着间接的影响；但是，它们不会给军方增加超出其职责范围的其他负担。此类活动应当由国家来进行支持，使之代表整个国家的集体利益；不过，这种支持应当用一种根据用途分配形成的独立预算来进行。这些活动，涵盖了与航空领域中的科技进步和产业进步有关的一切，涵盖了任何能够提升我国航空工业、商业或其他方面在国际竞争中地位的一切；因为这个国际竞争领域，是国防绝不可能因为明显的军事原因而直接参与的。

所有承担国防任务的机构，虽说都会间接地从航空领域里的一切科技和产业进步中获益，但它们都是无力促进这样一种进步的。所有进行航空研究和实验的军事机构，都应当由受过训练的文职人员来掌控，并且我还认为，它们应当由教育部来进行监管；因为航空技术方面的科学研究和试验性研究，并不具有特殊的军事性质。所有这些机构，都应当向全体航空研究人员开放，不论这些研究人员是不是军人，从而避免产生一种垄断——此种垄断，就像所有的垄断一样，必然会导致匮乏。在此种情况下，比如说，倘若军事当局需要一种特殊型号的飞机或者一架装有特殊装备的飞机，那么军方只需将自己的要求告知这些民用航空机构，要求后者进行研究并制造出所需飞机就可以了；而我也确信，这样做与其他方式相比，军方将会得到更快、更令人满意的答复。

军事当局不应当承担监管民用飞机的适航性和飞行员培训这样的责任，就像军方不必负责监管汽车的制造和管理那样。就算国家认为自己有责任干预这些问题，也应当经由民政当局的某个机构来进行，就像国家在监管公共事业和机动车驾驶证一样。对于军方来说，倘若介入这些问题，除了让军方自身承担了无关的职责之外，还会让民用航空部门与军用航空部门之间产生龃龉；而为了双方的权益，此种龃龉是应当加以避免的。

为了增进公众对这样一种全国性产业的了解，我们应当通过飞行比赛、航空展览、竞赛、航空交易会等方式来对其加以宣传。这些宣传活动，也应当由民用航空机构或者私营单位来举办。除非像军用航空展这样的特殊情况，否则军方就不应当介入这些活动。很有可能，更多类似的体育性和竞赛性航空活动将会得到发展，还会出现许多性质与此截然不同的新活动。但我要再说一次，军方应当不介入这些活动，应当甩掉肩上那些杂乱的、阻碍他们前进的沉重负担。事实上，目前军方所承担的职责已经够多的了。

我已经说过，国家应当设立一种专门的预算，来满足对国防不具直接影响的民用航空活动的需要。不过，军事当局却无力在不同的民用航空活动中分摊这一预算。因此，我们需要创立一个"民用航空咨询委员会"来研究这一问题，并且提出预算分配的建议。

□中枢组织

从前面几章所进行的研究中，我们得出了一个结论，那就是国家军用航空力量和民用航空的中枢组织，必须以下述原则为基础：

1. 辅助航空兵属于陆军和海军的组成部分，并由陆军和海军分别提供预算。

2. 独立航空兵单独编制预算，使之成为未来"独立空军"的核心。

3. 民用航空单独编制预算。

采用这三条原则，决不是指航空领域的发展需要更多的开支。相反，这只是指对如今随意指定的资金进行合理的分配。

4. 将所有的非军事航空职能从军用航空转移到民用航空领域，从而减轻军用航空方面的负担。

5. 从数量和质量两个方面，对于分配给陆、海两军的辅助航空兵和分配给独立航空兵的所有空中武器，由各自的组织准确地进行界定和控制；并且由相同的机构，对这些武器的编制和使用进行绝对控制。

采用这一点，符合功能分化的标准；而功能分化，则是进步的标志。

以上述主要原则为基础的中枢组织，可以按照下述方针来组建：

1.（a）对与之相关的武器设备，陆、海两军的辅助航空兵并不承担航空技术方面的职责，因为特殊的技术设备，将由一个我后面会加以讨论的机构，按照所需的数量和质量提供给它们；（b）陆、海两军的辅助航空单元不应对其人员进行任何的航空技术培训，因为此种培训将由一个我过后会加以讨论的航空技术机构来进行。

2. 我已经指出，应当创立一个机构，并指定该机构进行监管，以便在所定预算范围内，将拟议中的独立航空兵单元组建起来。一开始的时候，这个机构会花上一段时间，用现有的轰炸机和驱逐机来进行实验，以便确定独立航空兵单元的组织、指挥、训练和运用。与前面第1点中（a）和（b）两种情况一样，这个机构也不承担航空技术职能。

3. 应当创立一个机构（配置管理局），来为不同的航空机构提供它们所需的、足量优质的特种材料；条件是，这些特种材料必须全都来自于私营企业。

4. 应当创立一个机构（人事管理局），来为陆、海两军的辅助航空兵单元和独立航空兵单元中的人员提供足量优质的特殊培训；条件是，这种培训应当全部由民用部门来进行。

配置管理局和人事管理局在行使职责时，都应当不受军事机构或者学校的干扰——可以说，配置管理局和人事管理局应当是两个职责简单的机构，差不多只是负责批准、指导民用航空活动的场地、移交材料和人员罢了。这两个机构，还应当承担起确保经手移交的人员和材料都符合航空技术标准的责任。为了消除这两个部门各为政而造成精力分散的弊端，应当由一个最熟悉航空事务、并且主管着独立航空兵单元的机构，来对它们进行直接的监管。

5. 应当创立一个顾问委员会，来研究并提出使用拨给民用航空方面的资金的最佳办法，以及如何把军方目前所管辖的、本质上并非属于军用的所有航空活动移交给民用航空部门。

做到这些方面，就足够了；我们也不必对第2、3、4、5条中的"创立"一词感到沮丧。我之所以用"创立"，是因为我觉得它比"改造"一词更好。无论我们觉得上述观点如何简短，其中所概括出来的组织原则，都是要求我们创立一个新机构来取代诸多被撤销的现存机构；因为这些现存机构的职能，要么混乱不堪，要么重叠交叉，要么便是完全属于别的领域。

我说过，"做到这些方面，就足够了"；但转念一想，做到这些还不够。还应当有一个政府部门，来将所有这些航空机构及其职能整合成一个可靠的、顺利行使职责的整体；这个部门将成为一个纽带，将把这些机构统一起来并置于单一的全面监管之下。此种统一，只有通过一个航空部才能得以实现。必须授权某个人来承担起全部责任，而这个人也必须能够为此而投入自己全部的时间和精力。

就算目前我国的航空事业规模还很小，也没有什么关系。无论是军用航空还是民用航空，它们的规模都在迅速扩大；而我们也并不知道，明天它们可能会发展到什么样的程度。倘若我们目前的航空规模算是中等的话，那么设立一个中等规模的航空部就已足够，条件是这个航空部须提高警惕，并且有能力为将来做好准备。只要有这样的决心，我们就能从无到有、从小到大地发展起来；既然我们对新事物毫无准备，那就只能从零开始。

所以我认为，我国的航空部门需要有自己的最高指挥机构，即设立一个航空部。探讨一个核心航空组织的具体情况，在此并没有什么实际意义。在这个核心组织出现之后，我们自然会来探讨其具体细节的。我们首先必须为此进行筹划并努力工作才行。其余方面，则自然会随之而来的。

□空中航线

在结束本章之前，我还必须暂停一下，来考虑考虑空中航线这个我认为最重要的问题。飞机并不需要世人公认的、字面意义上的"道路"，因为整个天空都是飞机可以自如地来去的道路。对于舰船来说，海洋也是一条可以来去自如的通途；但尽管如此，航海领域能否取得最佳战果，却取决于陆上的准备工作做得充不充分。航空领域也是如此。从理论上来说，飞机只需一个出发地和一个到达地就行了；但在实践中，一架飞机起飞之前，必须在地面上做好全面的准备工作。飞行的便利与安全，很大程度取决于地面上所做的准备工作；而倘若一个国家像我国这样，地形崎岖、地面不平且耕地密布，那就尤其如此了。

因此，在准备好空中航线之前，我们很难指望我国的航空事业会发展起来。上一次战争中，我们在没有什么准备的情况下，莫名其妙地设法进行了航空活动；而答案就在于，战争本身就带来了重重巨大的危险，使得其他风险都可以忽略不计了。但是，在和平时期，所有风险都应当降至最低限度才行。

设立空中航线，只有少许要求：有良好的起飞和降落场地、有一些应急着落场地、有一种高效的信号系统、在中枢基地具备有效的维护和维修设施就够了。不过，此种不可或缺的"少许"要求，却必须做到才行。一个空中航线网，是由连接大型干线的许多航线组成的；要想给国家带来最大的利益，这种航线网络必须是一种有利于发展民用航空、有利于发挥军用航空效力的网络。开辟新的空中航线，就是在增进国家利益。

准备设立空中防线有利于整个国家，所以这是国家的义务。我国的地形地貌清晰地说明，我国主要的航空线路应当是两条：一条是沿着海岸线，一条在波河[1]流域；而在地中海地区会合的所有航空线路，也都可以与这两条线路连接起来。这个三角形的航线网络，将会迅速拥有国际重要性，让我国从一处航空障碍变成一个航空枢纽站，从而促进西班牙、法国南部和巴尔干各国之间，以及中欧、非洲和亚洲之间的空中交通。同时，这个三角形的航线网络还将有利于可能进行的空军机动；比如说，它会有利于我国空军在波河流域或者沿着海滨防线迅速地集结起来。

这就是绝对必需的最低要求，达不到这一点，指望我国航空事业取得进步，就是徒然的。因此，这就是国家必须完成的准备工作之一。

当然，这并不是说国家应当成为一家航空企业，成为空中航线的实际经营

---

[1]　The Po：波河。意大利北部的一条河流，大致向东流入亚得里亚海。波河流域是意大利一个主要的工业和农业区。

者。相反，国家只应当鼓励、确保航空线路得以设立并且有效运行。考虑到迄今为止国营企业所表现出来的种种令人质疑的效果，这些空中航线无疑应当交由私营企业来进行管理和经营。待合适的机场和其他地面设施修建完成，待经营良好的私营企业得到政府鼓励并获得了充足的补贴，待军事航空力量的每一种职能都在一个出色的权力机构的监管之下得到了区分和协调，待人们产生出新的冒险热情和对美好未来的渴望之后，我国的航空事业最终一定会做好自由地翱翔空中的准备。而航空事业，也将为我们这个拥有无数天才和勇士、天空明净晴朗、土地被海洋环抱并且诞生了文明的国家，带来莫大的利益。

结论

迄今始终与我的思路保持同步的那些读者，此时必定会确信，虽然我斗胆展望了未来，但在这样做的过程中，我的观点却并非建立在无益的空想之上，而是建立在目前的现实之上；明天的现实，正是源自今天的现实。不仅如此；读者必定也已注意到，尽管我在明天的现实当中，看出了某些令头脑最冷静的人也感到不安的东西，但我在为强调如今应当采取的行动而讨论那些现实的问题时，却并没有提出什么具有革新意义的建议。相反，我只是提出了一些将现有条件协调和整合起来的简单建议。

我们正面对着这样一种需要：要制订计划来提高目前的产量；要为明天创造出各种机会，而不能安于现状，不能在当下无所作为，因为甚至是在我们这样说的时候，当下也正在飞逝而去。假如不算鲁莽的话，我完全可以肯定地说，未来将会证实我的论断：空战将是未来战争中最重要的一个组成要素，因此，非但"独立空军"的重要性将会迅速增加，而且陆、海两军的重要性还会相应地下降。尽管如此，在面对目前的诸多现实时，我却没有提出组建一支"独立空军"的建议；我只是提议，应当成立一个称职的机构，来研究这一问题并提供实验性的手段。这是我在目前这一问题所处的形势——即到处都在讨论这个问题——之下，能够提出的最低建议；除非我们有意地选择视而不见，否则就不能忽视这一建议。

无论我的建议是多么的微不足道，我都觉得足够了，因为我确信，提出问题便是为了解决问题；我们即便不是严格地按照我所做得出的那些推论去解决，也会根据那些推论的精神去解决这个问题的。假如我的长久研究和对这一问题的深切关注能够促使当权者播下有益的种子，那我就会觉得这是自己获得了莫大的回报。而这颗种子，则会茁壮成长起来，变成一棵参天的大树。

1921年于罗马

第二编

（增补于1926年）

第一章

《空权论》第一版出版 ［作者注：第一版中只有"第一编"。"第二编"是1927年的第二版中才首次出现的。］ 之后，我认为最好不要把自己对于航空问题的想法全都表达出来，因为那时我并不想过分激烈地颠覆人们对这一问题所持的普遍观点。当时我的目的，只是想让人们开始接受并实施一种最低纲领，因为这个最低纲领就是进一步发展的起点。

在1921年时，我国还只有一支辅助航空兵部队——甚至连部队也说不上——也就是说，只有一些旨在促进并整合陆上和海上作战行动的空中武器罢了。尽管空中力量在这次战争中做出了贡献，但人们，尤其是军界的人，实际上认为此种贡献并无必要。在那个时候，要说很少有人注意陆、海两军之需求的话，那么可以说，根本就没有人去关注空军的需求。形势如此，所以当时的问题就是让人们开始注意到"制空权"这一概念，就是让他们初步认识到"制空权"的重要性，就是呼吁人们考虑更适合于夺取制空权的手段，以及让人们接受或者形成关于不依赖于陆、海两军的空军概念。这一切，都必须在一场大战之后不久就完成，可在这场大战中，空军还只是一种辅助力量呢。并且，这一切也与那些喜欢用回望过去的办法去看待未来的人所抱有的种种信念相悖；而这种人，过去和现在都是相当多的。

这是一个危险的领域；尽管《空权论》一书是在战争部的资助之下出版的，从而给了该书一种半官方的性质，但陆、海两军的高层还是没有屈尊去关注一下这个问题，直到"向罗马进军"[1]之前一直对这个问题保持着缄默。接下来，爆发了一场真正启迪民众思想的革命。很显然，本书第一编中所表达的那些观点，就算并非全然荒诞不经，也必定显得很不可靠，除非人们是因为思想上天生怠惰，才会对此漠然视之。不过，我难道没有为了安抚那些堂而皇之的不理解的人而做出了许多让步，允许保留辅助性航空力量了吗？我的确是做出了让步的。在第一编中，我试图阐述清楚独立航空兵的极端重要性；但与此同时，我也承认目前还应当保留辅助航空兵，尽管我以前确信、现在也仍然确信这两个兵种是无法共存的。我承认，这是我个人的软弱之处。不过，一个人必须经历这些事情，才能让常识普及开来！至于其他方面，凡是仔细阅读过第一编的人必定都已完全明白，我认为辅助航空兵是一个无用、多余且有害无益的兵种。

在"独立空军和辅助航空兵"一节中，说明了"除非拥有一支能够在战时夺得制空权的空军力量，否则就不能充分确保国防安全"这一结论之后，我还补充说："我们可以清楚地看到，一支组织良好、一心要夺取制空权的敌军会轻而易举地达到目的，而我方陆、海两军所拥有的这些辅助性航空武器，在面对敌方一支一心要夺取制空权的'独立空军'时，也会毫无用处。"这就是说，倘若没有成功地夺取制空权，那么一支辅助航空兵部队就会毫无用处。如今，辅助航空兵部队在战时确是一无用处；非但如此，它甚至还是有害无益的，因为这支部队的武器装备本来可以用在别的地方。总而言之，正如我在第一章中所说的那样："任何背离这一根本目标的努力、行动或资源，都会减少该国夺取制空权的可能性；并且，一旦爆发战争，它们也会让该国更有可能遭受失败。"所以，任何背离这一根本目标的做法，都是一种错误的做法。

虽然我认为保持一支无力夺取制空权的辅助航空兵部队是一种"错误"，但我也承认，这个兵种有权存在。这样做的目的之一，就是唯免令那些认为撤销辅助航空兵部队是轻举妄动的人过于不安，因为辅助航空兵是当时唯一的空中力量；而另一个目的，则是为了创建一支并非诞生于此次战争当中的"独立空军"。

尽管承认这一点，但当时我却并不想对其加以探讨；因此，在论述"辅助航空兵"的那一节当中，我如此写道："……陆、海两军辅助航空兵的组建责任，在于陆军和海军。在此，我并不会对这一说法的是非曲直加以讨论。"而在该节更前面的地方，我还说过辅助航空兵必须："（1）包括在陆军和海军各

---

[1] The march on Rome：向罗马进军。指1922年意大利"国家法西斯党"领袖率其党徒和支持者向罗马进军以夺取意大利政权的一次运动。

自的预算之内；（2）从其组织到利用，都必须完全置于陆军和海军的直接指挥之下。"

既然我承认辅助航空兵有权存在，那么上述观点就是完全合理的；不过，我在做出此种妥协时，心中其实还有一个更远的目标。我认为，当一支真正有价值的辅助航空兵部队组建起来，陆、海两军不得不从各自的预算中拨付这支部队的军费，而两军高层也不得不认真研究这支部队的组织和运用之后，两军的高层自然就会得出这样一个结论：此种辅助航空兵部队是毫无用处的——并且正因为无用，所以非但没有必要，还与公共利益背道而驰。

这些，就是我那时没有像现在这样做，没有指出"独立空军"是唯一有理由存在的空中组织的根本原因。

第二章

用"独立空军"这个术语——似乎自1921年后，我就已经将它阐述清楚了——我并非是指能够实施任何军事行动的任何空中力量，而是指适合于争夺制空权的空中力量。用"制空权"这个词，我指的也不是空中霸权或者在空战武器上的优势，而是指这样一种局面：在此种局面下，我方能够在敌人的眼前飞行，而敌方却做不到这一点。界定了这两个概念之后，下面这一论断便是不言自明的了：无论是谁，只要拥有了制空权，便具有了一种优势，能够在保卫自己所有领土和领海不受敌方空中进攻的同时，从空中打击敌方的领土和领海。

考虑到现代飞机的运载能力和续航距离，以及目前爆炸物的威力，这些优势就是让一个拥有适当的空中力量的国家，能够粉碎敌方的物质抵抗和精神抵抗；也就是说，无论其他情况如何，该国都能取胜。这一点是不容置疑的；因为我们是通过进攻来摧毁敌人的物质和精神抵抗，而进攻行动又是通过飞机来实施的。剩下的问题，便是确定摧毁敌方物质和精神抵抗所需的空中进攻的次数和质量了；不过，目前我们还无需关注这一点。将"如果拥有适当的空中力量"作为条件，我只是想说明，这种空中力量应当与其作战目标相配才行；也就是说，这支空中力量必须拥有强大的实力，能够对敌人发起所需次数和质量的进攻，使之足以粉碎敌人的物质和精神抵抗。如今，倘若不管其他情况如何，用适当的空中力量掌握了制空权，便能确保胜利的话，那么我们就可以合理地得出一个直接的结论：只要能够用恰当的空中力量夺取制空权，那么不管其他情况如何，一支适于夺取制空权的空中力量——即"独立空军"——就是一种可以确保胜利的方式。

既然我们无法否认飞机能飞、炸药具有破坏力，那么否认这一不言自明的事实，就是否定了夺取制空权的可能性，或者是否定了我所说的控制天空的可能性。

要想夺取制空权——也就是说，让敌人无法在空中飞行，同时保持己方的飞行实力，我们就必须让敌人无法使用其所有的飞机。眼下，我们还无需探讨如何才能实现这一目标。我们只要说明，具有实现这一目标的实实在在的可能性，就足够了。这种可能性的确存在，因为我们既可以用战机在空中摧毁敌方的飞机，又可以空袭其维护、集结和制造场所，从而在地面上将敌方的飞机摧毁。而另一方面，这些旨在摧毁敌方飞机的行动，会激起敌方为阻止我方发动此种行动的报复性反击。这就是进攻与反击；由此便会产生交战。

我说"独立空军"必须是一支能够通过作战夺取制空权的空中力量，是指"独立空军"必须能够粉碎敌方的反击并且摧毁敌方的飞机。当然，阻止敌方飞行，并不是指要让敌方的苍蝇都没法飞行。从绝对意义上来说，要摧毁敌方所有的飞行工具，当然几乎是做不到的。只要敌方的飞机减到了一个可以忽略不计的数字，在整个战争时期无力再开展任何意义的真正重大的空中行动，那么我方就是夺取了制空权。就算敌方仍然拥有少量舰船，一支舰队也可以说是夺取了制海权；所以，即便是敌方仍然拥有少量飞机，一支"独立空军"也可以说是夺取了制空权。说拥有制空权意味着自己可以在敌人面前飞行而让敌人无法这样做，就是指己方拥有飞向敌方并对其进行打击的能力，同时让敌人没有进行类似反击的实力。

我用了如此冗长的篇幅，来阐述我给"制空权"所下的定义，还望读者谅解。之所以这样做，是因为人们在使用"制空权"一词时，通常都模棱两可。人们经常把"控制"天空与在空中占有"优势"或者"霸权"混为一谈。但这是两件截然不同的事情。拥有空中优势或霸权的国家，能够更加轻易地夺取制空权；不过，只有在夺取了之后，该国才能拥有制空权，才能利用制空权。

在此次世界大战后期，经常有人说我们拥有了制空权；其实，我们那时不过是拥有空中优势罢了，而且，我们甚至还没有利用此种优势来夺取制空权。因此，尽管拥有空中优势，我们却并未拥有制空权；而敌人则继续进攻我们，直到停战之日才作罢。有一些人，尤其是近来的一些人，已经认识到了相对的制空权，认为它是限于某一特定空域的制空权；自然，他们又是将"优势"与"控制"混淆起来了。既然空军的飞行速度和作战范围这些特点使得我们不可能将天空分成一小块一小块，那么这样一种观念实际上就是错误的。空中实力变得更强大，并不意味着就能控制天空；因为"控制"意味着成为天空的主人，并且不容许空中有任何对手。因此，倘若我们只是满足于空中实力变得更强大，那就是满足于无法防止实力较弱的对手来损害我们这种可能出现的局面。

这样一来，只要用一种能够赢得制空权之争、并且能够凭借合适的兵力对此种制空权加以利用的方式，组建起一支"独立空军"，那么无论其他方面的情况如何，这支"独立空军"显然就是确保胜利的最佳途径。

因此，要想成为取胜的一个关键因素，"独立空军"还必须满足下述两个条件：

1. 它必须拥有打赢制空权争夺战的实力。

2. 一旦夺取了制空权，它必须能够利用此种制空权，拥有能够粉碎敌人物质和精神抵抗的实力。

其中，第一个是基本条件，第二个则是必要条件。只满足了第一个条件的一支空军——也就是说，这支空军能够打赢制空权争夺战，却无力凭借足以粉碎敌人抵抗的兵力去利用制空权——能够做到：（1）保卫本国领土不遭到敌人的空中打击，（2）从空中打击敌方的所有领土和领海；不过，这支空军却没有充足的进攻实力，无法粉碎敌人的物质和精神抵抗。换言之，一支只满足了第一个条件的"独立空军"，无法决定战争的最终结局；因为在此种情况下，战争的最终结果除了空战，还取决于其他条件。而一支满足上述这两个基本和必要条件的"独立空军"，却能不顾其他方面的任何情况，决定战争的最终结果。

倘若一支"独立空军"只满足第一个条件，那么战争的最终结果就将取决于陆上和海上的战斗。这种战斗，会让拥有制空权的那一方处于一种什么样的形势呢？很显然，假如这一方的空军在夺得制空权之后保持着较强的实力，那么这将是一种十分有利的形势，因为：（1）它会让敌方的陆军和海军变成盲目作战，而己方的陆、海两军却能看得很远；（2）它有机会对敌人实施空中打击——就算无法彻底粉碎敌人的物质和精神抵抗，这种空中打击也会严重地损害和削弱敌人的抵抗。因而尽管如此，一支只满足第一个条件的"独立空军"，也能为夺取胜利发挥有效的作用。

第三章

辅助航空兵的定义，是指推进或使陆上和海上行动结合起来的空中力量之主体，或者派去为陆、海两军提供特定服务、且严格局限于此种作用的那种空军力量的主体；因此，辅助航空兵的目标，并非是夺取制空权。所以，辅助航空兵决不可能影响到制空权争夺战的最终结果。而另一方面，由于夺取制空权是指让敌方陷入无法再在空中飞行的境地，所以对于战败的那一方来说，连辅助航空兵也无法再利用了。换言之就是，能否利用辅助航空兵，取决于制空权争夺战的结果是胜是败，而辅助航空兵则根本影响不了此种结果。

因此，将空中武器抽调给辅助航空兵，便背离了这些武器的根本目标；要是不用于其根本目标，那么这些武器就是毫无价值的。由于让力量背离其根本目标的做法可能会导致这个目标无法实现，所以，将武器装备分给辅助航空兵，也有可能导致在制空权争夺战中遭受失败，结果使得辅助航空兵变得毫无用处。

那么，我们不妨想一想，在夺取制空权之后，如果看上去值得那样做的话，就没有什么力量可以阻止"独立空军"分出一些飞机去执行辅助任务了；这样，我们必然可以合理地得出辅助航空兵毫无价值、纯属多余和有害无益的结论。之所以说毫无价值，是因为如果没有掌握制空权，辅助航空兵就无法采取行动。之所以说纯属多余，是因为掌握制空权之后，"独立空军"中的一部分便可以执行辅助任务。之所以说有害无益，是因为它分散了实现其根本目标的力量，从而使得实现这一目标更加困难了。

在人们普遍抱有应当利用辅助航空兵这一观念的时候提出此种主张，可能看上去冒失得很。不过，在1909年说出下面这段话，就更是大胆了：

"……制空权的重要性并不亚于制海权……文明国家将会武装起来，为最新的战争做好准备；而且，正如陆、海两军一向以来、现在也依然如此的情况那样，空权领域内也会开始激烈的竞争，并且此种竞争只会受到经济局限性的制约……空军会自动地、必然地迅速发展起来……各国会为征服天空而展开残酷的竞争……航空技术必定会让空战具有最广泛的重大意义……因此，我们必须熟悉空战的思想……从现在起，我们必须用一种与指导陆上和海上战争手段相类似的思想，来指导空中作战手段，拥有空战的观念……战斗机必须能够在空中同其他空中武器作战，而不能只是执行诸如侦察、联络等特殊任务……除了解决空中作战的技术问题，空战还涉及到解决像空军的准备、组织、使用等诸多问题；这就需要从头开始，创立战争艺术中的第三个分支，我们可以准确地将这个分支称为空战兵法……陆、海两军不能把战斗机看成只能在某些情况下使用的辅助性武器，而应当将其看作是战争这个大家庭中的第三位兄弟；虽然年轻，但这位兄弟的重要性并不亚于陆、海两军……我们本来应当促进并为空战的开创出力的……倘若我们从未认识到这一点，那可真是咄咄怪事了！"

［作者注：参见1909年的《战备》杂志。］

不过，经过以事实为基础的、牢不可破的逻辑推理而得出的这些大胆论断，尽管人们还没有了解其真正的内在意义，如今却已变成了纯粹的常识。所以，我也不妨希望，今天我所说的这些东西，有朝一日也会变成常识；因为这些东西，也是建立在相同的基础之上。

我们可以用下述例子，来检验一下这种推理过程：假设甲、乙两国的空军都有相同的资源和相同的技术水准。不过，甲国将所有资源都用于建立一支能够努力去夺取制空权的"独立空军"；乙国却将自己的资源分成了两个部分，一部分用于创建一支"独立空军"，另一部分则用于创建一支辅助航空兵部队。很显然，甲国空军的实力会强于乙国空军。因此，战争爆发之后，倘若其他各个方面的条件都相等，那么甲国就会赢得制空权，而乙国也没法利用自己的辅助航空兵部队了。换言之，乙国之所以会在空战中被打败，只是因为该国从"独立空军"这边分散了一部分资源，用于建立辅助航空兵部队；这支辅助航空兵部队非但是导致该国战败的原因，而且自此以后就毫无用处了。无论我们怎么去看，结论都是一样的：辅助航空兵毫无价值、纯属多余且有害无益。

诚然，在此次世界大战中，飞机只被当成了辅助性武器。不过，这又说明了什么呢？只是因为人们尚未理解制空权的重要性，所以人们才没有去尝试，也没有准备好专门用于夺取制空权的武器装备。此次战争爆发的时候，航空领域还处在起步阶段。很少有人支持航空事业，而那些支持的人也并不当权。事实上，那些人还被人们认为是狂热者和盲从者。交战国的军事当局并不支持航空事业。更糟糕的是，其中大多数人甚至对航空一无所知。只有德国才出现了某种空战观念；但幸运的是，德国被齐柏林式飞艇带入了一条死胡同，一门心思地相信飞艇而不是相信飞机去了。

航空技术之所以进入战争领域，更多的是由于人们对它的宽容，而不是人们对它的深信不疑，更多的是顺从民意——民意比军事技术当局的目光更加敏锐，而不是认为它可能很重要。当局完全任其自生自灭，并且将其当作一种辅助性的业务——在意大利，它甚至还被临时置于总监督局［英译者注：类似于我国军需部的一个部门。］的管辖之下！在炸弹如雨点般地倾泻到陆军总司令部之前，根本就没人注意过航空领域。

处在这样的条件之下，又能怎样利用这种最新的战争武器呢？很显然，就是凭经验将它用于局部和特殊的目的。换言之，它起的就是辅助性的作用。

航空武器在此次战争中所取得的一切成就，都应当归功于航空部门的全体人员；他们表现出了英勇之气和主动精神，并且不顾陆军当局的行动——有时甚至是与陆军当局的行动相抵触，完成了许多的任务。不过，航空部门的全体人员并不能理解战争全局；因为他

德国飞船设计家斐迪南·冯·齐柏林伯爵

们的眼界，只能局限在当局允许他们进入的那些狭窄领域内。而当像我这样的人——1915年我就提出建立一支我国的"独立空军"，而1917年我又提出建立一支同盟国的"独立空军"——试图让军方高层对航空武器的重要性加以关注，让他们注意到可以将航空武器当成一种实现战争总体目标的独立武装时，军事当局却并未屈尊来考虑考虑这个问题。

齐柏林式飞艇。这是由齐柏林伯爵以大卫·舒瓦兹设计的飞艇为蓝本，经过进一步发展，在1900年设计出来的一种硬式飞艇。

在此种情况下，一种协调的、真正的空战是不可能出现的，而事实上也并未出现这样的空战。相反，局部的空中作战行动却有可能出现，事实上也的确出现了；不过，它们都进行得毫无章法、毫无组织，因为这种局部空战，是在本能而非理性的指导之下进行的。

由于在高空中容易看清和投下炸弹，所以人们接受了侦察机和轰炸机；因为必须防御侦察机和轰炸机所带来的破坏，所以人们又接受了驱逐机。战争当

中的所有航空活动，全都停留在这一事实之上；所以，航空活动并没有进一步发展起来。在战争期间，敌我双方的空军始终都是在相互侦察、轰炸和驱逐。拥有空中优势的那一方，会比实力较弱的那一方进行更多的侦察、轰炸和驱逐活动；而紧紧与地面部队拴在一起的航空部队，也并没有离开过地面部队，其作战行动则只限于直接在地面战场上为地面部队服务。人们并未认识到，此种束缚阻碍了空军的发展，因为空军的战场与地面部队的战场有着本质的不同；而一旦解放此种束缚，就能让航空部队大显神通的这种观念，也还没有出现。但尽管如此，形势还是迫使人们开始认识到航空部队的巨大价值了。如果掌握在真正懂得其价值的人手里，这种最新的武器还有什么是做不到的呢！

鉴于此种情况，那么上一次战争又能给我们带来什么样的经验教训呢？什么都没有；事实上，是根本就没有带来任何经验教训，因为当时人们是在错误的判断下使用航空部队的，而我们也不难看出，运用一个还不为人们所理解、人们对也不闻不问、任其自生自灭的兵种，是不可能得出正确、全面的判断的。难道说，仅仅因为上一次战争中是在没有指导原则的情况下凭着经验来利用航空兵的，我们在未来战争中也必须这样去做吗？在我看来，说这样的话，与不说辅助航空兵毫无用处、纯属多余且有害无益相比，甚至更加冒失。

第四章

我已经说过，一支"独立空军"必须满足两个条件：（1）基本条件——也就是说，拥有足以夺取制空权的实力；（2）必要条件——也就是说，在夺得制空权之后能够保持此种实力，并且利用此种实力来粉碎敌人的物质和精神抵抗。

我还指出，倘若制空权像我所定义的那样，指的是我方战机能够在敌人面前飞行而不让敌机飞行，那么：（1）一支成功地夺得了制空权，却没有保存实力去粉碎敌方抵抗的"独立空军"，依然能够实施对获胜十分有效的行动；（2）一支夺得了制空权并且保存了足够的实力去粉碎敌人抵抗的"独立空军"，则不管地面部队的作战情况如何，都能获得胜利。

这两句话，都是不言自明的。不改变此处论述所表达的含义，就无法驳倒这两个论断。

那么，为了夺取制空权——也就是说，让敌人的空中武器无法飞行，同时保持我方空军的飞行能力——就必须摧毁敌方的所有飞行工具；而要做到这一点，则只有一方面摧毁敌人的飞行工具，一方面至少让我方的一部分飞行工具完整无损。

要想利用好制空权，指望利用制空权来粉碎敌人的物质和精神抵抗，就必须在夺得制空权之后，仍然手握足够多的空中武器，来发动足以消灭敌人的进攻行动。

这两个论断也是不言自明、毫不含糊的。

我们可以在空中或在地面上，即在维修中心、集结地和制造工厂等场所找到敌方的空中力量；无论是在空中还是在地面上，都只能通过空中进攻来摧毁它们；而在此种摧毁行动中，陆军和海军都没有任何办法来进行协助或者配合。夺得制空权之后，可以对敌人的领土和领海发动空袭，但这种空袭行动显然也只能由空军来实施；陆、海两军也是没有任何办法来配合空袭的。因此，在考虑到争夺制空权和发动空中进攻这个问题的时候，我们就会明白，派去执行此种任务的空中力量——即"独立空军"——既不应该、也不可能在任何方面倚赖于陆、海两军。

但这决不是说，"独立空军"在行动时不应当配合陆、海两军的行动，以实现一个共同的最终目标。我只是说，这种配合作战，应当由指挥运用全国所有武装力量的最高机构来制订计划。这也不是说，"独立空军"在任何情况下都不应当像陆、海两军之间的相互配合那样，直接去配合陆、海两军并在特定的作战行动中协助后者。很显然，负责指挥所有武装力量的最高机构有时必定会认为，夺得制空权之后，必须将整支"独立空军"或者其中指定的一部分，临时性地置于一位陆军司令或者海军司令的指挥之下；而这样做，就会让"独立空军"失去其独立性。

要想成功地摧毁敌人的空中武器，我们必须能够克服敌人为了阻止此种摧毁而设置的各种障碍。在这种战斗中，我们就会进行真正的空战，直到分出空战理所应有的胜负来。事实上，任何一方夺取了制空权后，都会是在同一个无法飞行的敌人在作战；而与没有了空中武器的敌人作战，则是不可能发生空战的。夺得了制空权之后，一支"独立空军"的所有作战行动，必然都是针对地面目标的。虽说这些行动将会极大地、或许还会具有关键性地决定战争的结局，但我们绝对不可能丝毫不爽地认为，它们全都是空战行动。因此，争夺和掌握制空权，便是"独立空军"应为自己实施的空战所确定的唯一目标。

要想消灭敌人的飞行工具，我们必须在所有发现敌方飞行工具的地方，无论是在空中还是在地面上，对其加以摧毁。因此，倘若一支"独立空军"的实力足以完成夺取制空权的任务，那么它也必定能够在空中或者对地面目标发动毁灭性的打击行动。只有通过空战——也就是说，用比敌人更有效的火力对敌人进行打击——一支空军才能摧毁另一支空军。换言之就是，空中的毁灭性打击，只能用适合于进行空中作战的武器来实施；为简单起见，我将这样的武器称为"作战武器"。要想消灭一支地面上的空军，必须用毁灭性的火力对地面进行攻击；通常来说，此种火力只能通过轰炸来实现。由此可知，在地面上发现的敌方部队，只能用轰炸的方式才能消灭。因此，"独立空军"必须既拥有战斗机，又拥有轰炸机。这样，经由一条不同的途径，我便得出了与第一编中所述相同的结论，算是殊途同归了。

一支"独立空军"中，可以没有这两种兵力之一吗？我的回答是绝对不行，理由如下：

1. 倘若一支"独立空军"只由战斗机组成——也就是说，只拥有能够在空中对敌机进行毁灭性打击的实力，那么敌方只要避免与这支"独立空军"遭遇——敌人只要降落到地面上，使自己难以被对方空军侦察到就可以了——这支"独立空军"的作战行动，可能便不会成功。一支只由战斗机组成的"独立空军"，即便是其战斗机拥有优势，最终也会因为频繁地在没有敌人的空中实施徒劳无益的行动而精疲力竭。无论什么时候，在面对一支战斗机实力较弱、却装备了轰炸机的空军时，这支"独立空军"都会陷入极大的困境之中，甚至连捍卫本国领土不遭到敌军攻击这一消极的目标也实现不了；因为敌人可以利用迅速实施空袭的优势，避开交战而出其不意地发动袭击。因此，一支只由战斗机组成的"独立空军"，并非是一支真正的"独立空军"；因为它既不适合于夺取制空权，也不适合于承担保卫己方领土不遭到敌方袭击这一简单的任务。

2. 一支只装备了轰炸机的"独立空军"，除了避开空战和进行突袭之外，既无法作战，也无法抵抗敌人的意志。

而一支既装备有战斗机、又拥有轰炸机的"独立空军"，却能毫无顾虑地飞到敌人的领空，并对敌方的地面目标发动进攻。

因此，两害相权取其轻，没有战斗机还稍微好一点儿；但一支只装备了轰炸机的空军根本也不是一支"独立空军"，只是"独立空军"的萌芽状态罢了。

所以，一支"独立空军"必须既装备有战斗机，又配备了轰炸机。我们应当按照什么样的比例，来装备这两种战机呢？对于一支"独立空军"来说，要想自由行动并且能够任意摆布敌人，它必须能够克服敌人的抵抗，飞到敌方领空中的任何指定位置。也就是说，它应当能够克服敌方的抵抗；而敌方的此种抵抗，则是用战斗机来进行的。要想在其他条件相等的情况下能够取胜，一方必须在战场上具有更强的实力。因此，我方的战斗机应当比敌方的战斗机实力更强才行。至于轰炸机，尽可能多配备的做法显然是可取的，因为无论在什么情况下，发动大规模进攻都是有利的。所以，战斗机与轰炸机之间并没有什么一成不变的装备比例，因为它们都须视具体情况而定。

出于这些原因，故对于一支"独立空军"的组成，我们只能说：（1）战斗机的实力应当以强于敌方类似部队的实力为目标；（2）轰炸机应当尽量具有发挥出最大威力的最大实力。并且，我们始终都要记住，一支"独立空军"缺少哪一种飞机都不行，因此必须不惜一切代价，防止损失战斗机或者轰炸机。

至于已经讨论过的那些方面，我们不妨假定，我方已经拥有了一支"独立空军"，并且装备有：（1）优于敌人的战斗实力，以及（2）有限的、用于进攻的轰炸力量。拥有了这样一支空军，我们就能沿着最有利的线路，迅速飞到敌人领空中的任何地方，飞到我们选定的任何目标上空；因为：（1）敌方的"独立空军"不会尝试与我方作战，因此我们能够畅通无阻，或者（2）敌方会尝试进行抵抗，但无法与我方空军短兵相接，因此我方能够畅通无阻，或者（3）敌方会凭借其实力较弱的战斗机来进行抵抗，但我方能够击溃这些战斗机，因此我方也能够畅通无阻。

所以，在前两种情形下，我方都能够安然无虞地进攻敌方的地面目标，能够根据我方的轰炸实力，给敌人造成相应的破坏。而在第三种情形中，我方则会让敌人遭受一次空中失败，然后再根据我方的轰炸实力，给敌人造成相应的破坏。

假如我们选择敌方的空中武器——即飞机维修中心、集结地、制造工厂等场所——为目标，那么在上述三种情形中，我方给敌人所造成的损害，最终都会削弱敌人的空军潜力。因此，每当我方的"独立空军"对敌人的地面目标实施直接打击之后，无论可能造成什么样的破坏，都会削弱敌人的空军潜力。我方空军只要能够密集地展开行动，能够拥有更多摧毁敌人地面目标的武器，能够谨慎地选择我们的进攻目标，就能迅速将敌人的空军潜力削弱至零，或者说能够迅速夺取制空权了。

对于我方的这种进攻，敌方的"独立空军"又可以采取什么样的行动，来进行对抗呢？敌人会试图进行直接对抗吗？显然不会，因为敌人要么是无法与我方直接交火，而在找不到对手的空中飞行，要么便是与我方直接交火，并被我方打败。敌人会不会试图避免直接交火，反过来进攻我方的领土呢？很显然，敌人必须这样做才行；因为只有不直接交火，敌人才有办法进攻我方，从而削弱我方空军的潜力。

两支作战实力不同的"独立空军"对于制空权的争夺战，会呈现出下述特点：

1. 拥有较强作战实力、不为敌方行动所羁绊并因而能够任意打击敌人的那支空军，将会获得充分的机动作战能力，能够选择最有利于实现其作战意图的敌方目标来进行打击。

2. 作战力量较弱的那支空军，将会尽量避战，并且会想方设法地去摧毁那些最有利于实现其意图的敌方目标。

也就是说，这两支空军将采取相似的行动；不过，此种争夺战的特点在于，实力较弱的那支空军最关注的还是在行动中保存己方的实力。我们不妨假设，在此种争夺战中，实力较弱的那支空军的确在行动中保存了己方实力——也就是说，它避开了直接交战。在这种情况下，两支空军的所有行动都会削弱敌方的空军潜力，而最先把己方给对手造成的破坏累积到足以消灭敌方空军潜力的那支空军，就会夺得制空权。因此，如果说实力较强的那支空军必须实施尽可能密集的行动，必须对敌人的地面目标造成最大的破坏，必须选择最能削弱敌方空军潜力的作战目标，那么实力较弱的那支空军，就更有理由这样去做了。由此，我们即可得出下述具有实际意义的结论：

1. 战争爆发之后，应当立即实施尽可能密集的空战。"独立空军"应当随时准备好行动，而一旦行动开始，就应当毫不松懈地进行下去，直到夺得制空权。考虑到"独立空军"采取进攻行动时可能达到的那种规模，以及实施进攻行动的强度，我们不可能指望在战争爆发之时尚未做好准备的新型飞机，能够在空战中——也就是说，在夺取制空权的过程中——发挥出什么作用。换言之就是，战争的结果，将由那些在战争伊始就准备好投入战斗的空中武器来决定。而那些后来才准备好的空中武器，充其量只是在夺得制空权之后，能够利用此种制空权罢了。

2. 如果选择作战目标对于一方来说极其重要的话，那么，如何部署本国领土上的目标、让这些目标如何呈现在敌人面前，同样也很重要。也就是说，一个国家潜在力量的部署，应当使之难以被敌人摧毁才是。我们不难看出，倘若属于"独立空军"命脉的战机全都沿着前线集中部署在为数不多的几个中心城市里，那么敌人很容易就会将它们消灭。

3. 空战的结果，当然取决于交战双方的实力；不过，它尤其取决于如何利用这种实力——也就是说，取决于指挥官的天赋，取决于他们的及时决策和迅速行动，取决于他们对敌人空军资源的准确了解。

在前文中，我们已经确凿无疑地得出了结论，说空战必定发生在两支"独立空军"之间；双方唯一关注的，便是尽可能地给敌人造成最大的破坏，而不管敌人可能反过来对己方造成什么样的损害。这种战争思想在第一编中已经阐述过，指的就是忍辱负重、任由敌人进攻，以便利用一切可能的手段，对敌人发起规模最大的进攻。这种思想很难深入人心，因为它与过去普遍存在的那种全面战争观念是背道而驰的。我们习惯于看到每场战斗中都有攻有守，所以无法理解战斗中只有进攻而没有防守的思想。不过，空战必定将是这样的一种战斗，因为空军的特点明显是进攻性的，并且完全不适合用于防御。事实就是这样：用空军发动进攻很容易，而用空军来进行防御却不容易。

现在，我们不妨来看一看最有利的一种情况，即一个国家"独立空军"的战机实力大大强于敌方的情况。这支空军能够捍卫本国领土，使之不遭到敌方空军的攻击吗？这支空军当然有两种防御之法。其一是主动出击、搜寻敌机；其二是被动等候，待敌机出现之后对其加以打击。一支"独立空军"能够主动出击、去搜寻敌人吗？当然能够。不过，它有可能找不到敌人；而要是找到了敌人，它可能也无法展开战斗，可能找不到机会对敌发动进攻，尤其是在敌方有意避战的时候。所以，一旦一支空军去搜寻敌军却找不到进攻敌军的机会，那这支空军就是在进攻虚无一物的天空，就会劳而无功，对敌人根本不会造成什么损害；而成功地避免了交战的敌方空军，却能给我方造成直接的破坏。因此，第一种防御方法是不切实际的；它只会成为敌人的笑柄。

可以说，没有什么方法能够阻止一支出发去搜索敌人的空军，使之无法用自己的轰炸机给敌人造成一定的破坏。这是事实。不过，在此种情况下，这支空军并不能自由选择轰炸目标，因为这些目标的重要性对于这支空军的主要目的来说是次要的；并且，它们都是在搜寻敌人空军的过程中，偶然发现的目标。

一支空军，能不能坐等敌人上门，并且在敌人到来之后给其以打击呢？当然能够。可是，这支空军实现自身目标的可能性又有多大呢？假如敌方空军大规模出动——这样做，敌人才有可能获胜——那么，我方空军首先也必须大规模地集结起来才行。任何一支"独立空军"，尤其是在这支"独立空军"自认为实力较强的时候，能不能被动地等待敌人进击，任由敌人采取主动权，并且非但无法确保与敌遭遇，甚至还有可能毫无还手之力，只能承受敌人的打击呢？当然不能。因此，第二种防御之法也是不切实际的，只会成为敌人的笑柄罢了。

由此，我们必然会得出这样一个结论：在空战中，只能采取一种态度——即猛烈进攻，哪怕冒着被敌人猛烈打击的风险。捍卫本国领土不遭到空中打击的一种有效办法，就是尽可能迅速地消灭敌方的空军力量。

对敌方空中行动进行防御的任何办法都会失败，从而会有利于敌方。这种说法，无论是对一般情况，还是对我们已经研究过的那种具体的空军行动，都是适用的。防御之目的，旨在凭借由大批飞机组成的空中防御力量，以及地面部队装备的防空力量，来对抗敌人的空中进攻。要想防御有效，中枢要地的空中防御力量必须能够粉碎敌人的行动，因为这种空中防御力量的目标，就是阻止敌人对这个中枢要地进行打击。这就意味着，该中枢要地的空中防御力量，必须用至少与敌方相当的战斗力量去对付敌人。如今，倘若敌人遵循正确的战争规则，那么敌人就出动大量飞机去作战。要想防御有效，中枢要地的空中防御力量也必须拥有大量的战斗机，使之与敌人大规模出动的战机数量相当才行。否则，这支空中防御力量便会被攻克，而这个中枢要地也会被敌人摧毁。

不过，由于空军具有很远的作战半径，所以，一支"独立空军"也有可能威胁到别的中枢要地。并且，由于空中进攻行动都是迅速实施的，因此，要想成功地对所有可能受到威胁的中枢要地实施防御，我们必须在遭到攻击的不同地区都驻扎空军部队，并且每支部队的战斗实力都必须与敌人大规模进攻的战斗实力相当才行。除此之外，我们还必须建立起一个复杂的交通补给网络，让所有的空军部队始终都备战不懈。

我再说一遍，空军从本质上来说是进攻性的，所以用空军来进行防御，必然会导致这样一种谬论：虽然实力比进攻者强，却不得不让这支占有优势的空军完全处于消极怠惰的状态，因为它无法实施任何积极主动的作战目标，所以只能任由敌人采取主动。

就算我们承认用于防御的空中力量往往能够及时赶到并发挥一定的作用，但这样运用空军力量，是不是明智呢？显然并不明智，因为这样做，意味着我们会陷入分散兵力的极度危险之中。相反，我们无疑应当运用所有可以获得的资源，最大限度地去增强我方"独立空军"的实力才是。因为空军的实力越强大，它就越能够轻易、迅速地夺取制空权；而夺取制空权，则是保卫本国领土不遭到敌人空中进攻的、唯一有效的途径。

要想防御有效，一个中枢要地的防空力量，必须能够阻止敌方对此地进行空中打击才是。防空部队的作战范围很有限，因此，我们必须拥有足够多的防空火炮，才能保护好每一个中枢要地。所以，要想发挥作用，对空防御力量就需要大量的、遍布整个地面的武器装备。

而另一方面，诸如低空攻击或因浓烟遮蔽等空中行动，能够轻而易举地压制住防空火炮的威力，使之无法有效地实施反击。当然，倘若用于对空防御的那些资源，同样用于去增强"独立空军"的实力，那么效果就会大得多，因为能够保卫本国领土的唯一办法，便是夺取制空权。因此，我们不应当有什么空中防御和对空防御。地面是从空中来保卫的，正如海岸是从海上来保卫的那样——都是通过夺取控制权。没有人会为了不让海岸线遭到炮轰，便把战舰和大炮沿着海岸线分散部署。沿海各个城市都门户大开，而它们的防御任务，则是由舰队来间接地完成的。

因此，所有可以获得的资源，都必须用于增强"独立空军"的实力，从而使得这支"独立空军"仅仅通过猛烈进攻，便能在空中作战并且保护好自身。但愿读者好好地想一想这句话；这是一条基本原则，毫无例外、含糊或者保留，因为它必须成为我国组建和使用空军力量的基础。

做出这一结论，我们只需思考一下空战的一般特点，或者飞机本身的基本特点——即续航距离大、速度快、能在空中作战、能够对地面实施进攻——就足够了，根本无需从技术上再去详加研究。因此，这个结论本身就是一般性的，它并不取决于技术上的细节情况；人们可以用这些技术细节来改变飞机的基本特点，但未来这些技术细节的完善，却只会进一步证明我们在此处所得结论的正确性。证明这一结论的证据唾手可得；我们只需对比一下其他人关于空中力量的观念，以及根据我的观点所构想和运作的"独立空军"观念，就足矣。

我们不妨假设，一支这样的"独立空军"与一支根据普遍观念组建而成的空军狭路相逢；而用于组建这两支空军的资源，则是相同的。

显然，由于"独立空军"已经利用所掌握的全部资源来建造战斗机和轰炸机，故而能够使用实力优于另一支空军的战斗机力量；因为后者会分散其所掌握的资源，去装备具有特殊用途的不同飞机，而战斗机通常又未包括在这些飞机之内。出于相同的原因，这支"独立空军"的轰炸机实力，也会优于另一支空军。

在此种情况下，这支"独立空军"马上就会采取主动态势，用大批兵力对敌方的地面目标进行一连串的进攻，毫不在意地与敌交战；因此，它既不会搜寻敌人，也不会避开敌人，而是会热切不懈地去实现自己的目标。而另一支空军呢，只有用己方的驱逐机去对付这支"独立空军"，否则便无法直接进行反击，可这些驱逐机一旦与"独立空军"交手，便会被打败；而倘若用轰炸机进行间接反击，那么由于实力不如"独立空军"用于进攻的轰炸机，所以它在采取行动的时候，也必然会用一种避免与敌交战的方式来进行。因为既不适合于作战，也不适合于轰炸，所以这一大批辅助性的力量，就无法有效地影响到制空权争夺战的最终结局。它们将不得不处于差不多完全消极怠惰的状态，只求不被消灭，尤其是不被消灭在地面上。

因此，在其他条件都相同的情况下，制空权自然将由"独立空军"夺得。除了用另一支这样的"独立空军"，其他任何手段都无法对抗根据我的观点组建而成的一支"独立空军"。其他任何形式的空军力量，其他任何水准的作战行动，都将导致我们错误地使用空军。我敢打赌，任何人都无法证明，情况与我所说的正好相反。

第五章

我所做出的一切结论，都只是为了说明：（1）战斗机部队必须适合于在空中作战；（2）轰炸机部队必须适合于对地面目标发动进攻。现在，我们可以往下探讨一些更加具体的观点，来看看一支"独立空军"的空中武器必须拥有什么样作战特点或轰炸特点了。

□作战武器

空战就是战斗机之间的交火行动。一架飞机是否适合于空战，是由它的进攻力量和防御实力来决定的。在空战中，一架战机可能受到敌人任何方向的火力进攻。因此，战机必须能够还击此种火力才行；并且，在其他条件相同的情况下，武器装备和火力比对方更强大的战机，自然会拥有优势。要想最有效地抵挡敌方的火力，战机需要具有最大程度的自卫手段。因此，倘若其他方面的条件相等，防护装甲更强的战机就会具有优势。

很显然，在空战中，比对方飞行速度更快、机动性更强也是一种优势，因为它可以让一方自行决定，是否要与敌机交战；或者，一旦交战，也可以很快地结束战斗。所以，倘若其他方面的条件相当，那么飞行速度更快、机动性较强的战机就会拥有优势。

最后，在其他方面条件相当的情况下，续航距离更大的战机也会具有优势，因为此种战机能够更深入到敌方领土内部实施作战行动。

因此，一架战斗机必须最大限度地紧跟技术上的最新发展，拥有下述四个方面的特性才是：武器装备、装甲防护、速度和续航距离。

这些特性，可以简化为物理学重量，即由飞机的空气动力学结构所决定，并且经过细分，以便与这四个特性相匹配的总重量。

这个问题，与战舰表现出来的问题是相似的。事实上也不可能是别的情形，因为战机与战舰都具有相似的目的。然而，在此种情况下，我们还需考虑其他一些方面。

武器装备：一支"独立空军"中的战斗机，本来并非是用于独自作战，而是用于编队作战的。因此，它们必须分成一个个能够共同作战的战斗单元，而这也正是战斗机所用战术的根基所在。由此可知，我们需要最为密集的火力，并不是一架战机的火力，实质上是需要整个作战单元的火力才行；而这个作战单元的编队情况，则可以根据敌人进攻的方向，或者我方准备进攻敌人的方向来加以改变。所以，无论决定性因素强调的是单架飞机还是整个编队，武器装备的问题都既涉及到单架飞机，也涉及到整个作战单元。

同样，在火力方面，重要的并不是单架战机的火力，而是整个作战单元的火力；所以，我们必须把整个作战单元看成是一个不可分割的整体。在这个方面，我们的重点也必须放在编队上，而不能放在单架战机上面；因为我们必须用最好的办法，将所有战机的火力整合起来。不过，无论在哪种情形下，我们都能看到，尽管让每架战机都拥有高于最小配置的火力这一做法很可取，但不能夸大此种火力的重要性；因为在火力相等的两个作战单元之间，拥有更多战斗机的那支作战单元似乎更有可能实施一种更全面的作战行动，这才是实力之源。然而实际情况如何，只有靠经验才能确定。

装甲防护：采用装甲防护的目的，就是减少武器装备受损的可能性，从而保存好武器装备的威力。很显然，在两架武器装备情况相同的飞机之间，拥有最佳防护装甲的那一架，其进攻能力会是另一架的两倍；因为前者在同一次作战行动中保持进攻实力的时间会是后者的两倍，或者在时长相同的作战行动中让自己的进攻能力达到两倍于后者的程度。此种防护特点，非但存在着有形的价值，也具有精神上的重要性；因此，认为用于装甲防护的载重量总会浪费进攻实力、浪费材料的想法是不对的，就算是在以牺牲武器装备为代价的情况下，也是如此。装甲防护问题与单架战机有关，而与整个编队无关。不过，尽管整个编队总的进攻能力可能并未削弱，但用于装甲防护方面的总重量会随着战机数量减少而降低，这一点却是很明显的。

速度：虽说在战斗中拥有较快的速度无疑是一种优势，但事实仍然像我已经充分说明的那样，一支"独立空军"既不应当去寻敌交战，也不应当去迫敌交战。因此，对于一支实力较弱、要避免空中交战的"独立空军"来说，较快的飞行速度只具有相对的重要性。所以，以牺牲其他三个特点为代价去提高飞行速度的做法，并不可取。

续航距离：能否对敌方领土发动进攻，或多或少取决于战斗机续航距离的远近。因此，根据抵达敌方目标所需的作战距离，战机必然存在一个最低续航距离的问题；倘若低于此种续航距离，一支"独立空军"就会丧失其价值。只要是做得到，战机的续航距离自然都应当达到最大才是。

□轰炸武器

轰炸机的行动，与战斗机的作战行动密不可分；后者的任务，就是为前者清除敌方设置的空中障碍。所以，轰炸机的特性应当满足下述条件：

续航距离：与战斗机的续航距离相等。

速度：与战斗机的飞行速度相等。

装甲防护：如果认为一架战斗机需要进行装甲防护，那么我们就没有任何理由说，轰炸机不需要同样的装甲防护措施。因此，轰炸机的装甲防护措施应当与战斗机相同。

武器装备：从根本上来说，一架轰炸机的武器装备应当就是对敌方地面进行轰炸所用的炸弹。不过，为了提升机组人员的士气，任何有可能在空中遭到攻击的作战飞机，都不应当完全不配备武器。除了武器装备方面，轰炸机与战斗机的所有特性都应当是一样的。这两类飞机之间的差别就在于，战斗机用于武器装备的配重，与轰炸机用于炸弹的配重不同。

□战斗轰炸机

从这个事实当中，我们产生了一种设想，觉得应当有一种既可用于轰炸、又可用于战斗的飞机；为简单起见，我将这种飞机称作"战斗轰炸机"。这种飞机，应当具有上述业已说明的续航距离、速度和装甲防护措施；不过，它还应当配有充足的武器装备，从而既能够进行空中交战，也可对敌方的地面目标发动进攻。假设在满足其他三个特性之后，我们用字母W表示剩余的、可用于携带武器装备——包括枪炮、弹药和乘

第一次世界大战中的意大利轰炸机

员——的载重量，并且假设一支"独立空军"由战斗机（用C表示）、轰炸机（用B表示）组成，那么，这支空军的作战能力将是CW，轰炸实力将是B（W-w），其中w表示轰炸机用于装备防护武器的载重量。不过，倘若一支"独立空军"完全由作战飞机所组成，那么其战机数量将是C+B，而其可以用于携带作战武器的载重量将为W（C+B），或者说是CW+BW。这样一来，假若这两种武

器——即空中交战武器和对地攻击武器——是按比例配备给每架飞机的话，那么，可用于对地攻击的武器总重就是BW。换言之就是，这支"独立空军"的作战实力将与另一支相当；但是，在对地攻击行动中，由于它没有携带防卫武器，因此会略胜一筹。

在这个方面，我们还应当注意到另外一点。假设一支"独立空军"的所有战机当中，战斗机和轰炸机各占一半，并且假设与敌遭遇的时候，战斗机与轰炸机并非同时出动，而是错开时间行动。那么，首先就会爆发一场空战，以击败敌方的抵抗，然后便是针对敌方的地面目标进行轰炸。这样一来，在第一阶段的行动中就只有战斗机能够参与，而在第二阶段又只有轰炸机能够参与。同样，第一阶段中只有机枪手能够行动，而第二阶段中也只有投弹兵能够行动。

但反之，假若这支"独立空军"完全由战斗轰炸机所组成，那么同一拨士兵在第一阶段的作战行动中，就可以利用飞机上的所有武器装备进行空中交战，然后再在第二阶段中打击敌方的地面目标。这就意味着，同一拨士兵既可以当机枪手，又可以当投弹手，从而可以利用人员方面所省下来的载重量，去增强整支"独立空军"的火力。

此外，一支由轰炸机和战斗机所组成的"独立空军"与敌遭遇的时候，只能用一部分战机去作战，并且没法自由行动，因为这一部分战机在交战过程中必须尽全力保护好轰炸机才行。而倘若空军全由战斗轰炸机组成，那么所有战机都可以参与交战，从而使之拥有充分的行动自由。因此，无论从哪方面来看，最佳办法就是让一支"独立空军"的主体，完全由既可进行空中交战、又可轰炸敌方地面的战斗轰炸机所组成。〔英译者注：如果对杜黑思想的此种理解是正确的话，那么他所描述的这种飞机，就与我们现代的"空中堡垒"相类似，但威力较后者更为强大。〕

在这个方面，我们甚至可以更进一步。事实上，要是这些特性——或者至少是其中的一部分特性——灵活可变的话，那就更好了。比方说，由于续航距离、装甲保护和武器装备都可以转换成载重能力，又由于一架飞机这些方面的总载重量是恒定不变的，故可以通过牺牲其他任何一个或者所有方面的载重量，来增加其中某一方面的携带量。如今，由于带有预期的用途，故这样做可能会极为有利。因此，在制造战斗轰炸机的过程中考虑到这些细节，使得上述特性容易改变，将带来很大的益处。

假如一支"独立空军"在很近的续航距离内发起作战行动，那么很显然，减少燃油载重、增加相应重量的武器装备就会更加有利。反之，假如作战行动远离这支"独立空军"的基地，那么减少装甲防护，或许甚至是减少武器装备，就将更加有利。一旦夺取了制空权，一支"独立空军"自然无需再进行空战了——因此，它也无需再装备大量的防护装甲和空中防卫武器了。所以，在建造战斗轰炸机的时候，就应当让这两种载重特性能够随时调整或进行替代，以增加飞机的续航距离，或者增大它对地面目标的打击能力。倘若其他方面的情况都相同，那么最好是让一架战斗轰炸机的这些特性能够灵活可变。

我们已经确定了应当组成我国"独立空军"主体的这种战斗轰炸机的所有基本特性。留待技术人员和飞机制造商去解决的问题，便是制造出最能满足实用所需条件的飞机来。要想满足所有的条件，这种飞机必然会是一种重型、多发动机和中等速度的飞机。由于"独立空军"在陆上和海上作战时必须全体出动，所以这种战斗轰炸机还应当水陆两栖才行。如果目前还不可能制造出此种飞机，那么"独立空军"就只能由一部分水上飞机、一部分陆上飞机所组成，并且这两种飞机都具有相同的特性。目前的技术发展水平，只允许我们造出在一定程度上达到这些要求的飞机，而技术的进一步发展无疑将会令此种战斗轰炸机的威力更大。

我们已经通过演绎，确定了一架战斗轰炸机应当具有的特性——它应当是组成一支"独立空军"作战主体的唯一一种飞机；而"独立空军"由于能够自

第一次世界大战中使用的航空相机

给自足，所以是发动空战唯一所需的组织。

不过，一支"独立空军"必须保持一个有效的情报部门，以防被敌人突然袭击，因此还必须装备侦察武器。在继续往下探讨之前，我们必须给"侦察"这个很容易令人混淆的术语下个定义。很显然，"侦察"是一种为给己方带来好处、且为损害敌方利益而进行的一种战争行动；因此，像其他所有的战争行动一样，"侦察"也必然会遭到敌方的抵抗。要想成功地实施侦察行动，我们首先必须能够打败敌人，或者避开敌人的抵抗。无论是在陆上、海上或者空中进行侦察，情况都是如此。例如，骑兵对敌侦察时，既可以用大量骑兵部队突破敌人的防线，看清敌方会采取什么样的后续行动，也可以用少量骑术精良的巡逻兵避开敌人并插入敌人后方，然后再带着所需的情报返回来。在进行空中侦察时，情况也是一样的。假如需要克服敌人的抵抗去进行大规模的侦察，那么就该由整支"独立空军"——或者至少其中的一部分——来完成此种任务。倘若打算进行一次小型侦察，以报告敌人的动向，并且利用这一情报在后续的作战行动中避开敌军，那么就需要一种与战斗机全然不同的飞机。我们不妨把此种飞机称作"侦察机"。

要想插入敌人的空中防线后方，同时又避免与敌人进行空战，就必须具有较快的飞行速度和较高的飞行技术，使得敌人无法抵抗才是。为了成功实施侦察，一支现役的"独立空军"需要装备特殊的侦察机；而要想让此种侦察机在空军实施空中作战时发挥作用，那么其续航距离就应当比整支空军中其他大多数飞机更远才行。简而言之，侦察的实质就是观察、理解和报告。因此，一架侦察机需要有一双明亮的眼睛、一个警惕的大脑以及与"独立空军"进行联系的恰当手段。

□侦察机

这种飞机的特点应当如下：

速度：应当具有与航空技术发展现状相应的、最大可能的飞行速度。

续航距离：至少应当与"独立空军"的续航距离相当。比如，倘若整支空军的续航时间是6个小时，那么侦察机的续航距离起码也应当是6个小时的飞行时间。

武器装备和装甲防护：为一架有意避战的飞机装备武器，是毫无用处的。最好利用不携带武器装备所节省下来的载重能力，来提高飞行速度和续航距离。

通讯手段：应当具有最为完善的通讯手段。

机上人员：保持在绝对必要的最低限度；有可能的话，机上只需配备一人。

为了避战，侦察应当由单独行动的一架架飞机，或者一小队一小队的飞机来进行，以便可以承担行动中可能遭受的损失。一支大规模行动的"独立空军"，若是用一队这样的侦察机当先锋，并且让这些侦察机围在整支空军合适的距离之外，它就不会遭到敌人的突然袭击。与此同时，"独立空军"也可利用这些侦察机来发现敌方的地面目标，从而在最后对那些目标加以打击。

第六章

　　我们迄今所说明的战斗机与侦察机的特性，对于任何"独立空军"来说，都是适用的。不过，我们在此最关心的，还是我国的"独立空军"，因此必须考虑到另外两个尤其适用于我国的条件。我国可能的敌人，要么是在阿尔卑斯山脉的另一侧，要么是在环绕我国那片狭窄海域的对面。因此，要想能够打击这些敌人，我们必须拥有一支能够越过阿尔卑斯山脉、能够越过环绕我国的那些狭窄海域的"独立空军"。其中第一个条件确定了我国空军中战机必须具有的最小飞行高度；第二个条件则决定了整支空军的最小续航距离。如果达不到这两个条件，那么整支"独立空军"就毫无用处。

　　在这个方面，我们可得小心，不能把单架飞机的续航距离与"独立空军"整体上的续航距离混淆起来。后者的续航距离可能会远远小于前者。一支想要全体出动的"独立空军"，首先必须集结起兵力，接下来才采取行动，最后再将兵力解散，让每个作战单元都重新回到各自的基地去。因此，一支"独立空军"的续航距离，等于其中所有飞机的续航距离，减去从集结地到最远基地之间距离的两倍。

　　由此即可看出，部署空军基地——或者说组成"独立空军"的各个作战单元的基地——非常重要。这些基地距集结之地越近，空军的作战效率就越大。

第一次世界大战中的意军空军基地

但是，集结地可能会随着敌人的不同而变化，有时还会随着针对选定的敌人所采取的行动而不同。由此又可以看出，我们必须将大量的空军基地或多或少地分组成群，以便最充分地利用每架飞机的续航距离，从而让整支"独立空军"拥有最大的续航距离。

这属于空军后勤所承担的职责；它必须为发挥出一支空军的最大效力，创造出最为有利的条件。不过，现在我并不打算讨论这个方面。眼下我只想指出，将这些基地用做纯粹的着陆场地很有必要。战时基地不可能修建机库，一是因为实际上不可能部署如此之多的机库，二是因为这样的基地也太过容易被敌人发现。因此，所有飞机都应当由能够适应各种天气的金属制成。和平时期的大型空军基地，起码是那些并无实用价值的机场，一旦宣战之后就应当立即弃而不用，并且将其中的飞机分散到备用机场去。

一支"独立空军"着陆之后，应当马上从地面消失，并且决不能任由它们停在露天场地上，以免遭到敌人的攻击。因为一支出色而胆大的敌军，即便兵力较弱，也是能够充分利用好此种关键时刻的。倘若一支空军停在地面上，那么就应当尽可能地广泛疏散和做好伪装。而且，正如我们已经明白的那样，一支"独立空军"应当部署不同的基地群，以便能够自由调动并方便疏散。空军部队应当能够自由作战，应当不受地面情况的限制。

因此，我们应当创建一个空军后勤单位，必须为这个单位配备生活、调动和作战所需的一切，而这一切，反过来又必须由空军组织自身来提供。一支"独立空军"要想实现自身的目标，必须是一个彻底自给自足的组织，既能在空中来去，又能自主改变其降落地点。这就证明，一支名副其实的"独立空军"，与人们通常所设想的大不相同。

第七章

适合于我国"独立空军"的那种作战飞机——也就是说，续航距离大、飞行高度足以飞越阿尔卑斯山脉、飞行速度足够并且运载能力够大、能够装备足以确保安全的武器和防护装甲的飞机——与民用航空中所用的那种商用运输机相似，只要将后者所运载的乘客、货物和邮件，换成等重的武器装备和防护装甲就行了。这就表明，我们可以通过适当的技术安排，将一架民用飞机改装成一架作战飞机。我认为，我们应当加快速度，尽全力来实现下面这个目标：组建一支在国家需要时能够变成强大的军用空中部队的民航力量。[作者注：这正是德国所追求的一种宏伟理想。]在和平时期，也就是说在正常情况下，一架军用飞机只具有可能的作用，表明它在爆发战争时能够干什么。在整个国家生活进行得很顺利的时候，维持这样一架军用飞机的威力所需消耗的各种资源，都是为了此种可能的作用。而另一方面，一架民用飞机在战争爆发之后马上可以变成军用飞机，因而与军用飞机具有相同的潜在价值。不过，民用飞机在和平时期能够提供有益的民用服务，这可代表着一种实实在在的价值。

因此，在选择究竟是由军用飞机来组成空军主体，还是由能够迅速变成军用的民用飞机来组成空军主体的时候，我们就不难理解，第二种选择具有精神和物质两方面的优势。从物质上来说，无论一种民航服务的回报是多么有限，它都会是一种正收益。因此，一队能够迅速变成军用的民用飞机，所用开支始终都会低于同等数量的军用飞机。利用能够改装的民用飞机，我们能够在花费同样开支的情况下获得更大的军事实力，并且与此同时，我们还可以有力地维持一种极为全面的民航服务。此种好处相当巨大，因此我可以毫不犹豫地说，我们所致力的目标，应当就是组建一支强大的民用航空队伍，使之在需要时能够立即变成一支强大的军用航空力量，并且在和平时期，将军用航空力量削减成一支仅仅用于训练和指挥的骨干力量。

我已经指出，只要一支"独立空军"的主体是由遵循此处所表达之思想的飞机所组成，那么此种作战单元就是有可能存在的。可航空界通常却并不承认存在这种可能性。鉴于人们对于空中力量所持的那种普遍观念——即要求拥有各种特殊的飞机，有的时候甚至要求它们具有极端特性，那么此种否认是不是全然不对的呢？目前我们还不可能让民用飞机迅速转变成军用飞机，因为除了要配备用于空战和对地攻击的合适的武器装备，这些民用飞机还需要安装合适的防护装甲才行。不过，即便是在目前，我们自然也能够让民用飞机迅速变成轰炸机，因为我们只需将民用飞机上的乘客、货物和邮件换成炸弹，就可以做到这一点。

因此，从现在开始，我们就可以把民用航空当成补充力量，从而增强一支"独立空军"的轰炸实力。此种补充力量，根据具体情况而定，既可以在争夺制空权的过程中，也可以在夺得制空权之后，用来增强一支"独立空军"的轰炸实力。所以，没有什么东西会阻碍我们去实现这一目标。

我已经指出，并且业已证明，只有那些懂得如何去夺取制空权的人，才能将空中武器用做陆、海两军的辅助力量，并且一个国家必须创建的唯一一种空中力量，就是"独立空军"。反过来，一支夺得了制空权的"独立空军"，则可以将其一部分补充力量用做陆、海两军的辅助力量。

不过，这些补充力量是否适合于提供此种辅助服务呢？它们极有可能适合。首先，我们必须注意，当一支"独立空军"面对一个无法飞行的敌人时，可以极为轻而易举地实施任何空中行动，无论是辅助性的还是非辅助性的，并且取得重大的战果，因为敌人根本无力反击。

一旦夺得了制空权，一支"独立空军"便可以将自己的作战单元（或者战斗单元和轰炸单元）以及侦察单元派出去，为陆、海两军执行辅助性任务了。由于处境极其安全，所以这些作战单元执行陆、海两军所需的探查、侦察和观察等所有的辅助性任务时，就会非常容易。武器装备强大、能够往各个方向最密集地射击的作战单元，最适合用于进攻敌方的行军部队、给养列车、铁路运输车等等；而轰炸单元则可用于消灭那些直接与地面行动相关的目标。因此，一旦夺得了制空权，我们就不需要驱逐机了。并且，根据我的观点组建起来的一支"独立空军"，在夺得制空权之后，也能够提供所有可以想到的辅助性空中服务。

第八章

在前述各个部分中，我的目的一直都是为了说明，在夺得制空权之后，一支"独立空军"能够满足战争所需的一切辅助性任务。我对此进行了详细的说明，因为我确信，即便是在夺取了制空权之后，一支"独立空军"仍然应当独立行动，而不应当浪费时间，分散兵力去参与一些不太重要的行动。一旦夺取了制空权，整个空军就应当尽量大规模地发动进攻，以粉碎敌人的物质和精神抵抗。就算是无法完全达到这一目标，这支空军也应当尽可能地削弱敌方的抵抗力度；因为这样做，比其他任何办法更加有利于陆、海两军的作战行动。不过，要想实现这样的目标，我们必须避免分散兵力，并且最充分地利用这些兵力才是。

空中进攻的最大回报，必须到战场之外去寻找。我们必须到敌方的有效反击力度可以忽略不计的地方，到发现敌方最重要、却又最易受到攻击的目标之地去寻找——这些目标与战场行动和战斗结果的关系虽说间接，却要紧密得多。就军事效果而言，摧毁一个火车站、一家面包厂、一座兵工厂，或者用机枪扫射一支补给队伍、行驶中的列车或者其他后方目标，与低空扫射或者轰炸一条战壕相比，要重大得多。它们在打垮敌人的士气、极大地瓦解纪律严明的组织、散播恐惧和惊慌情绪等方面的效果，与进攻那些具有更强抵抗力量的地方相比，效果要重大得多。一支掌握了制空权的强大的"独立空军"，是能够给敌人带来无尽麻烦的！

在一些人看来，未来战争的最终结局可能要靠打击普通民众的士气来决定，这一点似乎是自相矛盾的。不过，这正是上一次战争业已证明了的，而未来战争中甚至还会出现更多的证据，来证实这一点。上一次战争的结局，仅仅表面上是由军事行动所导致的。实际上，胜负是由战败国人民的士气被瓦解掉而决定的——此种士气瓦解，又是因为卷入战争的人民长期精疲力竭而导致的。空军可以把战火烧到战线后方的普通民众之间，从而直接打击普通民众的精神抵抗。因此，我们完全可以这样认为：有朝一日，此种直接行动将会达到某种规模，甚至在尚未接触敌方的陆、海两军时，就已粉碎了敌国人民的精神抵抗。德国陆军在放下武器投降的时候，不是还能够继续作战吗？当德国民众觉得本国的抵抗力量正在削弱下去时，德国舰队不就已经原封不动地移交给了敌人吗？

我们必须始终记住的，并非如今的航空兵是个什么样子，而是航空兵如今可能是个什么样子。当然，如果我们说各个国家的现有空军能够决定一场战争的最终结局，那样的话非但是自相矛盾的，而且还是完全荒谬的。不过，这种假设没有任何意义，因为我们不会说，如今现有的航空兵就是它们发挥出全部威力时应有的样子。我们应当想一想，比方说，假如一个敌国打算利用其"独立空军"来夺取我国领空的控制权，使得其"独立空军"能够随意在我国的皮埃蒙特、伦巴第和利古里亚上空来去，并将大量炸弹、燃烧弹和毒气弹投向我国北方省份中最重要的这三个中枢要地，会出现什么样的结果。假如想一想那种情形，我们必然就会得出结论说，我方地面部队的抵抗，很快就会因为那三个省份日常生活崩溃而瓦解掉，而此种崩溃，则正是由空军直接造成的。

就算是假定如今我们不可能发动此种所需规模的空中进攻——但我绝对不是承认了这一点，那么，空战武器的不断进步和破坏物质威力的不断增强也依然表明，在不久的将来可能就会出现此种所需规模的空中进攻。

不管怎样，人们一致公认的一个事实仍然是：空中进攻已经具有了一种物质和精神威力，迫使地面部队不得不费力费时地去采取防御措施——比如在夜间秘密调动部队和给养，等等——并束缚了地面防空武器和防空火炮的机动，因为它们部署在别的地方可能会更有用处，从而造成了一种严重的兵力分散。只要我们因为其现状、可能和应当达到的程度而相信航空力量，那么这一点就是正确的。

我们绝对不能指望这样一种情况，那就是别的国家不会像我国一样组建和运用它们的空军。总有一天，我们可能之敌中的一个可能会下定决心，将其空军组织和利用起来；比方说，这个敌人要是我的话，我就会这样做。而要是出现了此种情况，我就会问问那些愿意诚实地回答我的人：根据我国普遍存在的那些关于组织和运用空中力量的观念，以及我国空中资源在地面上的分布位置，这个可能之敌能否迅速夺取我国领空的控制权呢？而在夺取了我国领空的控制权之后，这个敌人又能否给我们造成无法挽回的破坏呢？如果有人能够实实在在地回答我一个明确无误的"不能"，那我就会举手投降，承认我错了。不过，在我听到这一声清楚无误的"不能"、表明有人准备对这个"不能"承担起全部责任之前，我还是不会停止指出此种巨大的危险的，并且还会尽我所能地与之斗争，以履行我的神圣职责。

下面，就是我对于组建我国空军力量的那些观点的概括：

1. 空战的目标，就是夺取制空权。夺得制空权之后，空军应当对敌方的地面目标发动进攻，旨在粉碎敌方的物质和精神抵抗。

2. 倘若我们想要避免与敌军决一死战，那么除了上述两个目标，我们就不应当再去追求别的什么目标。

3. 唯一能够实施这两个目标的有效工具，便是由大量作战单元和一小部分侦察单元所组成的一支"独立空军"。

4. 这支"独立空军"，应当拥有与我们所掌握的资源相配的最大实力；因此，无论在什么情况下，我们都不应将航空资源分散，用于那些不太重要的目标，比如说，用于辅助航空兵，用于局部空中防御和用于对空防御。

5. 应当尽可能地增强破坏物质的威力，因为在其他条件相同的情况下，一支"独立空军"的进攻实力，与它能够运用的破坏物质的威力成正比。

6. 应当将民用航空组建成一支在战时可用于补充军用航空的力量。此种组建的方向，应当是建立一支强大的、能够迅速转变成一支强大的军用航空力量的运输机队。在和平时期，应当削减军用航空力量，使之成为一种只负责进行训练和指挥的组织。

7. 空战不容许我们采取防御态势，只容许我们采用进攻态势。在两支"独立空军"之间，作战单元实力较强的那一支既不应当在空中寻敌交战，也不应当避敌不战；而实力较弱的那一支则应当避免与敌人在空中交战。不过，即便是在战争爆发之前，实力较强和较弱的双方始终也都应当做好作战准备才行；而一旦开始交战，双方就应不间断地、最猛烈地采取行动，并且尽量打击敌人最重要的一些目标——也就是说，打击那些最有可能影响到敌方航空力量和精神抵抗的目标。

8. 一支"独立空军"一旦夺取了制空权，就应当对敌人的地面目标发动猛烈的、不间断的作战行动，以实现粉碎敌方物质和精神抵抗这一目的。

9. 一支"独立空军"在组织上应当是让己方的航空工具能够在本国领土上空尽可能迅速地运动，以最充分地将其用于对付任何可能的敌人。

10. 空战只会由战争一爆发就准备好行动的空军来进行，而其结果也只会由战争一爆发就准备好行动的空军来决定；因为空战极为激烈，倘若交战双方实力相当，战斗就会进行得很快，而其胜负也会很快地分出来。

11. 一个国家倾其能够用于空军的全部资源组建起来、由大量作战飞机和一小部分侦察机所组成、明确而专门地采取进攻态势的一支"独立空军"，将会从一支在组建、组织和作战方式上都与之不同的敌方空军手中，迅速地夺得制空权。

尽管我是通过缜密的推断才得出这些论断的，但我确信，在许多人看来，这些论断还是会显得很荒谬。不过，这一点丝毫也影响不了我。别人将我的想法称作是荒谬和更糟的观点，我已经习惯了；因为我的想法，经常与许多固守成见之人的观点相左。而另一方面，这一点也不会阻止我的观点、甚至是一些极为激进的观点一步一步地被民意所接纳。此种坚定不移的态度，让我根本没有受到他人的影响；因为我十分确信，终有一天，世界各国将会完全遵循上述观点来组建空军。

当然，我希望，我们会是第一个遵循这些观点的国家；因为我坚信，率先遵循一条合乎理性和逻辑的路线来创建空军的国家，与其他国家相比，将会获得无可估量的优势。不过，就算我的这一愿望没有实现，我也已经尽力提出这一愿望，故而无愧于心了。本扎尼将军在《当今时代》杂志上曾称：

"战争爆发之后，意大利需要一支能够在必要的时候捍卫本国领空的空军，以便让本国工业生产出最新型的飞机来。"

这一论断，将地面战争中矛与盾的观念带入了空军领域。根据这一观念，一面空中盾牌就足以抵挡一支空中长矛，或者说足以保护实现所有的空战目标。也就是说，这种观念承认一支空军能够在任何时候都保护好我国的武器生产和人员培训中心，使它们不致遭到敌方的空中打击，因为这些中心是我国赖以建立一支能够用于进攻的空军的基础；同时，它也寄望于根据最新的科学和工业发展，打造用于决战的武器。

矛与盾的观点，在地面战争中是合乎情理的；因为要想突破一支精心组织的防御力量，进攻方需要拥有优势极大的兵力。不过，将这一观点应用到空战领域中是没有什么理由的；因为空战中所使用的武器虽说并无防御价值，却最大限度地呈现出了最杰出的进攻特性。可惜的是，我们既无法在空中挖掘战壕、布设铁丝网，也无法阻止敌方的空中渗入。同样可惜

本扎尼将军（生卒年不详）。意大利陆军将领，1929年至1934年任意大利陆军总参谋长。

的是，我国那些重要的航空企业，全都处于我国可能最讨厌之敌的空中进攻范围之内。我说的并不是什么样的防卫措施，也不是什么样的概率，而是在进行大规模生产的时候，我们通过空中防御阻止敌人摧毁我国最主要的航空企业的可能性又有多大呢？就算存在这样一种可能性，难道我们能够指望敌人一直会稳坐泰山、袖手旁观，而不会也开始在本国进行大规模生产吗？

这种情况，纯属白日做梦。空战是用手中现有的武器来进行的，其胜负也将由此决定。没有做好准备的那一方，在空中必然会遭遇无可挽回的失败。实力较强的那一方，会尽量速战速决；它既不会顾及实力较弱的对手的愿望，

也不会允许对手在自己的眼皮子底下继续进行生产。以宽容为怀，我们还是忘掉上一场战争吧！当时，我们本来是可以通过建立工厂、生产出各种型号的飞机，来从零开始地创建一支空军的。不过，当时航空工业本身刚刚诞生，各个国家的处境都是一样的。但在未来战争中，航空工业将已经发展壮大起来，将会明白自身的价值。那时，就会是一种完全不同的局面了。

我们不应该浪费时间来讨论这个方面。我们应当行动起来，着手去做，并且始终都跟上武器装备方面的最新发展。正因为如此，我国的工业产业必须始终能够生产出最好的设备，并且产量应当比正常所需更大才是。我国的航空工业应当开展大规模对外贸易，这一点对于国防事业极为重要；因为那样的话，我国的航空工业就能生产出大量更好的设备，从而满足非常时期的需要。就国防而言，拥有一种能够进行出口贸易的航空工业，拥有数量较少的、由最新式的飞机组成的空军中队，与拥有一种毫无计划、有时还不得不依赖进口设备的航空工业和大量凑合着装备起来的空军中队相比，要好得多。因此，航空工业也应当做出一些牺牲，以使我国工业能够与外国企业竞争才行；这种做法，将有利于国防。

不过，仅仅是在经济上做出牺牲还不够。推动我国航空工业发展壮大所需的，是一种确定的方针和一种保障措施——除非我们制定出一种明确的航空政策，否则这两个目标就实现不了；至于原因，则是显而易见的。

假如分析分析一些主要国家的空军，我们就能看出，它们全都是按照上一场战争中那些相同的指导思想组建起来的。如今我们经常说到空战。战争是用致命武器进行的一种斗争。然而，尽管各国空军都拥有大量用途不同的各式飞机，但各国都没有一架作战飞机。这些飞机似乎在空中无所不能，但就是不能作战。我知道，其中还有驱逐机。但驱逐机并非战斗机；它们的用途就是驱逐敌机。尽管表面上具有进攻的特性，但从本质上来说，驱逐机只适合于进行防御。这是因为，它们出现之初的用途即是如此，并且续航距离有限，使得它们无法深入敌方领土实施有效的作战行动。

能够随意掌控敌人的、真正的战斗机，如今还没有发明出来；而这种飞机，似乎也不太可能很快会出现，因为我们在空战还处于发展初期的时候，就已经结束了此次世界大战，并且我们还没有领会到，战争中飞机最需要做到的一点就是适于作战。相反，我们通常都坚信，空战中无需被迫交战也可以做到许多方面，从而使得绝大多数战机都并不适合作战。

各国的轰炸航空兵正是以这种观念——即不用作战也能实施进攻行动——为基础建立起来的。通常来说，轰炸航空兵分为两大类，即日间轰炸部队和夜间轰炸部队。前者是凭借着比敌人更快的飞行速度来避战的，而后者却是借助黑暗的力量来避战的！既然一心想避战的那一方为敌方行动或者特殊环境所支配，那么该方就无法掌控自己的行动，其主动性也就很有限了。而另一方面，倘若该方没有击溃敌人反击的想法和手段，那么该方又有什么别的办法呢？因为击溃敌人的反击，正是陆上战争和海上战争的一条永恒规律。

在上一场战争中，轰炸行动的目的仅限于骚扰敌人，而通过避免与敌交战就可以实施轰炸行动，这一点也是人们可以接受的。现在，这种做法却不再可取了；因为如今人们都希望，从空中轰炸中能够获得积极而巨大的战果。在这次世界大战中，双方都曾实施过一些夜间轰炸行动，由数量有限的飞机向敌方目标投下过少量炸弹。我国也曾在伊松佐[1]战线最北段、以及越过皮亚韦河实施过一些轰炸行动。但是，无论我国可能的敌人是谁，要想在目前的条件下实施空袭，我们都必须有大量飞机从低洼地区起飞，越过阿尔卑斯山，抵达敌方目标上空，然后再越过阿尔卑斯山返回。这些都能在夜间进行吗？就算可能的话，值不值得这样去做呢？假如我们承认在日间可以进行轰炸，那么保留夜间轰炸机又有什么必要呢？在这两种情形下，为什么要把我们的兵力分成两半，而不是集中兵力形成一支单一的、且有利于人员培训和设备转换的打击力量呢？

对"独立空军"没有形成一个清晰的概念，使得人们对"独立空军"的构成产生了一种古怪的观念。根据此种观念，人们通常认为，一支"独立空军"应当由日间轰炸单元、夜间轰炸单元和驱逐机单元组成。"独立空军"这个术语，其中暗含了某种统一的东西。事实上，人们之所以通常认为一支"独立空军"会由三个兵种所构成，是由于它们的基本特点会使得这三个兵种无法共同行动，甚至是两个兵种共同行动也不行；因为实施日间轰炸，要求战机速度很快、续航距离大，实施夜间轰炸的战机速度无需太快、但续航距离要大，而驱逐机则要求速度快、但续航距离可以不大。

各国现有的空军，大多数都装备了侦察单元。不过，即便是谈到这个兵种，我们也会注意到过去的巨大影响，以及那种认为无需被迫交战也可能实施作战行动的观念的巨大影响。由于持有这些观念，所以人们认为侦察机是一种典范，认为它具有最适合于推进侦察活动的所有重要特点；这种侦察活动本身并非作战行动，而是游离于整个战争之外、本身即能实施的一种活动。所以，我们才会去寻求理想的能见度、中等速度、良好的照相设备、优秀的无线电通讯、搜索敌方部队的手段，等等。实际上，我们期待一架侦察机拥有适用于和平时期、并且非常便利的所有特点，却并没有停下来思考一下：要想在战争中观察

---

[1]　Isonozo：伊松佐河。流经斯洛文尼亚西部和意大利东北部并流入威尼斯湾的一条河流。在一战前，此河构成了意大利和奥匈帝国之间边境的一部分。1915年至1917年间，意军与奥匈帝国军队在此进行了12场艰苦的战役。亦拼作Isonzo。

敌人，我们首先必须找到敌人；我们也没有考虑到这样一个事实：假如发现敌人对我们来说很重要，那么对敌人而言，不让自己被我们发现也同样重要。

我们不妨来研究一下这样一种假设的情形：有甲、乙两支敌我部队相对而峙。甲方拥有500架侦察机，而乙方拥有500架驱逐机。很显然，由于甲方的侦察机无法在不被乙方驱逐机击落的情况下飞越乙方防线，所以甲方是没法成功地完成其使命的；而不论乙方的驱逐机是多么的不适合于进行侦察，它们也能够观察到敌方的一些情况，因为乙方的驱逐机能够飞到甲方防线上空。这就说明，在战争中——战争的本质特征就是战斗——实施侦察行动时，机枪的作用比照相设备更大。

侦察是一种作战行动，像所有的作战行动一样，它也是通过对敌人造成损害来实现的；因此，敌人也会竭尽全力来阻止我方实施侦察活动。所以，要想成功地实施空中侦察行动，我们要么必须能够用武力挫败敌人的反击，要么必须能够凭借速度和谋略避过敌人的反击。因此，侦察机要么应当是战斗机，要么就应当是能够避免与敌交战的驱逐机。

由于没有认识到战争中的第一需要便是作战能力，所以我们才会忽视所谓的战斗机的作战能力，才会将精力基本上集中在一些不太重要的辅助功能上。结果便是出现了大量的专用飞机，使我国的空中力量变得支离破碎，并且偏离了空军力量的主要目标。

在平时的演习中，这种情况并无什么不妥，因为此时我们的两方完全相同，每一方装备的都是相同的武器。由于"红军"和"蓝军"都没有战斗单元，所以双方显然是不可能发生交战的，并且双方都可以像没有交战这回事一样，去利用自己的空中武器。但在战争中，情况却可能大不相同。倘若敌对双方中的一方完全不考虑进行空战，而另一方则认为空战是空军的基本功能并相应地武装起来，那么形势就会完全不一样了；因为不考虑交战的那一方既无法作战、侦察或轰炸，也无法利用其他背离了一支空军根本目标、具有专门用途的航空武器了。

在备战的时候，我们始终都必须首先假定敌人非但像我们一样勇敢和能干，而且敌人总会尽量采取最不利于我方的行动。就空战来说，让敌人的装备主要是用于实施防御、观察、驱逐等任务的混合性辅助航空武器，对我方始终都是有利的；因为那样的话，敌人能够用于阻碍我方空中行动、并且给我方领土造成破坏的作战武器和轰炸武器就少了。

既然那样做有利于我方，那么我们也必须假设，情况正好与此相反，即敌人会利用所有资源来配备战斗机和轰炸机。所以，我们也应当根据这种最坏的假定情形，相应地武装好自己，因为做好了面对最坏情况的准备，我们就肯定能够面对其他任何假定的情形了。

　　不管我国的敌人可能是谁，我们都将在国境附近的山区与敌遭遇；而在山区，我国的陆军将不得不进行一场旷日持久且艰苦卓绝的战斗。因此，我国的辅助航空兵也将不得不在阿尔卑斯山上空作战，并且必须能够在其顶峰上空行动，以免这些区域被敌人占领。所以，我们可以说，这些航空武器都必须能够在距地面3000米的高空作战，或者说它们的最低飞行高度必须达到5000至6000米才行。至于我国的"独立空军"，如果想要对敌人的重要目标发动进攻，那么它们就必须能够满负荷地飞越可能被敌人据守的阿尔卑斯山脉。

　　这些，就是我国航空力量要面对的一些特殊的基本要求；所以，我国的航空武器必须具有一些特殊的特性。倘若没有充分达到这些要求，我国的航空力量就会毫无价值。但是，情况还不仅如此。由于我们不得不指望我国陆军能够击退敌军，由于在高耸的山区难以找到适合用作机场的地点，所以我国空军将被迫从位于低洼地区的机场起飞去作战，直

第一次世界大战中澳大利亚第一飞行队的轰炸机

到我国陆军进击到位于阿尔卑斯山脉另一侧的敌国低洼地带。因此，我国所有的空中武器，都必须能够从我国后方的基地出发去作战，并且能够飞越阿尔卑斯山、飞越敌方领土。

　　世人都一致认为，空军的特性使得它成了交战双方必将首先使用的一种武器——事实上，双方都会在战争爆发之后马上使用，或许甚至还会在双方正式宣战之前就使用这种武器。因此，空军应当始终做好立即动员和部署的准备。动员指的就是调遣；具体来说，就是能够迅速地整理好装备，离开平时的驻地，并且能够凭借其掌握的唯一飞行工具独立自主地生存下去和展开行动。部署就是指最恰当地排兵布阵，以便展开对敌行动。对于一支"独立空军"而言，部署就是那种结果表明已方最恰当地发挥出了决意实施的空中行动之威力的安排。而对于一支辅助航空兵部队来说，部署就是那种最恰当地推进了与陆、海两军部署相关的辅助行动的安排。

　　排兵布阵，自然会根据假定的战争情况不同而有所不同；但在任何情形

下，我们都必须做出明确的规定，以使每个作战单元或者每个指挥部都明白，它们应当根据情况所需而向哪里行动。因此，一支空军中的所有单位始终都应当做好立即调动、立即转向部署指定之地的准备，以便根据预定的战争计划实施行动。

要想做好立即调动的准备，一支空中部队必须始终拥有在一段时间内自主生存和自主行动所必需的一切手段，以便做出部署之后，空军部队和后方给养部门之间能够建立起一条正常的、不间断的补给线。这些手段，可以一概归入"调动补给"这一类。它们应当包括置换零部件、飞机和发动机、小型维修部门、燃料储备站、设备库和人员、武器装备和弹药、地图，以及其他各种必需的设备设施。这种补给必须持续不断地进行，并且补给量应当远远超过和平时期所需的一般补给量。既然我们明显必须保持处于能够立即行动的最佳状态——即能够携带着最有效的武器装备，迅速地进行调动，那么，因为它们始终都必须保持最高的作战效率，所以空军部队在平时就应当装备比调动时数量更多的飞机和发动机。

要想做出恰当的部署，要想可以采用各种各样的排兵布阵之法，那么所有无法空运的调动补给装备，就必须有其他的运输方式来运送。一般来说，唯一可行的办法，就是用汽车运输。因此，一支空军非但必须拥有超过平时所需数量的调动补给装备，还需要有"汽运工具"，来运输所有无法空运的调动补给品才行。只有具备了这些条件，一支空军才能在战争爆发之后得到迅速而高效的调动、部署和利用。

在战争期间，空军部队势必将不得不疏散到一些简易机场上去，以便通过尽量多的伪装手段、通过在己方基地被敌人发现后迅速转移场地，来避免全军覆灭的结局。这就意味着，空军部队必须具有高度的机动性和自主性。靠近前线的一些大型永久性机场应当迁至后方，以免其中的武器设备遭到破坏。

我们必须认识到，空军实力是一个很复杂的问题。它并非仅限于生产一定数量的飞机和训练一定数量的操作人员。我们还必须满足很多的要求，才能让这一兵种发挥出正常的作用；而该兵种的威力，也可以达到令人可怕的程度。这些要求都是环环相扣的；假如其中有一个条件没有达到，那么整支空军就算并非一无用处，其威力也会大打折扣。

我已经提到了根据假定的各种战争情况来进行部署。说应当对空军进行部署，就是指出了战争的一个基本要求。不过，要想在马上须将一支规模庞大的强大空军投入作战行动的情况下达到这一要求，我们首先必须根据特定的战争形势，联系空中行动的目标和陆、海两军的配置，来研究所有空军部队的最佳部署。这就意味着，要确定好每一支空军部队应当转移的地点，并且根据我国领土上耕地密布的特点预先部署好，哪些选定的地区可以立即改成空军的起飞和降落场地。

我已经谈到了补给问题。为了让空军在行动中始终保持很高的效率，我们在战争期间就必须为其提供各种各样的补给物资。要想了解这个方面所需的巨大工作量，我们只要记得上一次战争的情况就行了；也就是说，为了让100架前线飞机维持有效作战，我们必须拥有300架后备飞机，而工厂每个月还须生产大约100架来补充才行。由于在未来战争中，我们将比上一场战争更加密集地使用规模更加庞大的空军，所以补给问题也将要求我们付出更多的努力。

那么，一支空军的真正实力取决于诸多的协同因素，其中任何一个因素都不可或缺；倘若希望判断出一支空军的真正价值，那我们就必须考虑到组成这支空军的所有因素才行。

一支空军能够投入空中的飞机数量，本身并不能说明这支空军的实力；因为从真正的军事意义来说，飞行本身并不是目的，而是实施作战行动的一种手段。所以，为了实施作战行动，空中部队必须：集中组建成建制单位；具有相应的武器装备；受过空战训练；容易利用；随时准备好马上调动；如此等等——这一切都应当相互配合，以达到空战的现实要求。

结论

我确信，如今没有哪一个人能再真正地坚持，说空军实力是一个不那么重要的问题了。空军正在日复一日地变得越来越强大，其续航距离正在日益扩大，运载能力也变得越来越强；而破坏物质的威力也在不断得到提升。鉴于意大利所处的地理和政治形势，倘若一个可能的敌人从其陆上基地发动大规模进攻的话，那么我国的领土和领海全都容易受到攻击。阿尔卑斯山脉呈弧形环抱着我国最富庶、工业最发达的省份，倘若敌人从阿尔卑斯山脉另一边发动空中进攻，就能够打击到所有这些省份；而环绕我国的那些狭窄海域，也难以保卫我们，让我们不会遭到敌人从海岸发动的空中打击。

我国的工业产业非常集中，连同大型人口中心易受敌人攻击、我国主要的交通线路很容易遭到破坏、以及我国对水力资源的依赖程度等情况，全都让我国比别的国家更担心遭到敌人的空中打击。假如说，一方面是阿尔卑斯山脉这道屏障使得我们有能力守住我国的大门，那么另一方面就是，由于地形崎岖、道路稀少，所以倘若敌人在空中有效地武装起来，并且决心切断我国在山区作战的地面部队与其基地之间的联系，这种情况又是有利于敌人的。

假如认真思考这一切，我们就只能承认：掌控本国领空，是确保意大利安全的一个必不可少的条件。然而，即便是在如今，人们也仍然把那些试图指出空军力量在未来战争中极其重要的人称为空想家。大家都承认，敌人有能力利用空中进攻来迫使我们撤出一座座城市；可大家却又否认，这一点会对战争结果产生重大影响——好像一支部署在阿尔卑斯山区的意大利陆军不会因为我们撤离米兰、都灵和热那亚而受到影响似的，或者说，他们认为撤离一个城市就像是搬离一栋公寓似的。尽管大家都承认空中进攻能够阻断工业生产，但人们却仍然认为，将工厂迁到内陆地区就会克服这种小小的不便，好像战时所有的工厂都无须加紧生产似的。人们认为，说一国士气的崩溃可以决定一场战争的结局，这是一种似是而非的观点；可他们却是枉顾了这样一个事实：这次世界大战的结局，正是由战败国民众士气的瓦解决定的。

这场战争中，参战部队都只是各国试图用于削弱敌方抵抗力量的手段罢了；所以，尽管战败方的部队打赢了绝大多数大规模的战役，但当本国普通民众的士气开始瓦解之后，这些部队要么是被解散，要么就是投降了，并且还有一支舰队原封不动地落入了敌人手中。上一次战争中战败各国的崩溃，是战场上作战部队的行动间接导致的。而在未来，空军的作战行动将会直接做到这一点。过去战争与未来战争之间的区别，正在于此。

一场空中轰炸，会迫使敌方将数十万居民撤出一个城市；因此，它对获胜的作用，自然也会大过上一次战争中经常出现的那种没有明显战果的作战行动。一个国家一旦丧失了制空权，就会发现本国的大多数中枢要地都很容易直接受到无休无止的空中打击，并且己方还不可能进行有效的还击；那么，无论这个国家的地面部队实力多么强大，该国都会认识到，这一切全都毫无用处，自己所有的希望都已破灭。一旦有了此种信念，就等同于失败了。

就算承认——我这样做，决不是在让步——若是不考虑其他情况，用充足的兵力行使制空权无法打败敌人的话，那么制空权能够给敌人带来重大的物质和精神损害，从而能够有效地导致敌人战败这一点，也是无可置疑的。因此，即便不考虑制空权可以起到的作用，我们掌控本国领空也是极其重要的。陆、海两军最关心的，应当是确保其下辖的航空兵夺取制空权；否则的话，陆、海两军的所有行动便会受到掌握了制空权的敌人的威胁。

尽管陆军和海军都还没有充分认识到空军的价值，但两军的确都认为，必须保护自己不受到敌人的空中打击才行。能够飞行并能通过飞行去完成作战行动这一单纯的事实，必然是改变陆上和海上作战方式的一个决定性因素。举个例子就足以说明这一点：比如，人们已经不可能再设想将燃料库建在露天场地的情形了。因此，我们必须严肃地考虑这种新的空中因素本身，必须严肃地考虑它对陆、海两军以及全国所有民用资源的影响。不过，倘若能够掌控本国领空，那么我们自然也能掌控地中海空域——也就是说，能够掌控地中海了；假如希望意大利变成一个帝国，那么我们就必须掌控地中海。而我国的"独立空军"，也必须成为意大利用以开拓未来的一面固若金汤的盾和一支无坚不摧的矛。

虽说目前这些观念都还处在萌芽阶段，但可以肯定的是，率先学会正确地运用这些观念的国家，将会获得其他国家所没有的一种优势。随着时间的推移和经验渐丰，所有国家的"独立空军"都将采用类似的形式，就像很久以前，各国的陆军和海军采用的形式都类似一样。独创性在今天可能还有用；但到了明天，就只有品质会起作用了。尽管没有别的国家富裕，但多亏了人民的天资，意大利才可以为本国锻造出一支获得他国尊敬的"独立空军"。

多年来，我一直都在啰啰嗦嗦地阐述这一主题，并且我还打算继续啰嗦下去；因为我相信，这是在尽我作为一个公民和一名战士的责任，同时也是在政府打算将意大利领向光明未来的这个时期内给予政府的出色配合。我国具有创建一支优秀空军所需的一切条件：意大利既有英勇无畏的飞行员、足智多谋的技术人员、大批技术熟练的能工巧匠、一种独特的地理位置，还有一个实力强大、明白自己的目标是什么以及如何实现此种目标的政府。我们需要做的，就是团结起来不声不响地苦干，并且下定决心，成功到达巅峰，决不后退。

航空事业如今已经摆脱了其原始的、或者不妨说冒险的性质，并且进入了一个严肃地进行工业化生产的时期。起初，航空活动的目标仅仅是飞行；而如今，航空活动的目标则变成了通过飞行去实现某种具有价值的东西——即在和平时期缩短远距离旅程，而在战时进行作战。我们必须带着在空中做出成绩的决心，并且是带着获得比世间其他国家更高成就的决心，来进入这第二个时期。

注释：出于种种原因，本书手稿交去付印到其出版之日，差不多相隔了一年的时间。在此期间，2000马力的飞机已经在许多国家中投入使用，并且一些国家还开始制造6000马力的飞机。这些飞机，正是让与战列舰具有同等打击威力的作战飞机变成现实、让遵循我在本书中详细阐述的观点所组建的真正的"独立空军"变成现实的手段。

面对这些威力巨大的飞机——它们都拥有强大的武器装备、续航距离足以远跨重洋，并且每一架都能够摧毁一个城市的指挥中心——时，我们还能坚持上一次世界大战中普遍流行的那些关于飞机使用方面的观念吗？100架6000马力的飞机，其造价可能与一艘无畏级战舰差不多；可是，一个国家在夺取了制空权之后，无需保持100架飞机，只需让50架、甚至是20架飞机继续作战，就会赢得决定性的胜利，因为无论敌人的陆军和海军能够采取什么样的行动，该国都可以在不到一个星期的时间内，瓦解掉敌人的整个社会结构。面对这样一种形势时，我们还能否认这是发生了一场革命吗？我们还能不认可构成本书基础的那个论断——也就是说，制空权是胜利的必要和充分条件——的正确性吗？

第二卷
未来之展望

（最初于1928年4月作为专论出版）

引言

　　研究战争，尤其是研究未来的战争，会呈现出一些非常有趣的特点来。首先是让所有民族全都自相残杀的战争现象非常广泛；它使得各民族一时都忘记了自己也同属人类，忘记了自己也属于努力实现同一种至善之境的人类大家庭中的一员，于是它们全都像着了魔似的，变成了穷凶极恶的虎狼，使自己陷入万劫不复之境，进行着血腥的破坏活动。其次则是战争那种令人敬畏的规模；它要求各个国家调集、整理并指挥全国所有强大的物质和精神力量，去实现取胜这个单一的目标，使之成为对抗敌人的毁灭性力量，成为制造出更多毁灭性力量的生产力量。这是一项规模巨大且变化无端的任务；人们必须在战前具有远见卓识、在战时满怀热忱且始终合乎科学，以便让投入的国家资源产生出最大的成果，才能完成此项任务。最后，还有可称之为战争神秘性的一个方面；无论一个人认为战争是多么不可能发生、多么遥远的一件事情，战争还是会逼近每个人，并且蒙着一层厚厚的神秘面纱，因为战争中隐含着未来模糊而不可预见的最终结局。

　　所谓备战，就是为此种模糊而不可预见的未来做好准备。因此，备战需要我们具有想象力；我们必须从精神上对未来进行探究才行。想制造出一把好工具的人，首先必须准确了解这件工具是干什么的；而想要开发出一种好的战争武器的人，首先也必须问问自己，未来的战争会是个什么样子。而且，后者还须尽力找到一个最接近于未来战争现实的答案，因为答案越接近，开发出来的武器就会越适用于未来的现实。所以，研究未来的战争并不是一种无益的消遣。更确切地说，这是一种始终存在的现实需要。倘若我们认识到，此种研究能让我们了解未来人类可能面临的战争灾难的性质，并且我们只有根据严密的逻辑推理、运用想象力才能弄清其性质，那么此种研究就会变成一件令人神往的事情了。

　　较有把握地说明未来战争可能具有什么样的形式和特点，并非像有些懒人所认为的那样，是算命先生或者无所事事的投机家的事情。更准确地来说，这是个严肃的问题，必须经过严密的因果逻辑论证过程，才能得出答案。

　　预测未来有一种很简单的方法，那就是只需问问目前我们为未来做了什么样的准备，问问某种原因会导致什么样的结果就足矣。明天不过是今天的产物罢了；而预测未来的人，就像是一名知道自己种瓜得瓜、种豆得豆的农民，或者是一名能够准确说出金星和火星将在什么时刻相会的天文学家。

在我们所处的这个历史时期，战争的特点和形式正在经历着深刻而巨大的变化，后文中我将对此加以说明；因此，未来的战争将与过去的所有战争都大相径庭。这一点，使得这个问题变得更有意思了；因为未来的战争，将会是一种全新的、不同的事物。我将尽力陪同读者，去对未来进行此种探究。我们的行进路线，将会非常简单：我们应当从过去开始，考察现在的情况，然后再由此进入未来。我们将会充分考察过去的战争，以便探究战争的基本特点；我们将会问一问，目前我们为未来做了什么样的准备；而最后，我们还将确定，目前正在起着作用的那些原因，会给战争特点带来什么样的改变，从而指出这些原因必然会产生出什么样的结果。

您将会看到，这条路线既不费力，又平坦无阻。我不会试图去跟您说明那些深奥或抽象的问题，因为我也不知道如何去说明。战争很简单，如同良好的判断力。或许，我所说明的一些事情将会与人们通常所说的大相径庭，但即便是这些事情，也会是常识的朴素产物。

第一章

　　在这开篇一章中，我们将简单地来看一看此次世界大战，并且探究它的基本特点。这是一场我们亲自参与、并且获得了胜利的战争——作为协约国的一员，我们是打了个胜仗；而作为意大利人，我们则是获得了三次胜利：第一次是脱离了"三国同盟"，使得法国打赢了马恩河之战；第二次是在关键时刻加入协约国参战；第三次则是带领协约国走上了胜利的道路。所以，这是一场我们应当带着自豪之情去回想的战争，是一种应当让我们激动不已的回忆。尽管如此，如果我们想要为走向未来打下坚实的基础，那么我们就必须暂时不去理会此种美好的心理情感和壮观的精神意义，而是冷静地对其加以审视，就像一位外科医生冷静地解剖一具无名尸体以探索生命的奥秘，而不会允许自己被此具尸体中曾经跳动的生命所感动一样。

三国同盟。指1882年至1915年间德国、奥匈帝国和意大利为反对俄国和法国而形成的一个同盟，后因意大利在1915年2月加入协约国阵营而瓦解。

　　此次世界大战是一场巨大的灾难，因为全世界都是此次战争的舞台，而整个人类则是战争舞台上的主角。要想追溯此次战争的进

第一次世界大战中，法军在马恩河战役中战胜德军。

程，我们必须站到一个很高的角度去观察，并且把望远镜反过来看，用怀表上的短针来计算时间，一个月一个月而不是一个小时一个小时地来进行说明。倘若这样做，我们马上就会看出，此次世界大战呈现出了一种与过去任何一场战争都不同的、我称之为社会性的特点。以往的历次战争，都是或多或少有点儿壮观的武装部队之间发生的、一场场规模或大或小的冲突。当时，各国按照传统惯例采取的最终手段，都是用专门为战争而组建起来的群体［英译者注：指过去的职业军队，通常是雇佣军。］来解决国家之间的冲突。相关的国家，都会接受这些群体在陆上和海上交战之后的结果，并且都是心甘情愿地承担此种后果。一场数千人之间的交战，往往就足以决定整个民族的长久命运。

过去，国家的首脑们常常是从民众中征取组建武装部队所需的资源；有了这些武装部队之后，他们就会进行战争豪赌，而他们的赌注，往往却是各国民众自身的命运。战争不论胜负，最终都会尘埃落定，直到有新的军队再次发动战争。只有这些军队，才能最终决定战争的结局；而各民族的整体力量中，却只有一小部分参与了这些军队，有时实际上甚至还只有很小的一部分。大多数民众都漠不关心，即便不能说完全置身事外，他们差不多也是毫不在意的。简而言之就是，这些国家首脑们是为了自己和手下民众的命运，用所谓的陆军和海军这种特殊的棋子，在所谓的战争舞台这个特殊的赌桌上纵横捭阖。因此，这些战争的结局就取决于这些棋子的数量和质量，以及棋手的能力。由此产生出了"兵法"，即一整套关于战争的规则和标准，也即关于下述各个方面最佳办法的汇编：棋子布局——即组织；调动棋子——即战略和后勤；用棋子厮杀——即战术。而或多或少出色地运用这些规则和标准，则会成就卓越将领的不朽声名。

此种博弈的主要规则——也就是那些根本性的、直观的所谓基本原则——并没有改变，因为尽管棋子的形式变了，但棋手却始终相似，而博弈方式也总是一样的。不过，就算是主要原则并未改变，但在具体情况下如何运用这些主要原则，却还是取决于棋手；而伟大的将领，不过都是一些比较聪明、比较幸运的棋手罢了，他们面对的都是一些较差的对手，因此即便是在实力不如对手的情况下，他们也能获胜。并且，他们基本上都是一些能够摆脱传统束缚、能够让以前那种过时的战法重新焕发活力的棋手。实际上，伟大的将领全都是一些具有大赌徒心态的人。他们对自己的运气信心满满，相信自己能够在正确的时候大胆行事，能够本能地理解敌人的计谋，能够利用虚张声势这种带有欺骗性和出其不意的手段，并且绝对相信自己的杀手锏。

这就解释了历史上为何会出现一些在其他场合下显得非常荒谬的事件。比如说，它解释了拿破仑为何仅仅带领一小队人马，便能挥舞着他的鹰旗横扫欧洲的现象。不过，民众——尤其是此次世界大战之前一个时期的民众——如今已经开始认识到本身的力量，并且开始无意识地觉醒，认为自身的命运由一场战斗的结局来决定是一件很荒唐的事情了；因为这场战斗，是由只占民众当中一部分力量的人来进行的。两个人或者两只动物在进行殊死搏斗时，都是会竭尽全力地去搏斗的。他们或它们都只有一个目标，那就是获胜。一旦各国民众开始认识到自己的个性，那么国家之间的战争也必然会出现相同的情况。各国必然都会将全部的力量和资源，投入到战争中去。因为对一个将死之人来说，所有的积蓄都将是过眼烟云。

全面征兵制度已经使得武装部队的规模增大了，可这还不够；民众还掌握着其他一些强大的资源，而这些资源也必须投入到战争当中去才行。这样，此次世界大战必然就会像实际情况那样，以两个倾尽全力、资源和信念武装起来的民族同盟之间进行一场规模浩大的生死搏斗为特点。

所以，在此次世界大战中，博弈所用的棋子便是民众本身，连同各国民众所有的精神和物质财富。武装部队，仅仅是卷入战争的各个民族之实力的一种表现形式罢了。在过去的战争中，武装部队都是战争中的唯一力量；而在此次世界大战中，参战力量则是民众本身，武装部队只是民众手中的一种工具，并且只要民众本身不屈不挠，武装部队就会牢牢地掌控在民众的手中。但在德国那种情况下，倘若民众开始屈服，那么一支实力依然强大、纪律依然严明的军队也会放弃抵抗，而整支德国舰队也会完好无损地向敌人举手投降的。

这样一场战争的结局，是不可能仅凭一些有几分聪明的将领在棋盘上排兵布阵所取得的结果来决定的；它也是不可能仅凭一种纯粹的军事现实，或者一系列的军事现实来决定的。一个个具有高度文明的民族群体、成百上千万认真尽责的人，既不可能把自己的未来交给别人这样去决定，也不可能允许由一支雇佣军有几分勇猛的行动或者一支武装部队的英雄主义来决定自己的命运。交战国家所属的两个民族群体，必然都会直接参与到战争中去，并且毫不放弃地投入战争的漩涡；除非是彻底而全面地瓦解掉了，否则哪个群体也不可能心甘情愿地承认失败。除了经历一种长久、沉重而具有原发性的物质和精神崩溃过程，否则它们就不可能发生此种瓦解；而这种物质和精神崩溃，则是一种几乎完全不受战争中纯粹的军事行为影响的过程。

第一次世界大战中的德国公海舰队

这就解释了在军事行动中赢得了绝大多数胜利的那一方为何反倒成了战败方的原因。这也解释了此次战争之所以打得旷日持久的原因：因为我们必须打败一群国家，而非仅仅打败一群军队。简而言之，它解释了此次战争过后，战胜国与战败国之所以呈现出各自处境的原因。

倘若战争的结局只是由武装力量来决定的——也就是说，只由各国资源中的一小部分来决定，那么，无论战胜还是战败，那些没有投入战争中的资源，就都将是完好无损的。战争的影响是相对的，民众很少能感觉得到；因为此种影响，不过就是向战败国勒索财物，并且凭借这些财物重新开始征伐罢了。但是，此次世界大战耗尽了参战各国人民的所有资源；由于其结局是由一方的所有力量在另一方所有力量的压迫之下彻底崩溃所决定的，因此战争过后，非但获胜的一方筋疲力尽，战败方还一无所有了。战败各国全都满目疮痍，仿佛遭到了飓风袭击一样。战胜国则非但因为投入了最大的努力而变得疲惫不堪，而且发现不可能要求战败的敌国补偿它们的损失。

透过倒转的望远镜来反观，如今我们就能看出此次战争的社会化特点，并且认识到战争的诸多后果了。作为现存原因的必然结果，首先认识到这一点是很有好处的。而首先看出这一点也并不困难。我不妨冒昧摘引1914年8月11日都灵《人民报》上一篇题为《谁将获胜？》的文章中几段文字，来作为上述论断的证据：

如今来说这场大战的结局将会如何，表面上似乎是一件很鲁莽的事情，但其实不然。这场可怕的大战中的各种因素，我们大体上都清楚得很，因为它们都是由参战各国全部的物质和精神力量所构成的。如今的各国，都不会再把自己的命运交由一支军队来决定，因为一旦这支军队被打败，整个国家也会被打败。如今战争的规模更大，也更复杂了——它已是国家之间的一种争斗，而不是军队之间的战争了。在这样一种战争当中，战场之上的一次胜利或者一系列胜利，并不足以决定整个战争的最终结局；而更重要的，则是相关国家的抵抗实力。

假如我们根据各国军队的实力和部署情况，根据它们可能采取的行动，根据各国总参谋部所做的主要或次要准备来进行预测，那我们就会犯下严重的错误，因为我们会无视真正的参战力量即各国本身，而双方军队不过是战争中各国的代表罢了。这种情况，并非仅仅是法、俄联军一致对抗奥、德联军。它们之间，有着天壤之别。

在规模如此巨大的一场战争中，奥、德联军要通过在内线作战来获取优势的想法，是一种注定会一无所获的空想。轴心国迟早必定会发现，自己需要去对付整个法国、整个俄国和整个英国；而胜利将属于懂得如何在战斗中采用更强大的武器、精力和信念去进行抵抗的那一方。由于沿海港口被封锁，陆上边界又被为了生存而战斗的敌人包围，所以德国和奥地利就像被一个铁环紧紧锁住了一样。它们就像被一群狂吠的猎犬困在洞穴里的两只野猪，疯狂地左奔右突，身上的铁环这边松动、那边又缩紧了；而猎犬的威胁却一直都在变得越来越猛烈，直到这两头野猪精疲力竭并且被撕成碎片才会罢手——此时，森林中便将响起伤痕累累的猎犬准备享用盛宴的得胜吼声。

写于战争爆发后第一周的这篇文章，对此次世界大战的结果进行了预测；它表明，预见到此次战争的基本特点本来并不困难。可事实并非如此；参战各国政府都没能认识到，即将开始的这场战争必然会具有一种什么样的特点。

如今人们似乎不可能再认为，仅仅因为实施一次纯粹的军事行动——无论实施得有多么巧妙——就会让一群有修养且很明智的人心中深深地扎下"德意志高于一切"[1]的观念；比如德国总参谋部，无疑就是这样的一个群体。而似乎更难令人相信的是，连那些统治着德国、不属于军界的人士，也会接受并且践行此种观念。可是，事实却恰恰如此。

这种谬论之所以能够大行其道，是因为长久以来，还有其他许许多多的谬论在影响着人们。事实上，尽管战争正日益朝着全面战争的趋势发展——也就是说，战争将引起越来越多的民众关注——但政治权力与军事权力之间的差异，却变得越来越明显了。在政府首脑统治民众的时候，这两种权力是重叠的；而随着政府的角色向人民意志的代表转变，政治权力与军权之间的对抗性就逐渐出现了。战争通过自然演变的过程越是吸引普通民众的关注，普通民众就越会把属于战争的所有事务都交给一帮专业人士去处理；而所有军事方面的问题，民众也会绝对信任地委托这些人去处理。于是，民用事务与军事之间便竖起了一道围墙；这道围墙切断了它们之间的所有联系，并且隔绝了彼此的看法。由于这道围墙之内的人从事的是世俗之人看上去似乎很神秘的工作，所以围墙外面的人就认为，那种工作是他们无法理解的，从而会带着一种几近虔诚的心态，对围墙之内的人顶礼膜拜。

凡属这道围墙之内做出的判断，围墙之外的人都会不加辩驳地一概接受；所以，战争一爆发，整个国家的命运便完全掌握在那些名义上胜任的人手里，而这些人其实一直都与当下存在着、活动着和正在采取行动的国家脱了节。宣战之后，政治权力便停止运作，将进行战争的任务交给了军事权力，而政治家们则只是隔窗作壁上观了。军权本身往往就会限制政客们的活动范围，并且扩大自己的染指范围。政府显然并不胜任军务，却有权任免军队的最高指挥官。这样一来，任免其实就暗含了一种判断；可这种判断，却是由一个并不胜任的机构做出的，而战争的责任，也落到了这样一个并不胜任的机构身上。显而易见，各国都会因为在名义上的胜任和不胜任之间奇怪地左右摇摆而付出代价。

这种形势，如今在许多国家依然存在。而在意大利，国家元首却用自己的智慧，结束了此种局面。政府首脑同时也是武装部队总司令；他对于备战有着最高的控制权，并且在需要的时候还具有指挥战争的最高权力。

此种对战争特点缺乏理解的做法，最重要的一种影响便是战争本身。由于只是从军事的角度来考虑问题，并且对自己作战计划的完美和手下部队所做

---

[1] Deutschland über alles：德意志高于一切。德国国歌，由著名作曲家海顿写于1797年，并且一直沿用至今。

的准备深信不疑，因此德国总参谋部断定，该国能够迅速而代价相对较低地取得决定性的胜利。不过，此种信念却是建立在对形势进行了错误估计的基础之上；而政治界之所以未加详察就接受了此种信念，也正是因为此种信念源自一个名义上称职的军事机构，即总参谋部。倘若治理德国的那些有识之士没有被总参谋部的赫赫盛名所迷惑，倘若他们仔细研究研究相关问题的现实情况，他们很可能就会对形势拥有一种更加清晰的深入洞察，认识到该国不太可能取得胜利，以及此次战争需要付出巨大的代价了。这样，他们或许就会克制自己，不会去进行这场豪赌了。

此次大战中的陆上战争，可以分为两个阶段：第一阶段是从战争爆发到马恩河之战；第二阶段则是从随后那条绵延不断的战线确立下来，直到战争结束。与第二段相比，第一阶段相当短暂，是一个调整阶段；因此，从表面上来看，其中有一个与以往历次战争差不多相似的方面。我说"差不多相似"，是因为这是一场运动战；而说"从表面上来看"，是因为呈现此次战争特点的那一场场战役都不具有决定意义，只是导致形成了一条绵延不断的战线，而这条战线注定会成为此次世界大战长期的基本形式。

从战略上来看，德国的战争计划是无懈可击的；而从一种传统的角度来看，则尤其如此。它们令人想起了拿破仑；这些作战计划，也是以那种著名的、在内线进行的机动为基础的。处于中枢位置的一个人，通过利用其优势可以连续打击周边的一个或多个对手。当然，要想成功，这个人必须在其他对手扑向自己之前，决定性地击败其中的一名对手才行，否则便会被对手围困。在德军这种情形中，他们必须在俄国人全力投入战争之前，击败法国军队。因此，他们凭借着本国实力强大、精心组织的陆军，对法军发动了迅速而坚决的

耶拿战役。1806年拿破仑指挥法军与第四次反法同盟进行的一场著名战役，法军获胜。此役集中体现了拿破仑杰出的军事指挥才能。

进攻。为了速战速决，他们没有正面进攻，而是进击法军的左翼。这使得他们必须通过比利时，但他们并未犹豫，因为战略要求他们必须这样去做。虽说明白入侵比利时会导致英国参战，但他们寄望，英国军队还没有做好参战准备。他们认为，进击法军左翼以便迅速攻至巴黎所获得的战略优势，要大过入侵比利时并导致英国参战所带来的不利。一旦法军被击溃，他们就有了充裕的时间，可以进攻俄国人和在此期间英国可能集结起来的任何兵力了。所以，德国总参谋部在没有充分认清当时局势，并把此次战争视为战场上一次传统博弈的情况下，开始实施其传统的战争计划，并且毫不犹豫地把英国拉入了全力对付德国的战争当中。德国政府则追随着参谋总部，宣布撕毁以前签订的所有条约。

　　法国总参谋部的战争计划，也是根据相同的理论制定出来的；它们既简单，又过分自信，丝毫不受敌人作战计划和兵力强弱的影响。我们很难想象出还有哪一种战略，会比法国所采取的战略更加简单；因为法国的战略用寥寥数语便可概括出来，那就是："前进，相信胜利！"在崇尚实证主义的十九世纪，是不会有人把国家的安全寄托在这样一种幼稚理论之上的。而法国参谋总部虽说当然有着高度的爱国热情，却固步自封得很，非但与当前的现实脱了节，还受到了一种近乎神秘主义的意识形态的影响，因此想出并试图实施这样一种幼稚的计划，直至遭到一次次无情打击之后才作罢。

　　事实上，从比利时到瑞士边境，一路上全都部署了法军，并且法军中枢位置的后方还有一支后备陆军；法军受命猛攻和击溃敌军，以使敌人根本无法实施任何机动。一旦部署完毕，法军就应当倾其所有兵力，同时在左右两翼向敌军发动进攻。毋庸置疑，法国总参谋部知道德军想要进攻其左翼的意图，可它却基本上没有去考虑此种可能出现的危险。万一德军越过了比利时，法军左翼不过就是应该向西北方向继续展开罢了。法国总参谋部的计划，仅此而已。

　　可战争一爆发，法军在取得了最初几次无关紧要的胜利之后，就渐渐停止了进攻，而德军的右翼则压制住了正在进行抵抗的兵力不足的法军；于是，法国总参谋部便在9月2日下令撤退100公里，同时米勒朗还要求内阁宣布巴黎为不设防城市。不过，上帝并不想如此严厉地惩罚法国。接着，发生了马恩河之战，随后双方便都开始急速驰向英吉利海峡边上的港口，从而导致形成了一条持续不断的战线。

　　从那时起，此次战争便开始呈现出其主要的相持特点，并且此种相持状态一直延续到了战争结束；也正是从那时起，各国间才开始爆发真正的战争。让这场战争与以前历次战争有可能相似的所有方面，过去所有传统性的战争行动，全都看不到了。

　　在由不可逾越的自然屏障或者根据政治障碍确定下来的战线上，双方都开

米勒朗（1859～1943）。法国律师和国务活动家，1920年至1924年任法兰西共和国总统。当时他正任法国陆军大臣一职。

挖了战壕，修筑了胸墙[1]，并且布设了带刺的铁丝网；人员、步枪、大炮和机关枪全都沿线分布；而尽力击退敌人的拉锯战也就此开始，一会儿是这一方，一会儿是那一方，一会儿是在这里，一会儿又是在那里。这已经不再是一场传统意义上的战争了。更准确地来说，这是一场战线绵延数百公里且无休无止的战役。沿着这条漫长的战线，双方的交战情况在不同的地段时而激烈、时而平静；虽说战争持续了数年，可在此期间，这条绵延不断的战线却从未真正被突破过，因为只要什么地方被打开一个缺口，缺口两边的兵力就会迅速在原地前面或后面重新汇合，形成一条新的战线。

这是一场静态的战争，而不是双方军队相互厮杀的战争。这是一场国家间相互围困的战争。双方就像是两个摔跤手，他们不是抓住对手并将对手按倒在地，而是肩对肩地站立着，紧紧地抓住对方不撒手，都在耐心地等待着对方因为持续的肌肉和神经紧张而精神崩溃下去。这是一场史无前例的战争，有着全新的面貌，也是一场令所有传统的经典战法都相形见绌的战争。

双方的部队，都是不可能进行机动的；正如您无法突破中国的长城去进行

---

[1] Parapet：胸墙，矮护墙。指为防止敌人观察和射击而在堑壕和掩体前部构筑起来的土垛。

机动那样。制定战略也是没有用处的；因为战略是一种在战场上部署大批兵力的艺术，而在此次战争中，大批兵力业已在战场之上相互虎视眈眈，并且进行了严格的部署。战术这种选择己方进攻或者防御战场的艺术也毫无用处，因为在此次战争中，并不存在选择战场的问题；此次战争只有一个战场，谁也无法改变这一点。兵法在此也不再有什么用处，因为双方都没有可用的兵力再投入战争；双方全部的有生力量，都已经部署到场了。这是一场无休无止地进行残酷厮杀的战争；这是一场纯属极尽杀戮和破坏之能事的战争。

建立起了一条持续不断的战线，让所有的人都大感意外。这种做法，是与所有的现行理论以及各国总参谋部的习惯思维直接对立的。历史上虽说也有过建立起一条连续的防线来进行防御作战的例子，但进攻方总能集结大批兵力，轻而易举地突破这样的防线。如果认为进攻方也必须将自己的大批兵力沿着一条连续的战线部署，正对着敌方连续的防线，那么这种观念会被人们认为是异端邪说的——世界上所有军事学院里的研究人员，可能都会这样说。但如今，过去已经被人们抛在脑后了。攻、防两条战线彼此相对而立，并且除了彼此间反复猛击之外，什么别的都没干。

甚至还出现了更加奇怪的一幕。其他国家一加入战争后，马上也将本国兵力部署成相似的连续战线，并且往往都是沿着尽可能最长的战线展开部署。我国这一方就是在1915年5月25日，将兵力沿着从斯泰尔维奥到海滨的一条连续战线展开部署的；而我们也发现，奥地利军队则是面对着我军，沿着从海滨到斯泰尔维奥的一条连续战线部署着。没有哪一个国家的总参谋部预见到了此种战争形式，因此它们全都惊愕不已，并且试图反对这一做法，却毫无用处；因为这种连续不断的战线，已经变成了一种严峻、危险而且无法改变的现实。

产生此种奇怪而普遍的现象，根源是什么呢？既然这一现象的出现违背了这场战争的指挥者的意志，那么自然，它必定是由某种具有普遍性、到处存在且并非仅仅以人的意志为转移的东西所造成的。

这一根源，纯粹、完全地在于轻武器的巨大威力，尤其是小口径武器的巨大威力。这是因为，轻武器，尤其是小口径武器威力的增强，会让防御的作用得到增强。假如我身处战壕之中，手中有一支每分钟射击一发子弹的步枪，那么我顶多能够阻止一名从一分钟距离以外攻过来的敌人。倘若有两名敌人同时向我进攻，那么我只能阻止其中的一个，却阻止不了另一个。但是，假如我的步枪每分钟可以射击100发子弹，那么我就能阻止100名从一分钟距离以外攻过来的敌人；因此，进攻者的数量必须达到101人，才能使得至少有一人能够攻到我这儿。在前一种情况中，进行防御的我能够挡住一名敌人；而在第二种情形中，我却能抵挡住100名敌人。并且，除了我手中步枪的威力有所变化，其他方面的情况并未发生改变。

　　假如在上述两种情形中，我在战场上还铺设了带刺的铁丝网，足以拖慢进攻者的速度，使之需要五分钟才能穿过战场的话，那么在第一种情形中，我能抵挡住5名进攻者，而在第二种情形中，则能挡住500名进攻者。除了枪的威力，其他方面并无变化，但此种威力的作用，却间接地因为铁丝网而产生了变化；因为在第一种情形中，铁丝网让我能够比在没有铁丝网的情况下多抵挡住4名敌人，而在第二种情形中则能多挡住400名敌人。

马恩河战役中发挥了巨大威力的铁丝网

　　这些方面，赋予了防御体系极大的重要性。防御体系指的就是能够保护己方力量的手段，即战壕，和能够延缓战壕附近敌人进击速度的手段，即铁丝网，以及其他诸如此类的手段；因为这些都使得我们能够用少量的兵力，去对付数量远多于我们的敌军。所以，轻武器方面的一切改进措施，全都有利于防御方，并且会让进攻方付出更大的代价，因为后者必须用优势兵力才能实施进攻。

　　在实践中，防御重要性的增大也已变得非常清晰，直接而令人印象深刻。就算战壕是临时挖掘出来的，铁丝网是临时架设的，处于战壕之中的部队也可以轻而易举地挡住敌人最猛烈的进攻。这会让战线变得胶着起来，因为双方一旦交战，便都无法突破对方的防线，只能停下来掘壕固守了。马恩河之战以及双方都向英吉利海峡诸港进击之后，双方防线都沿着通往北海的各段开始了此种胶着过程。防御所获得的重要性，使得双方战线上部署的兵力都很稀疏，从而能够不间断地从瑞士绵延到沿海地区；因为即便是兵力稀疏，双方战线也会因为防御实力强大而让对方难以突破。

　　倘若双方使用的枪械仍然是那种老式的前装式武器，那么就不可能出现此种情况。但是，此次大战中双方使用的全都是速射武器，也没有人能够让双方再回到用过去那种前装式武器来进行的、传统的战争方式上去。

　　可能除了德国人，还没有哪个人曾经预见到了这些现象。恰恰相反，一种与此对立的观点，即枪械的改进会有利于进攻的观点，却在各国盛行。当时的官方文件和培训手册中，都曾经公开表达出了此种观念。为什么会出现此种技术上的失误，出现这种必定会导致严重后果的失误呢？虽然很难说清楚个中原因，但我们可以肯定地说，这必定是某种集体性的主张。我们已经充分研究过了1870年战争，以便汲取其中的教训——从以前的战争中汲取教训，也是一种传统的做法。1870年，德军一直都在进攻，而他们也总是打胜仗。所以，人们便由此推想，德军之所以总打胜仗，是因为他们总在进攻；而德军之所以能够一直进攻，是因为他们的实力更强大这一事实，却被人们忽视了。有人甚至更进一步，声称进攻是确保胜利的法宝。因此，军方的人便一心转向了进攻，并且总是不惜一切代价地去发动进攻。在法国，当时有一种广为盛行的思潮更是出格地鼓吹，军队指挥官应当将一切心思都放在进攻上，甚至可以不要去搜集关于敌人的情报。

在平时进行的演习中，攻方之所以总会获胜，是因为没有哪个裁判想过，自己有胆量让防御一方得分。防守尽管从来都不具有决定性意义，但可能有助于争取时间和集结力量，这种观点却被人们完全忽视了，并且发展到了一种极致，以至于有些国家的军队在其战术指导手册中，连"防御"这个词也未提及。难怪，这样一种思维习惯会让人们不可能认识到，枪械威力增强给防御带来的作用甚于给进攻带来的作用。相反，人们认为枪械威力的增强就是进攻能力的增强，原因或许在于他们认为，每分钟发射100发子弹的枪支要比每分钟只能发射1发子弹的枪支能够进攻更多的人吧。

1870年普法战争前线的法军将士

那条持续不断的战线自发而出人意料地形成，防御显示出了令人惊讶的威力，以前那些主要的战争规则失效，全都导致人们产生了一种严重的困惑心理。一支支最勇猛、受过最佳训练和最热忱的军队，都因步枪和机枪的迅猛火力而受阻于铁丝网障之前。虽说发动了一次又一次进攻，可结果却都一样。最终，进攻方会变得筋疲力尽，而防守方要么是坚守阵地，要么就是撤退；这样，战斗便会平息下来，并等待再次交战。来自孚日省[1]的议员艾贝尔·法瑞参加了此次大战；他从一名步兵中尉升到副国务秘书，再升至陆军委员会委员，后来在1918年9月25日阵亡。战争打响22个月之后，他曾如此写道：

只有那些亲身参与了此次战争的人，才能认识到法国总参谋部是多么的无知，因为它完全不了解此次战争的特点、机枪火力的强大、铁丝网的作用以及重型火炮的必不可少。虽说我国总参谋部的人都具有高度的道德责任感和伟大的个人品质，也非常努力地进行了备战，但可惜的是，他们努力的方向却是错误的。我国总参谋部里的军官一个个都让自己变成了研究拿破仑战争的专家，却忽视了经济、工业和政治力量的作用；他们并不精通国家之间进行的现代战争。他们并未预见到、也并未去研究主要由小型部队所进行的堑壕战。伟大的总参谋部对这种战争还是一无所知；他们并未经历过此种战争，也没有指挥进行过此种战争。而此种战争的经验，也还没有从下层官兵影响到高层将领。

当所有的战略计划全都失效了，当这一方正对着那一方的屏障修起了另一道屏障，整个战争便变得散乱无章且很不协调了。由于即便是付出巨大的牺牲也无法获得具有战略意义的结果，所以交战双方便都开始退而求其次，指望获得战术上的成果了。而由于取得这些战术上的成果也要付出巨大的代价，所以战术成果也开始变得极为重要。因为一方通过付出代价便能够在任何地方取得战术上的战果，所以采取战术行动便成了整个战线上的惯例。在合适的时候，倘若储备了大量的兵力和武器弹药，双方便会时不时地采取大规模的战术行动；这些行动最终都会造成严重的人员伤亡和装备损失，而其结果，充其量也不过是在敌方防线上撕开一个缺口罢了。经过多次发动此种战术行动之后，战线就会变得令人难以置信地弯曲和怪异起来；而此种变化，并非是出于什么战略或战术上的需要，而是根据双方各种各样无效的进攻受阻停止时的地点形成的。只是在极为偶然的情况下，一方才有可能将对方的战线撕开一道深深的口子；可就算是在此种情形下，双方也总是能够莫明其妙地重建战线。实际上，尽管双方经常采取一些代价巨大的行动——或许比过去任何一场战争所付出的代价更为巨大，但其中每一次行动都只是一场战役中的一个部分；而这场战

---

[1]　Vosges：孚日省。法国东北部的一个省份，隶属于洛林大区。

役，自马恩河之战起直到最终协约国获胜为止，一直都在不间断地进行着。

在成功地击溃防御方之前，进攻行动付出的代价，始终都会比进行防御更大。攻克敌军之后，进攻方就会在很大程度上收获到自己的劳动成果。不过，倘若在实现目标之前就受阻停了下来，那么进攻便是一种纯粹的损失；因为那样的话，进攻方付出的代价，就会大过防御方。世人并不是没有注意到这一事实。但作为一种为了进攻而采取进攻的观念，它导致出现了法国的"蚕食"[作者注：即啮食或一点一点地啃食，就像老鼠啮食或啃食东西一样。]理论。

此种理论，是以协约国在兵力数量上大大优于轴心国的兵力这一前提为基础的，而其理由则是：每一次进攻，我方付出的代价都会比敌人大，这是事实；但由于敌方的人员力量不如我方，所以即便在此期间我方会遭受比敌方更为严重的损失，最终我们也会耗尽敌方的人员力量。这种理论彻底颠覆了兵法，并且严重地危及了我方的最终获胜；因为俄国瓦解之后，协约国在兵力数量上已经不再具有优势，而协约国所承受的巨大损失，也已对位于西线的协约国军队产生了一种消极的影响。

1916年7月，艾贝尔·法瑞就沃厄夫尔战事给维维安尼[1]内阁的阁员们送去了一份备忘录；在其中，他如此写道：

消耗战除了是公开承认自己在战略上无能，除了会导致未来的法国哀鸿遍野之外，还是一种新闻业的方法，而不是一种军事方案；归根结底，此种战争是一种针对我们自己的战争。当我于3月18日回到团里的时候，整个军团都因那种勇猛的愚行而鼓舞着。我所属的连队有250人前去进攻，可是只回来了

维维安尼（1863~1925）。法国政治家，时任法兰西第三共和国总理。

---

[1] Viviani：维维安尼（René Viviani, 1863~1925）。法国政治家，时任法兰西第三共和国总理。

29个。第8连的情况也是这样。而在得而复失的德军战壕里，他们发现德军只阵亡了一名士兵。27日我们再次发动了进攻，可我们再一次被挡住了。4月5日、6日和12日，我们又分别发动了进攻。曾经属于特赖恩要塞光荣守卫者的某某上尉，甚至英勇过度，独自跑出战壕，被敌人打死了。这个英勇无畏的团，如今已经失去了全部的进攻实力，充其量只能窝在战壕里了。可以说，我所知道的其他20个团的情况也是如此。

他们宣称，对毫无准备的敌人展开人海战术，会让我们获得精神上的优势。可是，躺在德军战壕前面的那成千上万具法国士兵的尸体，反而让我们的敌人具有了精神优势。假如此种人员浪费的做法继续下去，那么离我军业已严重削弱的进攻实力彻底被敌人摧毁的日子，就不远了。

除了那些伟大的、一切牺牲都值得的进攻行动，这些小规模的、只是为了每日发布的公报好看的局部进攻，却已经让我们无谓地牺牲了30万至40万人。在去年12月份，单是对哈特曼威勒科夫峰[1]的进攻，就让我方牺牲了15000人，可我方却没有夺得1米战壕。

而在1917年5月，著名的尼维勒攻势导致法军大量伤亡却一无所获之后，作为陆军委员会联络人的法瑞，是如此结束其报告的：

不幸的时刻降临了。法军的士气已经受到了严重的打击。我们听到一些度假的士兵一直都在高呼："和平万岁！"这就是我们过去三年来遵循的那些战争规则所导致的结果。法国政府并没有抵制最高统帅部制定的轻率政策，并未保护法国士兵的生命。

那个时候的确非常惨烈；法

尼维勒（1856～1924）。法国军事家。1917年法英联合发起了所谓的"尼维勒攻势"，希望突破德军防线，但在付出了巨大伤亡之后，却只取得了一些战术上的胜利，尼维勒也因此而被解职。

[1] Hartmann Willerkopf：哈特曼威勒科夫峰。法国阿尔萨斯孚日山脉中一处金字塔形的石峰。1915年法、德两军为争夺此峰而在此激战，共有3万人阵亡，其中大部分都是法军。

国如此，全体协约国也是如此。接替尼维勒一职的贝当感觉到俄国不久即会崩溃，便提出了一种新的政策，避免发动无益的进攻行动，以保存有生力量并重振军队和国家本身的士气。可在1917年的整个夏、秋两季，英军却发动了一系列的进攻，付出了伤亡40多万人的代价，并且这种损失还是无法复原的。因此，在1917年下半年俄国签署停战协定之后，协约国军不但兵源短缺，而且士气低落。只是在美国援军开始进入法国之后，敌我双方的实力才重新均衡起来。

此次战争结束阶段的特点，便是战争的方法和政策方面发生了巨大的变化。协约国认识到，必须保存好己方的兵力，争取时间，必须坚持到美国援军抵达法国并获得充分的培训。德国人则认识到，必须尽快结束战争，因为美国援军有全部实力做后盾，会对战局产生关键性的影响。此外，协约国一改它们以前所持的那种消耗

贝当（1856～1951）。法国维希政府元首和总理。一战中接替尼维勒任法军总司令并指挥法军对德作战，被称为民族英雄；但在二战中，他却向入侵的德军投降，战后被判死刑（后改为终身监禁），故至今仍被法国人民视为叛国者。

战理论，认识到最好是让敌人去发动进攻，直到敌人耗尽实力，然后再去进行反击。从那时起，协约国的作战行动便开始带领各国走向胜利了。

保持主动，并不意味着一定可以按照自己的意愿，自由地去发动进攻；它也可以指有能力让敌人去进攻，只要这样做看起来对己方更有利就行了。战争爆发之后，协约国本来应当采取此种理性而经济的做法；若不是它们的心思全都被进攻的神话迷惑住了的话，它们本来也是会这样去做的。协约国被打了个措手不及，非但完全没有做好战争准备，也没有充分了解战争的现实情况。它们本来应当争取时间，加强并将自己的潜在实力投入到战争中去，以便形成作用已经增强的防御行动所必需的人力和物力优势。它们本来应当避免进行任何无益的作战行动，因为时间就是它们最好的盟友，也是敌人最糟的障碍。一方始终都应当采取不利于敌方的行动，因此协约国本来应当尽量拖延决战的时间，直到准备好一切手段，使得决战有利于己方才去进行。这才是协约国从一开始就应当采取的做法；它们不应当像一头公牛那样，不顾一切地朝敌人手中挥舞着的那块红布冲过去。

假如轴心国在这个等待的阶段里发动进攻，那就更好；因为这样一来，它们就会更快地耗尽自己的资源。与其每次拥有了足够的人员和武器弹药之后，时不时地去进攻敌人却得不到重大的战果，还不如让己方的防线变得牢不可破，然后在防线后方集结起大批实力强大的军队，使之有朝一日能够在作战行动中有效地发挥出巨大的潜在作用。

人员方面遭受重大损失，并非一向都是必要的；除了本身就是一种失误之外，它最终也让协约国陷入了一种严重的政治劣势，因为各国不得不承认，是美国的援助才让局势变得对它们有利。这使得美国在签署和约的过程中和后来都占据了主导地位。

对此次世界大战的陆上作战行动进行上述简略的回顾，已经让我们注意到了这些作战行动的基本特点。这是一场国家之间的战争，各国都将自己的全部力量投入了战争，都想通过消耗战来打垮对方，使得交战的双方军队全都困在阵地上无法动弹，因为防御的作用已经大大增加；而此种新的作用，则是由小口径武器的威力所赋予的。我们也已经看到，各国对一种技术因素——即小口径武器的改良——都做出了严重的错误估计，使得对于即将进行的这种战争，参战各国的军队既无心理准备，也没有做好物质准备。事实上，在战争进程中，一切都得改变，诸多方面都须加以改造才行。国内动员进行得很缓慢。在英国，人们对征兵制度进行了激烈而详细的辩论；而法国总参谋部则是到了战争已经进行22个月之后的1916年5月30日，才批准了制造速射重型火炮的计划。在战前阶段没能回答"不久即将到来的这场战争是个什么样子"的问题，不但危及到了此战的胜利结局，延长了战争的时间，也让胜利方付出了更大的代价。

这是战争规则的失误，而不是人员的失误。考虑到当时的作战条件，参战的军队在炽热的爱国情怀和热烈信念的鞭策下，已经做到了人力所及的每一个方面。我们应当由衷地向他们致敬才是。

不过，即便是战争，也有着不可忽视的节俭需求。甚至来说，胜利也只是一种目的，是一种必须用最小的代价来获取的最大结果。在此种情形下，代价就是民众的血肉之躯，而目的则是拯救国家。战争是无所不及的，不允许有任何人置身事外、不参与进来。在罗马帝国最辉煌的那个时代，罗马曾经从本国那些杰出的公民中挑选出最优秀的战士，而该国那些杰出的公民，对兵法也都极感兴趣。罗马的年轻人被接纳进入政治、法律、行政管理、哲学、演讲等领域——简而言之，就是了解和体验了罗马的公共服务之后，便会尽力去服兵役，以便获取威望，之后再去重新从事其政治和行政事业。恺撒并没有非得终生从戎并变成一代名将；他还利用了自己的天赋，在政治领域也获得了成功。他的天赋、敏锐无比的智慧、可靠的直觉、适应能力和坚定的意志共同作用，使得他赢得了不朽的军事威望。

一个交战国家的领导人，不应当让自己只关心军事问题，而应当关注本国和其他各国多方面的问题；这一点，在当时是正确的，而在将来也会依然正确。换言之就是，此种领导人必须成为一名真正的领袖才行。

假如在回顾历史的过程中，我们能够看到自己所犯的错误，看到那些我们必须共同承担责任的错误，那么我们对自己赢得的胜利便会更感自豪；因为当时我们不但必须战胜敌人，还必须战胜自己。我这个冤枉地担着吹毛求疵名声的人，之所以认为应当颂扬那些无名战士，并将他们当成我们这个崇高的常胜民族的神圣象征，原因就在于此。

第二章

　　在上一章中，我们简要地考察了一下此次世界大战中陆上战争的情况、陆上战争的突出特点，以及对一种技术因素做出了错误评估所导致的后果。在本章中，我们将考查此次战争中的海战；由此，我们将会看到另一种技术因素，而人们也错误地估计了海战所特有的这种因素，并且此种错误也导致了几乎完全相似的后果。

　　海军上将圣·文森特勋爵曾经在上议院里抨击皮特首相，因为后者似乎赞成对鱼雷和潜艇实验加以鼓励。他对这位首相说："要是您支持一种我们这个

　　圣文森特勋爵（1735~1823）。英国海军司令、国会议员，曾指挥舰队参加了"七年战争"、美国独立战争等多次战争。1797年，他在圣文森特角海战中取胜，从而声名大噪，并获封第一任圣文森特伯爵。

　　皮特（1708~1778）。英国政治家，第9任首相，"七年战争"中英国的实际领导人，获封查塔姆伯爵一世。其儿子与他同名，为英国历史上最年轻的首相（小皮特任首相时，才24岁）。两人都擅长演说，皆被认为是英国历史上最伟大的首相之一。

海洋霸主根本就不需要的战争武器，并且这种武器一旦成功，就会让我国丧失海洋霸主的地位，那么我会觉得您就是有史以来最大的傻瓜。"

不过，这位伟大的英国首相自然不是一个傻瓜；而圣·文森特勋爵也并非是一个鲁莽的预言家。人们完善了这种武器，而差不多一百年之后，这种武器也夺走了英国对于海洋的控制权。尽管在富尔顿用他那艘"鹦鹉螺"号和鱼雷有史以来首次炸毁了"多萝茜娅"号双桅船之后的一百一十年间，潜艇这种武器已经有了很大的改进，但英国海军中的专家们却并未认识到圣·文森特勋爵所说话语的正确性。因此，德国人便用潜艇战打了

富尔顿（1765～1815）。美国工程师，轮船发明者，曾在法国首次试验由潜水艇发射鱼雷并成功地击沉了一艘船只。

富尔顿试验的潜水艇

韦尔斯（1866～1946）。英国科幻作家、小说家，1895年以《时间机器》一举成名。他也是一位社会改革家和预言家，出版了大量关注现实、思考未来的著作。

他们一个措手不及，并且发现英国海军对此毫无准备。

在这个漫长的时期内，也有一些想象力丰富的人，预见到了、并且试图呼吁人们对将潜水艇这种武器用于战争的可能性加以关注；可他们的努力却毫无效果。英国小说家韦尔斯就完全预见到了将来会出现潜艇战；可因为他是一位小说家，并且还是一位科幻小说家，所以认真的人是不可能认真地去思考他的想法的。就在此次战争之前不久，英国海军上将珀西·斯柯特勋爵这位著名的海军炮战战术革新家和火炮、装甲方面的专家，曾经这样写道：

假如潜艇真的具有这么大的威力，那么战列舰在进攻和防御中就会变得毫无用处；因此，继续建造战列舰就会是浪费国民为保卫这个帝国所贡献出来的钱财。

不过，即便是珀西·斯柯特的意见，也淹没在那些支持建造超超级无畏战列舰的人的批评声中了。在1913年英国海军举行的演习中，一艘潜艇连续六次向海军司令的座舰发动了进攻，可那位鲁莽的潜艇指挥官六次都收到了海军司令这样的回复："见鬼去吧！"

美国海军上将西姆斯曾经如此写道：

在大战之前，大多数海军将领和舰长都认为潜艇是一种了不起的玩具，适于进行场面壮观的表演，不过只能在精心选择的地点并在良好的天气和海况下才能进行。

一些称职的海军界人士声称，潜艇只能在白天和有利的天气条件下才能活动，而在雾里就毫无用处了；潜艇必须升到海面之上才能发射鱼雷；潜艇内部并不适合人员生存，因此艇员必须每周左右轮换一次；潜艇在远海海域不可能成功作战；潜艇需要有母舰才能活动；还有各种诸如此类的反对意见。而这些

珀西·斯柯特勋爵（1853～1924）。英国海军将领，现代海军枪炮射击学的先驱。

西姆斯（1858～1936）。美国海军将领，在第一次世界大战期间曾指挥赴欧作战的美国海军，后与人合著《海上的胜利》并荣获普利策奖。

观点，却全都无视了潜艇已经实实在在地变成了现实这一事实！

这些奇怪的偏见，即便是在"海格"号、"克雷西"号和"阿博科尔"号被击沉后，也没有消除掉；因为据说这三艘巡洋舰是在异常有利于潜艇行动的情况下被击沉的，当时它们正在一片狭窄的海域巡航。只是当"奥德修斯"号在爱尔兰西北沿海、距最近的德国海军基地也有数百英里的地方被击沉之后，人们才开始认识到这种新型武器可能具有的威力。

［海军上将珀西·斯柯特写道：］德国的潜艇让英国的舰船无法自由行动，因为有了德国的潜艇之后，在没有一队鱼雷艇和驱逐舰护卫的情况下，是没有哪艘大型舰船胆敢驶出一个海军基地的；它们让皇家舰队无法前去轰炸德国的各个港口；它们击沉了我国的多艘战舰，总吨位达到了十万吨；它们让我军不得不尽可能地远离敌方海岸；它们让我国舰队不得不前往百慕大海域进行射击训练，并且让我国派去进攻达达尼尔海峡的舰船，除了那些在此过程中被击沉的外，全都躲进了穆德洛斯湾[1]内。换言之就是，它们极大地削弱了这支世界上最大的舰队

---

[1]　Bay of Mudros：穆德洛斯湾。穆德洛斯是希腊爱琴海北部利姆洛斯岛（Lemnos）上的一个市镇，第一次世界大战期间曾经是协约国发动达达尼尔海峡战役的大本营。1918年，双方在此签署了《穆德洛斯停战协定》，从而结束了奥匈帝国与协约国之间的战争。

杰里科（1859～1935）。英国海军上将，曾任英国海军大臣，并在20世纪20年代担任新西兰总督。

的作战能力，而这支舰队也有史以来地首次感到，自己无力再保护英国了。

这种玩具终归变成了一种威力强大的武器。圣·文森特勋爵的预言变成了现实，而英国也丧失了那种无可置疑的制海权。实际上，在1917年春季潜艇战达到高潮的时候，英国海军界和英国政府都开始以为，该国会因为潜艇的活动而在此次战争中被打败。大概是在同年的4月初，美国海军上将西姆斯和英国海军大臣杰里科上将举行会谈，结果是交流了下述观点：

"我认为德国人将会打赢这场战争，"西姆斯上将说。

"假如我们不能立即阻止这种损失，他们当然会赢，"杰里科上将回答道。

"对于这个问题，有什么解决办法吗？"西姆斯问道。

"据我所知，起码在目前来说还没有，"杰里科回答道。

这次沟通表明了潜艇战的严重性，而美国差不多就在那个时候参战之后，情况就更严重了。尽管与法国海军和意大利海军联手，并且可以倚赖美国的援助，但伟大的英国海军这个无可争辩的海洋霸主，却已经意识到自己会因为潜艇战而战败了。尽管英国后来获得了胜利，但这一时刻也标志着英国丧失了海上霸权。

德国的潜艇战之所以没有达到其预定的目的，原因如下：

1. 协约国除了利用本国造船业的成就，还能够利用世界上其他国家造船业的成就，来对抗潜艇进行的破坏活动。

2. 德国人本身没有充分地、在恰当的时候认识到潜艇部队的重要性。倘若真正认识到了潜艇的作用，他们就会把用于建造一支大型的、最终却几乎毫无用处的海上舰队的资金，拨出一部分给潜艇部队；他们就会在战争伊始的时候发动潜艇战，并且会使用大量的潜艇，来确保成功实施此种作战

第一次世界大战中的德国潜艇

行动。倘若停下来想一想，1917年年中潜艇战正处于高峰状态的时候，位于英国海域的德国潜艇数量从未超过35艘，那我们对这一兵种的重要性就会有所了解了。

3. 德国人犹豫不决，直到1917年1月才发动全面的潜艇战；军方部门和政治当局之间、陆军参谋部和海军参谋部之间举行了一场又一场无果而终的讨论，白白地浪费了时间；他们甚至在开始实施潜艇战之后，依然犹豫得很。换言之就是，他们对潜艇战的作用仍然半信半疑；这是一种极其糟糕的做法，在战时尤其如此。

这些拖拖拉拉的做法给了协约国时间，使得后者能够设计出大致适用的防御武器，却让德国没有充足的时间来做好战争准备，并且建造出足够多的新潜艇来。当那些支持发动全面潜艇战的人终于在德国得势后，为时却已太晚了。他们开始建造新的潜艇，可所需的原材料和技术熟练的劳力却日益短缺起来。到了1917年末，德国总参谋部还拒绝将当时正在陆军中服役的2000名技术熟练工让给海军——这也证明，德国总参谋部和海军之间很少进行合作，甚至根本就没有进行过合作。连潜艇艇员也很难找到，因为德国舰队长期被迫处于一种消极殆惰的状态，已经让德国海军变得士气低落了。尽管如此，法国海军总参谋部军史处还是如此声称：

若不是德国人延误了发动全面潜艇战的时间，若不是德军指挥官和水兵们的非凡勇气因为德皇与其总理心怀疑虑和犹豫而被消弭的话，我们本来是打不赢这场战争的。

因此，我们可以断定，协约国之所以打赢了这场战争，一方面是它们自己的功劳，另一方面也是得益于德国人；双方都没有认清海战的现实情况，这一点不但让德军战败，也危及到了协约国的取胜。

美国之所以于1917年4月7日参战，很可能是因为当时德国获胜的可能性显得最大；而倘若德国获胜，这不但会是协约国的末日，对美国也会构成一种巨大的威胁。这样，美国就占据了战争的主导地位，甚至在海战中也是如此；因为美国人可以言之凿凿地说，是他们的参战，才使得此次战争的天平——甚至

希尔（1863～1928）。德国海军上将，官至海军参谋总长，在一战中曾率德国舰队参加了属于史上规模最大的海战之一的日德兰海战。主张对协约国发动全面的潜艇战。

是在海上战场的形势——倾向了协约国一方。由此，美国便不可能再容忍本国海军实力不如英国的那种现状了。可以说，自美国舰队开始与英国舰队并肩作战的那一刻起，美、英两国之间就开始了一场海军领域的竞赛。

海军上将希尔曾经写道：

迄今为止，还没有几个国家具有建造足以让它们控制海洋的大型舰船的财力；但如今，潜艇的出现打乱了此种局面，因此畏惧英国海军这样一种很有说服力的政治论调，也就销声匿迹了。

这就是那些最富庶的、有能力建造大型舰船并将它们当成是一种很有说服力的政治主张的国家，之所以坚决反对潜艇、并在掩饰内心恐惧的同时宣称潜艇不适于人类需要的原因。

　　此次世界大战中的海战方面，还有着一种经常被人们误解的特殊性质。在一个肤浅之人看来，海军的作用似乎只限于攻击敌方的交通贸易，同时保卫己方的交通贸易。在此次大战中，的确发生过数次海战；但它们的规模都有限，因此并不具有决定意义。这使得一些人声称，海军未来的目标只是保护本国的交通贸易和攻击敌方的交通贸易罢了；或许还有很多人也都这么认为。报刊杂志上刊登的，全都是差不多正而八经地支持此种观点的文章。

　　但这种观点完全是不对的，并且可能导致我们犯下严重的失误。此次世界大战中的海战，是在特定的情况下实施的。协约国的舰队实力比敌方的舰队强大，而它们所处的地理和战略位置也很优越；这些都形成了一种巨大的优势，使得轴心国的海军在战斗还未打响的时候，就认为它们业已战败了。由于不愿意自取灭亡，所以轴心国的海军便纷纷躲在防守坚固、用己方的潜艇保护得固若金汤的基地里面，蛰伏着等候机会；这种机会，只有在协约国犯下某种错误之后才会出现。轴心国甘愿放弃了海上贸易，让本国的货运船只躲在己方的港口之内，或者是滞留在中立国的港口之中。实际上，协约国的海军并未与敌人的海军遭遇过；但它们还是得始终保持着警惕，严密地监视那些进击不到、自愿被封锁于基地和港口之内的敌方舰队；并且，在整个战争期间协约国的海军都必须这样，始终希望在敌方舰队出海的时候能够将其消灭。对于协约国的海军来说，这不是一个进攻敌方交通贸易的问题，因为敌方根本就不存在交通贸易。敌方已经自愿放弃了海上贸易。因此，协约国海军的任务，便是保卫己方的海上交通贸易，使之不会遭到敌方潜艇的伏击。

所以，此次世界大战中并没有发生真正意义上的海战。英国舰队可能发挥了作用，因为其潜在的作战实力，迫使敌人不待此种可能的实力真正发挥出来，便乖乖地将自己的海军力量藏了起来并放弃了海上贸易。若不是德国人认为己方海军的实力不如对手，此种情况是决不可能出现的。正因为如此，那些肤浅地看待这一问题的人又会轻率地说，大型的海上舰队，尤其是大型舰船，在此次世界大战中并没有起到大的作用，或者说根本就没有起什么作用。这些人都大错特错了；而他们根据错误的前提得出的推论，自然也是不正确的。

事实上，自宣战的那一刻起，协约国的大型海上舰队就凭借其潜在的实力，未发一炮地打赢了此次战争；而它们在海上获胜的直接结果，便是让敌方停止了一切海上贸易，并且让敌人的海军不敢现身。敌人唯有指望用潜艇来进行伏击了。用潜艇作战，本来的确是可以扭转战局的；但这一事实，却不会有损于舰队一开始所获胜利的重要性。这也证明，尽管海军在海面之上取得胜利是阻止敌方交通贸易最可靠的办法，但这并非是保护本国海上贸易的可靠办法；因为即便是在海上获胜之后，也必须保护本国的海上贸易不遭到潜艇伏击才行。迫使敌方海军躲藏起来、或者用其他办法阻止敌方海军在海上航行的那一方，能够用舰艇去进攻敌人的海上贸易。这一方无需求助于潜艇来实现打击敌方海上贸易的目的，而求助于潜艇也并无益处，因为水面舰艇在破坏海上贸易方面的威力，要比潜艇大得多。

所以，就算潜艇通过剥夺水面舰队的某些功能而削弱了后者的全面威力，从海军的基本任务——即与敌人作战并打败敌人——这个方面来看，它也丝毫没有削弱水面舰队的威力。海战的正常形势是，交战双方实力并不悬殊，不至于让一方在还未开战的时候就自甘认输。只有在这种情况下，才会爆发出一场全面的真正海战。

"制海权"这个词已经不再是过去的那种含义，即不再指己方能够在海上自由航行，同时让敌方无法这样做了；因为要消灭一个拥有海军基地的敌国的所有海军力量，是极其困难的。倘若一支海军出港进行海战的时候，实力已经大大削弱，那么它就会干出德国舰队在上一次战争中所干的那种事情；而接下来，获胜的那支舰队就必须监视败方的残余力量了。因此，战胜方并没有获得

马汉（1840～1914）。美国海军学院教授，两度出任海军学院院长。深受古希腊雅典海军统帅地米斯托克利及政治家伯里克利的影响，主要著述有《海权对历史的影响》等。

充分的海上航行自由；不过，战胜方能够完全阻断敌人的海上贸易，并且保护己方的海上贸易，使之不为敌方的潜艇所威胁。

如今，制海权应当被理解为只是这样的一种状态：取得了制海权的一方，拥有比敌方更多的海上航行自由；这与协约国海军在此次世界大战中的主要状态是相似的。尽管协约国海军并未掌握原有意义上的制海权，但它们却达到了阻断敌方海上贸易、严密封锁敌方海军并直到后者投降的程度。海军的基本任务，就是夺取此种制海权；而在这种争夺战没有决出胜负之前，任何一方的海军从主力中派出部队去保护己方的海上贸易，或者去进攻敌方的海上贸易线，都是会有风险的。这种事情，只有在夺得制海权之后才能进行。夺得了此种制海权的那一方，虽说马上就可以阻断敌人的一切贸易，但也必须防备来自敌方潜艇的威胁。

这就是上一次战争中海战方面的差异性特点；不过，这种差异并未影响到水面舰队的基本作用。

从前文对此次世界大战的考察中，我们可以得出下述结论：

1. 这是一场国家之间的战争，并且影响到了所有国民的利益和福祉。

2. 在己方还没有筋疲力尽之前就成功地打垮了敌方物质抵抗和精神抵抗的那一组国家，最终获得了胜利。

3. 陆军起到了消耗参战国家实力的作用。参战国家将各国业已变成了战争工具的资源，不断地输送到战线上进行消耗。这些工具消耗殆尽之后，各国又会补充其他的工具；而这种先消耗再补充的过程一直进行着，直到两组国家中的一组在物质上业已枯竭、精神上业已崩溃，无法再补充已经耗尽的战争工具为止。

4. 海军起到了加速或延缓消耗的作用。当海军采取行动阻止用于补充的资源输入时，起的就是加速消耗的作用；而当海军采取行动促进此种资源输入时，它起的就是延缓消耗的作用。

5. 陆上战争采取了一种违背作战指挥官们意愿的静态形式，原因在于小口径武器的威力巨大；此种威力增大了进攻的难度，使得一方必须拥有巨大的兵力优势，才能发动进攻。

6. 陆上战争只是在各国经历了一场旷日持久、伤尽脑筋的消耗战，并且无力再从物质上或精神上给本国军队以支援之后，才决出胜负来。

7. 由于协约国在兵力上占有巨大的优势，故海上战争还未开始就胜负已决；因此，这使得协约国海军陷入了一段长久而乏味地监视敌国海军的时期，并且让轴心国海军陷入了一段长久而沮丧地等待机会去进攻敌人的时期。

8. 尽管协约国能够阻止敌方进行海上贸易——敌人反正已经心甘情愿地放弃了海上贸易——但它们还是被迫去保卫己方的海上贸易，使之不遭到敌方潜艇部队的攻击；敌方潜艇的活动，一度极大地危及到了协约国取胜的几率。

9. 由于对一些技术因素做出了错误的估计，所以双方的陆、海两军在开始交战的时候，都没有充分认清此次战争的实际情况；因此，在战争过程中，两军都不得不采取补救措施，以纠正因它们准备不足所带来的影响。

以上这些，便是我们探讨未来时可以依据的前提条件。我们马上就可以断定：

1. 未来的战争会再一次波及所有的国家以及各国的一切资源，并且无一例外。

2. 胜利将属于率先成功地打垮敌人物质抵抗和精神抵抗的那一方。

3. 倘若武装部队已经正确地回答出未来战争会是个什么样子的问题，并且知道己方为满足未来战争的要求进行了什么样的训练，那么它们对于未来战争的准备就会更加充分。

我认为，对于上述三条无可争辩的结论，大家都是不会有什么异议的。

4. 就陆上战争本身而言，可以说它会呈现出一种与此次世界大战很相似的静态形式，因为导致出现此种特点的那些原因依然存在，并且在未来战争中，这些原因将会变得比如今更加重要。

从停战协定签署至今，轻武器的威力一直都在增强；而在未来，轻武器的威力还会继续增强，甚至增强的速度更快。各个方面都在持续改进，而各个兵种中装备的速射小口径武器数量，也一直都在持续增加。因此，防御的作用也持续增强了；这就意味着，为了打破僵局，进攻方必须拥有比以前更大的优势才行。新的武器并不会影响到此种局面，因为双方都会装备这些新的武器，而武器也始终都会有利于防御的一方。这样，就算是对一个实力要弱得多的敌国发起进攻，也会极其困难；而若是这个敌国的边境又是山区，非但无法大规模部署兵力，还会让补给问题变得极其复杂的话，就尤其如此了。由于双方中总会有一方觉得，尽量拖延以待更合适的时机来进行决战对己方更为有利，所以这一方便会采取守势；这样一来，就算是与战争领袖们的意愿背道而驰，双方之间也必然会形成一条绵延不断的战线。要想突破敌方这条绵延不断的防线，另一方就需要大量的战争工具，以至于没有哪个国家能够在战争开始之前就将这些战争工具准备好。因此，在战争期间，各国都必须加大工业生产，不断地将国家资源转变成战争工具。由于双方都会这样做，所以除非并且直到一方彻底耗尽了国家资源，否则此种僵局就难以打破。故毋庸置疑，未来的战争将会是一种旷日持久、进展缓慢和艰巨不已的战争。

从整体上来看，我们可以说，在未来战争中，将会像此次世界大战一样，形成一条条绵延不断的战线；此种战线非但难以突破，一旦战线上出现小的缺口很容易合拢，而且还会慢慢地耗尽交战国家的资源，直到一方因为民穷财尽而彻底崩溃。所有关于运动战的理论和观念，在此种绵延不断的战线面前都会失效；因为无论实力较强的一方想要做什么，实力较弱的一方都会由于准备没那么充分、不那么有信心而利用防守态势的优势，来阻止敌人的进攻，并争取时间让自己变得实力更强、准备更充分和更有信心。势弱的一方具有了防御的优势之后，必然会将自己的意志强加于实力较强的那一

第一次世界大战中的三翼飞机

方；而后者尽管实力较强，却并不会强大到足以击溃对手的程度。勇往直前的精神和调兵遣将的意愿，对这一事实都是无能为力的。诚然，军队必须怀有勇往直前的精神，因为军人逆来顺受、任人宰割是很荒唐的；不过，要是我用头去撞一堵石墙来表明我具有勇往直前的精神，那我就会撞得头破血流，而墙上连坑都不会留一个。执行任务的人必须心怀勇往直前的精神；而那种做出决断和下达命令的人，则必须具有清晰的眼光，知道如何遵循此种精神才行。运动战和调兵遣将，都只有在此种静态战争的僵局被打破之后，才有可能实施。

5. 就其本身来说，鉴于海上战争必须率先决出胜负的这一事实——除非是一方从一开始就拥有胜过另一方的决定性优势，所以海上战争将具有与上一场战争相似的特点。假如双方兵力悬殊并不巨大，那么双方都会通过给对方造成损失来尽量获取优势。做到这一点，就意味着在海上获得了胜利，就会极大地限制战败方在海上航行的自由。战胜方能够用自己的海上力量，阻断战败方的交通贸易；而战败方则只能用潜艇战，来破坏获胜方的海上贸易了。尽管如此，获胜方仍然必须保护己方的海上贸易，使之不受到敌方潜艇的威胁才行。

因此，我们似乎可以合乎逻辑地断定，由于相似的原因会导致相似的结果，并且由于造成上一场战争的特点的那些原因仍然适用，并未发生什么实质性的改变，所以从其本身来看，未来的陆上战争和海上战争，应当会呈现出与上一场战争相似的特点。

第三章

不过，情况并不会是这样的；因为即便是陆上、海上或者海里没有出现什么新的进展，空中也已经出现了一种新的进展。由于天空位于陆地和海洋之上，所以这种新的进展往往会改变整体意义上的战争，也会改变陆上战争和海上战争所特有的一些方面。这种新的进展，便是空军的诞生；由于空军是在此次世界大战爆发之时才出现的，所以它对这场大战并没有产生什么大的影响。

要想直观地了解空军正在给战争特点和形式方面带来的巨大变化，我们只需注意到下述这一点就行了：空军已经突如其来地颠覆了自人类开始彼此征战以来，战争就具有的那些基本特点。只要人类还被束缚在地面上，那么所有的人类活动——包括战争——就都会局限于地球表面上。战争总是两种意志之间发生冲突的结果；其中，一种意志是占领某个地方，而另一种意志则是不让该地被别人占领。因此每一场战争，都是由部署在地面的两支武装部队的运动和作战所构成；其中，一支武装部队试图击溃抵抗部队，以夺取抵抗部队后方的领土，而另一支为了保护己方的领土，则试图击退进攻者。所以，如此对峙的两支地面部队，就抱有两个目的：一个是尽力击溃敌方部队以直捣己方的目标，另一个则是尽力保护好前者所要夺取的目标。

这一点，就是战争自诞生以来至今的基本特点，而直到此次世界大战期间，运动和作战也仍是部署于地面的武装部队的基本功能；此次大战正是一个例证，有力地说明了战争的这一基本特点，以及敌对双方武装力量的基本功能。如今，人类已经拥有离开地面且在空中飞行的能力；它已经改变了战争的特点，削弱了地面部队的功能，因为战争的特点和武装部队的功能，本来是源于战争局限在地面上的这一事实。

换句话说，就是一方无需再突破敌军的防线才能夺取某个目标了。防线也无法再保护其后面的领土和目标。假如停下来想一想空军诞生所导致的这种形势，我们就会认识到，空军必然会给战争的形式和特点带来巨大的变化。

陆军和海军也已经无法再像过去那样保护其身后的国家了。尽管拥有陆军和海军，不管陆、海两军部署在哪里，一个国家如今都已暴露在敌人的空中打击之下。战场也不可能再有限制；如今，所有参战国家的全部领土和领海都是战场了。战斗人员与非战斗人员之间，也不可能再划出一条分界线来，因为无论身处何处，所有国民都有可能成为敌人一场进攻的受害者。再也不会有什么地方，可以让人们相对安全、平静地生活和工作了；一家会计事务所会与战壕一样，暴露在敌人的攻击之下——或许，会计事务所还会更加危险；每一个人，每件事物，全都会笼罩在迫在眉睫的危险之下。

许多人都以为，空军不过是在一种新发明的基础上进行改良之后的武器罢了，就像火器是在发明火药这一基础上改进而来，或者像蒸汽机发明后汽轮取代了帆船那样。这些人的观点都是错误的。在人类历史上，还从未出现过一种可与空军相媲美的战争武器。原始人投掷的石块与著名的贝尔莎大炮所发射的炮弹之间，只存在着性能上的差异，而不是种类上的差别。从原始人到克虏伯时代，人类进行了一系列的改进，来增强炮弹的推进力。不过，这些改良措施全都是沿着同一思路进行的；只要是沿着同一思路进行，我们所做的就是革新，而决不会是革命。从三列桨座船到大型汽轮，人类所进行的，也只是船只

贝尔莎大炮。第一次世界大战中德军用来轰击法国巴黎的一种大炮，根据德国克虏伯军火集团所有者克虏伯之妻迪克·贝尔莎的名字命名。

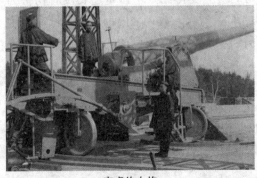

克虏伯大炮

三列桨座船。古希腊和古罗马时期地中海地区所用的三层划桨战船。

驱动方式上的一系列改良措施罢了。自人类开始彼此争斗以来，战争都是用或多或少具有相同特点的相同武器来进行的；因此，从总体来看，人类进行的始终都是同一种战争。但飞机却并非是一种改良得来的武器；它是一种全新的、具有自身特点的武器，给人类带来了前所未有的希望。

这是一种全新的、不同的因素；它将自己特有的性质和发展潜力，带入到了构成战争形式和特点的那些古老的因素之中。从这个时候起，由于此种新因素所带来的影响，战争演化进程的曲线就不再具有连续性，并且突然转向了一个完全不同的方向。这不再是一种革新，而是一种革命。在这一转折时期，继续沿着原有的那条曲线亦步亦趋的人就该倒霉了。这种人会发现，自己已经脱离了当前的现实。由于猛烈地打乱了战争原有的古老形式，所以空军也单枪匹马地打断了战争特点演变的连续性。

几乎同时出现的毒气武器，给这种革命赋予了更加剧烈的特点。1915年4月25日德军实施的氯气进攻战，被称为上一场战争中最可怕的事件。除此之外，我们还须把它看成是开启战争中毒气时代的一个事件。在1915年4月25日之前，似乎自古以来就只有通过人类所使用的劈砍、刺戳或击打工具，或者其他具有撞击力量的武器，才能伤及人类的性命。我们已经通过无数的改进措施，从天然的原始武器发展到了现代的武器。我们已经从石斧和粗糙的火石发展到了刺刀；从用手投石发展到了步枪、大炮和机关枪，这不过是用火药的爆炸力取代了火药发明以前人类的肌肉之力罢了。不过，要被最为广义的投射武器所击中，一个人必须在指定的时间处在投射武器轨道上某个指定的位置才行。因此，用投射武器进攻是瞬间的、一次性的。而要被毒气进攻所击中，一个人只需在毒气有效期内的任何时间里，处于毒气散布的范围之内就行了。因此，毒气进攻是立体的、持久的。投射武器在其推动力耗光之后就无害了；而毒气则与之相反，留在一定空间内的那段时间里，毒气一直都具有杀伤力。

一颗305毫米的炮弹爆炸过后，马上就会变得比一个孩童还要没有伤害力了；而一颗芥子毒气弹呢，从其爆炸的那一刻起，数天之内都会夺人性命。炮弹声音巨大，而毒气却是无声无息，并且常常都是看不到的。投射武器的弹道可以在适当的范围内侦察到，人们可以在此范围后面隐蔽好自己；而毒气却会无所不入、四处扩散，进入每一道口子或者缝隙，弥漫到人类一刻都不可或缺的空气当中，因此可以在瞬间杀死大范围内的地面人群。所以，毒气进攻的威力远远大于投射武器的进攻威力。如果想一想，世间的万事万物都会经历进步，那我们显然就能看出，1915年4月25日那次残忍的毒气进攻。对于未来的士兵和平民来说，不过都是儿戏罢了。

自欺欺人是没有用的。和平时期制定的所有限制条件和签署的所有国际性条约，注定都会像干枯的树叶一样，在战争的狂风中被席卷而去。一个正在进行生死决战——就像如今所有的战争一样——的人，为了生存，是有权使用任何武器的。战争武器不可能有什么人道、不人道之分。战争始终都是不人道的；而战争中使用的武器，也不能根据其威力、发展潜力或者能否伤及敌人，就将它们分成是可以接受的武器还是不可接受的武器。战争的目标，就是尽可能地伤害敌人；因此，凡是有助于实现这一目标的武器，不管是什么，人们都是会去使用的。一个人如果宁愿自己的祖国战败，也不去违反那些并未限制杀戮和破坏之权利、只是限制了杀戮和破坏之方式的正式协定，那么这个人就算不是一个弑父者，也是一个大傻瓜。

1915年4月25日德军实施的氯气进攻战

1915年4月25日德军实施氯气进攻战的遇害者

适用于所谓"不人道"和"残忍"之战争武器的那些限制性条款，不过都是国际上用于蛊惑人心的伪善之辞罢了。实际上，各国都在进行着毒气的实验和改进——而各国这样做，自然也并非纯粹是出于科学目的。这是一个无情的现实；我们最好是坦然面对，而不要带有虚假的脆弱，也不要忸怩作态。

飞机为人们提供了向军队和大片领土投放大量毒气的办法。飞机也让化学战可以在大面积范围内造成可怕的后果。

福煦元帅不久之前如此写道。实际上，飞机可以把毒气散播到敌国的任何地方。如此结合起来的这两种武器，拥有比迄今为止人类所使用的任何武器都要巨大得多的进攻威力。大家都了解此次世界大战中毒气战的可怕后果，并且大家也都明白，世界各国的实验室里都在静悄悄地进行着研究和实验，以便进一步增强此种后果的强度和持续时间。每个国家对此都秘而不宣，以便打敌人一个措手不及；不过，尤其是在国外，关于毒杀人们的最佳办法的公开信息，却是数不胜数。因此，我们没有任何理由不来谈论其中的一些方面。

美国虽说是大多数人道主义、和平主义思想的发源国，却也已经进行了毒气实验，使得释放过毒气的地面上多年之后都寸草不生。人类防御这些毒气的唯一办法，便是穿上一套由特殊材料制成、并且配有人工呼吸装置的防护服。众所周知，有一些扩散速度非常缓慢的毒气，它们的有毒作用会持续数周之

福煦元帅（1851～1929）。法国军事家和元帅，第一次世界大战最后几个月曾任协约国军总司令，被公认为是领导协约国获胜的主要领导人之一。著有《战争原理》和《战争指南》等军事理论著作。

久。据说，用80吨至100吨毒气，便可以完全覆盖一个像伦敦或巴黎那样的大型城市；而将配比合适的炸弹、燃烧弹和毒气弹联合使用，就可以彻底消灭这种大型城市里的全部人口，因为毒气会让人们无法扑灭燃烧弹引发的大火。

德国人一向都是一个浪漫的民族，他们发明出了一种称之为"毒气斗篷"的设备。其意图是，比如说在一座城市的上空释放一层看不见的、密度重于空气的毒气。这层毒气将会慢慢降落到地面上，从而消灭地面上的一切生灵。无论是地下室还是摩天大楼的楼顶，没有哪个地方是安全的，也没有任何逃生的希望。

上一次战争中既使用了飞机，也使用了毒气；但在当时，这两种可怕的武器都还处于起步阶段，人们还没有研究出使用它们的正确方法。尽管对于当前和将来毒气的使用我们了解的还不多，但关于空军，我们手头却已经拥有了大量的事实。如今飞机的作战实力，已经比此次世界大战结束之时强了差不多十倍。目前人们已在使用或者即将制造出来的飞机，引擎功率已达到2000马力、3000马力、甚至是6000马力了。在这个方面，多亏了尊敬的巴尔博阁下，他足智多谋且积极主动，使得意大利走在了其他国家的前面。他已经委托卡普罗尼去制造引擎为2000马力、3000马力和6000马力的飞机了。其中有一些如今已经建成，其余的则正在建造。6000马力引擎的飞机总重大约为40吨，其中一半左右为有效载重。〔英译者注：这是杜黑早在1909年就已预见到了的发展情况之一。〕换句话来说，这种飞机相当于装有翅膀的四节铁路货运车厢。这些飞机，既是安全、高速地运送旅客的理想工具，也是威力强大的战争武器；倘若一前一后配备两门火炮，安装16挺到24挺口径较平常更大的机枪，并且带上6吨炸弹，它们就是一艘艘名副其实的空中巡洋舰了。最后，这些飞机还可以在关键部位加装轻型装甲来进行防护。而巨大的机身，也可以让它们在水面上安全着陆。通过装备多台发动机，这些飞机多半不会有迫降的危险，因为即便是半数发动机熄了火，由于发动机出现

巴尔博（1896～1940）。意大利空军将领，法西斯头目之一。他既是飞行学方面的先驱，也是黑衫党领袖、殖民地统治者、墨索里尼的指定接班人和私交好友。1929年至1933年间任意大利航空部长，期间努力发展军事和民用航空事业，并把意大利皇家空军打造成了一支精锐部队。

的小故障在空中就可以维修，所以它们也能继续飞行。

这就是目前和不久以后的飞机，是用金属造成、因而也无需机库的飞机。相比之下，上一次战争中所使用的那些飞机，就像是儿童的玩具。因此，一想到飞机，我们可能就会忘掉以前那种虽然令人钦佩却很容易毁坏的、由木材与帆布建成的飞机，并且对飞机建造技术正呈几何级数向前进步这一点心存感激。300马力的卡普罗尼飞机，逐渐发展成了600马力、1000马力、2000马力，而如今又变成了3000马力和6000马力的飞机。

一位英国将领已经计算出，如今一支"独立空军"在一次飞行中可以投下的炸弹量，将会比上一次战争中所有英国战机从头到尾投下的、据计算为800吨

卡普罗尼（1886～1957）。意大利著名的飞机设计师和企业家，一生中设计了180多种军用和民用飞机。

的炸弹量还要多。实际上，据人们计算，如今一支正常规模的"独立空军"，每次飞行都可以携带1500吨炸弹，这相当于150节铁路货运列车的运载量呢。

倘若英国舰队中的每门火炮都开火一次，那么整支舰队能够射出总重达200吨的炮弹。因此，一支"独立空军"能够投下的炸弹量，就是整支英国舰队一次舷炮齐射所发炮弹量的七倍。但英国舰队的舷炮只能用于攻击另一支舰队——而后者还可以进行反击，或者用于进攻沿岸目标——而这些目标可能也会用某种方式进行回击；但是，一支空军却可以将炸弹投向敌方的任何一处领土或领海，包括敌方最重要的地点。英国舰队必须发射铁砂多、炸药少的炮弹，而一支"独立空军"却能投下大量炸药和大量毒气，其中只含有少量的铁砂。因此，这样一支"独立空军"就会具有比英国舰队大得多的攻击实力，哪怕英国舰队能够飞起来，结果也会如此。

在此次世界大战中，我们不得不疏散特里维索这座城市里的居民；而在该市被投下80吨炸弹之前，此种疏散早就已经完成了。倘若这80吨炸弹是在一次空袭中投下的，那么，由于它们引发的大火无法扑灭以及民众的士气受到了影响，对特里维索造成的破坏就会大得多。如今一支正常规模的"独立空军"，能够一次性地向20个像特里维索那样的中心城市投下80吨炸弹；因此我们有理由认为，这样一种行动除了造成有形的破坏，给民众的士气也会带来无可估量的影响。

如今，每天都有飞机往返于伦敦和巴黎之间。因此，1000架飞机任何时候都可以从法国北部起飞，轻而易举地飞到伦敦上空，而1000架飞机任何时候也可以从英国南部起飞，并且轻而易举地飞到巴黎上空。没有人能够否认，如今一架飞机可以携带1吨炸弹从巴黎飞到伦敦。而我们也无法否认，倘若向巴黎或者伦敦投下1000吨炸药、燃烧剂和毒气，就可以完全摧毁这两座城市，完全摧毁法、英两国的心脏。

我希望读者能够多花一点儿时间，深入地想一想我所提及的这些可能性和数字。它们就是目前的现实情况，而不是明天或者十年、二十年后可能发生的情况。一个不可否认的事实是，无论地面的陆军和海军情况如何，如今飞机都可以让我们在敌人的领土上空，发动比想象中规模更大、威力更强的进攻行动。空军为我们提供了进攻敌方最重要之中心城市的手段，而毒气则会使这样的进攻达到最为恐怖的程度。

这将是一种惨无人道、残忍狠毒的行动；可这些都是事实。无论我们认为这些事实有多么的惨无人道和残忍狠毒，明天如果需要的话，都是没有人会畏缩不前、不去发动此种恐怖的进攻行动的。到目前为止，敌人一直都可以用盔甲来保护自己，并且能够对付试图突破此种盔甲的其他重击。但是，只要此种盔甲存在，那么盔甲之下的人就是安全的。而如今的情况，却已经发生了变化。盔甲已经丧失了防护能力。它无法再保护身披盔甲的那些人，因为空军可以进攻这些人，而毒气则可以让这些人失去作战能力。

罗瑟米尔勋爵曾经写道：

从现在起，没有哪一个国家可以夸口说自己掌握了海上霸权；这是我们英国人难以接受、却又不得不接受的一件事情。

时任英国首相的鲍德温在1924年7月24日也曾说：

许多人都说英国应当与欧洲断绝往来，这说来容易；不过我们必须记住，我国与世隔绝的历史已经结束，因为随着飞机的出现，我国已不再是一个孤岛。我们喜不喜欢都无关紧要；因为如今我们已经不可分割地与欧洲拴在一起了。

这是英国人难以接受、却又不得不接受的第二件事情。事实上，无论实力有多强大，一支海军都是无法阻止一个准备充分的敌国，从空中袭击伦敦这个迄今为止都自夸不可侵犯的大都市

罗瑟米尔勋爵（1868~1940）。英国报业大亨和现代新闻事业的创始人之一，1914年获封第一任罗瑟米尔子爵。

鲍德温（1867～1947）。英国保守党政治家，曾于1923年至1924年、1924年至1929年和1935年至1937年三次担任英国首相，因漠视法西斯主义对和平构成的威胁而倍受批评。

的，而不管这个敌国是德国还是法国。英国海军既无法阻止敌人进击其贸易港口——这是该国的肚子，也无法阻止敌人进攻其海军基地——这是该国的心脏。英国舰队已经丧失了捍卫能力；所以，如今英国的安全，便只能由一支能够防御空中威胁的空军来保护了。

此种情况，马上就说明了战争中发生的那些革命性变革，并且足以让每个人确信，未来的战争必然会与以往的所有战争都截然不同。但是，它的意义还不仅如此。它还意味着，像潜艇和飞机这些纯属技术因素方面的影响，还超出了军事领域，延伸到了政治领域。毫无疑问，潜艇和飞机已经改变了英国政治形势的根基，并且这种变化自然是不利于这个"日不落帝国"的。研究一下技术手段对于政治的影响是很有意思的；不过，只要像我希望做到的那样，说明在一场可能发生的、且必定会不同于上一次战争的未来战争中，倘若没有认清或正确估计空军的作用——也就是说，倘若重复上一次战争之前那个时期各国所犯的错误估计——将是极端危险的，我就心满意足了。因此，密切关注空军这个因素对于战争形式和特点的影响，就是极其重要且很有必要的了。

第四章

现在，我准备开始探讨最有意思的一个问题，即未来的问题。对于读者来说，这一点可能看上去很难；不过，这只是表象，而非实际情况。我们已经很好地确定了自己的起点，因为我们已经看到了那些一直都在充分发展着的事物。如今我们需要做的，不过就是从这些事物当中，推断出必然会出现的结果罢了。人类的理性赋予了此种预测能力，使得人类距上帝更近了。麦克斯韦用抽象的微积分为基础，发现并定义了我们无法用感官感知的电磁波。在同样的基础上，赫兹制成了一种显示电磁波的仪器；后来，马可尼又将电磁波加以应用，使之造福于人类。而在我们所考察的这个问题上，我们面对的都是感官能够看到、能够感觉到的事实；因此，只要在思想上摆脱过去的种种成见，我们应该就能很容易地确定这些事实所导致的必然结果。

麦克斯韦（1831～1879）。英国的数学家和物理学家，创立了经典电动力学，并且是电磁波理论的集大成者。

在1921年所写的一本书中，我曾经提出了这样一个问题：倘若一支充分武装起来的敌军，一心要侵入我国领土，想要从空中摧毁我们的交通、生产和工业中心，并且在我国

马可尼（1874-1937）。意大利无线电工程师，企业家，实用无线电报通信的创始人。1909年与布劳恩一起得诺贝尔物理学奖，被称作"无线电之父"。

的人口中心散布死亡、破坏和恐怖情绪，以此来瓦解我方的物质抵抗和精神抵抗，那么部署在阿尔卑斯山区的那支最强大的陆军，以及在我国领海巡弋的那支最强大的海军，就会近乎无力对抗这支敌军，是不是这样呢？当时唯一可能的回答，就是"确实是这样"。如今对这一问题的回答仍然一样，而将来的回答也必然还是这样，除非我们否认飞机能够飞行、毒气能够杀人——但否认这些方面，是很荒谬的。正如我在讨论上一次战争时所说的那样，当时陆军的作用是间接地消耗国家的抵抗实力，而海军的作用则是加速或者延缓此种消耗过程。

陆、海两军往往是间接地瓦解敌方的抵抗，而能够对敌方资源的来源实施打击的空军，则往往是直接粉碎敌方的抵抗——也就是说，空军会用更快的速度和更大的威力，击溃敌方的抵抗。在以前，用炮弹摧毁了一个炮台，就会让我们感到心满意足；而如今，我们却可以摧毁为炮台制造大炮的工厂了。在上一次战争中，有成吨成吨的炸药和整座整座铁矿出产的钢铁，被倾泻到那些为带刺铁丝网所覆盖的地区，以摧毁这些铁丝网；而空军却可以无视此种目标，更有优势地利用其炮弹、炸弹和毒气。一支陆军，只有在与敌军遭遇，并经过一系列旷日持久、痛苦而艰巨的作战，打败并逼退敌军之后，才能攻进敌方的首都；而空军则不然，甚至在宣战之前，一支空军便可以试图去摧毁敌方的首都。

对一个国家关键的抵抗力量予以直接还是间接的毁灭性打击，这两种打击的威力并无可比性。在一个国家可以躲于陆军或海军形成的坚固盾牌之后的那个时代，国家本身几乎很少感受到来自敌人的打击，有时甚至根本就感受不到。这种打击，是由像陆军和海军这样的作战单元去承受的；它们都是精心组建、纪律严明的部队，能够在物质和精神上进行抵抗，并且能够实施进击和反击。相反，空军却会对那些组织较不严密、纪律较不严明、抵抗实力较弱且无法实施进击与反击的实体发动打击。因此，空军必定会更加迅速、更加容易地瓦解敌方的物质或精神抵抗。一支部队，即便是损失了一半或者三分之二的人员，在密集的轰炸之下也仍然可以坚持抵抗；但商店、工厂或港口里的工人，却在遭到第一重损失之后就会崩溃。

直接打击敌人的精神和物质抵抗力量，会加速决出战争的胜负，从而缩短战争的持续时间。著名的飞机建造师福克了解所有国外客户的心理，他曾经如此说道：

不要指望未来的敌人会区别对待作战人员与平民百姓。敌人将会使用威力最强大、最可怕的武器，比如毒气和其他的东西，来攻击平民；但在平时，敌人却会伪称自己有着善良的愿望，并且支持最严格地限制使用这些武器的措施。敌人会派遣多队飞机，前去摧毁对方的主要城市。现在我们还只具有一种模糊概念的未来战争，将是一种可怕的战争。

福克说得对。我们决不能等到敌人使用条约所禁止的这些所谓不人道的武器之后，才开始认为我们也有正当理由去这样做。这种毫无用处的正当理由，会让我们付出太大的代价，因为这会让敌人夺得主动权。出于极度迫切的需要，交战各国必定会毫不犹豫地使用一切手段，而不会去管这些手段有没有为条约所禁止；因为与随之而来的灾难相比，这些条约终究不过是一堆废纸罢了。

我正在为你们描述的，是一种阴暗而血腥的前景；不过，这是注定要发生的，自欺欺人并无好处。倘若我们认识到，人们通常所设想

福克（1890～1939）。美国著名的荷兰籍飞机设计师和制造商。

的那种对空防御措施只是一种错觉的话，那么这种前景还会变得更加阴暗，而原因又是因为空军所具有的那些基本特点。一架从科西嘉岛中部起飞、续航距离为500公里的战机，除了能够覆盖整个撒丁岛，还可以从东面的特伦托和威尼斯，到南边的泰尔莫利和萨勒诺，攻击到意大利半岛上的每一个地方。为了保护所有暴露于这架战机威胁之下的中心城市，我国就必须在每一个中心城市里，全都部署防御用的战机和防空火炮才行。

为了确保击退这一架战机，我们又需要多少架防御性的战机，需要多少门防空火炮呢？我们需要在地面上组织什么样的侦察活动，才能不被它打个措手不及呢？此种侦察活动、防御所用的战机和防空火炮，又需要保持多长时间的警戒，才会等到敌机出现呢？而倘若敌机真的出现，这一切手段却又全都无法确保能够阻止敌机发动进攻。总而言之，为了这样一种防御，我们需要调动多少资源、花费多少精力呢？而这一切，全都只是为了一架独自行动的敌机！

它根本无需起飞和飞行，仅凭其可能出现这一点，便可以让我们调动所有的资源，付出全部的精力！

假如这架单独行动的飞机，变成100架或者1000架——换言之就是说，假如想一想战争爆发后，我国将与之作战的敌方空军力量的规模——那么我们马上就会认识到，防御行动将会迫使我方为了一种纯粹的消极目的，而调动比进犯之敌多得多的资源——或许还会多至我方无法承受的程度。放弃这种消极而代价巨大的做法，派遣一支我方的进攻性空中力量去对付此种可能变成一场噩梦的威胁，去搜索敌人并在其巢穴中将其消灭，从而结束这种噩梦和威胁，难道不是更好吗？这难道不是一条最佳的出路，难道不是一种用最少的资源获取最大战果的做法吗？

空军是一种极佳的进攻武器，但完全不适合用于防御。事实上，用空军来进行防御的一方，将会陷入一种很荒唐的处境，因为这一方需要一支规模比进击的敌军大得多的防御性空军。尽管在上一次战争中没有形成大规模空中进攻的明确规则，但那些坚决地实施的进攻行动，全都获得了成功。一旦时机合适，我方就会轰炸普拉[1]；可尽管在此次战争的最后数月中，我方空军已经占有了优势，但奥地利人直到停战协定签署的那一天前，也还在轰炸我国的特里维索呢。

几个月前，英国曾经在伦敦进行了一场对空防御的实验。实验中，防守方除了防空炮兵和防空机构，还拥有与进攻方一样多的战机。此外，防守方还知道对方进攻的具体日期。进攻方兵力与防守方相当，但进攻的目标在时间和空间上都有限制。所有条件都有利于防御方；可最终，实验结果却表明伦敦仍然遭到了轰炸。

因此，防空活动应当仅限于那些能够削弱空中进攻效果的组织措施，比如疏散一些关键的机构、准备好防空掩体、采取防毒措施，以及其他诸如此类的措施。只有极其重要的中心城市，才应当用防空火炮来进行保卫；因为事实上，一国不可能有那么多的防空火炮，来有效地保卫其全部领土。我曾听说，必须有300个防空火炮连，才能较为有效地保护好米兰呢。那么，要想确保意大利所有重要城市的安全，又需要多少个高炮连呢？这种情况，对于空中进攻和海上进攻来说都是一样的。由于不可能保护好整个海岸线，使之不遭到海上攻击，甚至无法保护好一些较为重要的沿海地区，因此我们只会对那些在军事上最重要的地点进行防御——即那些修筑了防御工事的海军基地——而对其他所有的地方都不加防御；连一些大型的海滨城市也是如此，因为这些地方的防御

---

[1]　Pola：普拉。克罗地亚伊斯特拉半岛南端的一个城市，曾经是奥匈帝国海军最大的军港。克罗地亚语中亦拼作Pula。

任务交给了舰队。同样，保护国家领土不遭到空中打击的任务，也应当交给空军，因为空军能够击退、打败并消灭敌方的空中力量。

保护本国不遭到空中进攻，只有一种有效的办法：夺得制空权，也就是阻止敌方空军飞行，同时确保己方空军能够在空中自由来去。要想阻止敌方空军飞行，我方必须摧毁敌人的飞行工具。敌方的飞行工具，可能是在空中、在地面机场、在机库，或者在飞机制造工厂里。为了摧毁敌方的飞行工具，我方必须拥有一支空中力量；这样，无论在哪里找到敌方的飞行工具，或者敌方的飞行工具在哪里制造，我方都能将其摧毁。根据这一观点，数年来我一直都在宣传拥有一支"独立空军"、拥有一大批适合于进行空中作战以夺取制空权的空中武器的必要性。

在上一次战争中，这一观念还不为人知。当时人们只是把航空兵当成一种辅助性的武器，旨在促进并让陆上行动和海上行动成为一个整体。那时还没有出现真正的空战；虽说有过空中争斗和冲突，但它们都是局部的、有限的、孤立的，并且常常是个别的冲突。双方寻求的并不是打赢空战，而是取得空中优势。直到签订停战协定之日，双方仍在利用手头相应的力量进行着辅助性的空中作战行动。如今的形势则完全不同了；空军的规模可能会非常巨大，从而会导致爆发真正的空战，即出现两支大规模空军之间的战争。

我们无需进行详细讨论——因为在此这样做是不合适的——就可以很容易地认识到，一支能够进行空中作战并轰炸地面目标的"独立空军"，也能够用于去夺取制空权，因为它能够消灭敌人位于空中或者地面上的航空武器，无论这些航空武器是在哪里找到或生产的。所以，一支"独立空军"能够通过发动空中进攻，将敌人的空中武器削减到最少，并使之减至对整个战争胜负无足轻重的程度。倘若达到了此种结果，这支"独立空军"就取得了胜利，因为它已经夺得了制空权。

制空权具有下述优势：

1. 它可以保护一方的领土和领海不会遭到敌方的空中打击，因为制空权已经让敌人丧失了实施空中进攻的实力。因此，它可以保护本国的物质和精神抵抗，使之不会受到敌方直接的、令人恐惧的打击。

2. 它会让敌人的领土暴露于我方的空中打击之下；我方可以极其容易地实施此种空中进击，因为敌人已经无力再实施空中作战行动。所以，它会有利于我方对敌人的抵抗力量进行直接而可怕的打击。

3. 它可以充分保护己方陆、海两军的基地和交通补给线，并且威胁到敌人的基地和交通补给线。

4. 它可以让敌人无法从空中对其陆、海两军进行支援，同时又可以确保我方能够对自己的陆、海两军进行空中支援。

除了上述所有的优势，我们还必须补充一个事实，那就是拥有制空权的一方能够阻止敌方恢复其空中力量，因为前者能够摧毁敌方空军的物质资源和生产场所。这就等于说，争夺制空权具有决定性的意义。

考虑到掌握制空权所带来的这些优势，我们必须承认，制空权会对整个战争的结局产生决定性的影响。

我已经说过，制空权是决定性的，因为夺得了制空权的一方，能够阻止敌方恢复其空中力量。不过，制空权的意义还不止如此；掌握了制空权的一方，还可以随心所欲地扩大自己的空中力量。一个国家的领空控制权如果掌握在别人手里，就必然会在不可能进行有效反击的情况下，遭到敌方实施的空中打击；而此种打击，还会随着敌方进攻性空中力量的扩大而加强。对于这些空中进击，该国的陆、海两军也将无能为力。除了物质上的损失，这种情况对于承受此种噩梦的整个国家和清楚自己对此无能为力的武装部队来说，又会在精神上产生多么巨大的影响啊！

接下来，陆、海两军将会看到，它们的交通补给线会被敌人切断，它们的基地会被敌人摧毁；而国家运送给部队的给养也将被敌人彻底切断，或者变得毫无规律且危险重重。只需摧毁敌方贸易港口中的设施，就算敌国能够保护其海上航道，一支掌握了制空权的"独立空军"也能切断敌人的海上贸易。那么，处于此种劣势当中的国家便会开始丧失信心，认为它不可能在战争中获得有利于己方的结果，难道不是合情合理的了吗？而这一点，难道不是预示着失败结局的开始吗？

想一想，您就会明白这一点是多么的正确。倘若领空由别国掌控，英国就会失败。该国那支威武壮观的舰队，该国海军所拥有的优势，全都会变得毫无用处。即便是该国的商船队可以将给养运送到各个港口，这些给养也不可能卸下船并转运出去。饥饿、废墟和恐惧之情，将会在整个国家蔓延。这些，就是未来战争中很可能会出现的情况。难道它们不会彻底颠覆人们过去对于战争的所有看法吗？

即便是仅凭制空权本身并不能确保胜利，夺取制空权也将是未来战争中取胜的一个必要条件。它始终都会是一个必要条件；假如"独立空军"具有充分的进攻实力，去粉碎敌方的物质和精神抵抗，那么夺取制空权还会是一个充分条件。假如空军没有剩下足够的实力，战争结局将由陆上和海上力量来决定，那么己方拥有制空权，也将极大地帮助两军执行其任务。

既然争夺制空权具有决定性的重要意义，那么一方就必须让自己能够实现这一目标。因此，必须拥有一支能够进行空中作战、并且属于一国资源允许范围内的最强大的"独立空军";而要做到这一点,就必须充分利用好该国所掌握的全部资源。这是我倡导的一条坚定不移的原则,不容许有任何例外;因为让任何资源背离这一根本目标,或者只是利用其中的部分资源,或者根本就没有利用这些资源,都将减少我们夺取制空权的机会。

我已经说明,对空防御要求防御方调动比进攻方所需更多的大量武器,因为空军的防御作用要比进攻作用小得多。一支"独立空军"用来进攻的100架战机,作用将大过用于防御的100架或1000架战机。假如敌人夺取了制空权,那么我方陆军和海军的辅助航空兵就会被消灭,甚至连作战机会都不会再有;但假如我方夺得了制空权,我国得胜的"独立空军"就能对陆、海两军进行大力支持了。因此,辅助航空兵在前一种情况下毫无用处,而在第二种情况中就是多余的。

所以,我要说:我们不需要对空防御,因为它几乎毫无用处。我们不需要辅助航空兵,因为它差不多毫无用处,或者差不多纯属多余。相反,一支"独立空军"却会毫无例外地包括一个国家可以利用的所有空中资源。这就是我的观点。有些人认为这一观点是极端主义;可事实上,它不过是一种与普遍看法不同的观点罢了。普遍的观点往往是一种蹩脚的解决办法,而在战时则是最糟糕的一种。支持此种观点,使得我与一些持有不同意见的勇敢者产生了分歧;不过我确信,我也将赢得这场战斗。[英译者注:此处杜黑所说的"战斗",是指他争取实现统一指挥、成立航空部以及创建一支不同于辅助性空中力量的"独立空军"的斗争。]

既然保卫己方不遭到空中进攻的唯一办法就是进攻并消灭敌人的空中力量,既然将任何资源背离这一根本目标的做法都有可能危及一方夺取制空权的机会,那么实施空战的基本原则就是:甘愿承受敌人的空中进攻,以便尽量给敌人以最沉重的打击。

乍一看去,这条原则似乎很残忍;如果我们再想想空中打击会造成的那种痛苦和恐惧,就更加如此了。不过,这是所有作战行动都必须遵循的一条原则。只要能够给敌人造成更大的损失——此种损失,不论人员伤亡情况如何,只要有可能让我方获得胜利——那么就算是损失己方十万人,一位陆军司令也会在所不惜的。一位舰队司令,也会为了击沉更多的敌舰而不惜损失己方的一些舰船。同样,一个国家也必须承受敌人的空中进攻,以便给予敌人以更沉重的打击;因为只有通过给对方造成比己方所承受的更大损失,才能获得胜利。

倘若将这一普遍的战争原则应用于空战,那么,由于我们必须改变传统的观点,所以我们会觉得它似乎很不人道。大家都这样说,并且确信,战争不再是军队之间的冲突,而是国家之间、整个国民之间的冲突。在上一次战争中,这种冲突采取了军队之间进行旷日持久的消耗战的形式,看上去似乎是自然而然、合情合理的。空军的直接参战，非但使得各国国民变成了直接对抗，各个国家变成了直接对抗，还消除了以往的战争中各国之间将它们相互隔离开来的那种屏障。如今的战争，实际上已经变成了不同国民与国家之间的相互交战和相互扼杀了。

这一事实，非但加重了人们那种特有的、一听到有妇女和儿童在某次空袭中丧生就会悲痛不已的传统观念，而且还使人们在听说作战中有成千上万的士兵牺牲后，却变得不为所动了。任何人的生命，都同样宝贵；可传统观点却认为，士兵注定要在战斗中牺牲，因此尽管一名士兵、一个身强力壮的年轻人在人类全面的经济活动中本来可以发挥出最大的个人价值，但士兵的牺牲却不会让人们觉得太过不安。

德国人在使用潜艇的时候带有一个目标，并且正如我们已经看到的那样，他们差不多实现了这一目标。为了利用世界舆论的敏感性，我们谴责潜艇战并说潜艇战非常残忍的做法，是合乎情理的。这对我们有利，所以我们有权这样去做。不过，我们担心潜艇战的真正原因，却并非是潜艇战不人道，而只是因为潜艇战对我们来说很危险。与通过所谓的人道手段与文明手段进行的大屠杀——此种屠杀，曾经导致了数百万人丧生、数百万人残废——相比，潜艇战那一万七千名左右的

第一次世界大战时德国潜艇官兵

受害者，可以说是微不足道的。如果上一次战争全然是一场潜艇战，那么战争决出胜负的时候，伤亡人数可能会少得多。我们必须不带感情地把战争当成一门科学，而不管这门科学是多么的恐怖。

潜艇在击沉舰船之后，不会去进行任何救援，而是任由舰船上的人员自生自灭；这种做法，激起了人们极大的愤慨。但是，德国潜艇的做法，与跟英军的做法不过是如出一辙罢了；当英军一艘舰艇在救援另一艘船上幸存者的过程中被鱼雷击中之后，英军指挥官下令让沉船上的人员自生自灭，以免救援舰艇

再被鱼雷击中；而在此种情况下，沉船上的人并非敌人，而是英军的同胞呢。战争就是战争。一方要么是发动战争，要么就是不发动战争；倘若一方发动了战争，双方就必须毫不留情、毫不矫饰地把战争进行下去。法国的"青年学派"[1]在这个问题上提倡的观点，与德国人的观点非常相似。任何喜欢伪称战争与实际的战争并不相同的人，都会因为持有此种思想而陷入十分不利的处境。

如今，无论是事实上还是在理论上，都已经不再容许作战人员与非作战人员之间存在任何区别了。说理论上不允许，是因为国家之间交战时，所有国民全都会参与其中：士兵拿枪作战，妇女在工厂装填炮弹，农民种植粮食，科学家在实验室进行实验。说事实上不允许，是因为如今进攻可以触及到所有的人；因此，在如今看来，最安全的地方似乎就是战壕了。

战争是通过粉碎敌人的抵抗来打赢的；而在最薄弱的地方直接打击此种抵抗，则可以更容易、更快速、更节约、伤亡更少地打赢战争。部队的速度越快、实力越强大，它们进击至敌方的重要中心就会越迅速，也会越深刻地影响到敌方的精神抵抗。由此，战争也会变得越文明，因为战争所造成的损失，是与参战的人数相匹配的。部队越能打击普通民众，个人利益就越有可能受到直接损害，而爆发战争的次数就会越少，因为人们无法再这样说了："我们不妨都武装起来发动战争，但要由你们去进行战斗。"

如今人们普遍持有的一种观点是，战争将在空中爆发；就算是还未宣战，双方也会实施大规模的空中行动，因为哪一方都会尽力去利用先发制人、出敌不意的优势。空战将会频频发生，并且将达到最激烈的程度；因为每一方都会认识到，必须在最短的时间内给敌人造成最大的损失，必须将敌人的航空工具从空中消灭掉，以免敌人可能再进行反击。"独立空军"将会向敌人猛扑过去，并且尽可能迅速地反复进攻敌人，以便在尽可能短的时间内发挥最大的威力。因此，空中战争的胜负，将由战争爆发之时就已存在、并且做好了准备的空军来决定。我们决不能指望，可以依靠在战争期间动员起来的力量。战败的一方不可能再有创建另一支空军的实力。所有可用的力量，都必须立即投入战争；而留做其他用途的任何一种武器，在命运攸关的战争天平上所起的作用都会小得多。必须绝对遵循大规模作战的原则。

---

[1]　Jeune Ecole：青年学派。19世纪法国兴起的一种关于海权的理论。1869年理查德·格列维尔男爵（Baron Richard Grivel）出版的《海洋战争》一书，标志着该派理论的初步形成，后来泰奥菲勒·奥比（Theophile Aube）和加布里埃·沙尔姆（Gabriel Charmes）等人又进一步廓清并宣传了此种理论，使之成为了一种重要的海权理论。该学派认为，处于弱势的国家应当奉行一种与海权大国不同的海权思想，发展不同结构的海上力量并应用不同的海军战略。

在陆上作战中，我们可以依赖防守来抵消兵力上所处的劣势，并且赢得时间来修筑战壕、铺设带刺铁丝网和据守坚固的阵地；而在空中，却是不可能出现这种事情的。天空处处都是一样的，飞机在任何地方都不可能停下来，静止不动地来争取时间。在空中，作战部队都有如出鞘的利剑，毫无防护可言。

空中作战行动的密集、激烈、没有防护和直接性，不可能争取到时间、不可能创建新的力量，以及空中作战行动的快速和威力——这一切，全都导致我们可以得出这样一种结论：空中战争将会迅速决出胜负。正如我已经说明的那样，上一场战争之所以打得旷日持久，是防御的巨大作用导致的。而在空战中，防御却毫无用处。没有做好准备的那一方，必然会失败。空战将会很短暂；交战双方中的一方，将会迅速获得意味着夺取了制空权的优势，而制空权一旦获得，就会是一种永久性的优势。

毫无疑问，空战将会比陆上或海上战争更快地决出胜负来。因此，即便是失去了制空权，陆、海两军也必须做好作战准备，因为无论我们怎么看待，哪怕只是在很短的一段时间里，也必须考虑到此种可能性才行。

假如失去了制空权，那么陆、海两军会处于一种什么样的境地呢？迄今为止，陆上战争和海上战争所依赖的，主要都是大本营和交通补给线的安全。占领敌方的大本营，或者切断敌人的交通补给线，是一种出色的战术和战略上的成功，因为这样一来，就会让敌人陷入困难和危险之境。假如一支陆军或海军失去了制空权，这种情况就会让其大本营和交通补给线非但暴露在敌人的攻击之下，而且是暴露在一种它们无法进行有效反击的攻击之下；也就是说，一支失去了制空权的陆军或海军，将会永远地变成一支孤军。因此——请务必注意此种必然的后果——一支陆军或海军，如果在失去了制空权的情况下还想保存自己的作战实力，就必须筹划好本身的行动方式和作战方法，使得自己尽量能够做到不依赖于基地和交通补给线才行。

空军让陆、海两军所面临的，是一个很棘手的问题；不过，哪怕为此必须进行根本性的而又意义深远的改革，我们也必须将其加以解决才是。倘若不加以解决，一支陆军或海军的威力，便会差不多自然而然地因敌人夺取了制空权而化为乌有。由于武器装备沉重、消耗量巨大，规模庞大的现代陆军不得不依赖公路或铁路定期提供巨大的补给服务来支撑。假如此种服务被破坏、变得不定期或者被切断，那就意味着依赖于此种服务的那支陆军会被削弱，其进攻实力就会降低。此种情况，甚至还有可能让这支陆军丧失实力，或许甚至会让它丧失机动能力，从而使之变得不堪一击。一支陆军越是需要这种密集、定期和持续的补给服务，在失去了制空权之后，就越容易被敌方置于危险的境地。要设想此种局面，我们只需想象一下，假设我国的陆军部署在阿尔卑斯山脉，并且我方只有四个铁路枢纽——即切瓦、尼扎–马利提马、阿斯蒂和基瓦索——已被敌人摧毁。结果就是，伦巴第和利古里亚两省的给养将无法运送到军中——也就是说，连本国的给养都运送不到军中。而这四个铁路枢纽距国境都是大约半个小时的飞行路程，所以毋庸置疑，一个掌握了制空权的敌国倘若拥有目前的空中进攻实力，就能够摧毁这几个铁路枢纽，并让它们无法再恢复元气。因此，在我看来，现代陆军不能过于尾大不掉，还须尽可能地独立、尽可能地不依赖于自己的基地才行。

同样，一国海军要想在失去了制空权的情况下继续作战，就必须摆脱目前将海军拴在基地之上的种种束缚才行。无论其中有没有舰队停泊着，那些大型的军用港口，连同其中的兵工厂、仓库、补给站及其他各种设备设施，都是实施空中打击的极好目标。虽说其中可能会有防空火炮进行护卫，但这些设施的安危始终都成问题，并且它们自然也不会再像以前那样固若金汤了。因此，各国海军也必须考虑到形势的变化，并且谋划好相应的对策。

此外，不论我方海军实力如何，一个掌握了制空权的敌国都只需摧毁我们的贸易港口，便可以轻而易举地切断我国的海上贸易。倘若成功地夺得了制空权，一支瑞士的"独立空军"便可以切断我国的海上贸易。这一点，听上去确实荒唐得很；但尽管如此，这依然是现代战争中可能出现的一种情况。

第一次世界大战中，英国舰队和德国公海舰队之间发生的日德兰海战。

空军对陆上战争和海上战争形式的影响，当会导致陆、海两军以新的形势为基础，重新进行组建；而上面对这种影响所进行的简要总结，也应当足以让人们认识到此种革命的巨大规模，以及陆、海两军面临的那些问题的严重性。我们必须进行的那种改革，并非只是涉及到外在形式，还会深刻地影响到陆、海两个兵种的本质；而这些新的问题，仅仅增加一个辅助航空兵兵种，也是无法加以解决的。

可以说，空军的另一个特点，便是它使得发动战争变得容易了。相对而言，准备好一支"独立空军"，要比准备好一支陆军或海军更容易一些。1000架6000马力飞机的造价，可能与10艘战列舰的造价差不多；但前者只需要两万吨材料——差不多相当于一艘普通战列舰的重量，并且只需配备两万至三万人员，而其中又只有四到五千名飞行员。然而，一支装备了1000架战机的"独立空军"每飞行一次，除了能够携带16000挺到24000挺机枪、2000门小口径火炮用于空中作战之外，还能向整个敌国、向敌国中的每一个地方投下4000至6000吨炸弹。换言之就是，"独立空军"拥有人类以前从未想到过的一种进攻实力，只有另一支类似的"独立空军"才能与之抗衡，才能与之作战。

一个具有充足工业企业的国家，能够很快生产出这样的1000架飞机；而一个精心组建的化工企业，则可以轻而易举地为这支空军提供所需的弹药。在一个空中交通运输业非常发达的国家，培养和训练飞行员也并不是一桩难事。此外，一架客机可以在数小时之内变成一架军用飞机，而机组人员只需更换制服，马上就可以变成军人了。

这样一来，双方可能就更易怀有复仇的希望了；因为复仇不再意味着必须消灭敌方规模庞大的陆军和实力强大的海军了。所以，禁止战败国重建陆军和海军或许一直都是一种错误的做法；因为这样的话，就会迫使战败国把自己的目光转向空中。

为了更好地理解一支"独立空军"作战行动的重要性，我们可以将飞机与一门特殊的大炮进行比较：这种大炮，能够在相当于飞机续航距离的远处发射炮弹，并且配有特殊的观测仪，以便引导炮弹击中目标。这样，我们就可以把一支"独立空军"比作一个大型的炮兵连；这个炮兵连虽说驻扎在一个很大的区域内，但可以随意地集中火力，打击处于其续航距离之内的不同目标。

比方说，不妨假设我国在帕多瓦河谷驻有一支续航距离为1000公里的"独立空军"。这个"炮兵连"的火力可以随意集中起来，打击法国、德国、奥地利、南斯拉夫等国境内的目标，甚至能够打击到伦敦。我们暂时不妨放下我国的这支"独立空军"，而去想一想与之对等的那个大型炮兵连吧。不管我国可能的敌人是哪个国家，敌方都会拥有一个类似的、能够打击我国领土上几乎任何一地的大型炮兵连。那么，避开敌方此种特殊炮弹的最佳办法是什么呢？我们当然没法在整个国家上空撑起一把装甲防护伞。很显然，最容易和最有效的办法，就是消灭这个炮兵连，让其大炮无法开火。而那样做，敌我之间的战争便会变成一场制空权的争夺战。

我们摧毁敌方的炮兵连之后，就能根据自己的意愿去选择进攻目标，因为此时我方很安全，不会再遭到敌人的打击了。选择什么样的目标呢？就是在当时形势下，对我方来说进攻最便利的那些目标。它们可以是直接影响到敌方抵抗的目标，诸如敌人的首都、工业和人口中心，等等；在这种情况下，我们就是选择了直接进攻敌国本土并使之投降。或者，我们也可以选择敌方陆军的基地或交通补给线，从而削弱敌方陆军对我方陆军的抵抗力度。或者，要是敌人的海军让我方损失太大的话，我们也可以进攻敌方的海军基地；要是敌国依赖于海上补给的话，那我们就可以摧毁敌方的贸易港口。为我方这个强大的炮兵连选择进攻目标，应当是战时最高统帅的职责所在，因为最高统帅才是唯一一个掌握了所有事实、能够做出明智选择的人。不过，在任何情况下，这个炮兵连都必须大规模作战，通过在时间和空间上都集中火力，来获取最大的战果。

拥有用这样一个大型炮兵连来对付没有类似部队的敌人所带来的优势，便是制空权的价值所在；不过，由于夺得制空权就意味着消灭敌方类似的炮兵连，所以我们可以看出，在实现这一目标之前，连一门大炮也不应当从我方的炮兵连里调走。因此，我们应当不去考虑对空防御和辅助航空兵才是；因为倘若我方的炮兵连被消灭，它们就会变得毫无用处，而倘若我方的炮兵连成功地打哑了敌方的炮兵，那它们又会变得纯属多余了。

再说一句：一支"独立空军"进攻地面目标的实力，是由它能够携带并投向敌人的破坏物质——即炸弹、燃烧弹和毒气弹——的数量来决定的。不过，这些物质可能具有不同的威力；因此，这支"独立空军"的破坏能力，显然便与它所使用的破坏物质的威力成正比了。假如其他条件不变的话，那么将所用破坏物质的威力提高一倍，就足以让"独立空军"的进攻实力增强一倍。由此我们可以看出，提高破坏物质的质量极其重要；或者换句话来说，化工企业配合战争措施非常重要。所以，空军的组建和实力增强并非仅仅在于航空培训领域，还在于制造出优质飞机的工厂，在于化学家用最好的试管寻找威力更大的化合物的实验室。

我觉得，我已经清楚地说明了空军的重要性和在未来战争中取得空战胜利的重要性，以及空军给所有陆上、海上战争的一般形式和特点所带来的革命性变化。这样，我们就能够合乎逻辑而且理性地运用想象力，去设想未来的战争了。

无论目标是什么，决定发动战争的那一方都会从做出此种决定的那一刻起，不待正式宣战，便倾其所有的空中力量大规模地向敌国发动进击，并且试图用这种方式，通过直接进攻和使用化学武器，来获得出敌不意的最大优势。权衡了突然袭击和让敌人无力反击所带来的好处之后，进攻方自然就会抛弃那种历史悠久的外交讲究。某一天的黎明时分，敌国的首都、大型枢纽以及重要的机场可能都会遭到打击，地动山摇，仿佛发生地震了似的。比如说，德军可能会决定摧毁巴黎而不是法国的50个航空中心，可能宁愿摧毁法国的心脏，而不是消灭法国的空军。当然，敌国空军不久后便会进行反击；而接下来，待空战达到最为激烈的程度后，双方陆军便会出动，而海军也开始交战，但它们或多或少都会受到空中进攻的束缚。随着空战胜负差不多决出，一方对敌人的国土、陆军和海军的空中攻势将会减弱，而另一方实施的类似进攻却会日渐增强且更为频繁起来。接下来，夺取了制空权的一方就会确保己方领土不会遭到任何空中打击，而失败的一方则无望对此种空中打击进行反击了。

自那一刻起，战争最惨烈的一个阶段便会开始了。丧失了制空权的那一方，将不得不进行一场实力悬殊的战争，不得不甘愿遭受无情的进攻。这一方的陆、海两军，将不得不在大本营和交通补给线很不安全、经常被敌人威胁到的情况下作战，而敌方陆、海两军的基地和交通补给线却安全得很。这一方的海上贸易，将会在各个海港被切断。而其领土上所有最重要、最薄弱的地方，都会受到敌人无情而令人可怕的进攻。

在这样的情形下，一场旷日持久、进展缓慢的陆上战争——此种战争需要消耗大量的给养、武器、劳力和物资——还有可能给丧失了制空权的那一方，留下获得有利战果的任何机会吗？这是一个很值得怀疑的问题。十有八九，除非双方的武器装备和资源极不均等，否则的话，丧失了制空权的那一方在陆上和海上战争决出胜负之前，士气就会彻底瓦解掉。

所以我要说，掌握我国的制空权高于一切。

结论

我所描绘的，自然是一幅想象中的图画。既然我是试图设想未来，那么它就只可能是这个样子。不过，因为我是用当前现实的颜料并且根据逻辑推理来进行描绘的，所以我认为，未来将会与我所描绘的这幅图画极其相似。无论如何，我想如今我们都可以根据总体原则，用下述肯定的论断，来回答这样一个问题了："在不久的将来，战争会是个什么样子？"

1. 它将是交战国家之间的一场殊死搏斗，并且会直接影响到所有国民的生活与财产。

2. 它将是一场确保成功地夺取了制空权的一方获得决定性优势的战争。

3. 它将是一场激烈无比的战争，其程度令人可怕，目的则是打击敌人的精神抵抗；它将是一场速战速决的战争，因此付出的经济代价不会太大。

4. 它将是一场让没有做好准备的一方来不及再做准备的战争；因此，胜负将由战争爆发时即已成竹在胸的那一方来决定。

根据上述论断，我们目前要想做好充分的战争准备，就必须：

1. 组建一支能够夺取制空权的"独立空军"，并且是在我国空中资源可以承受的范围内，建立一支尽可能强大的"独立空军"。

2. 这支"独立空军"始终都须处于战备状态，因为即便是没有宣战，它也必须能够立即行动起来，并且在空战决出胜负之前，不能倚赖支援。

3. 改变陆、海两军的组织和作战方式，使之尽可能地不依赖于两军的基地和交通补给线，目的是使它们即便是在敌人已经完全掌握制空权之后，仍然可以继续作战。

4. 研究武装力量之间的协作问题，要从一系列新的事实已经导致出现了不同的情况这一前提出发，说明每种武装力量能够担负的不同职能。

5. 研究各种各样的预防措施，以便让国家能够以最小的损失承受空中进攻。既然空中进攻的目标主要是打击普通民众的士气，那我们就必须尽可能地加强民众的民族自豪感和纪律观念。

未来战争的这些一般特点，以及由此产生的这些新要求，都表明如今我们所面临的、与国防相关的那些问题是多么的棘手。我的论述，旨在表明空军在未来战争中的重要作用；但我并不想让人产生误解，以为我是极度轻视陆、海两军的价值。与其他人相比，我始终都更加坚定地认为，陆、海、空三军应是一个无形的整体，是一种三刃剑式的战争武器。所有用来保家卫国的人员和手段，都具有相同的价值——无论是在陆地上、海上、海里，还是在空中活动，它们都是不可或缺的。所有的这些领域里，都有着同等重要的任务需要完成，都有着同等重要的职责需要履行，也都有着同等重要的荣誉需要去赢得。但这并不是说，为了一视同仁地对待其儿女的祖国的利益，我们就不应当制造出一种新的、更适合于保卫祖国的工具，不应当在必要的时候改变这三面刀刃中任何一面的大小、形状以及功能，来让它更适于深入地穿透可能之敌进行的抵抗。

我认为，我们简略地对未来进行此种展望并不是没有好处的；倘若此种展望成功地让人们确信下面这两个简单的事实，就尤其如此了。

1. 所有国民都必须关注未来战争中的方方面面才行，因为到时所有国民都必须参与作战。我在一开始就说过，战争本来就是建立在常识的基础之上的，尤其是广义上的常识；不过，由于战争需要动用一个国家所有的物质和精神资源，因此战争既不可能局限于国家的某一个地区，也不可能局限于国民中的某一个特定阶层或者群体。所有的力量与物资，无论是有形还是无形的，都必须集中起来用于战争；而所有的国民，也必须深入地关注、讨论并理解战争，以便准备好承受即将到来的考验。请原谅我信口开河；不过我经常感到很奇怪，为什么在传授世间所有科目、甚至传授梵文的那些大学和学院里，战争这门科学迄今为止却仍然找不到一席之地呢？

2. 我们必须用急切而渴望的眼光去展望未来，以便为即将到来的战争做好思想准备，从而使得现实情况不致打我们一个措手不及。在我们所处的这个革命性的时期，这一点益发必要——而那些没有做好准备的人，将不会有时间再去进行准备或者改正过去犯下的错误。因此，我们决不能任由自己被过去的把戏领入歧途。前进时不停地往后看总是很危险的，而如今我们的前进道路上到处都布满了急拐弯，这样做就更加危险了。

研究战争的学者们往往会受到诱导，根据过去的经验去为未来的战争做准备；而诱导他们的，则是这样一个事实：任何战争理论，只有在一场真实的战争中才能得到证明。这就是交战各国在1914年加入战争的时候，脑子里想的却仍然是1870年战争的原因。但是，各国很快便发现了自己所犯的错误，而不得不进行自我调整，去适应1914年形势的迫切需要。尽管在此过程中它们经历了严重的困难、付出了巨大的代价，但还是比较轻松地做到了这一点；究其原因，则是因为这两次战争之间，只是一个演变的阶段。可那些想要用1914年的理论和方法去打未来战争的人，就要倒霉了！

我并不是说，过去历次战争的经验应当弃之如敝屣；我只是想说，我们应当有所保留地去看待过去的经验——事实上，还应当大大加以保留才是——因为与过去相比，未来更接近于现在。经验乃是人生之师，能够教给懂得如何去理解它的人很多东西；但是，许多人都会误解经验。拿破仑是一位伟大的统帅；可我们却不应当去问拿破仑做了些什么，而应当问一问，假如他处在我们的境地、处在我们的环境和我们的时代，他会做些什么。很有可能，拿破仑会给我们提出一些宝贵的建议；但我们不能忘记，这位科西嘉人撒手归天时，世界还不是到处都有钢铁，大炮还不是后装式，人们还不知道机关枪，话语还不是由电线或电磁波来传递，而汽车和飞机也还不为人知呢。我倒是觉得，他无法从那显赫的墓穴里爬出来，是一件好事。谁知道从他那高傲的双唇之间，会说出什么样的、蔑视那些经常滥用其名字和威望者的话语呢？

我的分析就到此为止吧；但在结束之前，我还要指出空军的一个基本特点。如今规模庞大的陆军和海军尽管离不了"人"这个属于所有机器灵魂的因素，但两军的开支都是相当巨大的；因此，只有那些最富裕的国家，才能够负担起它们的开支，并享有它们所带来的优势。与这些相比，并且相对于进攻威力来说，空军的开支要小得多。此外，空军还处于发展初期，还处在一种快速和不断变化的状态中。其中的一切，从组织到运用，都处在创建的过程之中。空战兵法还没有像陆战兵法和海战兵法那样标准化，因此仍然有留有独创的余地。空中的战争是一种真正的运动战，需要更加敏锐的直觉、更加敏捷的决断和更加迅速的实施。这种战争的结果，在很大程度上将取决于指挥官们的天才。简而言之，空军是一个在物质上和精神上、在身心两方面都需要拥有高度勇气和大胆行为的兵种。

空军这个兵种并非属于富裕国家，而是属于一个年轻、勇敢、大胆、善于创造且热爱空间和高空飞行的国家。因此，它是极为适合我们意大利人的一个兵种。空军所具有的重要性，以及它对战争一般特点的影响，对我们来说都是有利的；它也是最适合于我们这个民族之天赋的兵种；而那种让意大利人团结起来的牢固组织和坚定纪律，无疑是一种最为充分的力量，能够给予我们勇气，去面对一场空战——哪怕是一场胜利的空战——可能带来的可怕后果。我国的地理位置，使得我们就像是横跨在地中海上的一座桥梁；这一点，让空军变得对我们而言更加至关重要了。倘若将罗马设想成一个半径达1000公里——这是如今一架飞机正常的续航距离——的区域之中心，我们就会发现，整个古罗马帝国都位于这个圆周之内呢。

掌控了我国的空域，就意味着掌控了地中海地区的空域。因此，让我们满怀希望和信心去展望未来，并且感谢那些用自己的勇敢和智谋使得这一兵种变得强大起来的人吧。

第三卷
要点重述

这篇辩论性的文章，是为澄清意大利国内关于军用航空这一主题的诸多观点而写的。本文原载于1929年11月的《航空杂志》上。

导言

　　《航空杂志》这家评论性周刊的编辑及时地介入，平息了各方的辩论。就像陆上战争一样，这场辩论已经变得平平稳稳、相持不下了。进击方重复着相同的进攻，而防御方为了进行反击，也不得不重复着相同的自卫性论点。结果就是，这种单调乏味的重复让旁观者简直不胜其烦了。不过，如今来对这场旷日持久而兵不血刃的舌战进行扼要重述，可能是有所裨益的——就算没有别的用处，也可以总结各方的论点，以便作为双方在适当的时机重新开始进行论争的基础。因此，我便接受了编辑的盛情邀请，来对这场辩论进行分析。如果我有时免不了重复自己的观点，不能如愿地做到始终简洁的话，那么须请读者多多包涵才是。

　　我首次肯定空军重要性的时间，可以追溯到二十年前的1909年。即便是在那时，我也已经明确无误、毫无保留地指出，只有重于空气的飞机才能解决人类的飞行问题，尤其是解决军事领域里的飞行问题；航空兵注定不会只是履行推进和整合陆、海两军行动的辅助性任务，而是会形成一支武装力量，形成与陆、海两军平等且具有同等重要性的第三大兵种；军用飞机最终应当具有进行空中作战的能力；并且，制空权很快就会变得非常重要，至少也会具有制海权那样的重要性。

　　自1909年以来，除了重复和强调这些基本论断之外，我什么也没干；事态的发展确实证实了我最初的那些推断，因此我始终都感到欢欣鼓舞。沿着这种相同的思路，我在1921年出版的《制空权》第一版中，试图说明创建一支独立的空中力量而非辅助性的空军力量的必要性——所谓的辅助性空军力量，就是指依赖于各自所属兵种的那种武装力量；此种独立的空中力量，我称之为能够用自己的方式来实施作战行动的"独立空军"。我还试图说明，必须让这个组织与陆、海两军处于同等的地位，且必须由航空部来负责其组建。

　　当时，意大利正处在一种麻烦缠身、前途未卜的状况中，因此我的书并没有引起应有的重视。然而，它注定会获得最高的荣誉——也就是说，人们注定会将其付诸实践。事实上，意大利政府的确是首先设立了航空部，后来又创建出了一支"独立空军"。我自然是无功可言；多亏了政府首脑的开明思想，我国空军才已获得了与陆军、海军这两个姊妹兵种相同的地位。我国的"独立空军"，已经能够与陆、海两军相提并论了。将陆、海、空三军军部统一在政府首脑的领导之下，以及设立总参谋长一职，这个事实确立并完善了我国武装力量的中央组织。这样一来，我国在组建空军方面就迈出了最重要的一步，而我国的"独立空军"最终也可以清晰地展现出其重要性了。

尽管"独立空军"这个基本概念既清楚又明确，但在普通民众的心中，却仍然存在着诸多模糊而混乱的看法。一支"独立空军"？它的目的是什么？它能干什么，又如何去干呢？它有什么价值？要想回答这些问题，除了更加详细地强调我在《制空权》一书中业已表达出来的那些观点之外，我可以说别无他法。当时我曾明确指出，夺取制空权是获胜一个绝对必要的条件。由此观点，可以合乎逻辑地得出的必然结论就是，做好夺取制空权的准备是极其重要的；所以，我国的大多数空中力量都应当集中到"独立空军"中，因为"独立空军"本来就是为夺取制空权而组建起来的。

集中与分散是对立的。因此，在增补进1927年版的《制空权》一书的第二编中，我做了进一步的阐述，肯定了将所有可用的空中力量全都集中进一支"独立空军"中的必要性，因为这种"独立空军"，本来就是为了持续进行以夺取制空权为最终目标的那种战争而存在的。我曾说过，为了实现这一目标，最好是取消辅助航空兵和对空防御力量，因为我认为，二者都是一种无益的力量分散，都是毫无用处、纯属多余且有害无益的。

正是这一点，引起了人们的激烈争论。大多数反对意见，尤其是这家评论性杂志上的反对意见，针对的都是我的这一论断。我曾经试图回避这些攻讦。而更妙的是，我把它们当成是对争议主题发动一般性辩论的一块跳板。我不但牢牢地据守着我的立场，而且还补充说，只要敏锐地考察考察未来的战争，那么任何人都能看出，有一种根本性的变革正在进行；出现这种变化，是那些会让天空变成未来战争关键战场的事实和情况所导致的。出于这一原因，我主张说，根据兵法的基本原理，用取消辅助航空兵和对空防御力量的办法，来将所有的空中资源集中进一支"独立空军"，还是不够的。我们必须更加大胆、更具革命性地前进一步——也就是说，将全国所有资源中的绝大部分，全都集中到天空这个关键的领域来。这样，我所传播的就是一种新的战争学说；这种学说的基础，便是在地面进行抵抗、以便将力量全都集中于天空的原则。自然，我的这一主张也激起了人们的争议，而我也看到，持反对意见的人数急剧增加了。可这一点，正是我希望看到的。

要检验一种理论的价值，最好的办法便是让它接受实践的考验。我是第一个认识到我所表达的那些观点既新奇、也很大胆的人；因此很明显，我是不可能指望人们会像拥抱老朋友那样去接受它们的。我的观点如此新颖，完全不同于街头巷尾听到的那些观点，所以人们自然会觉得惊讶，自然会带着狐疑的眼光来看待它们。实际上我还觉得，研究这些观点引发出来的反应，也是极有意思的一件事情；因此，我很感激那些持反对意见的人，是他们让我有幸听到他们的批评。就算迄今为止我的观念还未被人们完全接受，我也依然觉得心满意足；因为我看到，这些观念所开启的长久争论并未引发出什么论点，能够让我对自己关于当今时代的战争这一重大问题的观点的正确性和价值，存有丝毫的怀疑。看到这么多具有公认之能力、来自陆海空三军界甚至是非军界的反对者，都没能集思广益地形成一种与我的理论相左的新论点，是令我深感满足的一大原因；所以，我经常会自己称赞自己："好哇，老家伙，你终归还没有那么差劲哩！"

有些读者可能会觉得，这是厚颜无耻或者缺乏良知而导致的一种固执。确实，世间什么事情都有可能发生；但是，每一种观点都值得我们带着尊重之情去加以考虑，这也是事实。因此，虽说我尊重这些读者的观点，但他们无法阻止我按照自己的方式去进行推理；而且，我还会恳请他们赏脸，与我一起来进行此种推理。

最近，报刊杂志上发表了数篇关于我们所讨论的这一主题的重要文章；之所以说这些文章重要，是因为它们都是由陆、海两军和非军界一些著名的权威人士撰写的。在此不妨列举几篇：巴斯蒂科将军的《关于空战与空战整体及其组成部分之间的比例》，参见《航空杂志》第六卷；博拉迪将军的《航空、战术代码与武装力量》，参见《意大利军事杂志》；A·费奥拉瓦佐上校〔作者注：他是一位意大利海军军官。〕的《在陆上进行抵抗以便集中兵力于空中》，参见《航空杂志》第七卷；以及工程师萨瓦多尔·阿塔尔的《空军是获胜的关键因素》，参见《航空杂志》第七卷。

总的来看，可以说这些文章中囊括了所有对我的理论进行批判的意见，代表了我的反对者们的观点。在后面的综述中，我还会经常提及它们；这份综述，可以分成下述四节：（1）辅助航空兵；（2）对空防御；（3）空战；（4）作为关键战场的空中战场。

第一章　辅助航空兵

在反对我说辅助航空兵毫无用处、纯属多余且有害无益这一论断的过程中，我的对手们只是满足于强调这些辅助力量在陆上和海上行动中的重要性，并因此而说保持并不断扩大其规模是极其必要的。在最近一篇题为《关于海军航空兵》的文章中，一位海军界的高级权威人士用"贝塔"这个笔名，分析了舰载航空兵的重要性，概括地总结了一支海军倘若要到地中海上作战，从一离开基地起就需要辅助航空兵提供支援的一些主要需求。据作者称，这些需求包括：（1）反潜探测，（2）对空防御，（3）侦察，（4）战术协作。作者在进一步论述其观点时称，我国必须拥有一定数量的航空母舰才行。

每一位看到这样一篇简洁之文章的读者，都会断定作者说得很对。同样，说一支没有配备辅助航空兵的陆军或海军在遭遇一支拥有辅助航空兵的敌国陆军或海军时会处于严重劣势的所有可敬的军界或非军界作者们，也都说得对。这些全都是事实；所以，我很自豪，因为在1913年担任航空营营长时，我曾颁发了第一批《战争中飞机的使用准则》。那时，人们对飞机还不怎么了解，所以战争部还命令我，将这些准则中提及飞机时出现的"兵种"一词统统都删掉。

当两支陆军或海军遭遇时，倘若一支配有辅助航空兵而另一支没有，那么没有配备辅助航空兵的那支部队将会发现自己处于严重的劣势，这当然是对的。这一点根本就无需讨论。即便是石头，也都知道它是正确的。但是，这个论点的问题在于，我们根本不可能设想两支陆军或海军是在与外界完全隔绝的情况下行动，全然是孤身作战。

在此，我们并不是评判航空兵在陆上或海上作战时的价值。相反，我们评判的是航空兵在整个战场上的价值。这是两种截然不同的观点。假如将航空兵看成是陆上或海上作战行动中唯一适于提供辅助服务的兵种——换言之，就是认为航空武器唯一可以执行的任务便是辅助行动——那么，我的反对者就是正确的。不过，如今已经有了"独立空军"，它是依法组建起来的，因此不管愿不愿意，我们都须加以考虑才行。"独立空军"——即一支规模庞大的空军——是在陆、海两军的上空飞行和执行任务；而这支空军飞行和执行任务时的场所，与辅助航空兵应当飞行和执行任务的场所是相同的。如今，在论述航空这一主题时，没有哪种论点可以不把"独立空军"考虑进去；陆、海两军的上空，已经不再是辅助航空兵部队的专用场所了。相反并且极为重要的是，如今可以只讨论"独立空军"与辅助航空兵部队在同一场所并存的问题了。

辅助航空兵只有在与地面部队协同作战时，才能发挥出最大的作用；而倘若辅助航空兵不能与"独立空军"共存，那么此种最大作用就会化为乌有。我坚持认为，这两个兵种是无法共存的；我也因此才说辅助航空兵是毫无用处、纯属多余且有害无益的。

在两支"独立空军"间的一场战斗中，无论战斗如何进行，其中的一支都必定会战胜另一支。倘若这是事实，那么我们就能够想象，一支占有优势的"独立空军"怎么会允许敌方的辅助航空兵任意活动，尤其是这样做会让己方陷入严重的困境呢？从表面就可以看出，这支"独立空军"是不会这样做的。事实上，辅助航空兵要么无法影响到战争的结局——在此种情况下，对方将不会去进攻它，并且任由它去浪费燃油；要么能够对战争结局产生一定程度的影响——而在此种情形下，什么都无法阻止一支"独立空军"去进攻和消灭它，并且会由于辅助航空兵没有作战装备，因而更加容易将其消灭。要想利用辅助航空兵，一方的"独立空军"必须占有优势才行；因为辅助航空兵只能与一支占有优势、或者获得了胜利的"独立空军"共存。

为了发挥出利用辅助航空兵显然能够带来的种种优势，一方首先必须在空中取得胜利。因此，一方首先必须使得己方的"独立空军"能够尽可能轻易地击败敌方的"独立空军"。换句话说，就是一方必须让己方的"独立空军"变得尽可能强大，不分散任何兵力，因此必须取消辅助航空兵。舍弃辅助航空兵，就是发挥出这些优势的最好办法；而保留辅助航空兵，则是不可能获得这些优势的。

听起来，这可能有点像是在玩文字游戏，但实际上并非如此。如果废弃我方的辅助航空兵能够增强我方"独立空军"的实力，使之能够战胜敌方的"独立空军"，那么我方自然也能够消灭敌方的辅助航空兵，并为我方的陆、海两军配备空中武器；之后，这些武器便能发挥作用，而不用担心会遭到敌人的反击了。不过，假如保留辅助航空兵会让我方不得不削减"独立空军"的实力，并因此而使得"独立空军"被敌人打败，那么我方的辅助航空兵自然也会被敌人消灭，或者无法为我方的陆、海两军提供任何支援了。

因此，尽管在只考虑陆上或海上作战行动本身的时候，辅助航空兵似乎很重要，但从战争全局——即陆、海两军和"独立空军"同时作战——来考虑，辅助航空兵看上去却是毫无用处、纯属多余和有害无益的。

我们不妨设想，有两支陆军在濒临海洋的一处战场上交战。很显然，海军能够推进并结合沿海进行的陆上作战行动的辅助性武器，将会给此种情况下的陆军提供极大的帮助。不过，倘若设想存在海军的此种辅助性武器，我们就必须设想这支海军并不存在才行。可事实上，这支海军的确存在，而海军的这种辅助武器却并不存在。而一支在沿海地区或者离沿海地区不远之处作战的陆军，获得海军的支援却是完全有可能的，只要己方的海军压制住了对方的海军就行。就地面与空中的关系而言，情况也是如此。一旦组建起一支"独立空军"，辅助航空兵部队的用处便不复存在了。陆、海两军唯一应当指望的协助，便是己方获得了胜利的"独立空军"所提供的支援。而为了自身的利益，陆、海两军也应当废弃各自的辅助航空兵部队才是。

如今，任何人在考虑重要的陆上和海上作战行动时都必须记住，陆地和海面之上就是空中。当空中还只有海燕和信天翁在飞翔的时候，将陆上和海上的作战行动看成是孤立事件的观点是有道理的，因为海、陆两个战场上的作战行动是彼此独立的，只有极少数情况例外。但如今我们只能认为，陆上作战只是在一定程度上独立于空中作战。此外，由于空中的作战行动可以针对陆上目标和海上目标，而反之并不亦然，所以我们也可以合乎逻辑地承认，空中作战是唯一一种可以不依赖于其他两种作战行动而实施的作战行动。人们之所以通常都没有考虑到这一无可辩驳的事实，或许是因为没有历史先例可资支持；所以，人们仍然认为陆上和海上行动在时间和空间上都是孤立的，好像各自发生在封闭的战场之上似的。人们唯一想到的空中武器，充其量不过是在这种封闭战场之内活动的辅助航空兵罢了。

这种做法，无异于拒绝面对现实。在题为《关于海军航空兵》的那篇文章中，作者称自己旨在描述"一支海军倘若要到地中海上作战，从一离开基地起就需要辅助航空兵提供支援的一些主要需求"。作者一开始便绝对承认，海军出发的基地很安全；因为一个不安全的基地，自然根本就不是什么基地了。但如今我们却不能想当然地认为，一个海军基地仍然会如此安全，除非敌方"独立空军"的实力已经削弱到无力实施重大的作战行动了。只要敌方的"独立空军"还拥有足以构成威胁的实力，那么我方就必须拥有一支实力至少与敌相当的空军，来确保海军基地的安全。由于我方可能不止一个海军基地，所以，为每一个基地指定一支与敌方整支"独立空军"实力相当的空军来负责防御，这一点是不可能做到的，除非是敌人极其缺乏空中武器。而将贝塔认为属于基本需求的其他所有空中武器全都派去保护舰队，就更加做不到了。

另一方面，只要敌方的空军未曾受损，那么在地中海上执行作战任务的我方舰队，就始终都有可能遭到敌方空军的攻击；在此种情况下，我方舰队需要拥有一支实力相当于或者优于敌方整支"独立空军"的舰载空军，而这显然也是不可能做到的。

贝塔视为一支在地中海上活动的海军不可或缺的空中支援的一切，都只有在地中海上空能够禁止其他兵种飞行、只有海军的舰载或非舰载辅助航空兵飞行的情况下，才能看到。不过，地中海上是不可能出现这种情况的。一支"独立空军"可以从任何方向飞越这片广袤的海洋，去打击各个海军基地、巡航中的舰队、贸易港口和交通补给线。要想让己方海军在地中海上摆脱此种威胁，这一方的"独立空军"就必须获胜。只有在空中获取了胜利，海军才能指望获得空中支援——而此种支援，则会因为敌人无法获得而变得极其重要。

贝塔的主张，只有当海军是在"独立空军"无法飞行的区域作战时，才是正确的；而此种区域，如今却只存在于各个大洋之中。他的观点，对于在大西洋或者太平洋作战的一支英国、美国或日本海军来说，是适用的；但即便是在此种情形下，他的观点也只是在一定程度上适用——也就是说，这支海军的舰船必须远离敌国海岸才行。一旦进入敌方"独立空军"的作战范围，那么这支海军非但不得不与敌方的舰载航空兵作战，而且还不得不与敌方的"独立空军"本身作战。这就说明，即便是在各个大洋上，"独立空军"也有着不可小觑的作用。

因为始终都牢记着我国横跨地中海这种独特的情况，所以我坚持认为，我国海军应当对拥有一支能够打败敌人的"独立空军"这个问题加以深入的关注，并且因此而心甘情愿地放弃其辅助航空兵，以便增强这支在战争爆发后将迅速夺得制空权的"独立空军"的实力。

我已经向陆军和海军中那些持有反对意见的人，多次提出了这样一个问题："一支陆军或者海军，倘若不得不与已经夺取了制空权的敌军作战，结果会怎样呢？"但我始终都没有得到一个明确的回答。我明白，这个问题很难回答；而对那些不想适当考虑考虑"独立空军"的批评家们来说，则尤为困难了。但我们必须回答这个问题；因为很容易忽视其中断定的那种形势，原因则是，目前"独立空军"的实力正在为加强辅助航空兵而日益削弱下去。有些批评家坚持着"空中不可能有胜败"的观点。而其他一些批评者，则在拼命地、咬文嚼字地争论着"制空权"一词的意思。

所以，我不得不再详细地解释"制空权"一词究竟是什么意思；我不得不发誓赌咒，说在我看来，"制空权"并不是指我们非得做到连敌方的一只苍蝇都没法飞过的程度，而只是让敌方处于不可能实施重大的空中作战行动的状况。我也说过，我对这个具体的词汇并无特别的感情，故并不反对用一个更好听的词来替代，比如"空中优势"、"空中多数"或者"空中霸权"，只要在意思上没有发生改变就行了。不过，我并不接受"空战不可能有胜负"的观点。因为这一观点违背了我的常识。空战与陆上战争、海上战争或者其他任何一种战争都是相似的。任何战争从其本质来看，最终结局必定是有胜有负；否则的话，就不会是战争了。空军与其他任何部队也是相似的；而敌对部队之间的战争，也必定会分出胜负来。我还是把这个问题留给大自然赐予人类的常识去解决吧。

其他许多人则认为，只能局部或暂时地夺得制空权（或者说空中霸权、空中优势）。不过，要说世间还有哪个战场是战争难以局部化的，那么这个战场自然就是空中了。而制空权又为什么非得是暂时的呢？倘若我方的"独立空军"使得敌人无法在空中实施具有任何重大意义的军事行动，那么我方的"独立空军"夺取的此种制空权就是全面的；并且，只要敌人仍然处于那种状态，此种制空权就会持久保持下去。

不过，我的对手们是明白这一点的。为了捍卫"暂时"这个词，他们声称丧失了制空权的那一方还可以组建起另一支空军，来扭转这种局面。当然，世间无奇不有；可一旦发生此种情况，那就意味着制空权已经转到了另一方的手中。这是有可能发生的，就像是一个在陆上被打败了的国家可以招募到一支新的、能够打败战胜方的陆军那样，就像一个在海上被打败了的国家可以组建起一支新的舰队那样，诸如此类。不过，那种事情实际上是极其难以做到的，无论是在陆上、海上还是在空中；我们在这里讨论的，也并不是例外情况，而是通常出现的情形。

在空中战场，战败方重新组建一支能够以牙还牙的"独立空军"的可能性，是建立在下面这种假设的基础之上的：获胜的那支空军是如此的大度，以至于允许敌人重新组织其力量，或者说获胜的那支空军是如此的天真，以至于不去扩充自己的兵力，使己方兵力与敌人能够重新组织的力量旗鼓相当。在战争中进行这样的假设，完全是一种很愚蠢的做法。

费奥拉瓦佐上校写道：

在此种假设的情形——即由于装备较弱、缺乏政治勇气或者担心风险，敌人会尽量避免进行决战——下，实力较强方所掌握的制空权将会很不稳固，起码也是有可能很不稳固，因为敌人的部队依然存在；而倘若实力较弱的一方不愿冒着风险进行决战，那么我们也很难强迫它去这样做。例如，倘若实力较弱的敌人拥有精心组织的、主动或被动的局部防御力量，并且拥有地下机场，那我们就不可能在不冒巨大风险的情况下引出其空中力量，或者打击其工业中心和人口中心；这种情况，是有可能出现的。

随着时间的推移，在战争伊始时实力强大、兵力众多的空军部队，可能会因为战争的长久损耗而逐渐削弱下去，直到陷入一种劣势之中。接下来，如果敌人机警、聪明一点儿，如果敌人有意拖延，那么强弱之势便会易位。然后双方便会发动决战，就像海上作战可能出现的情形那样。

在他的假设当中，有太多的"就像……一样"。为了得出自己的结论，作者不得不假设海战的情况与空战的情况完全一样。可这种假设是站不住脚的。在海战中，将己方部队收缩起来，使得敌人就算并不是完全不可能，也是很难将这些部队引诱出来或打击这些部队，这一点非但是可以做到的，而且还是很容易做到的。在海上，我们也是绝对不可能阻止敌人为其海军力量提供所需的一切给养的。除非一方愿意承担巨大的风险，否则就不可能从海上对那些受到保护的工业和人口中心发动进攻；并且无论是在什么情况下，这些打击目标都只有可能是海滨或近海的工业和人口中心。

而在空中，尽管从绝对意义来说，我们必须承认一方可以将部队集中起来躲入地下掩体，但从实际情况来看，我们也必须认识到，这是一项极难完成的壮举；如果部队的规模非常庞大，那就尤其如此了。不过，光是收缩部队还不够；该方还须将这些部队赖以生存和活动的一切——如仓库、工厂、修理厂，以及其他必需的设备设施——全都收藏起来，可这一点却更难做到。用来将敌方的进攻挡在远离工业或人口中心之地的空中武器，与那些能够用来将敌国海军挡在离沿海枢纽一定距离之外的武器相比，更有局限性，效果也更差。此外，那些对空防御武器还须广泛地分散部署才行，因为所有的中枢要地都有可能遭到空中进攻，而不是像海战那样，只有沿海的中心城市才会遭到攻击。这次世界大战清楚地表明，一些安全得很、与最强大的作战舰队相距甚远的海军基地，最终也轻而易举地成了当时还很原始的空中武器的牺牲品，而对它们发动进攻，也几乎没有什么风险。因此，进行空战与海战的条件，只有一定程度的相似性。

假如我们承认，实力较强方的"独立空军"无法随意进攻实力较弱方的基地、补给中心和生产中心；或者再进一步来说，假如我们承认，敌方只凭那种主动或被动的对空防御措施，便可以遏制住实力较强方的"独立空军"；那么，我们必定就会得出结论说，拥有一支比敌人更强大的空军毫无用处、纯属多余且有害无益了。因为这支空军的作用，只能是"因战争的损耗而削弱下去"，从而变得日益没有战斗力。

"然后双方便会发动决战，"作者如此写道。为什么呢？为什么原本实力较强、如今却已变得实力较弱的那支空军要接受决战，而起初实力较弱、但有本领让自己变得实力较强的那支空军，却不愿进行此种决战呢？

作者继续写道：

不过，通常的结局似乎都会是交战部队之间展开一场无休无止、积极主动的争夺战；而此种争夺战似乎在相对较短的一段时间内，就会产生出一个获胜者和一个战败者来。也就是说，（一场或多场）此种战斗在空战中比在海战中更有可能发生，因为我们必须考虑到飞机在空中无法静止不动这一空战特点才行。

我承认，我根本就看不明白。如果通常的结局会是一场"无休无止"的争夺战，那么它又如何会在一段相对较"短"的时间内决出胜负呢？假如实力较弱的那支空军始终都能拒绝交战，并且如果只凭拒绝交战就有望变成实力较强的一方，那么这场战斗又怎么可能发生呢？

作者接着写道：

决战过后，获胜方马上就会拥有无人为敌的飞行自由——换言之就是，胜利方会掌握制空权；不过，这并非意味着胜利方毫无妨碍地享有此种不受约束的飞行自由，因为我们没有理由认为，消灭了敌人空军的主力，也让敌人的局部防御力量变得毫无用处了。

很显然，我们确实没有理由这样认为。但我们完全有理由相信，一支能够消灭敌方空军主力的"独立空军"，也有实力对付敌人的附属部队，并且对付起来后者来还会更加容易；因为这些附属部队都被分成了局部的防御单元，只能对空军的进攻行动实施单独抵抗。

作者还写道：

假如像德国人那样——由于德国有着众多的工业企业，因而他们几乎能够做到，协约国击沉多少潜艇，他们就补充多少潜艇——夺取了制空权的一方不应当剩下足够多的部队来利用己方暂时的优势，并在对方成功地重新组建起一支具有明显作用的空军之前决定性地结束战争，那么这场战争就会像此次世界大战那样，旷日持久地拖延下去。

正是如此。如果胜利者处于一种无法利用其胜利的状态下，那么这种胜利就不是决定性的，而只是一种暂时的优势。不过，这可不是空中战场的特有现象；陆上战争、海上战争和空中战争中，都有可能出现此种情况。尽管如此，作者打的比方并不恰当。在德国，那些让

皮洛士式的胜利。皮洛士（前318～前272年）是古希腊伊庇鲁斯国的国王，在与古罗马交战的过程中曾于赫拉克里亚和阿斯库路姆两次战役中获胜，但损失了大批有生力量。之后他曾说："再来这样的一次胜利，就没有人跟我回国了！"故后人将"皮洛士式的胜利"喻为得不偿失的胜利。

德军能够尽快地将损失的潜艇补充起来的工业企业，全都位于协约国海军进攻不到的地区；这使得协约国海军只能坐等德军的潜艇建造、装备起来并派遣出海，因为只有到了海上，协约国海军才能对付这些潜艇。

但是，一家能够重新组建一支"独立空军"的企业，却会位于掌握了制空权的那支空军可以轻而易举地抵达的地方；因此，掌握了制空权的那一方，可以在敌人的空中武器正在建造、装备并派往空中的过程中，对其加以打击和摧毁。与此同时，掌握了制空权的一方却可以在最安全的情况下，建造、武装、装备并派出大量的空中武器，并且是能够生产多少就可以派出多少。无疑，此种制空权最终的确有可能是暂时的；但前提是，这一方在制空权争夺战中获得的是一种皮洛士式的胜利[1]——即夺取了制空权的一方满足于只在精神上统治天空，或者是枕着胜利睡大觉，而没有为自己创造出新的空中武器，并且任由敌人重新组建空军力量。不过，倘若夺得了制空权的一方还懂得如何去利用此种制空权，那么这一方就不会犯任由敌人为所欲为的错误。因为一旦夺得制空权之后，此种制空权是不是"暂时性的"，就并非取决于空军的某些独特特点，而是完全取决于获胜的那支"独立空军"的司令的才干了。所以，我们还是祈祷上帝赐给我们一位好司令吧。

我曾经特意向巴斯蒂科将军提出过我的这一问题："假如一支陆军不得不在被敌人掌控了的天空之下作战，也就是说，敌方的空军可以在这支陆军的上空自由活动，那么这支陆军将会处于一种什么样的境地呢？"他在回答的时候，只是对"自由"这个词进行了机智诙谐的评论，而对其他的话却不置一词。不过，"自由"这个词并没有什么特别幽默的。正如一支陆军在击溃了敌人的抵抗之后，就可以自由地入侵敌方的领土、占领敌方的重要中心并且攫取敌方的财富；正如一支海军在击沉了敌方的舰队之后，就可以自由地游弋于海上，并且干扰敌方的贸易了——所以，一支"独立空军"在消灭了敌人的空中力量之后，也可以在空中的任何方向自由地来去，可以自由地投下任何东西，并且想投在哪儿就投在哪儿。照例，我不妨让常识来判断这个问题。

那些坚称陆、海两军绝对必须配备辅助航空兵，并且不遗余力地指出在没有辅助航空兵部队的情况下作战时两军会处于极大劣势的人，却丝毫不关心这样一种可能出现的情况：就算是配备了辅助航空兵，陆军或海军也有可能不得不在敌人掌控的天空之下作战。而这种可能性是会成为现实的，所以必须加以

---

[1]　Pyrrhic victory：皮洛士式的胜利。皮洛士（Pyrrhus，公元前318？年～公元前272年）是古希腊伊庇鲁斯国的国王，在与古罗马交战的过程中曾于赫拉克里亚和阿斯库路姆两次战役中获胜，但损失了大批有生力量。之后他曾说："再来这样的一次胜利，就没有人跟我回国了！"故后人将"皮洛士式的胜利"喻为得不偿失的胜利。

考虑才行；而那些坚持认为一国的空军力量应当分散部署在无数个不同方向上的人，则尤其需要考虑到这种可能性，因为分散部署会削弱本应为夺取制空权而战的空军实力。

无人可以否认，一支掌握了制空权的"独立空军"，能够对敌方陆海两军的基地、交通补给线和给养中心发动作战，并且造成某种破坏和障碍。无人可以否认，一支掌握了制空权的"独立空军"，起码能够妨碍到辅助航空兵执行任务。无人可以否认，一支陆军或海军在敌人掌控的天空之下作战，是一种严重的不利形势。无人可以否认，一个国家因为遭到掌握了制空权的敌人所实施的空中打击而导致的士气低落，将会对该国的武装部队产生严重的破坏性影响。

可是，人们对待这一问题的态度，却还是彻底的漠然视之，好像与他们毫无关系一样。为什么呢？因为他们一旦停下来认真地想一想，就会得出与我相同的结论——即面对空中战争时，一方首先必须让自己能够便于取胜，而这又意味着，一方必须集中所有可用的空中力量，组成一支专门用于战胜敌人的整体部队。但这些人不想得出这一结论，所以他们就像鸵鸟一样，把头埋在沙子里，不愿正视现实。

"胡说！"其中有些人说。"胡说！我们只需记住此次世界大战的经验就可以了。当时，交战双方的空军只是来回拉锯，根本就没有分出胜负来，难道不是事实吗？当时……"

是的，这是事实；在此次世界大战中，出现的正是那种情况。当时，只有辅助航空兵在大放异彩。不过，在拿破仑战争期间，情况还更糟糕——当时，连辅助航空兵都没有呢。在此次世界大战中，真正的空战这一概念还没有出现，因此也没有适合的武器来进行一场真正的空战。同样，在拿破仑战争中，辅助航空兵也没有出现；原因很简单，就是因为当时飞机还没有诞生。

我很乐意承认，在未来的战争中，倘若交战双方都像我的一些批评者那样，认为空战无所谓胜负，那么空中战争将会是一场不具决定意义的拉锯战，就像此次世界大战中的情形那样。带着一种不可能打赢的先入之见，是很难做好获胜的准备并且去打赢空战的。但我确信，此种情形几乎不可能出现，因为如今已经有了"独立空军"，并且世界各国的人都在研究如何取得空中优势了。

要想发动一场空战，进行一场真正的、旨在争夺制空权的空战，一方只要下定决心，遵循下述观念就够了——这种观念，就算是未曾入过兵法之门的人，自然也会想到："让敌人失去空中行动的能力，对我方是很有利的；因此，不能分散我方空军的兵力去进行无益的拉锯战，而应当将兵力用于击溃敌人的空军。"

在这个问题上，过去的经验没有什么意义。相反，经验还具有消极的作用，因为经验往往会歪曲正确的逻辑推理。在此次世界大战中，航空兵还只是一个孩子；而我们都知道，孩子虽说会玩战争游戏，却是无法发动战争的。如今，航空兵已经成年了。它看清了自己的实力和目标；它能够接受并完成自己的使命，那就是在空战作战——正如其地面上的那两个姊妹兵种的使命，就是在陆上或海上作战。与组建陆、海两军一样，组建"独立空军"的目的就是为了发动战争；以慈悲为怀，但愿我们永远都不要忘记这一点！

艾莫勒·坎特上校在《舰队前沿》杂志上如此写道：

假如陆军和海军的辅助航空兵部队发展到许多人所提倡的那种规模，那么整个航空预算就会难以为继了。

的确如此；我们甚至还可以说，假如让辅助航空兵承担起这一兵种能够给予陆、海两军的所有支援任务的话，那么将整个国防预算全都拨给这一兵种都不够。事实上，由于具有独特的特点，所以空军可以参与到战争中任何有益的行动中去。飞机的速度很快，而升入高空后，空军又可以看得见任何东西，并且看得很清楚。这使得空军对所有的侦察活动都很有用，不管这些侦察活动是战略上的还是战术上的，也不管是进行远距离侦察还是近距离侦察；空军可用于地形侦察和照相侦察；空军可用于火力引导和控制；空军可用于进行观察和联络；空军可用于传递命令和情报；空军可用于执行那些用看得清且运动快的设备能够实施的、其他可以想象到的任务。

第一次世界大战中，行军中的土耳其重炮部队。

空军有武器装备，速度很快，并且威力强大；而这一点，也正是人们用空军去执行所有与战斗直接或间接相关的任务的原因：去轰炸火炮打击不到的目标；全方位地延伸大炮的火力；在进攻或撤退的关键时刻，从低空对敌方部队进行机枪扫射；提振军心涣散之部队的士气；去阻止敌方部队在晚间集结；去轰炸敌人的司令部，轰炸偏僻小路上的敌方运输队；去执行其他需要用一种拥有武器装备、速度很快且令敌人胆寒的工具来实施的协作任务。空军是唯一能够在空中作战的一个兵种。因此，空军可以在协同己方部队作战的同时，监视天空并阻止敌方的辅助航空兵活动。

凡是空军能够为陆军做到的事情，空军也能为海军做到；我们无需具有什么想象力，便可以设想出各种新的辅助性服务；这些任务的性质都是一样的，都会让没有获得这些辅助性服务的一方陷入极大的不利之境。还不止如此。比如，显而易见，一支配备了数量为Q的空中武器的陆军或海军，在面对一支配备了数量达2Q的空中武器的敌方陆军或海军时，就会处于劣势。结果就是，各种辅助性服务往往就会持续增加。支持辅助航空兵的那些人，由于认识到了这一兵种往往会削弱"独立空军"的实力，却又不敢完全无视如今已经获得了合法地位的"独立空军"，所以会这样说："至于辅助航空兵吧，我们只需将其保持在必不可少的最低量就心满意足了；给我们配备了这个最低量，其他的你们爱怎么干就怎么干吧。"博拉迪将军如此写道：

……假设"独立空军"很重要，……那么我们要考虑的主要因素，便是它在执行那些可以预知的任务时的效率了；因此，我们必须给予Z（即"独立空军"配备的空中武器量）以可能的最大值，使之与人们认为X和Y（即陆、海两军的辅助航空兵部队装备的空中武器量）所必需的最低值相协调。

"最大"一词与Z的值关联起来是一种重复，因为博拉迪将军自己制定了下面这个方程式，其中的T代表所有可用的空中武器和资源：$T=X+Y+Z$。一旦确定了陆军和海军所需的基本最低量，Z的值很容易就能得出来：$Z=T-(X+Y)$，或者说$Z=T-X-Y$。

如今，Z不可能再是一个最小或最大值了；它就是它，是减法运算的结果——也就是说，它是一个余数；要是有人更喜欢的话，也可以说它是一种差额。由于T是一个恒量，所以根据赋予X和Y的值，这种差额便可以小到接近于零。他说"独立空军"的效率是主要的因素，但此种效率，却是将所有装备都拨给辅助航空兵之后，剩下来的任意一种差额。博拉迪将军接着说：

陆军和海军这两个较年长的兵种，不得不认识到它们那个较年轻的姊妹兵种——即"独立空军"——（从作战行动的全局来看）已经有能力在它们无法行动的领域独自作战，有能力在某些环境中取代它们的位置或者有效地协助它们实施作战行动了。它们不让"独立空军"获得完成这些任务的武器，将是一种很荒谬的做法。不过，如今"独立空军"也能够为陆、海两军提供它们不可或缺的宝贵武器了。……因此，"独立空军"就算是很少获得或者根本无法获得回报，它也有义务在其可以做到的范围内慷慨相助。

博拉迪将军的想法就是，"独立空军"这个小妹妹应当成为陆、海、空三军这个大家庭中的"灰姑娘"。两位大姐姐"不得不"承认这个小妹妹存在且有能力独立行动——当然是对这两位姐姐有利的行动，前往她们不能去的地方，在某些环境下取代她们的位置并在需要的时候拉她们一把；而"灰姑娘"还承担着义务，必须牺牲自己来慷慨帮助这两位姐姐。但是，她还不该担心；

因为不管怎样，总还是有点什么东西留给她的。

人们并没有去考虑"独立空军"相对于全面战争行动的重要性。它不得不利用剩给它的那些资源，尽力而为。不管怎样，"独立空军"的作用都有限得很了！陆、海两军必须达到某种作战效率的标准。既然出现了空军，并且空军能够协助其他兵种，那么空军的首要义务便是不遗余力地给予此种协助，其他的一切便都是次要的了。这就是所谓的武装部队之间的协作；可实际上，一支武装部队倘若抱有此种态度，那就非但无法成为全国武装部队的灵魂，此种态度还会堕落成为纯粹的利己主义。

倘若"独立空军"在整个战争中具有一种特定的职责，那么它就必须像陆、海两军一样，拥有执行此种职责的实力才行。只要航空部必须自己来为辅助航空兵提供经费，那么"独立空军"与辅助航空兵之间始终都会存在着有害的利益冲突。每个兵种都会唯利是图，并且每个兵种都不会感到满意。

陆、海两军是不是认为，它们没有辅助航空兵就不行呢？没错；那两军为什么不能像对待其他所需资源一样，自己来为辅助航空兵提供经费呢？同样，"独立空军"也应当有着自己的预算，使之能够不受干扰地存在下去。否则的话，像巴斯蒂科将军所说的那样就是不对的了：某个国家的军费是50亿元，其中的7亿元是空军军费，而实际上这7亿元中的大部分又都拨给了辅助航空兵，以增强地面部队的作战效率。自1921年以来，我一直都在强调这一点。

只有陆军——或者海军——才有资格来估计自己需要什么样的辅助性空中力量；而此种估计，也不应当是陆军与航空部之间进行讨价还价之后达成的一种妥协方案。我们最好是直面此种情况，并且用唯一合理的办法一劳永逸地解决这个问题，以免各个兵种受到干扰或者相互指责。在实践中，倘若辅助航空兵的规模是通过妥协性的协议定下来的，那么陆军总会发牢骚，说辅助航空兵的规模不够大，而航空部又总是会觉得自己太过慷慨了。

陆、海两军不应当让各自的作战效率，都由航空部的慷慨或者"独立空军"的牺牲来决定。倘若人们认为地面武装力量履行职责离不开辅助航空兵，那么辅助航空兵在这些武装力量的编制中就应当占有一席之地，就像其他武器装备那样。在大型的地面和海上作战单元的编制中，应当包括固定的、配额恰当的空中武器，就像占有固定配额的大炮和其他作战武器那样；而决定这些配额的权力，则完全在于陆、海两军当局。至于"独立空军"，它应当拥有自己的固定预算，而不是目前这种含糊不清、毫不稳定的预算。这样，"独立空军"才能去考虑利用此种经费的最佳办法，而不用时时刻刻发愁，以保护自己的经费不被其他机构要走了。

这种安排，与航空兵的统一性原则并不冲突。这种统一性自然必须保持下去，因为不管是为了谁，不管是为了陆军、海军、"独立空军"还是民用航空，飞行的最佳方式都只有一种。航空部会根据陆、海两军的要求，为它们提供空中武器和人员，并且要求陆、海两军支付生产成本，从而摆脱掉那些不属于自己的职责和义务。这种制度，最终也会令陆、海两军感到满意；因为两军能够不受干扰地得到它们认为必需的那些辅助性空中武器，并且能够用自认为最佳的方式，组织、训练和使用这些辅助性的空中武器。

那些支持辅助航空兵的人，为什么不提出并赞同这种制度呢？在他那篇很有意思的、题为《皇家陆军辅助航空兵的使用、组织、调动、培训……与职责》的文章中，艾莫勒·坎特上校如此写道：

毫无疑问，辅助航空兵这一问题还远未得到解决。假如解决这一问题就意味着让辅助航空兵在组织上完全适应未来战争中一切可以预见到的情况，那么这个问题比圣达利所认为的情况要复杂得多。一切都得从头开始，这是千真万确的。

这可不是一种激励人心的说法！作者接着写道：

皇家陆军与航空部之间达成一个协议，并不会给辅助航空兵带来什么好处。达成协议的过程难以预料，既非通过军事手段，也非通过理性途径，因为整个过程中都充斥着个人的意见和影响；而这些意见和影响，并不是、也决不会是客观的意见和影响。

说得太对了。坎特上校接着说：

解决的办法，并不是说："咱们坐下来，看看怎么办。"相反，应当像下面这样：

皇家陆军："我方在战略、战术、后勤方面，对于航空的需求如下。"

航空部："我方能够满足你方需求的资源如下。"

皇家陆军："根据我方需求以及你方资源调整所定的辅助航空兵的编制如下。"

在我看来，这些做法可能都只是领先一步，而非决定性的一步。倘若能够得到免费的东西，您就会尽量多要，而倘若必须无偿放弃某种东西，您又会尽量少给；这不过都是人的本性罢了。实际上，坎特上校提出的此种制度，将会导致出现如下局面：为了尽可能多得，陆军会夸大己方的需求；为了尽可能少给，航空部也会将自己的资源说成最少。因此，辅助航空兵的编制问题，最终还是会通过妥协、讨价还价，即通过达成协议来解决。

我们需要的是决定性的一步。陆军和海军应当如此说："我方需要这么多。钱在这儿；将我方需要的给予我方。"这样，航空部就会满足陆、海两军的要求，并且收下钱款。这样，双方就无需达成什么妥协性的协议了；双方都会满意，都会承担起各自的义务来。

坎特上校进一步写道：

　　如今我们根本不可能指望，有哪个机构会完全了解与陆上和空中领域相关的各个方面［作者注：而我则要补充说，还有海洋领域］；因此，最重要的一种协作——即组织上的协作——应当更加密切、更加一贯，这一点就是必需的了。形成此种最重要的协作形式的一个办法，可能就是创立一个皇家陆军辅助航空兵指挥部。在战争时期，本来就应当有这样的一个机构。

　　虽说这将是另一种领先之举，但仍然不是关键性的一步。在战争时期，陆、海两军的辅助航空兵自然应当有各自的指挥部；而在如今的和平时期将它们组建起来，至少是搭起框架，这种做法无疑也是很可取的。但它们的职责，可不应当是保持一种更密切、更一贯的协作；因为协作的特点本来就是模糊不清、不具决定意义且易受到个人影响的，因此只能通过让步和妥协才能发挥作用。相反，它们的主要职责，应当是制定出各自的行动计划。

　　决定陆、海两军所需的辅助性空中武器的质量和数量，完全是陆、海两军相关组织部门的职责。比如说，主管陆军编制的部门，就是有权说陆军需要一支空中力量来执行战略侦察等任务的部门。该部门履行这种职责，并不需要专门的航空技术知识；它只需了解空中武器的一般特性就可以了，而如今空中武器的一般特性，也已成为通识的一部分。接下来，陆、海两军各自的辅助航空兵指挥部就应当利用其专业技术权限，来确定所需航空武器的编制和成本。这样一来，陆、海两军的组织部门就会获得做出最终决定所需的一切资料。一旦做出决定，两军的辅助航空兵指挥部就会向航空部提出各自在人员和武器方面的申请，而航空部则会在收取生产成本之后，将这些人员和武器提供给两军。

　　这就是辅助航空兵问题唯一清楚、明确而根本性的解决之道。它无需达成什么妥协性的协议，而是一种在物质上和精神上都毫不含糊的解决办法。此种解决办法带来的好处是：

　　1. 辅助性的空中武器将成为陆、海两军的组成部分，就像两军所拥有的其他一切战争武器那样。两军的组织部门，会像对待其他武器那样去关注它们；而它们也将与其他武器一同使用；并且，因为所有武器全都由一种思想所指挥时会达到最理想的效果，所以这些辅助性的空中武器也会发挥出最大的效率。

　　2. 由于各自承担着组建辅助航空兵以及用各自的预算为辅助航空后提供经费的任务，所以，陆、海两军的组织部门为了让各自所支付的费用带来最大的回报，就会将两军的空中力量与其他所有的力量相互关联起来。只有到了那时，我们才会看出，这些部门的确是何等重视空中力量的支援！目前，这些部门必须做的就是要求拥有辅助航空兵，而这些部门自然也并不在意要花多少钱，因为这些钱都会来自其他方面的预算；因此，两军会觉得自己无论要求什么，所要求的东西都是绝对必需的。如果谁发誓说他绝对需要一辆汽车，就免费送他一辆的话，那岂不是每个人都会有汽车可开了呢？

3. "独立空军"应当拥有自己的预算，并且根据其自身的希望来进行组建。

我确信，如果采用这样一种制度，那么非但辅助航空兵会真正发挥作用，而且陆、海两军也会逐渐摆脱掉辅助航空兵。那些鼓吹绝对需要辅助航空兵的人，将再也用不着这样去问："我们需要航空部慷慨地给予我们什么呢？"他们所提的问题，将会与此截然不同。由于不管经费多少，都不得不从自己的预算中支付成本——即便是增加了预算，其中包括了这种新的开支——所以他们就会这样问自己："从我们的预算中拨出部分资金来装备空中武器，与把预算全都用于陆上（或海上）武器相比，哪种做法更能发挥出陆军（或海军）的潜在威力呢？"那时，这个问题就会更加现实，会让人们不再抱有那些不切实际的幻想了；并且，他们的回答很可能会是这个样子："除非我方的'独立空军'夺取了制空权，否则的话，空中武器又有什么用呢？如果夺取了制空权，我们到时难道不能要求'独立空军'协同作战，来对付没有了空中力量的敌人吗？到了那时，我们将所有的拨款全都用于增加我方的陆上（或海上）武器，便是最好的办法。"这样一来，辅助航空兵便会消失，会被自己的支持者所断送。

第二章　对空防御

在用他们那种"实际的"和"现实的"观点与我交锋时，我的那些可敬的反对者经常喜欢称我为"空谈家"——即空想家。工程师阿塔尔在前面所述的那篇文章中曾经写道：

我并非是一个反对杜黑将军之观点的人。我之所以讨论其观点，不是为了驳斥，而是为了澄清。由于职业使然，我习惯于将我所考虑的任何问题的现实遴选出来，所以在此我会尽量将理论转变成实践。我将遵循从一般到特殊的方法。

阿塔尔工程师——我这位谦恭的反对者将会宽恕我的——让我有点儿想到了一种妇人，她们在说朋友的闲话时，会这样说："噢，某某人吗？噢，是的，她很可爱，迷人而且贤惠，不过……"接下来便会把这个某某人描绘得坏透了顶。

他起初说了一大堆恭维我的话，弄得我都不好意思了。他也一再重申，他并非是我的反对者，不过……从这篇文章的内容来看，他总是以指出我深陷错误之中、起码是在实际上和现实中深陷错误之中而告结束。事实上，他支持辅助航空兵绝对必需的观点，极其重视对空防御，并且只承认空中战场具有相对关键性的意义。实际上，他是反对我所支持的一切；而我也很想问问自己，假如他没有一开始就宣称自己是我的"狂热追随者"之一，那关于我的理论，他又会写些什么。

不过说正经的，我必须承认，他的批评方法还是挺方便的，尤其是在缺乏有效论证的时候。实际上，他是在说："哦，是的，从理论上来看不能说您错了；不过从实际来看，您全然错了。"这是很方便的，因为在这个特定的问题上，还没有人进行过实践。如果我是一个空谈家——工程师阿塔尔会允许我这样说的——那么他就是一个诗人，一个梦想家。至于我眼前只想谈论的对空防御这个问题，他是如此说的：

……我们必须让自己能够在任何时候对抗任何敌人，从而确保我们国家的事业可以安全地向前发展！

这是理想主义者的说法。如今我们必须来看一看，我们是否能够在实践中做到这一点了。

……我国的航空预算，应当符合下面这种实用思想："为了确保我国领空的制空权，至少需要多少空中力量呢？"在达到这个最低数量之后，我们还应当再增添三分之一的空中力量才行。

这根本不是制定一种预算的现实依据，而是一种想象中的依据。至少来说，这也是任何一位财政部长都会仔细审视的一种方式。

……我们的防御不应受到预算大小的约束；不过，预算应当按照防御需求来制定。

这种事情，可能对美国来说是很实用的，但肯定不适用于我国。只有富有想象力的艺术家，才会不受预算大小的限制。

杜黑将军始终都在担心预算的掣肘。他的道理讲得很不错，就像过去一名争取足够多的拨款来实施其计划的军事首脑一样；但我却会像一名商人那样，来讲道理。在我的职业生涯中，我曾有幸做过几笔生意；我也发现，其中唯一重要的方面，就是生意是否合算——也就是说，是否值得。只要生意合算，就总能找出资金来。

尽管我不是一个精于生意的人，但我还是应当指出，做生意所追求的最终目标，就是从投入的资金和设备设施中获得最大的利润。这才是实实在在的重要之处。实际上就是，我们必须从投入的资金和设备设施中获取最高的回报。将自己最好的想法付诸实践时，生意人若是对手头可用的资金没有加以足够的重视，通常就只会落得个破产的结局。战争也是一种生意，与其他生意没什么两样；它是一种分配的生意。即便是在战争中，一个人也必须尽量做到不倾家荡产才行。这始终都是一个关乎预算的问题。意大利能够生产菲亚特；美国能够生产福特车。〔英译者注：杜黑的目的是对比两国的汽车数量，而不

涅索斯。古希腊神话中的一个半人半马怪，据说其血有毒，后被赫拉克勒斯（宙斯之子）用毒箭射死。涅索斯临死之前，劝赫拉克勒斯的妻子收集他的毒血，以便恢复赫拉克勒斯对她的爱。后者便将抹了涅索斯毒血的衬衣送给丈夫，而赫拉克勒斯穿上之后，因痛苦难忍而投火自焚。

是这两种汽车的相对成本。〕事实就像神话中涅索斯的衬衫一样令人不舒服，可我们又无法回避事实。

一个国家能够分配哪些资源用于该国国防，并不是由军事专家说了算；就像一家工业企业的资本化，并不是由一名电气工程师来决断一样。两者都只能是最充分地利用好他们可以利用的资源罢了。

军事专家必须认识到，一个国家的经济实力就是如此，不多也不少；国家首先必须生存下去，然后才能武装起来。否则的话，就会像是给死人穿上一套强大的盔甲那样。即便是由最坚硬的钢铁打造而成，这套盔甲对死人也是没什么用处的。假如意大利是一个像美国那样富庶的国家，那我可能就不会费心来说明我的理论了。但情况并非如此。如今，一个国家的资源越少，这个国家在利用其已有资源的时候，就越须谨慎。我认为，即便是从生意的角度来看，这也是一条非常实在的原则。

〔工程师阿塔尔写道：〕我并不是说，国防所需的经费应当全部来自于军费预算；我们还可以从民用预算中提取。

对于一个国家的预算，工程师阿塔尔的想法自然很奇特。他并不知道，无论是军用预算还是民用预算，所有预算都构成了一个不可分割的整体。比如说，国家抽走用于农业和教育的经费，并将这些经费用于对空防御，难道他就会觉得这是一桩"好买卖"了？

不过，我们还是先将这些问题放一放，因为它们都超出了专业讨论的范围，只是确定了利用可用资源的最佳方式罢了。

倘若我们能够做到"在任何时候对抗任何敌人，从而确保我们国家的事业可以安全地向前发展"，当然是非常理想的了；就像我们如果能够确保掌控我国领空，也会是很理想的一件事情那样。不过要我说，我们恰恰缺乏实现这些理想的可能性。我十分希望工程师阿塔尔会暂时忘掉他的那些理想主义论断，而多少实实在在地指出如何、在哪里、用什么方式去实现这些理想。可恰恰相反，他又给出了更多笼统的论断：

在本国领土上空飞行，要比在别国领土上空飞行容易得多，费用也要少得多。……等到将来的机场在恰当的地区合宜地分布开来，等到所有补给以及其他必需品都已准备妥当，用一支胜任的空军便可以确保掌控本国领空的制空权了。……我们始终都能够在实用的范围内做好对空防御的准备工作，从而将敌方的轰炸所造成的损失降到最低；就算是敌人用化学武器来对付我们，也是如此。

他说的这些，全都是漂亮话；其中并没有一个词、一个字，哪怕是概括性地说明了实现他这些目标所必需的武器数量。接下来，他说了许多关于"精神因素"的话，我们在这个方面的观点确实是一致的；不过，等到他不得不谈论起物质手段的时候，工程师阿塔尔却轻描淡写地用下面这几句话避开了：

重要的不是数量，而是编制；到了战时，数量便会在编制的限度内增加到最大的程度。

请问，是什么样的编制？数量又是多少呢？除了与此处无关的精神因素，进行对空防御准备时，需要有空军、高炮部队，以及装备这些部队所需的各种物资。当然，还必须将这些部队组织起来。但仅有这一点还不够。必要的条件是，它们应当已经组织起来，并且做好了准备，一旦爆发战争便能马上行动。我们不能在还没有"增加"这些部队的时候，就坐等战争的到来；我们不能指望，国家预算在战时会变成一种单一的战争预算；我们也不能等待着，等待敌人在我们还没有把该花的钱花到对空防御上的时候就来轰炸我们。无论"对空防御"这个术语指的是什么，对空防御中重要的都并不是组织，而是掌控对空防御。

我曾经如此写道："假如有人能够向我证明，通过一种坚定地组织起来的、并且实际上也有可能出现的对空防御力量，就能确实而彻底地让我国不会遭到可能发生的空中化学武器进击，那么我马上就会放弃自己的所有理论。"

在反驳的时候，工程师阿塔尔在"确实"和"彻底"两个词上大做文章，却忘记了这一点：我用这两个词，完全是他的过错，因为之前他已经向我断言，可以确保我国在任何时候对抗任何敌人，让我国的事业安全地向前发展，并且确保掌控我国领空的制空权。不过，我还是愿意忽略这一点，纠正一下自己的说法，改成："假如有人能够向我证明，通过一种坚定地组织起来的、并且实际上也有可能出现的对空防御力量，我们就能降低可能发生的空中化学武器进击的威力，使之变成无关紧要且不会危及到我国安全的程度，那么我马上就会放弃自己的所有理论。"我还会进一步指出："假如有了对空防御力量之后，我们只需担心敌人发动的那种无关紧要、并且不会造成严重损害的空中进攻，那么我会第一个站出来，支持这样一种防御手段，哪怕它需要利用我国所有的空中资源。"

我确实是会这样做的！但我完全清楚，我国在空战这个方面所处的那种令人遗憾的地理位置；因此，我知道别国进攻我国要比我们去进攻别国容易得多。正是这个原因，才使得削弱空中进攻的威力会有利于我们，而非有利于别国；因为到了那时，在摆脱了空中战场的威胁之后，我们就会像古时那样，只需在地面和海上作战了。

要说我是由于对空防御占用了"独立空军"的武器装备才不支持对空防御的话，那么原因也并非仅仅是因为我喜欢与大多数人作对。我之所以反对，是因为我合情合理且理由充分地坚信，对空防御在作战行动中的效果将会极其令人失望。我确信它实现不了自身的目标，因为防御所需的兵力要比进攻所需的兵力多得多。我已经无数次地说明了这一点；可我的反对者当中，包括工程师阿塔尔在内，竟无一人讨论或者批评过我的此种说明。尽管如此，这仍是整个问题当中最重要的一点。

为了证明掌控本国领空的代价要比夺取制空权所付出的代价小得多——或者甚至只是付出"较小的代价"，除了矢志维护这一点之外，工程师阿塔尔本来还应当证明，我们用较少的空军就能够将大量敌军拒于我国领空之外。可这一点却是很难做到的，因为现实情况正好与此相反。

同样，乌戈·马鲁萨迪上校刊登于《海军杂志》上的那篇文章也是毫无价值的。他声称"协约国实施的轰炸，其有效百分比从1915年的百分之七十三逐步下降到了1918年的百分之二十七。"这纯属一种来源不明的统计数据，因为他并未给出这一数据的出处。此外，由于他没有解释"有效百分比"指的是什么，所以这种说法也是含糊不清的。不管怎样，就工程师阿塔尔的观点来看，在涉及到轰炸的那段文字中，他一开始的寥寥数语，就让这种说法变得一无是处了：

就算是到了此次世界大战末期，实施空中轰炸更多的还是建立在出敌不意和某些飞行员的专业技术这一基础之上，而不是以武器弹药本身为基础。

但是，在未来的战争中，空中轰炸将会以某种更加积极、更加具体的东西为基础。我们不能依赖于从一个没有出现真正空战的时期中得出的统计资料，

意大利王牌飞行员萨洛莫内上尉

尽管期间实施了一些纯靠经验进行的、零星的轰炸行动，有些甚至还实施得很可笑。我仍记得，英勇的萨洛莫内上尉这位死于1918年的王牌飞行员，参加由卡普罗尼飞机组成的中队前去轰炸一处"空中索道"的终点站，然后在夜间返回机场时的情形；可人人都知道，这个终点站不过是一种临时设施罢了。我相信，在未来的战争中，飞行中队不会再被派去轰炸临时设施——这样的事情，必定会导致轰炸的有效百分比大大降低。相反，应当派遣它们去轰炸大型的、易受攻击且容易击中的目标，甚至在1500米的高空进行轰炸。我们无需去管统计资料，只要记住我国的特里维索受到了百分之百的轰炸，并且尽管有着防空力量，也不得

不全城疏散就够了；而在当时，直到战争结束，我国的空军实力都比奥地利要强大呢。

工程师阿塔尔认为，掌控己方领空与掌控我们所称的一般性天空之间，有着显著的区别。可此种区别，我却很不理解。天空之中，既无天然的边界，也无人为的壁垒。为了掌控我方的领空，我们应当能够随时面对可能试图越过敌我领空间那条想象中的界线的任何敌方空军。因此，我们就需要无处不在，始终都做好准备，并且能够击退敌方空军的大部分力量；因为如果敌人想发起大规模进击的话，我们是无法加以阻止的。不过，假如我方能够将其击退，又有什么人、什么事物能够阻止我方空军越过敌我领空间那条想象中的界线，飞到敌方领空去呢？唯一能够阻止我方这样做的原因，就只是燃油不足了。

我们不可能仅仅为了取悦一支防空部队或一支辅助航空兵部队，便将天空分成一块一块的。倘若没有掌控敌人的领空，那么谁也无法掌控己方的领空。工程师阿塔尔应当认识到这一点：阻止敌机前来轰炸我方的最实在、最现实的办法，便是消灭敌机，正如消灭敌人的陆军和海军，便是阻止敌人对我国发动陆上或海上进击的最实在、最现实的办法一样。这才是真正的解决之道。其他的办法都是治标不治本或者纯属多余，就像往一条假腿上贴芥子膏那样。无论在什么情况下，从进攻部队中抽走的一支空军力量，都将是无力给敌人以重创或者抵抗敌人相应进攻的。这种说法是不对的。假如甲、乙两国拥有同等的空中资源，甲国将这些资源全都用于进攻，而乙国则将这些资源全都用于防御，那么乙国非但无意识且平白无故地确保了甲国不会遭到空中进攻，同时又并没有确保己方不会遭到甲国的进攻。因此，乙国就会被甲玩弄于股掌之间，还没法自卫。这可不是什么理论，而是浅显明白的常识。

总之，在战争中，人们必须懂得进行战争的方法。关于这一点，我们的意见是一致的；我本人也说过多次了。不过，在训练自己从事战争的过程中，我们可不能超过一定的限度。即便是最强壮的拳击手，偶尔也会被人打倒在地。我们不应当夸大训练的好处；否则的话，我们就会像训练一匹马儿去节食那样，落得个倒霉的结局。

需要训练自身进行战争，源于我们自身需要甘愿承受战争。由于我已经指出，一方必须"甘愿承受敌方的进攻，以便给敌方造成更大的损失"是一条原则，所以长久以来，我都热切地支持普通民众需要做好精神准备的观点，并且比其他任何人，尤其是比那些希望用对空防御来降低空中进攻效果、或者认为魔鬼终究不会像人们所描绘的那样可怕的人，都更加强烈地认为必须这样做。但是，让民众毫不畏惧地面对空中进攻的必备条件，就是让他们充分认清空中进攻的严重性，而不能用夸大对空防御效果的做法来欺骗他们；而最主要的，就是让他们明白，将防御力量分散部署到各地非但对他们并无益处，还会分散用于执行根本任务的兵力，因此对战争的最终结果也是有害无益的。

就算我的观点并不正确，这也是我将致力进行的一种宣传，因为此种宣传很有用处。习惯了忍受空中进攻、并且相信他们无法获得充分保护以免遭空中打击的民众，虽然听到的一直都是相反的说法，但倘若看到在实践中对空防御的确能够防范空中进攻，那他们自然就会深受鼓舞了。做好了最坏打算的人，对最好的情况也是会有所准备的。但是，反过来就会很危险了。如果误导民众，让他们一直相信对空防御的威力，那么，倘若他们发现实践中对空防御毫无保护作用的话，他们就会觉得害怕，而其士气也会低落下去。到了那时，就无法让他们明白对空防御的缺陷了。他们会大声呼吁，要求配备更多的防空武器；并且，由于无法去责怪武器——他们认为这些武器都很精良，数量也很充足——他们便会转而责怪操作这些武器的人，指责这些人不知道如何使用武器。

所以，我们确实需要在精神上做好准备；不过，这种准备必须与我们的目的一致才行。除了精神准备，我们还需要做好物质准备，因为物质准备有利于降低敌方进攻所造成的不良后果。这两种准备结合起来，便形成了一种完整的被动防空体系；它无需利用进攻性的空中武器，因此与甘愿承受敌方进击、以便给敌方造成更大损失的原则并不相悖。我认为，此种被动防空体系非但有用，而且是必不可少的。虽说让工程师阿塔尔失望了，我对此感到遗憾，但我还是毫不动摇地坚持自己的说法："只要不会削弱我方可能对敌实施进攻的实力，那么任何能够削弱敌方对我方实施空中进攻之效果的做法，我都承认其作用。"

人们常常指责我是一个极端主义者，可这种指责是不对的。事实是，对我来说，二加二永远都等于四，决不会是三或五。用空中武器来进攻，比用空中武器来进行防御更合算。用一百、一千、一万件空中武器去进攻，与用其中的五十、五百、五千件来进行防御，而另一半则用于进攻的做法比起来，也更合算。二加二等于四。我再说一遍，这并不是一个理论或者极端主义的问题，而是一个纯纯粹粹的算术问题。

第三章　空中作战

工程师阿塔尔起码还承认我的文章的思路前后连贯，可巴斯蒂科将军却不是这样的；他在这份评论性刊物上用了好几页，想要证明我在评价空战重要性的时候，犯下了明显矛盾的错误。我之所以要来谈一谈空中作战——它对我所支持的论点极具重要性——当然不是为了证明我对这一主题的观点是前后一致的，而是为了澄清人们的误解，并且说明反对者的推理真相。

实力较强方最简单的一条行动准则，就是搜寻敌人，并且无论在哪里遭遇，都就地击溃敌人。在陆上战争中，这一点容易做到。崎岖不平的地表之上，只有为数不多的容易通行的路线，而这些路线也都明确得很。要想迫敌交战，我们只需向敌开进并侵入敌方领土即可。这就是我们在陆地上与敌遭遇的办法。而在海上战争中，这一点就不那么容易实施了。实力较弱的那一方可以轻而易举地避开交战，哪怕是不得不退回到己方筑有防御工事的基地去躲避，也没什么关系。在上一次战争中，实力较弱的一方尽管始终都被敌方追击，但一直都没有被敌方发现。

在空战中，假如敌人不想被发现，那么敌人就会留在地面上。正如搜寻并就地击溃敌人对实力较强的一方有利那样，不让自己被敌人发现、从而避免被击溃，这种做法对实力较弱的那一方也是有利的。因此，一支实力较强且寻求作战——即搜寻实力较弱的敌方空军——的"独立空军"，就会有四处飞行却一无所获、找不到猎物却令己方疲惫不堪的风险。换言之就是，它会任由实力较弱的敌人玩弄于股掌之间。

同样，假如实力较弱的那支"独立空军"前去寻求交战，它也会任由实力较强的那一方玩弄，并且这种做法还无异于自杀。在战争中，一方始终必须尽量让自己不受敌人摆布才是；因此，我始终都坚持，并且在此还要再说一遍：一支空军，无论属于实力较强的一方还是属于实力较弱的那一方，都绝对不要去寻敌交战。在我看来，这一说法非常清楚、明确，应当不会有人误解才是。

但是，倘若实力较强的"独立空军"碰巧遭遇到了实力较弱的那一方，那么它也完全有可能大获全胜，因为它的实力较强；而另一方则完全有可能彻底战败，因为它的实力没那么强大。因此，我始终都坚持，并且在此还要再说一遍：实力较强的"独立空军"绝对不能避战，而实力较弱的那一方则必须避而不战。即便是这一点，在我看来也是清晰而明确的。

既然一支实力较强的"独立空军"绝对不能去寻敌交战，实力较弱的那一方则必须避免交战，并且后者也很容易做到这一点，那么，要是空中战争的结果由一场战斗来决定的话，这场战斗就将持续数个世纪而不会分出确定的胜负来，这两支空军也将在各自的机场上锈蚀下去。因此我坚称，如今跟以往一样，一支"独立空军"仅仅能在空中作战是不够的，它还需要具有进攻地面目标的实力才行。

我说的实力较强的"独立空军"，是指具有较强空中作战能力的那一方，而没有考虑到它的轰炸能力。实力较强的"独立空军"既不能求战，也不能避战。如果遵循这一规则，它就能够最自由地对地面目标展开作战行动；也就是说，每一次飞行过程中，它都可以进攻最适合于己方的目标，并且可以毫不顾及敌方的空军，而是径直飞往目标上空。敌方空军要么是没有进行抵抗的任何实力，使得我方无需战斗便可完成进攻任务；要么是敌方空军决意进行抵抗，可在此种情况下，敌方空军则会被我方击败。这样，实力较强的空军便会在每次飞行任务中，以这样或那样的方式给敌人造成损害。

实力较弱的"独立空军"，必须避免与实力较强的那一方遭遇。因此，它唯一能做的事情，便是进攻敌人的地面目标；可在此过程中，它始终都应当竭力避免与实力较强的那支空军遭遇。

既然实力较强的空军既不能急于求战，也不能避开实力较弱的敌方空军而不战，那么它的飞行速度就无需很高了；不过，对于实力较弱的那一方来说，在尽量避开实力较强的空军时，高速可能派得上用场。这样，空战本身就会分解成一连串针对地面目标的进攻行动；而实力较强的那支"独立空军"，则会因为有较大的机动自由而拥有优势。

如果对地进攻旨在摧毁敌方位于地面上、飞机制造中心里的空中力量或类似目标，那么这种进攻可以严重地影响到两支交战空军的潜在实力。对敌方空军潜力进行的这种间接进攻，可以导致我方夺得制空权。只是在偶尔的情况下，由于前面已经提及的原因，夺取制空权才会是由一场空战导致的。一支实力较弱的"独立空军"，通过实施比对方更加聪明、更加猛烈和更加密集的行动，也有可能获得一种最初的优势。

特定的情况和环境因素，有可能导致一支空军去进攻敌方的民众，而舍弃那些从纯粹的航空角度来看非常重要的目标。当然，空战的结果，在很大程度上会取决于领导人的眼力、飞行员的勇气和民众的士气。

这就明确地阐明了我的观点。我的观点，可以受到别人的批判，但不应当被人随意摒弃。现在，我们不妨来看一看巴斯蒂科将军的观点。他应当还记得曾经如此写道：

空中战场的特殊条件，始终或者说差不多始终都会让实力较弱的敌方任意避开一场最终可能对其不利的战斗。

迄今为止，我们都是同意这一点的。可在同一篇文章中，他又写道：

假如后者［即实力较强的那支"独立空军"］更愿意拥有行动自由，那么它就必须让敌人拥有同等的自由，这是事实；也就是说，它必须任由敌人实施进攻行动，而我们却不能说，实力较强的那一方不会感受到此种进攻所带来的压力。虽说敌方最终实施的可能是一些很没有力量的进攻，像是用针轻刺而不是用长矛猛扎；不过，即便是小小的针刺，可能也会令人恼火。这样，实力较强的那一方很可能会失去耐心，从而试图进行自己原本想要避免的那种战斗了。

准确一点来说，巴斯蒂科将军本应当如此写道才对："自己原本不想寻求的"，因为我从未说过，实力较强的空军必须避战。

［还是巴斯蒂科将军如此写道：］并且，我还要补充说，实力较强的那一方这样做并没有错；相反，在此以前的做法却一直都是错误的，因为这一方等待了太久的时间，才去利用必要的和最有效的办法，让敌人的"独立空军"失去作用。

我没法不对我的同僚这种奇怪的推理感到惊讶。实力较强的那支空军，为什么会只是为了避免受到针刺便放弃其用于猛刺的长矛，并且开始搜寻一个始终都能、或者说几乎始终都能避免交战的敌人呢？为什么寻找与敌交战的机会，便是让敌方那支总是能够、或者说几乎总是能够随意避战的空军失去作用的必要和最有效的途径呢？在我看来，如果实力较强的那支"独立空军"的指挥官仅仅因为小小的针刺便失去了耐心，那他就表现出了一种神经质的不沉稳，最好还是回家种菜去。

随着这篇文章深入下去，巴斯蒂科将军觉得鸡蛋里头挑骨头并无益处，于是便写道：

我已经说过，战斗是必须寻求的，但我有没有说过，一心求战的那支空军必须在广袤的天空中搜寻某种很有可能找不到的东西才能求得战斗呢？我有可能说出如此幼稚无知的话语吗？

确实，没人想把巴斯蒂科将军看成是个幼稚无知的人。但是，想到一场必须去寻找才能进行、可或多或少又不能有意地去寻找的战斗，还是让人觉得有点儿费解。这究竟是什么意思呢？难道说，这场战斗必须用不寻找的办法去寻找？而在同一篇文章中，看到下面这段话后，我们还会更感困惑：

……我重申，我们必须将此种战斗看成是空战概念的最高点；并且我斗胆断言，一支不这样认为的"独立空军"会削弱自身的作战实力，并且更多的是会削弱其进取精神。

那么，空战概念的最高点应当就是战斗了；也就是说，这是一种冲突所导致的行动，其中实力较弱的那支"独立空军"能够随心所欲地避开此种冲突，而实力较强的一方若非异常幼稚无知，便不可能故意去寻求此种冲突。

为了支撑自己的论点，巴斯蒂科将军还十分褒扬地引用了一位作者的话语；这位作者坚称，占有优势的"独立空军"必须求战，以便尽可能迅速地消除掉摧毁敌方基地的主要障碍。

在这篇文章的结尾，巴斯蒂科将军又重申了他的观点。

在每种情形下，就空中战争的具体实施来说，我们都必须把战斗看成是整个战争中最杰出的一种行动。

然后，或许是因为记起了之前他说过，有意地采取行动、从而引发出此种杰出战斗的做法表现得异常幼稚，所以他又补充道：

寻求作战的方式，应视具体情况而定。在这些方式中，对敌国重要的中枢之地进行轰炸和投放毒气，应该是绝大多数情况下最有效的两种。

我恰巧并不知道其他可能的作战方式，因此只能满足于他称之为最有效的这两种方式了。按照巴斯蒂科将军的观点，要想迫使敌人进行己方所希望的那种战斗，实力较强的那支空军就应当通过对敌方重要的中枢要地进行轰炸和投放毒气来激怒对方。而实力较弱的那支空军如此被激怒，被实力较强的一方如此摆布之后，便会挺身而出，横在它那些受到威胁的重要中心与实力较强的那支空军之间了；于是便产生了冲突；战斗便会发生；而实力较弱的那一方自然也会被打败。之后，实力较强的一方便可以毫无后顾之忧地对敌国的重要中心进行轰炸和投放毒气了。

当然，这一切都是有可能发生的；不过，只有在实力较弱的那支"独立空军"的指挥官是一个那不勒斯人所说的×××[1]，这一切才有可能发生。我更愿意把敌人描述得更坏，而不是更好；因此，我无法苟同巴斯蒂科将军的观点。我说过，就算一支实力较强的"独立空军"对我国的重要中心进行轰炸和投放毒气，我们也不应当让我方实力较弱的空军出动，去被敌人打败和消灭掉。相反，我们应当用空军去对敌方的重要中心进行轰炸和投放毒气；我方实力越弱，就应当越猛烈、越密集地对敌人进行轰炸和投放毒气。而最重要的是，我们始终都应当尽力避免进行那种让我方有战败并被消灭的风险、且毫无

---

[1]　原文用三个横杠表示（———）。此处应当是那不勒斯人喜欢说的一句粗话，直接写出来有损雅观，故作者用此种隐晦的方式表示。

优势可言的战斗。

这一点，附带着也证明了实力较强的一方和较弱的一方都不应当采取防守态势的观点——前者是因为放弃用长矛猛刺敌人来保护自己免遭小小针刺的做法毫无益处，后者则是为了避免做出曼妙却很愚蠢的自杀之举。

这些做法都是毫无用处的。无论我们转向哪条道路，无论可能出现的情况如何，二加二永远都不可能等于三或五；它只能等于四。总之，我觉得巴斯蒂科将军本人差不多已经信服于我的论点了，因为他在谈到海上战争时如此写道：

在海上战争中，防御方需要拥有优势兵力才行。双方兵力相等可能还不够，因为现代海军作战部队的速度都很快，可能发动突然袭击，故必须有大批兵力来进行抵抗。兵力弱于敌方或者甚至与敌方兵力相等，可能都不行。实际上，海上防御并非意味着可以节省兵力，而是意味着会消耗更多的兵力。

稍后，我将对这种海上战争的观念进行分析；而此刻我更希望指出，如果在上述引文中用"在空中"、"空中的"和"对空防御"换掉"在海上"、"海上的"和"海上防御"，我的结论看上去也是站得住脚的。这种替换是合规合理的，因为就算是巴斯蒂科将军本人也不会否认，现代空中作战单元的速度比海上作战单元的速度还要快，所以它们也很有可能发动突然袭击。假如防御不允许兵力上处于劣势，而是需要消耗更多的兵力，那我就要问问，谁又会那么幼稚无知，想要在空中进行防御呢？因此，最好是始终且处处都采取进攻态势。其他办法都没有用。二加二始终都等于四。

在这篇文章中的某个地方，巴斯蒂科将军无疑是出于疏忽，而将一种我从未想过的说法安到了我身上；这种说法就是：实力较弱的空军始终都只能任由敌人摆布。绝对不是这样的！相反，我一向都坚持认为，并且还会继续这样坚持：一支实力较弱的空军，只要能够通过更聪明、更密集、更猛烈地实施进攻行动的办法来弥补兵力上的差距，就有可能打败一支实力较强的空军。但是，由于无论其他情况如何，各方始终都会在战争中保持尽可能强大，因此我也始终宣称："以慈悲为怀，千万不要在进攻行动中分散任何空中力量！"

在我看来，二加二等于四，这一点一如既往，并且不容更改。

第四章 作为决定性战场的空中战场

现在，让我们来谈一谈空中这个关键的作战场所；关于这一战场的论争，迄今已经进行得如火如荼了。我一直都坚持认为，并且还会继续坚持说，在未来战争中，决定性的战场将会是空中战场；因此，我们的备战和对战争的指导都必须以下述原则为基础：在地面进行抵抗，以便在空中集结力量。

对于这一点，虽说我那些可敬的反对者们联合起来驳斥我，但我对自己论点的实力很有把握，也很有信心。争辩还在继续，但结果也依旧悬而未决。尽管如此，我对争论进行的方式却更感满意；因为我已经注意到——别人一定也已注意到——不管如何努力，我所有的反对者都已经被迫承认，在未来的战争中，空中战场可能会成为一个决定性战场。虽说非常慎重，但巴斯蒂科将军还是已经认同了这一点。他写道：

……不过，正如其他兵种可能发生的情况那样，它［即航空化学兵］在某种特别有利的情况下，也可能会成为决定性的一个兵种。

博拉迪将军也表明他赞同这一观点，因为他如此写道：

因此，如果能够成功地实施一次强大的空中进攻，非但使得敌方的地面和海上力量失去作战能力，还粉碎了受攻击国家的精神和物质力量，使之无力再进行报复，那么空中战场也可能变得［**具有决定性**］。

同样，工程师阿塔尔写道：

我承认，空军可以成为一个决定性的因素，不过它只具有相对的决定性。

费奥拉瓦佐上校也赞同这一点，他如此写道：

总而言之，可以说在空中集结力量将是一种具有决定性的战争行动；但只有在进攻者取得了制空权之后还剩下大量空军，足以彻底征服敌人，使之无法成功地在陆上入侵进攻方领土的情况下，才能如此。

从引自陆军、海军和非军界专家所写文章的这几段话中，我们显然能够看出，他们都承认空中有可能成为具有决定性的战场。我还要多说几句。博拉迪将军和费奥拉瓦佐上校两人，实际上都是如此限定了他们的赞同意见：如果并且只有当空军能够打败敌人的时候，空中战场才会变得具有决定性意义。

说出了这些认可的话语，我的反对者们无疑已经是缴械投降了。当他们坚持说只有在空中作战打败了敌人之后空中战场才会变成决定性战场的时候，他们的说法与我的观点是完全一致的。否则的话，他们的主张就会很荒谬，仿佛是在说这种话一样："空中战场在具有决定性意义的时候，就是决定性战场。"

一个比我谦虚的人，可能会满足于这些认可的话语。事实上，两年之前，甚至是一年前，又有谁会想到，陆、海两军中那些顽固的作者们会一致认为，直到昨天还被认为纯属辅助性兵种的空军，在未来的战争中可能成为具有决定性的因素呢？不过，要说到空军和战略，我可一点儿也不会谦虚。我已经迫使他们说出了这些认可的话语，而这些话语又鞭策着我，继续去迫使他们承认更多的东西。

我的反对者当中，有些人说得含糊其辞。他们认为，我在表达自己观点的时候，是想要尽量给出一种获胜的秘诀。换言之，他们认为我的主张是："要想获胜，意大利必须在地面进行抵抗，并将所有力量集结于空中。"这种想法是不对的。我首先想到的，自然是我国的形势，以及意大利与某个潜在的敌国爆发冲突的可能性。我承认，我所阐述的那些理论正是以此为背景，因而不应当认为它们适用于所有的国家。如果具体研究日本和美国之间的一场战争，我很有可能不会得出与此相同的结论来。对我而言，想要提出一种适用于所有国家的、普遍的制胜秘诀，简直就是自以为是。我的目的，只是指出一条我国为未来很可能发生的战争做好准备的最佳和最有效的途径。当我说"空中战场将具有决定性"的时候，我并非是指"为了打赢，我们必须将空中战场看成决定性战场"。我只是在说明一种真实的情况罢了。我正是按照这一前提来进行阐述的。

根据巴斯蒂科将军的观点，尽管空中因素意义重大，但如下数语仍然是一条永恒不变的战争理论：

在战争中，胜负之分乃是协调使用所有可用军事力量的结果，并且它等于每种力量所获结果的总和。要想协调使用所有的军事力量，我们必须将其中的各个组成部分协调地结合起来；而制胜的奥秘，便在于让这些组成部分达到正确的比例。

很显然，制胜的奥秘也是一种奥秘，是不为人知的，因此不会完全存在于军事力量各个组成部分的正确配比之中。如果美国与圣马力诺共和国[1]开战，无论后者如何协调地利用其军事力量中的各个组成部分，该国十有八九都是不会获胜的。

---

[1]　The Republic of San Marino：圣马力诺共和国。欧洲南部位于意大利半岛东部并被意大利完全包围起来的一个国家，属于世界上最小的国家之一。

　　假如我们用"从一方武装力量获取最大战果的手段"代替"制胜的奥秘"这几个词，那么巴斯蒂科将军的这一准则，便会变成一条不证自明的永恒真理，在任何时候、任何地点都适用了。换言之就是，它会是一条普遍的真理。不过，正如所有真理都具有笼统的特点一样，对于我们正在研究的这个特定问题来说，它并没有指出什么具体的东西来。因此，我们必须从永恒中回到当下，以便找出军事力量中各个组成部分的正确配比来。

　　巴斯蒂科将军的确回到了当下，还说他明白了一支陆军、海军和空军中"各组成部分间的合理配比"，说这三者都拥有一种充分的"进攻力量"。我认为，这不是一种准确的定义。"进攻力量"是什么意思？从理论上来看，无论是一把左轮手枪还是一艘无畏级战舰，无论是一把军刀还是一枚空投炸弹，任何一种武器装备都是具有进攻力量的。

　　至于陆、海、空三军，在我看来，"进攻力量"应当是指"有可能成功地实施进攻行动的能力"。一支武装部队要是在很可能会被打败的情况下发动进击，那么它就不具有"充分进攻力量"了。在这种情况下，这支武装部队就是鲁莽而不协调的。此外，在同一篇文章中，巴斯蒂科将军还恰当地警告说，我们必须始终考虑到所有敌人中最强大的那一个。于是，他用"充分"一词，指的就是最令我们担心的那个敌人。那么，我们由此必然会推断出，巴斯蒂科将军指的就是，能够对最强大的敌人发动进攻且有可能成功的陆、海、空三军的正确配比。太好了！不过，在其他条件相等的情况下，要想实施有可能获得成功的进攻行动，我方的实力必须比敌方强大才行。因此，巴斯蒂科将军最终必须构想出陆、海、空三军间的正确配比，并且让三军的实力都胜过最强大之敌相应的武装部队才行。

　　没有人能够否认，这样一种配比非但是正确的，而且显然还是最协调、最有利的一种配比；特别是我，就更不会否认了。不过，我们必须像美国那样富裕，才能将这种配比付诸实践。在美国行得通的一些事情，对我国来说却会是一种空想，因为我们没有必要的手段来实施。而巴斯蒂科将军也认识到了这一点，并且用数据进行了证明。他假设甲国军费为80亿元（其中有20亿用于空军），而乙国军费为50亿元（其中有7亿用于空军）；从这个例子当中，他得出了一个结论，那就是乙国会发现，该国在陆、空两个战场上都处于劣势。那么，我倒要问一问，乙国如何才能让本国的武装部队达到具有"充分的进攻力量"——即获胜所必需的、该国武装力量中三大兵种全都具有的"优势"——所要求的那种"正确配比"呢？

　　这就说明，我们不能用这位同僚的"正确配比"理论，来指导我国武装力量的组建。

要想找出各个组成部分的正确配比——此种配比，会让军事力量整体发挥出最大的威力——我们必须走一条不同的道路。请允许我用数学计算的方法，来解决这个问题。

一个国家中可归武装力量支配的资源是一个常量，我们用字母C代表。这些资源的总量，由陆军（用A代表）、海军（用N代表）和空军（用AF代表）组成。这样，我们就可以得出一个等式：C=A+N+AF。假如用V代表这三支武装力量的军事价值，那我们可以这样说：V=A+N+AF。现在，我们的问题是要给A、N和AF赋予一定的值，使得V达到最大的实力，而A、N和AF的总值又不会超过常量C。为了让V达到最大值，我们必须给A、N和AF这三个因素中的一个赋予最高值，而给其他两个因素赋予最低值。如果像我一样，假设空中因素在未来战争中将起决定性的作用，那么我们就必须将这种最高值赋予AF，而将最低值赋予A和N。这个最低值，就是让它们发挥防御作用所必需的实力。因此我才说：在地面进行抵抗，以便在空中集结力量。

在得出解决该问题的这一办法时，我们假定空中战场是决定性的战场。在那种情况下，这种解决办法是正确的，给我们提供了军事力量中不同组成部分的正确配比。但是，如果这种假设是错误的，那么这一问题的解决办法也会是错误的。在此种情形下，我们应当做出某种别的假设才是；因为各个组成部分间的正确配比不可能凭空出现，而是必须来自于一种经过周密考虑的前提条件。否则的话，它就会是一种随意而定的配比。

博拉迪将军称，如果空军能够实施一次威力非但足以让敌人的武装力量失去作战能力、而且"还能瓦解敌国的物质和精神力量"的进攻，那么空中战场就会变得具有决定性。难道他认为瓦解敌方的精神力量还不够吗？一个国家，如果已经尽失斗志，那么该国的武装力量和物质力量还有什么用呢？

费奥拉瓦佐上校承认空中战场具有决定性的条件是，掌控天空的那一方拥有足够多的空中力量，可供用于彻底击溃敌人。这是很正确的——除非一次行动能够带来属于明确结局之本质的那种情况，否则我们就不能认为此次行动具有决定性。这一点，对于所有战场来说都是适用的。皮洛士在陆上取得的胜利，什么胜负都没有分出来；而如果仅仅是掌控了海上战场，也不会决定最后的胜负。

在最初所写的一篇文章中，工程师阿塔尔如此说道：

我们绝对必须主宰自己的领空，倘若做不到，便会受到灭亡的惩罚。

这种说法如此强烈地赞同空中战场具有决定性，因此我们很难对其加以润色了。争夺己方或他方领空制空权的战斗，是在空中进行的。如果一方失去制空权会带来灭亡，那么这一方剩下来的东西又有什么要紧呢？而另一方面，在最近的一篇文章中，他又写道：

空中战场在某个特定时刻可能变得具有决定性。

这是不是在对他早期所写的那篇文章进行纠正呢？他指责我：

……变成了一种传统错误的牺牲品；这种错误就是高度而具有结论性地重视任何新出现的要素，并且将所有希望全都寄托在这种新的要素上。历史告诉我们，在海上，任何新的炮弹都会有新的装甲来应对；在陆上，带刺铁丝网先是有炸药包可以清除，然后又有迫击炮来对付了。

说得很正确。不过，阿塔尔在上述引文中提到的化学和细菌两种要素，我却从未谈及过。我很清楚，几乎每种毒药都会有解药，几乎每种细菌都有免疫血清。我说的并不是要素，而是新的手段。历史已经告诫我们，潜艇曾经从大型战舰手中夺取了制海权。

我说的也不是航空化学兵；也是这位工程师阿塔尔认为，航空化学兵拥有巨大的革命性力量，足以推翻兵法领域内迄今仍在使用的所有基本原理。如果确实是这样，那么兵法领域内沿用至今的那些基本思想的历史，就无法给我们提供任何教训了。诚然，"我们很难对陆上、海上和空中不同兵种的决定性作用进行等级区分"；不过，我们还是应当这样去做，以免在需要这样做的时候毫无准备。诚然，"它们的使用比例将取决于交战各国的地理情况"；正是这个原因，我才想要为我们意大利找出此种配比来。诚然，我们通常都可以说"陆、海、空三军都是战争这一严酷机体中必不可少的分支。"但是，难道我没有说过，"我们必须在地面进行抵抗，以便在空中集结力量"吗？这不就是说，武装力量的这三大分支兵种都是必不可少的吗？假如必须将这三大分支兵种全都利用上，那么尽量确定每个兵种的职能，从而使得整支武装力量可以发挥出最大的作用，这样做难道不对吗？如果空中是决定性战场，那么我们应当将所有可用的资源全都倾注其中，这话正是巴斯蒂科将军说的。相反，我说的却是在组织完地面防御之后，我们不妨把余下的资源全都集中于空中战场。我遵循的是在决定性战场集结力量的原则，但这一原则并不排除、而是结合了其余两个战场所进行的地面抵抗。

在捍卫自己的论点时，工程师阿塔尔曾经引用1925年至1926年间的法（国）、摩（洛哥）战争为例。

［他写道：］在那次战争中，航空兵发挥了极大的支援作用；虽说它为取得胜利做出了主要的贡献，但它并不是获得胜利的唯一因素。通过密切协同地面部队作战，航空兵起初主要是配合地面部队解救被里夫人围困的法军，并重建了中断的战线。接下来，航空兵又进而在进攻部队两翼采取有效行动，帮助地面部队完成了作战任务。但直到最后，待地面部队的压力使得敌人军心动摇

的时候，航空兵才变成了决定性因素，才通过积极切断敌方交通补给线的行动，粉碎了敌人的后续抵抗，并迫使阿卜杜勒·克里姆的手下缴械投降。

1925年至1926年间的法、摩战争。1925年4月，摩洛哥北部沿海的里夫人起义，7月法国与西班牙协议共同组织讨伐。9月初法、西联军在摩洛哥登陆；1926年5月，里夫人战败投降，战争结束。

我认为，工程师阿塔尔在此处有一点点误解。我说空军将会具有决定性意义的时候，并不是说空军将会成为获胜的唯一因素。假如我的主张是那样的话，我就会合情合理地提倡取消陆、海两军了；因为，如果只凭一个因素即空中因素便可赢得胜利，那么其余两个因素便是毫无用处的。所以，我完全同意工程师阿塔尔的说法。在法、摩战争中，航空兵并不是获胜的唯一因素。我还会更进一步，说在未来的战争中，空军也不会是唯一的获胜因素。

不过，"获胜的唯一因素"与"获胜的决定性因素"有着天壤之别；航空兵也很有可能是法、摩战争中获胜的决定性因素，而无需成为获胜的唯一因素。我并未仔细研究过那场战争，故没有资格来讨论这一点；但正如工程师阿塔尔所声称的那样，航空兵为获胜做出了主要贡献，这一事实却让我相信，航空兵无疑就是那场战争中的决定性因素。

不过，我们还是不要玩文字游戏了。假如像我认为的那样，由于未来

阿卜杜勒·克里姆（1882～1963）。摩洛哥的民族英雄，著名的军事家和政治家，1921年至1926年里夫大起义的领袖。在1926年的法、摩战争中，他被迫率军向法、西联军投降，后被流放并于1947年获赦。

战争中有地面部队的抵抗，所以空军将决定战争的胜负，那么，陆、海、空三支武装力量是不是就没有共同为胜利做出贡献了呢？这三个兵种是不是就并非全都属于获得胜利的因素了呢？如果其中之一没有完成任务，是不是就会丢掉胜利呢？我们只能确定一点：空军为胜利做出了主要的贡献。说空军发挥了决定性的作用，不也同样正确吗？协约国的海军，不正是由于它们确保了陆军的补给、确保了各协约国的生存，故对它们为胜利做出了决定性贡献这个事实而完全有理由感到自豪吗？

工程师阿塔尔说，欧洲战争的形势，未必会像法、摩战争的形势那样轻松。正是这样。不过，原因可不在于双方都会使用航空兵，或者双方都有对空防御力量；而是因为欧洲的生存和环境条件不同。工程师阿塔尔本人就证明了这一点。

1925年6月21日轰炸摩洛哥的一个露天市场时，一分钟内就炸死了800人。摩洛哥的一个露天市场里只有数千人口；而欧洲的一个城市里通常都会有数十万人口。对其中的一个城市进行空中打击，投下炸弹、燃烧弹和毒气弹，将会产生令人恐惧的后果。整个波河流域、我们的整个海岸线以及所有岛屿，都会受到空中打击的直接威胁。

这是显而易见的；倘若一国的人口稠密且文化先进，那么一场旨在瓦解该国士气的空中行动必定会有效得多。对生活在荒漠上的一个游牧民族进行空中打击，根本就不会有什么效果，或者说几乎没有效果；但这种空中打击，对一个生活在大型的人口中心里、有着高度文明的民族却会非常有效——它既令人恐惧，又让人生畏。

在描述完这种可怕的场景之后，工程师阿塔尔又问自己："这样一种打击，会对我们产生决定性的影响吗？"他是如此回答自己提出的这个问题的："我断定，那是不可能的。"但是，在如此断然否定之后，他却又加上了三个"如果"：

……如果我们精心组建起了地面对空防御力量；如果我们的航空兵保持着作战实力；如果我国的陆上和海上防线仍然牢固，能够对敌人形成威慑的话。

显然是这样的。如果我方空军能够击退敌人的空中进攻，那么敌人的空袭行动就不会对我们产生决定性的不利影响了。可是，假如不是为了让"意大利的对空防御力量"能够阻止任何可能对我方产生决定性影响的空袭行动，那我如此劳心费力的目的又是什么呢？但我所说的"意大利的对空防御力量"，并不是工程师阿塔尔所指的那种"对空防御力量"，而是指组成整个国家空军实力的所有力量。

即便是假定我国的陆上和海上防线牢固无比，我们也必须避免在空中被敌人击败才行；原因是，由于我国的地理位置使然，在空中战败便意味着我国战败了。这就是我为何力主我国应当能够在空中做出努力、并且实现最大努力的原因。我希望人们能够理解，我首先考虑的就是我国自身的形势。当我说空中战场将具有决定性的时候，我指的就是意大利。我之所以说它具有决定性，是因为如果我们在空中被敌人打败——而在空中战败，则意味着不可能再进行有效的反击——那么不管我国的地面形势如何，我们都有可能最终被敌人打败。考虑到航空化学兵的实际发展情况，有没有人能够合乎逻辑、真心实意地否认这一点呢？有没有人能够合乎逻辑、真心实意地向我们保证说，战争胜负不会在空中决出，或者说地面和海上部队将会先于空军决出胜负呢？有没有人能够合乎逻辑、真心实意地断言，就算我们在空中战败，也还有在地面和海上打赢战争的可能性呢？

我相信，没人愿意用整个国家的前途来孤注一掷。就算有这样的人，那也是我的反对者们；对于展望未来时那些无可否认的事实，他们都视若无睹。

巴斯蒂科将军曾经写道，我关于"不要忘了飞机能飞、毒气能杀人"的警告纯属空话。可这根本就不是空话。它说明了一条宝贵的真理；我们有义务为此做好充分的准备，使之不至于变得对我们不利。

博拉迪将军宣称，地面战场毋庸置疑地具有决定性，但他也不得不附带上一个"如果"：

……如果地面部队成功地击败了敌人，并且占领了敌方一些重要的中枢之地，使得敌人失去了这些中枢要地便会求和。

而对于空军，他如此写道：只有当空军实施猛烈的进攻，足以让敌方的部队失去作战能力，并且瓦解掉敌方的物质和精神抵抗之后，空军才有可能带来决定性的战果。"毋庸置疑地"和"有可能"这两个词，都说明了这位将军所抱有的那种成见；而下面这段文字，也印证了这一点：

……在空中获得胜利是一种假设的情况［在没有实现之前，所有胜利都是假设的］，因为两队机群之间可能不会直接遭遇［在此次世界大战中，海上舰队间难道没有直接遭遇过吗？］，因为可能会受到不利气候条件或者其他困难的影响。［到了1929年，还在谈什么气候条件！气候条件不是也会影响到海战吗？难道我们没有在成百上千份关于陆上作战的公报中看到过气象方面的内容吗？］空军比其他兵种的损耗会更大。［陆军的情况如何呢？我们难道没有听说过，在上一次战争中成百上千个师都损耗严重，以至于不得不重新组建吗？难道每个国家数百万的阵亡人员，还不足以让我们对地面部队在有生力量方面的损耗形成某种概念吗？］就算是在空中获得了胜利，或者夺得了制空权，也不会杜绝敌人在别的地方进行与我方空中进击相应的反攻［在陆上取得胜利，难道会杜绝敌人在其他地方取得陆上胜利的可能性吗？〕；考虑到飞机的破坏力，就算是数架飞机也有可能让我方遭到重创。〔甚至是在我方夺取了制空权的情况下，数架敌机还能让我方遭到重创，这可真是奇怪了！要是这样的话，我方的空中机群又成什么了呢？〕空袭的效果，可能会被一种积极和消极的防御体系，以及其他目前正在认真制定的手段所抵消。〔难道目前就没有积极和消极的防御体系以及其他业已制定的手段来对付陆军吗？〕最后，我们还须考虑到精神战场，它才具有真正的决定性，可能会形成一种意想不到的障碍。〔是的，现在终于谈到精神战场了，但我们对此已经讨论得够多，所以没什么可说的了；如果我们仰仗的是意想不到的障碍，则尤其如此，因为意想不到的障碍自然是没法讨论的。〕总之，空中战场也可能具有决定性，但其中所要求的那种行动，尽管会受到其特殊条件的帮助并因此而富有效果，却必定会遇到巨大的困难，必定会有严重的障碍需要加以克服！〔是的，可难道这是因为此次世界大战的经验业已表明，地面行动不会遇到巨大困难、没有严重的障碍必须加以克服吗？〕

巴多里奥元帅（1871～1956）。意大利军事家、国务活动家和陆军元帅。参加过第一次世界大战，并在二战期间担任意大利第28任总理。

工程师阿塔尔从巴多里奥元帅所写的一篇文章中，获得了某种安慰并支持其观点的——当然是与我的观点相左的——东西，并且引用了其中的数段文字。下面就是结尾的那一段：

恰恰是空军，将导致出现那种会尽可能缩短战争持续时间、并且所有国家如今都正在迫不及待地寻找的战争形式。

他不可能选出别的内容，比这段话更适合于给予我的观点而不是他的观点以安慰和支持了。巴多里奥的话里，含有一种明确的论断："会缩短战争持续时间的，正是空军。"这也正是我数年来一直都在宣

传的观点！假如某个兵种能够比其他兵种更快地让我们决出胜负，那就意味着
这个兵种能够让我们在其他兵种之前决出胜负。倘若这个兵种能够让我们在其
他兵种之前分出胜负，那就意味着它会在其他兵种之前发挥出决定性的作用。
因此，空军将会成为决定性的兵种。倘若如此，那么不赞同巴多里奥说法的就
不是我，而是我的反对者们了；正是他们，在不遗余力地想要证明与此完全相
反的说法，并且不愿意承认，空军正在战争形式方面引发出一场革命。持有异
端邪说的人，并不是我！我那些反对者们的观点，综合起来又是什么呢？"In
medio virtus。"［英译者注：即"美德在于中庸"。］巴斯蒂科将军如此说，
而博拉迪将军也赞同这一观点。我希望他们两人都感到满意！

尽管工程师阿塔尔自称反对此种"中庸的美德"，并且认为美德并不在于
平庸，而在于excelsis virtus［英译者注：即"美德在于至善"。］，但实际上，
他也是赞同前面那两位作者的观点的。

"至善"必定是唯一的，而决不会是为数众多的。如果允许我这样做的
话，我会说，"加强一个国家的所有武装力量，好像每个兵种都是决定性兵种
一样"完全就是胡说。因为这就意味着均等化、均衡化、平均化并满足于平庸
之道。这决不可能意味着至善。巴斯蒂科将军和博拉迪将军的平均化理论，排
除了各兵种在作用上的层次级别；事实上，这种理论源自"所有战场都可以是
具有决定性的"这一前提——但是，此种前提只是一种可能性，而不是一种或
然性。

这种"平均化"的理论，给"组成部分的正确配比"这个并未考虑到各组
成部分相对价值的问题提供了一种通用的解决办法——但此种解决办法，既有
可能源自深邃的远见卓识，也有可能源自纯粹的优柔寡断。这就好像他们先问
自己："我们应当选择哪一个？"然后又一致回答说："哦，为什么不三个都
选呢？"虽说这是所有情况下迟早都派得上用场的一种秘诀，就像某种获得专
利的万应灵药一样，但它根本于事无补，并且基本上是听天由命。这种做法，
就像是让部队排成一字长蛇那样；而大家都清楚，采用这种阵法必定会打败
仗。尤其重要的是，这种做法还表明了一种不确定性。

"美德在于至善。"这正是我的座右铭。我们不妨将力量集结于空中，
因为我说胜负将在空中战场上决出。我希望我的反对者们会大声呼喊："你错
了！胜负将在别的地方而不是空中来决出！我们必须将力量集结在别的地方；
我们必须集结力量于陆上，我们必须集结力量于海上！"可他们谁也没有说出
这种话来。我听到的唯一回应，便是："我们必须将兵力分散到各处！"不，
那样做可没法让我信服。

工程师阿塔尔试图用他自己对一位伟人著作的理解来让我哑口无言，而

巴斯蒂科将军首先却是想要证明，我的观点与某些具有普遍特点的基本理论相悖；而只要不是对军事一无所知的人，全都熟悉这些基本理论。

与基本理论作对，就像用头去撞一堵石墙那样愚蠢。你可能会碰得头破血流的！但我们还是先来看一看吧。巴斯蒂科将军用于抨击我的那些"众所周知的基本理论"，是不是有根有据、可靠得很呢？我们不妨来研究一下这些理论；目的不是为了无益的猎奇，而是为了看一看，那些精于军事的人为何有时会怀有根深蒂固的偏见。

□第一条基本理论

每一种学说，尽管受到它所适用的那些独有特点的约束，但都必须考虑到应用时的实际情况，还必须考虑到如何对可能性最大的敌人进行战争；倘若敌人不止一个，那就要考虑到如何对其中最危险的敌人进行战争。

这条基本理论中，我用斜体标注出来的部分是有问题的。一种战争学说，必须完全符合当时存在的战争现实，完全符合战争所涉及的那个国家的独有特点；而我的学说，则恰好符合这一标准。但是，这种学说绝对不能根据最有可能或者最危险的敌人的模式来形成。否则的话，这个敌人就会把自己的战争学说强加于人，而其他人便会放弃自己的思想，变成一个剽窃者了。何况，由于每个国家都有自己可能的和危险的敌人，因此也就没有哪个国家能够形成一种战争学说了。它们都会坐等按照敌人之学说的模式来形成自己的战争学说。

德·格朗梅松（1861～1915）。法国军事理论家和陆军将领，曾在第一次世界大战期间任法军总参谋部的作战部长。主张不应防御，而应不顾一切地出击。

假如空中战场确实变成了决定性的战场，那么，哪怕我们最有可能和最危险的敌人还没有认识到此种新战场的发展潜力，我们也应当承认这一点，并且采取所有适当的措施才行。这样，一旦战争爆发，倒霉的就会是我们的敌人，而不会是我们自己了。要是我们的敌人犯下错误，那对敌人就更加不利了。我们可没有理由去犯同样的错误。

巴斯蒂科将军所引用的史例并不恰当。法国的战争学说，以德·格朗梅松的"进攻时不顾一切是最安全的"这一悖论而告终；这种学说曾经让法国濒于亡国，而原因很简单，就是因为它与现实和常识都是背道而驰的。这种学说的基础，是一种关于进攻的谬论；而这种谬论，起源于当时让法军最高统帅部神魂颠倒的一种奇怪而愚蠢的念头。不幸的是，这种学说却被其他的人模仿了。与现实和常识背道而驰的一切事物，都会像这种不可思议的法国战争学说一样，注定是会消亡的。

要说有什么不同的话，那就是这个例子证明了巴斯蒂科将军所持观点的对立面；而他本人在说到法国的战争学说遇到以火力和进攻方式之优势为基础的德国战争学说之后就失灵了的时候，也证明了这一点。因此，德国人很聪明，在形成该国的战争学说时，并未让它符合德国最可能和最危险的敌人的战争学说。

所以，这第一条基本理论，就像一颗松动的牙齿那样不可靠。

□第二条基本理论

在准备武装力量的过程中，我们非但必须考虑到未来战场在地理和地形上的特点，还应当考虑到敌方武装力量的编制和构成。换言之就是，我们不能仅仅把准备武装力量看成是一个问题本身，不能认为这个问题的解决办法仅仅取决于我们的好恶，因为我方的武装力量，必须与敌人可能集结起来对付我方部队的规模和种类相称才行。

这条理论，甚至比第一条还要更靠不住。毋庸置疑，准备武装力量不能因为任何人的好恶而受到限制。它必须建立在赋予整支武装力量最大实力这一准则的基础上。无论敌方兵力多寡都只能这么干，除此之外并无更多或更好的办法。以可能之敌的行动为基础来准备武装力量，非但意味着放弃所有的主动权，还意味着任由敌人摆布，因为如果敌人犯了错误，我方也会犯下同样的错误。我们应当做好最坏的打算。倘若到时最坏的结果并未出现，那么我们就要好过得多。

当我说"我们不妨把所有的空军都用于进攻"时，我认为这样做可能出现的最坏结果，便是敌人也有可能这样干。假如我看到敌方只将空军用于防御，那我就会很高兴；因为那样的话，我方就会占有优势了。当然，我是不会去模仿敌人的防御组织的。

宣称我方准备的武装力量应当与敌方部队的规模相称，这一点更加糟糕。

任何国家都只能根据自身的资源情况，来进行相应的战争准备。

巴斯蒂科将军之所以试图用前面这两条理论来证明我错了，原因在于，我的理论会让我方武装力量在编制上与其他国家武装力量中占主导地位的那种编制不一样；简而言之，就是因为我没有跟随潮流。坦率地说，我是在寻求一种意大利的潮流；并且我也记得，在过去学习历史的时候，经常有人对我说，走在敌人前面总比跟在敌人屁股后面要好，因为胜利似乎往往属于那些成功地改变了传统的战争方式的人，而不是属于那些拼命地揪住传统战争方式不放手的人。

□第三条基本理论

在地面或海上作战这个方面，防御所需的兵力确实比进攻所需的兵力要少，但二者之间相差不多，并且仅仅是在有充足的时间、有合适的机会来组织地面防御的情况下才这样。

其中第一句话源自这样一个事实，那就是：进攻方可以随意决定进攻的时间和地点，而防御方则必须在整个防线上维持有效的防御措施。至于第二句，我们必须记住，在和平时期，边境上的防御机构如今必定都会有诸多的理由，来仅仅保持着凑合能用、且远非战时应当保持的那种状态；而要想让这种状态完善起来，使之能够真正支援到机动防御力量，尤其是支援兵力有限的机动防御力量，我们还需花费大量的时间。

巴斯蒂科将军想用这条基本理论来证明，把陆军的任务限定为抵抗没有什么好处，因而我所主张的这种限定是毫无意义的。问题是，虽说这条基本理论在此次世界大战前的军事学院里作为论文题目多少还有点儿用处，但如今它已经被那场战争血淋淋的经验推翻了。即便是对瞎子来说，这种经验也已证明，打破攻守僵局需要大量而非一点点武器装备和人员。我们几乎每天都可以看到，一小批勇敢顽强的士兵携带少量子弹和几捆带刺的铁丝，便能迫使敌方部队在数月之内、甚至是在数年之内都无法靠近。此战的经验也表明，有时候一些不太重要的地形障碍，确实会让双方血流成河并且消耗掉无数吨钢铁，才能一步一步地被攻克。可如今，人们却突然开始认为阿尔卑斯山是一处平坦的交叉路，因而无法防守了！

不过，《通用指令》中也承认，在某些给定的、可能很容易出现的条件下，战线会很快稳定下来——这也正是此次世界大战中经常出现的那种现象。

我可敬的同僚，您最好定下神来好好想一想，因为这条基本理论已经成为历史了。它已经陈旧不堪，所以理当将其束之高阁了。

□第四条基本理论

在海战中，尽管还不是广为人知，但防御需要利用到的武器装备和需要消耗的精力，都要超过进攻所需。在海上，就算是一支处于守势的舰队，也必须保护其交通补给线，使之不受到敌人威胁，甚至是敌方可能的威胁才行；由于敌人可以从任何方向发动进攻，因此防御方既须部署一支庞大的实际作战兵力，又须部署一支庞大的后备兵力，才能进行反击。在海战中，采取防御态势实际上意味着消耗量更大，而不是节省消耗量。

巴斯蒂科将军想用这条基本理论来说明，像我主张的那样去限制海军的作战任务，非但毫无益处，还是一种不利之举，因为那样的话，海军的消耗量将会更大。可这并不是一条基本理论。它不过是巴斯蒂科将军的一种个人观点，不过是一种虽说可敬、却仍然奇怪得很的观点罢了。事实上他肯定的是，要想在海上采取守势，一方必须有较强的实力；而这无异于是说，实力较弱的一方应当采取攻势。由于我坚称空中防御会比空中进攻消耗量大，因此我可以合乎逻辑地断定：应当在空中发动进攻；实力越弱，就应当越密集地发动进攻。可到了海上，在我看来，情况却完全不同了。起码来说，巴斯蒂科将军经常引述的历史业已表明，实力最弱小的海军一贯采取的都是守势。难道它们一贯都错了吗？

巴斯蒂科将军写道："就算是一支处于守势的舰队，也必须保护其交通补给线。"必须？这可不是个必须做什么的问题，而是一个能不能做什么的问题。如果做得到，它就必须去做。德国海军直接放弃了进攻；但这当然不是出于幻想，不是出于无欲无求或者出于缺乏责任感。它之所以放弃，是因为它没法不放弃；一支实力较弱、还要保护其交通补给线的海军，除非对手是一个超级大傻瓜，否则它就支撑不了多久。一支实力较弱的海军，必须在下面这两种情况中做出选择：是宁愿在数分钟之内必定会被敌人击沉呢，还是去寻找一个庇护所，以便机会出现的时候，能够充分利用敌方所犯的某种错误。在这种情况下开战，虽说是一种大胆的壮举，但也是一种会直接导致自取灭亡、无法确保海上贸易的壮举。这是一支实力较弱的海军被迫采取的态势——正因为势弱，所以才被迫。这可不是一种有意选择、以便节省实力和精力的态势。

的确如此；所以，我曾经用下面的话语来限定我的观点："在海上，我们的目标应当是禁止任何人未经我们同意就在地中海上航行。"这样，所需的兵力就会较少；而所需的兵种，也会与巴斯蒂科将军支持的那种防御态势所需的兵种不一样。事实上，正如费奥拉瓦佐上校所写的那样：

进攻敌方交通线所需的兵力，比保护己方交通线所需的兵力要少。在历次战争中，人们都动员了无数艘舰船去搜捕少量的劫掠船，而为数不多的潜艇（在任何时候都不到五十艘），也让一支全球性的海军度过了许多个不眠之夜，还让这支海军调动了成千上万的部队，使之无法去从事其他重要的任务。

这就足以说明，即便第四条基本理论是一条真正的海战原则——自然会有其他比我更合适的人来判定这一点的——它与我的主张还是毫无关系。因此，我们不妨将它像别的理论一样弃于一边，不予考虑吧。

□第五条基本理论

每一种备战措施，都必须与国家的经济潜力相称。说一国的军费不应当由该国的总预算来承担，而是国家的预算应当符合军事需要，这种主张是一种值得赞赏的愿望；但它百分之九十九是根本行不通的。事实业已证明，世界上只有美国能够做出这样的奢侈之举。其他各国远没有美国那样富裕，所以只能是知足常乐了。

终于看到一条真正站得住脚的基本理论了。巴斯蒂科将军在引述这条理论来反驳我的时候，一定是把我和工程师阿塔尔的观点混淆起来了。坚称预算应当符合防御准备工作的，是工程师阿塔尔；他甚至还因此而指责过我，说我过分强调我国在金融方面的欠缺。我只是说过："我们的空军，应当在我国资源允许的范围内，尽可能地变得强大。"

我越是想到这一点就越确信，巴斯蒂科将军一定是把我和工程师阿塔尔混为一谈了。是工程师阿塔尔宣称，任何时候都应当确保我们的国家生活健康发展，使之不会遭到任何可能之敌的威胁。而我比他适度得多，只是主张做好一种能够让我们用最好的方式去应对可能爆发之战争的准备罢了。巴斯蒂科将军不该浪费时间来向我证明，让我国的"独立空军"实力达到敌人的一点五倍、两倍或者随便多少倍，实际上是不可能迅速地打垮我国一个可能之敌的空军的。我并不想打垮任何人。我只想让我国能够做到不会轻易被敌人打垮——就算不是根本不可能被敌人打垮的话。

我会建议巴斯蒂科将军，不要与这条基本理论背道而驰，不要像他在将"一支陆军、一支海军和一支空军，并且全都拥有充分的进攻力量"规定成各组成部分的正确配比时那样做。那种配比对于美国人来说或许行得通，但对于我国来说，却正如我已经有幸指出来的那样，只是一种"乌托邦"。

□第六条基本理论

在备战的时候，我们始终都必须考虑到最不利的情况：应当将一个潜在盟友可能提供的支援，预先打个折扣并降到最低；反之，对于一个潜在敌人，则应预先将其实力估计成最大。

这是另一条本身就颠簸不破的基本理论。我毫无保留地同意这一条。我非但关注我国潜在之敌的实力，还关注这些潜在之敌的邪恶本性。正是由于这些原因，我才害怕敌人的空中行动。假如设身处地，站在我国潜在之敌的角度，我就会这样想：

"我的眼前，就是这个美丽的欧洲花园。我是不是应当经由其高耸的山脉壁垒去进攻该国呢？那里的每一块石头，都被该国子民英勇的鲜血赋予了生命，都会变成一座堡垒；就算我用最好的钢铁制成盔甲，进攻它们时我也会碰得头破血流。我是不是应当经由其海域去进攻该国呢？那里的每一个巨浪都会隐藏着一个陷阱，而在每一处海滨、每一座岛屿、每一块礁石背后，都会隐藏着危险，并且这种危险还因该国民众勇敢的心而放大了无数倍。我只在一个战场拥有优势；这并不是因为我会在那儿遇到懦夫，而是因为这个巨大的花园是个很容易发现的目标，而我的实力也很强大，足以挫败针对我国领土的任何反击。因此，在这个战场上，我必须对这个可爱的花园之国所有重要的中心城市发动激烈、凶猛的进攻。它们就在那里，根本就无力阻挡我。"

正是因为我尤为担心某个敌人可能会像我设身处地时那样思考，所以我才大声疾呼："让我们将力量集结于空中吧！"在这里，我要再一次建议巴斯蒂科将军，不要像他提出自己的"平均化"理论时所做的那样，与这一基本理论背道而驰。

正如那些对军事并非一无所知的读者已经意识到的那样，巴斯蒂科将军用这些基本理论来反对我的学说，对我根本就没有产生影响。他向我抛出的其他一些次要论点也是这样。自然，他会发现，我国的《通用指令》将攻向敌国心脏地带的任务派给"独立空军"去执行是合乎逻辑的；但他也会发现，由于魔鬼终究不像人们所描述的那样坏，所以对敌国或者我国心脏地带发动的进攻，顶多也只是会让人们心跳加速罢了。

他说，我想要在"决定性战场是空中战场"这一原则的基础上，建立起一种新的战争学说；可他却忘记了，这一点最终有可能变成事实，而不再只是一种抽象的原则。他并没有认识到，一种战争学说永远都不可能以原则为基础，而是始终建立在现实的基础之上的。

他说，如果将我的学说付诸实践，我们就是在给战争行为赋予一种与既定之战争学说不符的形式和内容。他忘了，一种学说的价值，并不是根据它与既定学说的相似程度来衡量的，而是根据它符合现实的方式来衡量的。如果没有人想过改变学说，唯恐打破它们之间的相似性，那么兵法就会像是海中的一处暗礁那样毫无生机，死气沉沉了。

他说，没有人敢冒险将我的学说付诸实施，除非预先就确信这种学说会带来有利的结果；可他却忘了证明，不用首先将其付诸实践便得到有利的结果，这一点如何才能做到。

他说，即便是不考虑数个世纪的历史，我们也可以断言，迄今为止战争总是在构成方式类似的陆军或海军之间进行的。我相信这一点；我也相信，日后的历史将会表明，未来战争将在构成方式类似的陆军、海军和空军之间进行。目前我们正在度过一个创新的时期；到了明天，我们都会消停下来。

他说，他必须合乎逻辑地认为：

……据我判断，只需两周的时间，便足以让敌人在物质和精神上乱成一团，从而迫使敌人停止战斗。

可他却忘了，我从未说过或写过什么东西，足以让人觉得我会说出如此草率的话语来。我只是说过，一个丧失了制空权的国家，可能会受到巨大的精神折磨，从而在陆上战争分出胜负之前，就被迫停止战争。他接着说：

……但如果不是两周，而是要用两个月的时间，那么陆军的编制便不可能做出什么改变；就算只是因为站在大门前面比站在后面能够更好地守卫大门，所以陆军起码也不用驻扎在边界之上严阵以待，而是可以试着越过边界前进。

我也认为这一点是显而易见的；如今，一场陆上战争要想在两个月之内决出胜负，是毫无这种可能的。不过我们也必须承认，假如敌人是在焚烧我们的房顶、拆毁我们的墙垣并向屋内的家人施放毒气，那么我们是站在大门前面还是站在大门后面，就没有多大关系了。

他说自己不明白，为什么"根据先验性的推断，冒着到处被打败的风险提出四处出击，会违反所有的战争基本原理"。他说自己的老师曾经教导过他，尽管应当带着单一的目标去进行战争，但同时在陆上和海上发动进攻（当时还没有空军）并不是一种错误。

假如巴斯蒂科将军的老师们只是说："四处出击不会有错"，而没有证明这样说的理由，那他们就教错了。如果他们这样做就糟了，因为进攻本身并不是目的。我们不会仅仅为了进攻而发动进攻。如果这样做，就有陷入巴斯蒂科将军本身批驳过的德·格朗梅松那种理论的危险。我们发动进攻或者进行防御，总是想获得胜利，因此自然会选择当时那种特定环境下最适合的方式。法军在普法战争初期采取的攻势，曾经让法国走到了亡国的边缘；而为了达到此种可悲结局而发动进攻的做法，也是很荒谬的。我们应当在能够做到的时候发动进攻；倘若做不到，我们就应当采取守势。

当然，如果可能的话，那么采取攻势就更可取，因为进攻的回报更大。不过，倘若其他条件都一样，那么我们必须实力更强，才能通过在陆上和海上同时出击而赢得胜利。因此，巴斯蒂科将军的老师教导给他的，很可能是：如果一方的陆、海两军都更强大，那么同时在陆上和海上发动进攻就是合理的。要是这样的话，我就无话可说了。

在此次世界大战初期，德军在陆上采取攻势，在海上则采取了守势。倘若四面出击，他们就会犯下严重的错误。

如果一方很有信心，认为己方的陆、海两军实力都比敌人强大，那就应当在陆上和海上都采取进攻态势，这样教给巴斯蒂科将军并没有错。此种教导与战争的基本原理并不相悖。但是，如果教导他说备战的目的就是为了到处出击，就肯定不对；因为这意味着一方必须处处都比敌人强大，而这一点，我们却不是始终都能做得到的。

即便是在空军还未诞生的过去，我们也经常谈到目标的专一性；这是指，运用陆、海两军都是为了取胜这个唯一的目标。如果一个国家在陆上可能会比在海上更容易被敌人打败，那么，目标的专一性就要求该国陆军的实力比海军的实力更强大。它要求该国将力量集中于陆上，哪怕这样做会迫使海军采取守势。反过来也是如此。英国一向都把力量集中在海上；倘若不这样做的话，该国就会犯下严重的错误。可惜的是，在过去，目标的专一性就像是阿拉伯沙漠中的不死鸟一样。人人都知道有这种鸟，可没人知道到哪里才能找到它。

有了空军之后，所有武装力量便终于结合成了一个整体，因为空军能够在陆地和海洋的上空作战。于是，目标的专一性便被一种含糊而混乱的行动专一性所取代了。陆、海、空这三种武装力量必须行动一致，去实现一个目标——即取胜；而对于已经完善了必要组织工作的我国来说，则尤其如此。想要到处取胜，成了一种理想。不过，这样一种理想，百分之九十九是实现不了的；因为这意味着，我们的实力在各个地方都必须强过敌人。尽量只在一个战场上取胜，这种想法更加切合实际；只要实力足以在决定性的战场上取胜，那么我们尽量做好在此战场上取胜的准备就够了。我们力所能及的，就是尽量让己方获胜的可能性变得更大；而要做到这一点，唯一的办法便是将己方的力量集中于决定性的战场上，而不管这个决定性的战场究竟是陆上、海上还是空中。因此，先验性地提出四处出击，是与大多数的战争基本原理相悖的。

阿拉伯沙漠中的不死鸟。古埃及神话中称，阿拉伯沙漠中有一种不死之鸟，每五、六百年便会积木自焚，之后再从灰烬中重生。类似于我国关于凤凰的传说。又称"长生鸟"或"极乐鸟"。

这一点，与空中战场是否是决定性的战场确实无关。它与巴斯蒂科将军所说的那种"断言却并未证明战争只能在空中取胜，而我们在陆上和海上则必须安于抵抗的新学说"也无关；巴斯蒂科将军指责说："可支持这种新学说的人，又有多少呢？"这倒是在某种程度上给了我"致命的一击"呢。

的确，我的支持者不多。可这又有什么关系呢？难道我这位可敬的同僚仍然认为，真理站在多数人一边吗？他最好小心一点，因为那是一种与现实不符的民主思想。多数会具有强大的惯性。推动他们需要很大的力气；可一旦动起来，他们便会排山倒海一般，奔涌向前。这种新学说的支持者不多吗？我们无需担心这个。他们会逐渐多起来，人数会成倍增长，而到了明天，他们就会形成排山倒海之势。

巴斯蒂科将军将他的观点总结如下：

……我们将被迫屈服，并且面对一种未知的新经历。

他还以评论的方式补充说："这很可怕，却也简单。"事实上，它再简单不过了！还有比零更简单的东西吗？根据他的观点，在面对种种迅速逼近的新现实时，我们完全应当不予理会，应当安然自得地等着一种新的经历在事后来教导我们本该做什么。因为没有别的东西能够教导我们。这确实是任何人最终都不难理解的一个事实。

我们真的应当心甘情愿地面对一种未知的新经历吗？这种想法的确可怕。是的，我们的确能够从中得出许多的结论；倘若我们碰巧又是此种新经历的受害者，那就更加如此了。甘愿屈从于未知？可屈从于什么样的未知呢？我们难道没有眼睛去看，没有脑子去思考吗？难道我们手中没有飞机和致命的化学品可用吗？难道我们不能实实在在地评估出它们的潜在价值吗？难道我们不能预先通过实验，查明它们能够产生的效果吗？将这种未知全部或者部分地公之于众——对于这种未知，我们比对潘趣和朱迪更加熟悉——难道做不到吗？难道我们应当像鸵鸟一样，总是把头埋在沙子里吗？我们难道要等到风雨大作，才发现手中的雨伞不够结实，不能遮风挡雨吗？

屈从于面对一种未知的新经历，就像是古时的和尚打坐；可如今这个时代，连和尚也无法把时间浪费在沉思内省之上了。我反对这

潘趣和朱迪。由早期意大利的那不勒斯传入英国的滑稽木偶剧《潘趣和朱迪》中的两个主角，其中潘趣是朱迪的丈夫，二人时常打架。该剧自17世纪起一直风靡至今。

滑稽木偶剧《潘趣和朱迪》演出

种消极的、听天由命而无所作为的态度。进取精神必须是灵魂、心中和脑子里与生俱来的。它无法只靠言语便能激发出来。我们需要这种精神，来应对未来可能出现的战争；我们不应当抱有自己能够承受战争并幸存下来的无益希望，坐视不理地等着。

虽说不得不勉强承认"独立空军"在未来的战争中可能发挥决定性的作用，但我的反对者们还是得出了这样的结论：

……不过，既然尚未证明它会发挥决定性的作用，那我们就不妨继续保持现状。

好吧，从根本上来说，这种推理过程就是错误的。只要承认空中战场有可能成为决定性的战场，那么，即便不一定会成为决定性战场，这也足以成为我们将力量集结于空中的理由了。在陆上战场，胜负很容易久拖不决；要阻住敌人并争取时间并不困难。此次世界大战中，我们就在阻住敌军的同时，还组建起了多个大型的陆军军团——它们也就是后来决定战争结局的那些军团。在海上，数支小型部队便牵制住了世界上最强大的几支舰队。如今没有人再认为，仅凭战争伊始就有的那些部队，很快便可以在陆上决出胜负。这就是为什么各国全都准备动员本国的工业企业，以便为在战争期间将国家资源转化为武器装备做好准备的原因。工程师阿塔尔写道：

宣战之后，所有的手段都将专门用于战争。每一笔必要的开支，国家都将提供。

确实如此；但这还不够。将国家的资源转化为武器装备以及其他的战争工具，是需要时间的；而在遭到空中进攻的情况下，要做到这一点却并不容易。这样做，需要社会安定和一定程度的安全保障；因此，我们在空中不能被敌人打败。在陆上，一方可以通过拖延来争取时间，直到自己做好准备面对的时候再去决战；但在空中却不能这样做，因为空中没有可供停下来与敌对峙的地方。双方空军很可能会在宣战之前便交起火来；因为双方都明白，在关键的动员期间发动密集而猛烈的进攻，会给己方带来巨大的优势。空战的结果，将由那支准备最充分、行动最迅速的空军来决定。一支实力更强的空军，是绝不会让另一方有时间获得增援的；而实力较弱的那支空军，也无法强迫对方等着它获得增援。

我的反对者们承认，这样一种空中行动有可能取得决定性的效果。他们的意思是，战争胜负有可能在空中决出，也有可能不由空战来决定。在前一种情况下，将兵力集结于空中将符合现实所需；而在第二种情形中，这种做法会与现实所需不符，但这也不致危及到战争的最终结果。虽说不将兵力集结于空中的做法符合第二种情形中的现实，但在第一种情形中，这样做却会极大地影响到战争的最终结果；假如我们再考虑到本国的地形特点，就尤其如此了。

假如巴斯蒂科将军和其他人承认的那种可能性变成现实，那么他们提出的"平均化"解决方案，就会让整个国家陷入极大的危险之中。即便是空中战场最终并不是决定性的战场，我的办法——我们甚至不妨称之为极端的办法——也不会给国家带来任何危险。鉴于存在他们所承认的那种可能性，那么我们马上可以断定，屈服于未知是极其危险的。

不过，这个问题还不止于此。在本书的第一编中我曾断言，假如夺取了制空权的一方成功地用空中打击瓦解了敌人的士气，那么制空权就会导致战争最终分出胜负。如果空中进攻没有瓦解掉敌人的士气，那么战争的胜负将由地面战斗来决出。不过，就算是在制空权最终并未发挥决定性作用的情况下，它也依然会对战争结局产生重大的辅助作用。掌握了制空权的那一方，能够保护其领土和地面的武装部队免遭任何重大的空中打击；而另一方，即丧失了制空权的那一方，将会暴露在敌人的空中打击之下，并且没有任何机会进行有效的反攻，来干扰敌方的国家活动并阻碍敌方地面部队自由行动。因此，就算战争结果不会由空战决定，将兵力集结于空中也是很有利的。

我必须再问一问我在1921年首次提出来的一个问题："如果我国一个可能的敌人夺取了制空权，用其空军来对付我国，并且摧毁了我国的精神和物质力量，那么部署在阿尔卑斯山区的一支强大的意大利陆军和掌握了我国周围海域制海权的一支强大的意大利海军，又有什么用处呢？"答案就是，它们可能会毫无用处。不管是在1921年还是如今，它们都会毫无用处；而时间也一天天见证着，空中化学武器的威力正在变得日益强大起来。我国的陆、海两军都可以英勇作战；但与此同时，两军也会认识到，它们身后的祖国正在遭受磨难，两军基地和交通补给线的安全也会失去保障。最终，它们甚至还有可能获得胜利；但只有以付出日益巨大的牺牲为代价，它们才有可能获胜。如果我们将努力的重心放在牢固掌握制空权上，不就会让我们的国家、我们的陆军和海军处于一种更好状态去进行战争吗？我们应当首先处理和面对最迫切的危险；而其余的危险，则可以在适当的时候再去处理。

现在，让我们各安其分吧。虽说民众既能够、也必须习惯战争的可怕之处，但所有的耐力，即便是人类的耐力，也是有限度的。没有哪个国家的民众，能够坚强到足以永远地承受空中打击。一个英勇的民族能够承受最可怕的打击，只要他们心中还抱有空中打击终会结束的希望；但是，倘若空战业已失败，那么，在地面和海面战争决出胜负之前，他们就无望结束这场战争了，因为地面和海面战争会打得太过旷日持久。日复一日地遭到轰炸，并且知道明天还会像今天和昨天一样遭到轰炸，知道自己的苦难没有尽头的一个民族，最终必定是会呼吁和平的。这可能需要两周、两个月还是六个月，取决于进攻的强度和这个民族意志的顽强程度；而得知己方的陆军已经越过边界攻入敌国，对于这个民族来说，不过是一种小小的安慰罢了。要想真正地宽下心来，就必须是得知己方陆军正在快速朝敌国首都挺进。

那么，我们还应该等待一种新经验的结果，来为我们提供应对此种不测情况的方法吗？我们还应该像一个傻瓜那样，在马儿被盗走之后再去锁上马厩的门吗？那样的话，经验还有什么用呢？上一次战争中的经验表明，我们犯下了一个错误，那就是没有及时认识到潜艇的重要性。这种前车之鉴，本来应当让我们在极不重视新的空中武器的重要性之前三思而行，可事与愿违，人们又走上了相同的老路；而我们这些指出此种新现实的少数派，却被他们认为是急性子、空谈家、极端分子、离经叛道者和反对原有传统的异端——这与此次世界大战前试图让人们理解潜艇重要性的那一小部分人的遭遇，简直是如出一辙啊。

莱布尼茨（1646–1716），德国著名数学家、哲学家，历史上少见的通才，被誉为17世纪的亚里士多德。他和牛顿共同创建了微积分。曾提出力本论（或物力论）这一流行于西欧的哲学思想，以力、能量及其相互关系来解释宇宙。

倘若过去的经验业已清楚地表明这种过去的经验毫无益处，表明历史就是相同的错误反复重现的过程，那我们为何还要等待什么新的经验呢？如今每个人都在谈论推动力。我承认，这是符合人类本性的；不过，一个真正具有动力的人不会等待，而会付诸行动，并且会迅速行动起来。

面对一种紧迫而危险的现实时，采取消极的听天由命态度，是最糟糕的一种错误。相反，我们应当试着问一问现实。现实将会给出回应；因为明天并非全然是人类所未知的——除了那些看不到、或者不愿看到形成现实的原因之人。

尽管有着此次世界大战中的艰辛经验，但此种经验业已证明不对的一些陈旧观念，如今却仍然有人相信。例如，巴斯蒂科将军写道：

如果我们非得承认，空军已经改变了战争，以至于战争目标不再是武装力量，而是敌国的精神抵抗，以及诸如此类的东西……

这句话表明，他认为，起码是迄今为止，战争的目标一直都是敌方的武装力量。这种观念，可不是巴斯蒂科将军才有的。相反，许多的军事专家，甚至还可以说是绝大多数军事专家，都持有此种观念。

如今，这种观念是绝对错误的。如果战争的目标是敌人的武装力量，那么空军作为一个兵种、作为一种工具来说，就根本改变不了什么。敌人的武装力量仍然会是作战目标；唯一改变的，只会是打击这种目标的手段。但事实是，战争的目标在任何时候都决不是敌人的武装力量。战争的目标，过去、现在、将来都是赢得胜利——也就是说，迫使敌人顺从我们的意志。正如古罗马人所说的那样，战争是最后的手段。

人类是会超越物质领域的。只要士气牢固，足以支撑其反击的意志，一个国家就会顶住敌人施加的压力。不过，精神抵抗会在面临无法承受的状况时瓦解，因此这些无法承受的状况最终就会迫使一个国家两害相权取其轻。所以，将此种无法承受的状况强加于敌人身上很重要；这才是战争的目标，过去一直是，将来还会是。

在陆上战争中，武装力量是用来实打实地、直接地保卫一国领土，并且尽量击败敌人的武装力量，以便侵入敌方领土的。在陆上战争中获胜的那支武装力量——即成功地摧毁了敌人抵抗能力的那一方——能够侵入敌人的领土，占领敌国重要的中心城市，攫取敌国的财富，强施法令，烧杀掳掠，并且奴役敌国国民。换言之，它会成功地将那些无法承受的状况强加到敌人身上；这些状况，将会瓦解敌国民众的意志，并且迫使他们接受胜利者强横地提出的所有媾和条件。这样，战争的目标就并不是因为敌人的武装力量已经被彻底打垮，而是因为敌方武装力量被打垮后，随之而来的种种后果才得以实现的。皮洛士取得的那一场场胜利，便证明了这一点。

但是，在不同的情况下，这一事实的应用方式还是存在着一定的差别。只要战争还是个人之间，譬如说诸侯、国王、皇帝以及其他统治者之间的私事，民众非但要承担战争费用，还须消极地忍受着战乱之苦，那么各国政府的首脑们就会募集军队，继续玩他们的战争游戏。通常来说，只需赢得一场战役，便足以实现战争的目标并停止战争，因为胜利者打败敌方的部队之后，便可以将自己的意志随心所欲地强加于敌国之上，而敌国则无力再进行任何抵抗了。倘若在关键之战中落败，战败国政府的首脑便会别无选择，只能尽力讲和了。我们会看到，在拿破仑时代，有些战役只打了数个小时，便决定了各个帝国的命

皮洛士式的胜利

运。过去的这些战争，人们理解得都很肤浅；它们掩盖了现实，使得人们混淆了战争目标和实现战争目标的手段。换言之，战争目标就是敌方武装力量的这种观念，正是源自于这些战争。

尽管社会结构已经发生了诸多根本性的变化，但这种观念却一直留存着。这样，各国便开始认为它们远离战争，而各国国民则充当了付费观众、战争旁观者的角色。更有甚者，民众还被合法地排除在战争之外，被称为"非作战人员"，好像战争与他们毫无关系似的。战争这种现象和一个民族一样，完全与他们的生活脱了节。只有公民中那些与其他人不同、并且与其他人毫不相关的特殊阶层和特殊机构，才会担负准备和进行战争的任务。战祸降临之后，因为觉得战争并非在自己的职责范围之内，所以政府便会将战争这一任务委托给别的人，然后就稳坐钓鱼台，静候战争结果了。毕竟来说，战争不就是两支武装力量之间的事情吗？于是，总司令掌握大权便成了一种惯例。战争的目标不就是消灭敌人的武装力量吗？平民百姓又有什么本领来参与这样一种任务呢？总之，面对着这样一种目标，其他方面的问题又有什么要紧呢？

这样，错误的果实便日益成熟了。不过，就算是在拿破仑时代，此种观念的种种谬误之处也是很明显的；只不过，人们对拿破仑时代进行的一些虽说热切、但往往又很肤浅的研究，将我们的理性领入了歧途。拿破仑号称"战神"，他本身就已经用自己付出的代价证明，如果敌方武装力量的背后还留下了某种东西，那么地面战场上的胜利，即击溃敌人的武装力量，就不是决定性的。对于他手下那支大军和他凭借着天才获得的一场场大捷，俄罗斯曾对之以本国的气候和广袤的领土；对于他那些勇武威猛的将领，西班牙曾对之以本国游击队员慷慨激昂的抵抗；因此这位皇帝根本就无法让俄罗斯和西班牙两国屈从于自己的意志。这也就是说，手段并没有达到目标。在同一时期，战场之上击溃了敌方武装力量的那一场场胜仗所打败的，都是武装力量背后只有态度被动、赤手空拳之民众的国家。拿破仑本人最终失败，也是因为他的军队没有获得民众的支持。

此次世界大战爆发的时候，这些观念并未改变；可现实情况却变了，因此这些观念也就失去了效力。如今发动战争的，不再是各国政府的首脑了；发动战争的是各个国家，它们业已变成了一个个充满活力、具有思想的实体。如今，民众本身与生俱来就拥有了战斗和获胜的意志。武装力量，不过是相互敌对的国家意志之间的中间手段罢了；而它们背后，也不再只是民众那种态度消极、逆来顺受、什么支持也提供不了的状态，而是有全体国民以及所有的物质和精神资源作后盾。甚至是战争形式也发生了变化，因为如今战争在世界各地，都已经演变成了一场对抗一个国家举国上下之抵抗的斗争。如今，我们会说"胜利属于能够坚持再抵抗十五分钟的一方"；而在这样说的时候，我们指的就是各个国家。我们不会再这样说："打败了敌人军队的那一方，就会打赢战争。"所有民众都把自己看成是作战人员，全都会为战争出力，因为战争如今是大家的事情了。各国政府本身都会感受到民众的热情，并且明白民众与其他人一样，都在关注着战争。

军队将领们也已认识到，民众高昂的士气给武装部队带来了力量；因此，他们便纷纷向政府建议，要尽可能地鼓舞起人民的斗志。

在陆上，国家之间的战争仍然是在所谓的战线上发生，只是战斗不再以拿破仑时代那种传统的方式发展了。战斗变成了一种极大地消耗人员和武器装备的局面，而此种消耗又对交战各国产生了直接的影响。在抵抗意志的驱动下，这些国家将所有资源都投到了战线上，并且一点一点地、慢慢地将其消耗殆尽。有的时候，是一整支一整支的陆军一溃千里并被消灭；可它们背后的国家，却早已做好了填补和重新组建这些陆军的准备。

很显然，为了打赢战争，一方必须在己方变得无力抵抗之前，耗尽敌人的抵抗力量。因此，最高参谋总部的战略，实质上便变成了一种"蚕食"战略。双方都会忧心忡忡地估算本国还剩下多少能够当兵的人员；双方最关注的，都会是本国的工业生产；双方也都会极大地重视海军方面的形势。虽说如今距拿破仑时代不过才一个世纪，可我们的做法却发生了多么巨大的变化啊！通常来说，只有在交战各国都已经到了其承受能力的极限、对胜利已经不抱希望的时候，传统的战场胜利才具有决定性的意义。此时，战场取胜便成了打赢战争的辉煌标志。

在海上战争中，这一现象则更加明显。交战双方堂堂皇皇的海军，都会避免实施决定性的作战行动，以便将实力保存到最后。双方实施的海上行动，都只限于尽量阻断和牵制敌方的海上贸易。这是一种用战争武器来对付民用工具的行动，一种直接针对敌国抵抗能力而非敌国武装力量的行动。然而，众所周知的是，这种行动几乎决定了上一次战争的胜负。协约国海军宣称荣耀应当归于自己，是海军间接地决定了此次战争的结局；我们也毋庸置疑，倘若海军没能遏制住德国潜艇所带来的威胁，那么协约国就会战败。不过，遏制住潜艇威胁的功劳，实际上是一部分应当归功于海军，还有一部分则应归功于协约国造船厂产量的增长。如果不是造船厂首先造出与德国潜艇击沉舰船吨位相当的船只，然后又加紧生产，制造出更多舰船的话，那么尽管海军实施的是防御行动，协约国在这场战争中也会被打败。因此，海战一方面是在用战争武器摧毁构成国家抵抗力量的那些因素，而另一方面，又是在用民用工具来支持国家进行抵抗。

我们的看法，与巴斯蒂科、博拉迪以及我的其他反对者所持的战争目标观点，是多么的迥然不同啊！而这一切，全都是根据上一次战争的经验得出来的，而不是建立在展望未来的基础之上。

战争的目标，并未因为空军的出现而发生改变。每一场战争的目标，始终都是相同的。空军只会让战争的形式和特点有所改变，使得战争更容易直接针对敌国的抵抗力量罢了。陆军和海军都能够间接地实施针对敌国抵抗力量的行动；而空军呢，却能直接对其进行打击，因而更加有效。空军的作用，仅此而已！

无论博拉迪将军怎么认为，恩德雷斯先生关于"在未来，战争将主要针对城市里手无寸铁的百姓和大型的工业中心进行"的说法，都是正确的。他之所以说得对，是因为从逻辑上来看，战争必将如此。而说这样做合乎逻辑的原因则是，如果有可能在发现敌方抵抗力量的地方直接对其加以打击，那么任何发动战争、想要实现征服敌人意志的目标、并且明白只有瓦解敌人的抵抗才能做到这一点的人，都将抓住这样的机会。空军的特点决定了战争必将如此，因为虽然能够抵达敌方领土上任何指定的地方，但空军却没有采取任何防御态势的能力。

如果实力较强的那支空军能够迫使敌人交战，而实力较弱的那支空军却希望通过采取守势来拖垮实力较强的一方，那么，空中作战行动首先应当对付敌国的空军，然后才能转而去进攻敌方的国家。换言之，一方空军首先应当打败敌方的空军。只有在获得了此种胜利之后，打赢的那支空军才能去进攻敌方的国土。

但是，如果两支敌对空军中实力较弱的那一方不愿交战，那么实力较强的那一方也无法强迫交战，这一点我们已经说明，并且得到了人们的普遍公认；又因为弱方不会想要自取灭亡，它所关注的全都是如何保存自己的实力，所以双方就不太可能发生空战了。

由于势在必行，所以不管人们在这个问题上有什么偏好，空战都是会随着实力较强的那支空军对敌方领土实施进攻行动而向前发展的——在此种行动中，实力较强的空军将会完全拥有采取主动的自由；而实力较弱的那支空军在类似的作战行动中却受到了限制，因为它必须避免与较强的那支空军直接交战。这些类似的行动，必然都是种种骇人听闻的暴行，因为双方空军的直接目标，必然都是尽可能在最短的时间内给敌人造成最严重的物质和精神损害。为了征服敌人的意志，一方必须让敌人陷入无法承受的境况；而要做到这一点，最好的办法便是直接进攻敌方手无寸铁的城市居民和大型的工业中心。只要存在这样一种直接的进攻方式，人们就会加以利用，这一点是毫无疑问的。

实际上，博拉迪将军不应当忧虑我们会像恩德雷斯先生所说的那样，"在敌人的坟墓上"签订和约。虽说坟墓无疑是会越变越大的，但也绝对不会变得像在签署《凡尔赛和约》之前那样大啊！

第一次世界大战之后，《凡尔赛和约》的主要签约国领导人：英国首相劳合·乔治（左）、法国总理克列孟梭（右二）、美国总统威尔逊）（右。

我们难道宁愿认为，此种灾难或许只是一种可能发生的事情？想到这种可怕的战争形式，有没有让我们感到震惊呢？好吧，那就顺其自然吧。不过，我们可不能指望，我国可能的敌人会有我们这样的感受，也不能指望敌人的想法会有别于恩德雷斯先生。倘若这种可能之事变成现实，在看到敌人进攻我国手无寸铁的城市居民和工业中心的时候，我们难道还能对敌人这样说：“住手！你们不按规矩来，我们取消战争！”虽然我所预言的这种灾难或许只是一种可能之事，但它肯定也是一种最坏的可能之事，我们应当做好面对它的准备才行。

它会变成现实吗？倘若不会，那就再好不过了。那样的话，我们只要愿意，就可以迫使敌人接受我们制定的战争规则。我们会不会不愿意那样做呢？就算不愿那样做，我们也不会有什么损失。如果在地面和海上处于抵抗局面，那我们就总会有时间去改进我们的准备工作；此时，一支强大的空军就会发挥出极大的帮助作用了。

我已经将自己的想法，总结成了这样一句话：“在地面进行抵抗，以便将我们的力量集结于空中。”不过，就算“抵抗”一词应用于陆军时并无疑义，我们也必须具体地说明这个词应用于海军身上的含义才行；我的做法是，说明在我国这种具体的情况下，海军的行动应当只限于禁止任何人未经我们同意就在地中海上航行。我的这种关于我国海军任务的观点，并未得到大家公认。不过，尽管我没有资格说自己是个海军专家，但我还是觉得，仅凭常识就能捍卫此种观点；并且，它只是一种关于总体方针的观点，因此更加容易捍卫。

自此次世界大战结束以来，专业人士始终都在一致地宣称，海军的主要目标就是保卫己方的海上交通线、干扰敌方的海上交通线，或者，要是做得到的话，就切断敌人的海上交通线。很显然，实现这样一种目标非但极其重要，在某些情况下可能还具有决定性的意义。就意大利来说，我国的海上交通线具有首屈一指的重要性，原因主要在于我国缺少原材料。倘若阻止我国进口原材料，后果将会不堪设想。对于这一点，我们都没有异议。实现阻止敌国进口原材料的这一目标，对于世界各国来说，无疑都是极其理想的；而从此次世界大战的经验来看，则尤其如此。事实上，许多海军大国早已披着人道主义的天真外衣，用众所周知的海军协定，达到了这一目的呢。

但是，光有一个理想的目标还不够；我们还得拥有必要的手段和环境，才能指望去实现这一目标。未处于此种环境且未拥有此种必要手段的人，就只能放弃自己的理想目标，尽量去实现一种更加实在的目标，而不管此种目标是多么的微不足道了。只要想到一场可能发生的海战，我们就会想到我国与地中海地区的强国之一爆发战争，或者是由像我国一样处于这个封闭海域的国家所组成的两个联盟之间爆发战争。我们很难设想出一场其中只有意大利属于地中海强国的战争。因此，在这种可能爆发的战争中我们必须考虑的，便是两种最大的强国——也就是说，一种是本身处于地中海地区的强国，另一种则是狡猾地存在于地中海地区的强国。我们不妨考虑一下第一种可能性，即我国与这两种大国中的一个爆发战争。在这种情况下，我们可以为我国海军设定何种实际可行的目标呢？

将敌人阻于地中海之外？显然应当这样。保护我国在地中海地区的海上贸易？显然应当这样。保护我国在地中海地区以外的海上贸易，并且干扰敌人在地中海地区以外的海上贸易？显然不该这样。利用我国的地理位置，甚至只用有限的部队，我们便能在地中海地区实现前两个目标；可在地中海地区以外，我国的处境就大不一样了。在各个大洋中，我国并没有合适的海军基地；而我国业已因为基地缺乏而很不健全的部队也不可能变得很强大，就算地中海地区的大门并没有被敌人占领，也不足以将我国海军派遣到地中海大门之外去。我国在大洋上的海上贸易不得不保持着固定航线，故很容易遭到敌人的袭击；因此，我们将不得不放弃这种贸易。我想，对于那种情况，我们可不能抱有任何幻想。

显然，"阻止敌人在地中海上航行，是不可能对我国的可能之敌产生决定性影响的"。被阻于地中海海域之外，顶多不过是会妨碍或者干扰到我国的可能之敌罢了，费奥拉瓦佐上校这话说得很有道理；但这样肯定无法打败敌人，因为敌人可以轻而易举地改变贸易线路。不过，我国将会获得能够在地中海上相对自由地航行的优势；尽管效果有限，这也算是一种积极的结果吧。不过，这最终也有可能变成一种极其重要的结果，因为地中海地区还有其他的强国，但愿它们并非全都与我国为敌，尤其是在爆发局部战争的时候；这样，它们可能就会帮助我军补充给养。倘若我们不依赖于大洋航线便能获得那些必不可少的给养，那么，这种结果甚至还会变得具有决定性的意义呢。

反之，要是我们既想保护我国在各个大洋的海上贸易，与此同时还想去袭击敌国的海上贸易，那我们就不得不削减地中海地区的海军兵力。这样一来，我们就会发现，我国在地中海上可能很容易被敌人打败，并因此而令我国在地中海上的航行自由受到更大的限制。所以，如果敌人阻止我国在各个大洋进行海上贸易，会让我国只能抱有从另一个地中海强国那里获取补给的希望，那么被敌人阻止在地中海上进行贸易，就会让我国失去这种唯一的指望，我们就会发现自己被彻底孤立起来了；而这种状况，很可能对我国产生决定性的不利影响。

在我国和另一个地中海大国爆发局部战争的情况下，我所提倡的那种最低目标，便是一种让我们最有可能不失去那些赖以生存的给养之目标。我已经概括地考虑过此种情况——也就是说，我并没有把这种情况分成其固有的两种可能性：一种是与本处于地中海地区的大国爆发战争，一种是与狡猾地存在于地中海地区的大国爆发战争。不过，倘若自己思考一下这两种可能性，那么读者就会更好地理解我所提出的那种最低目标的重要性了。

现在让我们再来研究一下第二种可能性——即两个大国同盟之间的战争，其中有些国家像我国一样，属于地中海地区的强国。这些国家中的一个或数个，会站在我国这一边或者与我国为敌，或者部分支持我国、部分反对我国。不管是哪种情况，我们都不会是孤身作战。除了我国海军，还会有一支或者多支海军与我们并肩作战。由于除了巴尔干地区的一些小国外，其余各个大国在地中海以外都有出海口，因此，通过独掌地中海海域，我们就可以让我国的盟国将海军全都派到各个大洋上去。如果敌方同盟中没有哪一个国家愿意在地中海上航行，使得这片海域在战争期间变成一个宁静的湖泊，那么，就没有什么可以阻止我国将潜艇和其他小型海上作战单元派到地中海以外，从友好国家的海港出发去作战了。倘若地中海地区有敌国，那就掌控地中海，如果地中海地区没有敌国，那就装备相当数量的海军部队前往大洋上作战；这将是意大利能够为其盟国所做巨大贡献。［英译者注：在目前这场战争中[1]，意大利似乎正是这样做的；该国让一部分潜艇从德国的基地或者德占基地出发，对在大西洋或者其他可能海域航行的盟国舰船作战。］

这就是我的推理过程，并且我认为这一过程相当简单。反过来我还认为，如果我们按照到处都很普遍、尤其是各国海军中常见的标准化方式来行事，并且根据各个海洋强国所用的方式来组建我国的海军，那么我们就会忘掉我国被封锁在地中海、我国的位置独特这一事实；结果，无论是最高目标还是最低目标，我们就会都实现不了。

在诗兴大发的时候，我们会将地中海称为"我们的海"[2]；而倘若想要现实一点的话，那我们就不妨真正把地中海变成一个我国的海。至于那些想把各个大洋也变成"我们的海"的雄心壮志，还是忘了的好。那是一种不现实的梦想；起码来说，只要目前的情况如此，这种梦想便是无法实现的。如果我们的实力变得很强大，足以不让任何人未经我们同意就在地中海上航行，那我们就可以把这个海变成我国的海。就算是这一点，在潜艇出现之前，人们可能也都觉得它是一个不可能实现的梦想呢；但如今，这不再是一个梦想了。尽管我国财力有限，但我们还是可以通过利用我国无与伦比的位置，利用我国的岛屿和

---

[1] 指第二次世界大战。

[2] Mare nostrum：我们的海。它是"地中海"在罗马尼亚语中的名称。1861年意大利统一后，由于意大利的民族主义者认为该国是古罗马帝国的后裔国，因此这一名称在他们当中颇为流行。

殖民地，利用种种海战新武器的特点以及我国英勇无畏之水兵的技术和胆魄，来让这个梦想变成现实的。

我们还需要考虑到另外一个方面。一支小型舰队，不像现代的大型海军那样需要庞大而复杂的海军基地；并且，它们容易躲藏，不易被敌人发现。在如今这个甚至可以从空中发动进攻的时代——我国所有的大型海军基地，都会暴露于空中打击之下——想将庞大而显眼的目标藏起来不让敌人发现，是没有一点儿好处的。

问题还不止于此。与其他所有的武装部队一样，一个国家的海军会通过其实力影响到国际政治。只要我国海军是按照其他国家海军的模式标准化地组建起来的，那么，人们就只会考虑到海军的数量。相反，按照我的想法组建而成的一支海军，却不用顾及其数量，便能够控制整个地中海；这就是二者之间的天渊之别。费奥拉瓦佐上校写道，对于我国的可能之敌来说，受阻无法进入地中海地区，不过是一种障碍罢了。确实如此。不过，地中海被三个大陆包围着；只要看看数个世纪以来各国是如何争夺此地的，看看一个距此非常遥远的大国[1]长期都让海军主力据守地中海门户的做法，我们就会明白，占领地中海必定有着极其重要的意义。因此，在地中海上称霸的实力，必定也是国际政治上一种举足轻重的影响力。我并不想讨论这一点，因为这不是我力所能及的事情；不过我觉得，如果意大利能够剑指地中海，如此发号施令："禁止擅自进入此地！"那么，意大利在国际事务中的威望就会大大提升。

一个力主法、意两国缔结更密切之协约关系的法国人写了一本书，其中有一种观点跟我的很相似。作者试图说明此种密切之协约在欧洲的政治意义，说一旦爆发战争，便可以由意大利掌控地中海，而由法国到大西洋上去作战。作者说，在那种情况下，英国就算重新建立起绕道好望角前往远东地区的航线也不行，因为这条新的航线是很不安全的。这种考虑——我始终都是根据这位法国作者的观点来说的——将会让英国紧紧靠拢法-意协约，从而与西班牙和比利时一起，形成欧罗巴合众国[2]的基石；为了让"旧世界"与"新世界"保持实力均衡，人们已经开始觉得有建立一个欧罗巴合众国的必要了。

---

[1]　指英国。

[2]　The United States of Europe：欧罗巴合众国。指19世纪出现的一种把传统的欧洲国家联合成为一个新的、政治制度与美利坚合众国相似的统一主权国家的政治主张。拿破仑在欧洲的多次征战，基本上都是为了统一欧洲各国，因而可称为将此种政治主张付诸实践的第一人。后来又出现了多种相关的提法和方案，但这一主张一直都未实现。注意，如今的欧盟（European Union）与"欧罗巴合众国"并不相同，因为欧盟只是一个政治组织，而非一个主权国家。

指出阻止其他国家进入地中海不会是一个决定性的目标之后，费奥拉瓦佐上校又断言，说我们的根本目标反而应当是"保护我国的贸易"，并且"通过掌控地中海及各个入口"就可以实现这一目标；他还补充说："任何国家都无法在此进行贸易，将会是这一目标合乎逻辑的必然结果。"

我实在无法理解，掌控地中海如何能够确保我国贸易的安全；因为众所周知，最重要的是我国的船只首先必须能够抵达这些入口才行。要是我没有弄错的话，只有掌控了这些入口以外的大洋水域，才称得上是一种可靠的保障。我也不明白，控制地中海及各个入口，如何会带来其他国家无法进行贸易这样一种必然的结果，因为那些国家都有通往大西洋的出海口。

做出这一论断之后，费奥拉瓦佐上校似乎又假定我们已经成功地将所有的敌人全都赶回了大西洋上，因此如今我们可以通过直布罗陀海峡了；他写道：

我国海军欢欣鼓舞；不过，由于规模很小——"小如尘埃"［英译者注：这是一位法国政客数年前称呼意大利海军时所用的话语。］——所以此时它会面临着一个难以解决的问题，那就是保护我国在各个大洋上的交通贸易，或者起码是在距直布罗陀海峡不远的海域进行保护，同时还要干扰敌人在大西洋上的交通贸易。

我们是无法占领直布罗陀的……因此，我们必须从地中海地区的基地出发，到大西洋上去作战。我们不妨假定，我国已经占领了巴利阿里群岛[1]中的一个岛屿；与攻克敌人在欧洲大陆上的一处港口相比，这是一个比较容易实现的目标。占有这些岛屿，让我们拥有了某种优势，可我国的"尘埃"掌控大西洋的本领却不是很好，并且没有充分的自主决断权。要解决这一问题，我们需要配备大型的、快速的巡洋舰和大型的潜艇，并且要有舰载飞机进行协助。但是，由于无法临时凑齐这些武器装备，所以我们只能是在地中海上来回巡弋，甚至连我国的商船也会无货可载，因为敌人会阻止它们进出地中海。

写下这些话之后，他在最后还称，自己想要说明下述主题：

意大利空军越是强大，在一场可能爆发的战争中越是能够成功地迫使其他国家的海军退到地中海的外缘，我国海军的实力必定就会越强大，越适合于到大西洋上去作战。因此，就意大利而言，"集中力量于空中"还需要它"集中力量于海上"；倘若通过这种双重的力量集中，我国能够确保海上补给线的安全，能够让后方的劳动力不受干扰地工作，能够进攻敌人的抵抗中心，那么，我们就会为我国英勇的步兵［英译者注：作者用的fante一词为意大利语，

---

[1]　Balearic Islands：巴利阿里群岛。西班牙以东地中海上的一处群岛，现为西班牙领土，经济以旅游业为主。其中的岛屿有马霍卡、米诺卡、伊维萨、福门特拉和卡夫雷拉等。

指"步兵"，正如美国人用doughboy一词指其步兵一样。〕创造出了全部的物质和精神条件，使之能够踏上敌人的国土，并且实现其所有的梦想。

要是我们能够做到这些的话，那就说得非常正确！不过，这只是一个梦想，作者自己也承认了这一点；可我们不应当一味地梦想，而应当瞪大眼睛面对现实才是。迫使敌国海军退到地中海外缘这一任务，并非属于空军；它是海军的任务，而倘若海军成功地完成了这一任务，荣耀也将归于海军。完成这个任务之后，就算仍然面临着保卫我国在各个大洋上的交通贸易，以及阻断敌方交通贸易这一难以解决的问题，海军也不会是因为其规模太小而做不到，而是因为我国的特殊条件〔英译者注：主要是指地理、经济和财力条件。〕，使得我们不可能靠自己来解决这样的问题。即便是能够将大部分的预算都用在建造大型舰船上，我们也无法改变这些特殊的条件；因为在那种情况下，我们就会有风险，无力去阻止别国海军在我国海域航行了。

德国之所以战败，既是因为它不满足于一种最低的造船计划，也是因为它没有将资源集中用于建造潜艇。该国的舰队实力强大，适于大洋航行，既能远程航行，又有着交通便利的基地；可归根结底，除了让敌方的舰队时时保持警惕之外，这支舰队丝毫没有发挥出什么作用。所以，德国舰队最后便可悲地战败了。假如该国不是将目标定得过高，假如该国满足于阻止敌方在海上航行，而不是试图去控制整个海面，那么，德国可能就会因为更多地利用小型部队、较少使用大型舰队而获得胜利了。这就是昨天留给我们的经验教训。

费奥拉瓦佐上校称，"意大利形势特殊，海、空两军相互依存，因此两军实力都必须相当强大"，这种说法并不准确。意大利的特殊形势，并不会让我国的海、空两军之间产生出一种相互依存的关系；它只是向两军表明，两军都有某些听上去几乎相同的、实实在在的直接目标。对于海军来说，它的目标就是"我们的海"，就是控制地中海；而对于空军来说，它的目标就是"我们的天空"，就是控制地中海之上的天空。确实，假如我国能够组建一支可以控制各个海域的海军和一支可以控制所有空域的空军，那么我国英勇

第一次世界大战中，行军中的意大利重炮。

的步兵就能轻而易举地踏上几乎任何地方了。但我们是无法实现此种双重理想的，因为尽管我国并不缺人，但我国缺少武器装备——我们并不是美国人；所以我们必须知足，只做我国力所能及的事情。不过，这一切都并不是说，我们无法极大地帮助我国步兵去履行其艰巨使命。我们应当尽力而为，并且在未来的战争中对步兵如此说道：

"坚守阿尔卑斯山脉上组成我国神圣边境的每一块石头，并且用雷鸣般的声音喊出：'此处禁入！'应当保持高昂的斗志，因为空中的兄弟部队将会阻止敌人屠杀你们的同胞，并且保护好他们，使得他们能够工作，能够给你们送来食物和武器装备。空军也能横扫敌人的领土，而海上的兄弟部队则会将敌人逐出地中海，保护好你们的补给运送。一步也不要后退，我们的步兵兄弟。就算敌人兵力超过了你们，也要寸土不让，让敌人在因你们的顽强意志而变得不可侵犯的石头上碰得头破血流。无论他们头上的角有多硬，都会被磨平；直到他们在我方的空中打击之下，耗尽自己的物质和精神力量，敌人就会变得任由我们摆布了。然后，你们便可站起身来，冲向敌人。你们的进攻将会手到擒来、势如破竹；而你们也会感受到让我国国旗在敌人领土上飘扬所带来的欢乐。"

但是，如果我们不得不对他们说下面这样的话，那我们英勇的步兵就会高兴不起来了：

"前进！尽力通过崎岖不平的山区乡村前进，一步一步地征服，用你们高贵的鲜血染红大地吧。前进，忘掉敌人正在用如雨般的炮火和毒气蹂躏你们的家园。前进，如果我们无法给你们送去武器弹药，也要忍耐，因为敌人的空军正在摧毁我们的工厂、仓库和交通补给线。前进，就算饥肠辘辘也要忍耐。我们试图控制海洋，却劳而无功；相反，敌人却把我们封锁了，让我们连地中海都进不来。前进！你们就是唯一的希望。前进，去获取胜利！"

结论

这场旷日持久的讨论，虽说像所有的辩论一样，并未让参与讨论的人对自己的信念有所动摇，但它还是表明，就算没有别的作用，它也让人们对下面这个问题产生出了极大的兴趣："未来的战争会是个什么样子呢？"现在，各地的人都在讨论这个问题。各地的人也都感觉到，某种新的事物即将出现。

如今，我认为——而我也希望，在这里最终能够与全部可敬的反对者们意见一致起来——这个问题对整个国家来说利害攸关，因此需要成立一个机构，有计划地来帮助解决这一问题。为此，我只能引述我在1928年2月所写的一些内容：

至于这样一种战争机构，我们将会发现自己处于一种有利的形势，因为我们已经把所有的武装力量全都融合到了一种单一的指挥之下。但可惜的是，尽管大家都认同此种融合所带来的好处，可一些军事思想家和作家却似乎发现，人类不可能做到超出自身的特殊利益来看待问题。

研究陆军的人基本上只会论述与陆军相关的问题；海军研究人员基本上只会论述与海军相关的问题；航空研究人员基本上只会涉及与空军相关的问题；而当他们的论述涉及到战争全局的时候，每个人所强调的，也都是对自己所属军种更加有利的部分。世上有陆军专家、海军专家和空军专家；而世间并无战争专家。但战争是不可分割的，战争的目的也是如此。

在我看来，这样一种局面，会让我们很难就一种正确的战争学说达成什么明智的一致意见。所以我认为，培养一批全面的战争专家很有必要，尤其是在我们所处的这个过渡阶段；因为这样的专家，是唯一可以创造出新的战争学说的人，也只有通过他们，我们才能找出备战这个根本问题的解决办法来。

此种新的战争学说，自然应当建立在联合运用各个兵种的基础之上。在战时，指挥此种联合作战的人应当将所有兵种都看成是为实现同一目标而形成的一个整体中的组成部分。因此，我们如今必须培训出能够运用此种三刃兵器的人员——也就是说，必须组建一个最高统帅部，并由有能力指挥全面战争的军官组成。

陆军中有三大主要兵种：步兵、骑兵和炮兵；不过，由于这三个兵种都是为实现同一目标而联合作战，故除了步兵军官、骑兵军官和炮兵军官，还需要其他的军官，即能够联合运用这三个兵种的军官。因此，我们才成立了军事学院——这在当时就是一个并不准确的名称，如今则更是不准确了——以扩充这三个兵种中那些军官们的专业才能。

我认为，如今也应采取同样的措施来应对全面战争的问题，将陆、海、空三大兵种联合起来，成为实现同一目标的一个整体。当然，我们不可能马上成立一个我可称之为"全面军事学院"的机构，因为我们还没有教师和可以传授的战争学说。我们首先必须培养教师、创建学说；我认为，我们可以成立一个称之为"军事研究院"的机构来实现这一点；在这个机构里，那些从各兵种中挑选出来的最聪明、最博学、思想最开明的军官，可以一起来研究这些艰巨的新问题。在这样一个研究院里，各种思想都可以相互交流、受到认可或者抵制；通过这样的思想筛选，通过犹豫、不肯定和抵制，最终就可以产生出共识来。而根据此种共识，人们就会构想出新的学说——此种形成过程，将会使得这样的学说很容易为人们所认可和接受。

此外，这样一个机构还将有助于达到此种目的：让从不同兵种中选拔出来的军官之间进行密切而友好的联系，使得每个兵种都能够了解并认识到其他兵种的真正价值，并且反过来让各兵种之间形成一种温暖而亲切的和谐关系；一个整体的各个组成部分之间，始终都应当保持着这样的和谐关系才是。

总之，这样一个机构就是一种工具，可以鼓励许多仅仅出于个人爱好而研究这些新问题的人做出努力，并将他们组织起来。如今，这项工作进行得很不协调，既缺乏手段，也缺乏指导；因此，这项工作也就无法带来令人满意的结果。通过这样一个机构，那些能够在一所真正的军事学院里讲授新的战争学说的人，便可以去为总参谋部培训军官，从而让这些军官在和平时期成为总参谋长当仁不让的助手，而在战争时期则成为武装部队总司令当仁不让的助手。

第四卷
19××年战争

《19××年战争》这一卷，是1930年3月杜黑将军辞世数日之后，在《航空杂志》上发表的。这是他的最后一部作品；其中，他用下面的话作为卷首语：

"我必须承认，《航空杂志》编辑的盛情邀请令我极感荣幸，故我马上接受了这一邀请；而待开始思考我所承担的这一任务之后，我才意识到，自己接受这一任务或许过于草率了。

"任务的主题是，对不远的将来在列强之间爆发的一场假想战争进行描述。在任何情况下，这都是一个棘手的主题；而当我考虑到，这并不是一个胡思乱想或者异想天开的问题之后，我就更感棘手了。当然，我必须遵循严格的逻辑来进行严密的推理才行，因为我是为一家声誉卓著的军事杂志撰写一部严肃的作品，而我也必须通过想象未来所发生的事情，来达到为现实提供某种教益这一实用之目的。假如我没有正式地应承编辑，而且假如情况没有变得更糟——《航空杂志》刊登了这部新作的预告——的话，那我就会欣然放弃这一任务的。可事已至此，我只好硬着头皮继续下去了。

"下面就是我的劳动成果，希望广大读者宽宏待之，并且希望读者记住，假想中彼此交战的那些大国的全部思想、理论、行动、组织和事件，都没有什么现实依据。在这些问题上，我并没有什么内幕情报；我只是运用自己的想象力，来描述两种不同的战争观念和两种对比鲜明的航空组织罢了。"

引言

在19××年夏季爆发的这场大战中，实力强大的空军首次参与了战争；也正是这一点，使得这次战争具有了自己的特点。本书乃是由各交战国最高统帅部公布的《关于19××年战争的官方报告》，以及后文一些地方将会适当提及的其他文件汇编而来，其目的就是描述此次战争的发展过程，并且主要是描述其中空军所起的作用。

不过，历史学家终究是人，并且每个人的性格都有可能在其作品中得到反映；因此，尽管我决心做到客观公正，但我的性格还是有可能将我领入了歧途。如果出现了此种情况，恳请读者谅解。

在第一编中，我会简要地说明此次战争的起因，然后再描述各参战国在精神、理论和物质方面所做的准备工作。在第二编中，我将描述战争爆发之初的概况和双方的作战计划，然后再去叙述具体的战事；其中的陆上战事和海上战事我将一笔带过，而空中战事则会详加描述。

第一编

第一章　战争的起因

《凯洛格公约》：这一事件使得战争必然爆发。正如我们简短叙述所表明的那样，事态在一片混乱中迅速发展到了一个令人不知所措的顶峰。数天之内，来势汹汹的乌云便遮住了地平线，以至于人们不得不放弃和平解决争端的全部希望了。悲剧在突然之间达到了高潮，使得整个世界都为之震惊，连参战的列强也是如此。它们似乎是被无情的命运所迫，而深深地陷入了战争的漩涡之中。

1928年8月在巴黎签署《凯洛格公约》。由法国外长白里安和美国国务卿凯洛格于1927年发起，旨在推动法、美联手来抑制德国的力量。最初的签字国有法、美、英、德等15国，于1929年7月正式生效。该公约规定，放弃以战争作为国家政策的手段，只能以和平方法解决国际争端或冲突。由于该公约本身是建立在理想主义的国际关系理论下，所以它并未发挥出实际作用。又称《（巴黎）非战公约》《凯洛格–白里安公约》等。

国际联盟理事会。国际联盟（简称国联）是第一次世界大战结束、《凡尔赛和约》签订后成立于1920年1月的一个国际组织，先后有63个会员国，其中包括中国。国联的宗旨是减少武器数量、平息国际纠纷以及提高民众的生活水平，下设国联大会、国联理事会（旧称行政院）、秘书处、国际常设法院等机构。理事会是其中最重要的机构。由于设计不尽完善且无力调解国际纠纷，故国联在二战结束后即为联合国所取代。

　　国际联盟理事会：由于这些原因，其他的欧洲列强都宣布中立，并且在整个战争期间都小心翼翼地保持着中立。美利坚合众国重申该国无意介入欧洲事务，只要向战争现场派遣几名观察员就够了。

　　鉴于我们已经决定，只从军事角度来研究这场战争，以便从此战的经验中汲取到尽可能多的教训，所以令我们最感兴趣的，就是战争爆发得很突然，之前并没有明显的酝酿期。业已公开的一些官方文件，证明法、比、德三国政府直到6月15日至16日的夜间，都不知道三国一直力求避免的这场战争必将爆发。因此，直到这一天之前，三国政府都尽量克制，没有采取任何令人吃惊的措施，以免让人觉得本国是挑起战争的一方。它们都只是秘密地进行了局部的调兵遣将。

第二章　精神准备

尽管战争爆发得很突然，但参战各国的民众都已做好了果断面对战争的准备。虽然在过去的十年间，许多的和平主义、人道主义理论都广为流传，但由于常识已经深入人心，所以民众在这些"乌托邦"式空想的影响下，意志并未软弱下去。

参战各国民众所表现出来的那种强烈的爱国热情表明，无论种族之间的差异如何，交战双方都有着高度的精神准备。事实上，后来的战局证明，双方民众的精神抵抗都达到了一种差不多相同的高度，而双方的武装力量也是如此。对参战各国民众所做出的英雄榜样，我们这些目睹了这场史诗般大战的人必须致以敬意才是。

第三章 理论准备

关于此次战争的理论准备，我们必然会马上注意到，交战双方持有的两种军事学说，建立在迥然不同的两种战争观念基础之上。

□法国和比利时

由于这两个强国在上一次世界大战中是战胜国，所以两国便完善了当时令它们取得胜利的那些武器装备和作战制度；而经验也已证明，这些制度和装备发挥出了令人满意的效果。因此，两国所持有的、体现在两国武装力量的组织、训练和教育等方面的战争学说，与上一次世界大战中形成的那种战争理论，并没有多大的差别。

这种学说宣称，战争的目标就是消灭敌人的地面力量；因此，这种学说赋予了陆军极其重要的地位，认为陆军是实现这一目标最合适、最可靠的工具。它认为，在大大小小的作战行动中，进攻都理所当然地是取胜的正确态势；所以，在对从上到下的各个作战单元进行培训和指导时，进攻的重要性便被人们吹上了天。虽说上一次世界大战业已表明展开进攻行动时会遇到种种困难，这一点并未被人们所忘记；但战争已经结束了数年，使得人们对这些困难的印象多少有点儿模糊了。德·格朗梅松的进攻理论由于自身的原因，已经不复存在，并且被时间湮灭了。取而代之的一致意见是，在采取进攻行动之前，一方必须首先做到具有进攻的实力。因此，人们对克服进攻态势中固有困难的方式和手段进行了充分的研究；而人们也普遍认为，通过正确地武装、组织和运用不同的作战单元，是可以克服这些困难的。

一些权威的军事史学家已经指责过1914年至1918年这场战争所采取的那种相持形式，认为这种形式是兵法上一种可悲的倒退，并且寄望于使用作战单元方面的规则和指令，希望这些规则和指令能够让战斗前线上不再出现胶着之势，而是形成一种运动战；在这种运动战中，双方部队都能够轻而易举地实施机动，从而能够带来比在连续且几乎固定不变的战线之间进行持久的猛烈交火要令人满意得多的效果。

这种学说认为，要想打一场成功的进攻战，一方必须在敌人能够组织兵力并且占领防线上的阵地之前，采取迅速而果断的行动。这就需要一方拥有高效的武器装备，并且有效地部署己方的部队，以便迅速击溃敌人的防御力量。因此，出敌不意已经开始被人们认为是获胜的首要因素之一了；而由于出敌不意主要取决于速度，因此法、比两国已经创建了一些大型的作战单元，它们能够从一地迅速机动至另一地，并且装备了大量的进攻性武器。

为了避免进行缓慢而无益的推进，为了迅速击溃敌人的防御力量，两国已经极大地加强了其作战部队的火力；这些作战部队装备的，主要都是速射自动步枪、轻重机枪、小型火炮、迫击炮以及其他现代化的武器，而它们也都没有削弱决定战斗胜负所必需的那种进攻实力。用于装备和支援步兵的轻型火炮，质量已经改进，数量已经增加；而所有的大型火炮，都也都加装了牵引车，以便能够迅速集结到需要这些火炮的地方。部队配备的迫击炮数量庞大，以便能够迅速摧毁敌方的铁丝网和其他的附属防御工事。两国也已充分关注到了那种高度机动的大型摩托化作战单元（即"快速部队"），它们由步兵、移动火炮、摩托化部队、骑兵、移动式机枪和坦克组成，而其任务则像我已经指出过的那样，是为了抢敌先机，并且阻止敌人重新形成坚固的防线。在一场运动战中作用无可估量的骑兵，已经与机枪班、摩托化炮兵、装甲车、摩托化部队以及其他武器结合起来，以便增强其突击实力。

换言之，两国都已经充分利用了上一次世界大战的经验教训，来赋予其地面部队最大的进攻实力，以便通过一场运动战，尽可能迅速地消灭敌人的地面部队。

然而，此种军事学说也并未逃过人们的批评。比利时的哈恩斯特德少校如此写道：

上一场世界大战，似乎并未给我们带来什么教训——或者说，我们起码没有从中学到什么东西。除了一些不太重要的细节，我们如今的战争观念与这次世界大战之前盛行的那种战争观念是完全相同的；而世界大战前的战争观念，又与拿破仑时代的战争观念完全一样。

与参战者意愿相左、自发形成的战线胶着状态，是一种有着深远影响的重要事实。可人们却并未根据实际现实，而是根据过去的观念来理解这一事实的。由于此种胶着形式与我们这些研究战争的学者所预期的形式不一样，因此人们便认为它是战争艺术上的一种倒退，仿佛现实应当遵循艺术，而不是艺术应当遵循现实一样。既然过去那些伟大的战略家所教导的经典策略在新的形势下不再有效，那么我们本来应当形成一种适应现实的新策略才是。可相反，人们却在指责新的形势妨碍了他们实施传统的策略。

如今，人们的理想就是迫使敌人打一场运动战——也就是说，再次采用拿破仑时代的那种战争形式，就好像他们能够改变现实、回到过去似的。正如以前经常出现的情况那样，现在觉得自己实力较弱，或者因为别的什么原因而有意延缓决战的那一方，便会采取防御态势。如今，防御态势会让战线形成胶着状态，而这种状态又源于构成防御态势的技术因素。这种允许留出时间和拖延决战的战争形式，最终对实现战争的终极目标可能有所帮助；出于这个原因，我们可以将其当成一种策略，并采取此种形式的行动。

毋庸置疑，让敌人大吃一惊总会证明己方的某种优势，就像这样做始终都会给己方带来优势一样；不过，一方要想利用这一优势，那么敌方必须容许自己吃惊才行，而我方也不能永远都指望着敌人会那样做。因此，一方必须让自己能够做到，哪怕无法出敌不意或者抢敌先机，也能打败敌人才是。要想像拿破仑那样迅速而猛烈地击败敌人，一方必须拥有大量的武器、弹药和其他手段——从而足以发动大规模的进攻并坚持长时间的进攻，让敌人大伤元气并一再击溃敌人，直到敌人山穷水尽才罢手。但是，没有哪一个国家能够做到，随时储备有如此之多高效的武器、弹药和其他手段。因此，如果在战争初期便发动猛烈的进攻，那么即便是与完全无能、不适于战争的敌人作战，也会迅速削弱己方的实力。

何况，这样一种做法最终也可能是很危险的。事实上，狡猾且头脑冷静的敌人是能够利用对手没有经过深思熟虑的进攻来获得好处的。敌人可能会采取一种牢固而灵活的防御态势，比如任由进攻方消耗其实力，然后再进行反击，在没有防御准备的战场之上，进攻对方的疲赢之师，然后己方再展开一场真正的运动战。我们必须牢记，上一次世界大战中那些决定性的战役，大多都是反击战，而不是进攻战。

如今一支陆军在战时的主要目标，就是保卫本国的大门，以便让民众有充足的时间来准备摧毁敌国大门的方法和手段。

根据法–比军事学说的基本理念，两国的海军和空军应当主要用于在两国地面部队执行其基本任务的作战行动中进行协助。法国已经在国际军备限制公约许可的范围之内，将其海军的实力加强到了最大的限度；至于空军，尽管认识到了战争爆发之后空军可能发挥重要的作用，但法国并不认为空军最终能够决定战争胜负。

由于战争的大部分基本任务全都由地面部队去完成，所以空军的主要作用，便只限于协助这些地面部队完成其基本任务了。上一次世界大战业已表明了辅助航空兵的重要性；而此后数年间，由于这一兵种取得了惊人的进步，而不同兵种之间的了解也更加密切，所以陆、海两军官兵也都已经充分认识到了辅助航空兵的重要性。事实上，一支陆军或者海军不配备辅助航空兵的做法已经开始变得不可思议了；而用越来越多的辅助航空兵不断加强陆、海两军的实力，也成了各国的大势所趋。

各国都已普遍承认，战时敌国有可能发动空中进攻，甚至是发动空中化学进攻战；由此，各国都成立了防空部，并且为防空部提供了大量的武器装备，以便对抗敌方对大型工业和人口中心进行的此种进攻行动。1928年成立的空军部，以及随后组建起来的"独立空军"，都引起了激烈的争议。陆军和海军官兵对这样一个机构都抱有极大的抵制态度。尽管他们并未低估空中武器的威力，但他们还是宣称，空军的作用不过是结合并扩大陆、海两军的作战半径罢了，陆、海两军才是唯一能够发动战争并决定战争胜负的两支力量。他们非但全然否认"独立空军"可以彻底改变战争的形式和特点，还不承认航空化学武器进攻的巨大威力，宣称总是会找到防御办法来与之抗衡的。他们唯一承认的一点，便是在某些特定情况下，空中进攻在配合陆、海两军的作战行动方面会发挥一定的作用。所以，人们认为创建一支不受陆、海两军管辖的"独立空军"毫无用处，因为空军只有依附于陆军或海军才能发挥作用。因此，各国成立航空部，更多地是出于政治私利，而不是出于技术、军事和航空方面的原因。不过，尽管有着各种各样的困难和反对意见，空军部长还是成功地组建了一支不依附于陆、海两军的空军。航空部长手中的经费，必须满足陆海两军的辅助航空兵、"独立空军"、防空部队和民用航空部门的需要。

这样一种局面，使得陆军部、海军部和空军部之间永久地较上了劲儿。陆军部和海军部都强烈要求配备大量的辅助航空兵，而空军部则想要削减辅助航空兵，以便增强"独立空军"的实力。结果，辅助航空兵和"独立空军"的兵力配比，更多的便是通过各方妥协而非别的办法确定下来的。

在英国专家劳埃德勋爵[1]看来，法国的战时组织具有一个基本的缺陷，那就是缺乏统一性，因为这种组织并非出自一个单一的根源。法国没有一个能够从整体上来研究战争的机构；该国只有三个不同的、相互独立的最高机构，负责在三个不同的领域内进行备战和发动战争。由于只关注自己的职责，所以每个机构必然都会尽量让自己获得完成使命的最佳条件，必然都只会从各自的角度来考虑战争。在这种情况下，只有真正的戮力同心，才能做到备战的协调和行动的统一；可该国这三个机构间的协作，却始终都是含糊不清、毫无可靠和反复易变的，因为这实际上是一种个人之间的协作，而不是一种机构之间的协作。劳埃德勋爵写道：

---

[1] Sir Loyd：劳埃德勋爵（Henry Charles Loyd，1891～1973）。英国军事家和陆军将领，曾指挥军队参加过两次世界大战。

战争无疑要求我们最大限度地统一利用国家的所有资源。而如今我们却奇怪地看到，即便是那些专门用于战争的国家力量——即武装部队——也没有认识到这种统一的必要性。我们只会偶尔、零星地从整体去考虑战争这个错综复杂的问题。在理论上，各方都一致认为，整体实力取决于其组成部分之间的比例协调；但在实践中，每个部分的备战与作战却都是各自为政。法国将武装部队分成三个独立的军部并成立三个总参谋部、分设三个总参谋长的制度，无疑是一种最不适于带来此种协调比例的制度；因为我们只有通过从整体上来考虑战争问题，才能达到这种协调的比例。

法国和比利时政府根据上一次世界大战的经验，在两国所签的同盟条约中规定，战争爆发时两国的陆军和海军都应当置于联合指挥之下。至于两国的空军，条约中未做任何规定；而从法、比两国使用空军的观念来看，两国或许也是不可能做出什么规定的。但两国武装部队的最高统帅部之间，保持着没有任何私心的诚挚关系，因此就战争而言，我们可以将法国和比利时看成是在统一指挥之下行动的一个国家；而为了简单起见，我们也应当如此来看待它们才是。

□德国

《凡尔赛和约》强加给德国的种种限制条件，以及德国国内航空和化学工业的发展，使得德国形成了一种完全不同的战争观念。一方面，这些限制条件让德国无望再与其可能的敌人平起平坐，起码在近期是做不到这一点了。而另一方面，航空和化学工业的发展又让德国充满了自信，认为该国能够在空中战场上完胜敌人。

上一次世界大战已经表明，由于有了速射武器，尤其是有了小口径的速射武器，进攻方只有在兵力上大大优于防御方，才能确保己方获胜。如今，即便是双方的武器都得到了完善，攻防双方部队的火力都同等地得到了增强，进攻方也始终必须具有这样一种兵力优势才行。出于这个原因，德国的战争观念认为，在未来战争中倘若双方的武器装备相同，那么用小股部队便可以牵制住敌方规模要大得多的部队，就像上一次世界大战的情形那样。因此，觉得自己实力较弱、准备较不充分或者出于某种原因而想拖延决战的那一方，在陆地战中便可以迫使敌方进行胶着战，迫使敌方必须在旷日持久、痛苦不堪而代价巨大地消耗其优势兵力之后，才能将我方打败。

德国无法指望将数量上占优势的地面部队投到战场之上，更不用说拥有足以让该国突破胶着战的兵力优势了。因此，德国盛行的观点是，在未来的战争中，德国不应当在自己很难取胜的陆上战场寻求决定性的胜利。相反，该国应当尽量阻止敌方在陆上取得决定性胜利，直到德国可以在其他战场上与之进行决战。换言之就是，德国应当在陆上进行抵抗，直到战争在空中决出胜负。

经过一段短时间的犹豫不决之后，德国放弃了在海上与敌作战的想法，转而集中力量进行潜艇战；从上一次世界大战的经验来看，该国认为潜艇战更适合于给敌人的交通贸易带来严重损失，同时还能完完全全地保卫本国的沿海地区。因此，在建造了数艘巡洋舰之后，德国改变了政策，开始强化其潜艇建造计划。德国明白，该国战时必须放弃海上贸易才行；但上一次世界大战的经验已经给了该国一个教训：就算是拥有一支庞大的海上舰队，德国无论如何也得放弃本国的海上贸易。因此，德国在未来战争中的问题，便是如何在没有海上贸易的情况下坚持到战争结束。

为了更清楚地阐明德国在关于未来战争观念方面的想法，我将引用一份文件中的部分内容；这份文件，收录在德国总参谋部最后公布的《19××年战争的报告》中。它是总参谋长罗伊斯将军于1928年1月呈送给德国总理的一份备忘录。

作战的意志和实力并非在于敌人的武装部队，而在于敌方国民本身。因此，战争必须针对敌国民众，瓦解民众的意志并摧毁他们进行战争的实力。敌方的武装部队本身并不拥有绝对的重要性，而单从敌方的武装部队来看，也是如此；它们的重要性是相对的，只是证明它们能够抵抗我方对敌国发动的战争，或者能够对我方实施反击作战。因此，从绝对的角度来看，根本就没有必要去消灭敌人的武装力量。在上一次世界大战中，倘若我国的潜艇战实施得更加有力，我们本会打赢那场战争——无需消灭敌人的武装力量——因为我们会让敌人在物质上无法再继续进行战争。

航空兵可以直接打击敌人的心脏，不需要陆军和海军便可打击敌人所有的国内活动，并且甚至达到无需依赖其他空军部队的程度。因此，这样一种工具为我方提供了取得良好战果的最佳机会。

陆上决战需要一方通过参战的武装部队的行动，成功地瓦解敌方地面部队的所有抵抗实力，使之无法再保卫其国土，从而打通入侵其国土、占领其最重要的中心城市并将战胜方的法律强加给敌国的道路。这样，一方在陆上必须首先打击并瓦解敌方最大的精神和物质实力，粉碎敌方的防御力量，以便过后对敌国本身展开进攻行动。上一次世界大战表明，我们是可以通过这种方式来获取决定性胜利的，只是需要经过旷日持久、痛苦不堪且代价巨大的艰苦努力才能达到。

海上决战需要一方通过海军的作战行动，成功地切断敌人的大部分——就算不是全部的话——海上补给，迫使对方陷入难以忍受的生存境地。不过，除了在特殊情况下，一方都需要很长时间才能形成此种局面。在上一场世界大战中，虽说一开始就不得不放弃我国的海上贸易，但我们还是坚持战斗了数年之久。

但是，对于一场空中决战来说，我们只需通过空中袭击，让敌方民众本身陷入无法忍受的生存境地就可以了。空中行动有着不受限制地选择作战目标的优势。实施地面行动，只能针对敌人的地面部队；实施海上作战，只能针对敌人的军用或民用海上资源；而空中行动，却可以针对与一方目的最相符合的目标来实施——即针对敌人的地面武装部队、敌人的海上资源、敌人的空军或者敌方国家本身。因此，可以利用空军来打击敌方抵抗力量最薄弱的地方；而这个地方，无疑就是敌国那片完全开放、毫无防卫的领土本身。

如今，将空军与毒气结合起来，我们便可以针对敌人最重要和最脆弱的地方，发动十分有效的作战行动了——也就是说，可以打击敌方最重要的政治、工业、商业中心和其他的中心城市，以便极大地令敌国民众的抵抗意志变得日渐低落，直到摧毁他们继续进行战争的决心。

为了迫使敌人进行空中决战，一方必须压制住地面战争的发展，以免敌人在地面战场上取得决定性的胜利。换言之就是，一方必须顶住敌人的地面部队，并且尽管本国海上交通贸易受阻或者根本没有海上贸易，也必须确保己方的国计民生继续下去。

这一切，遵循的全都是普遍原则。至于我国特别关注的一些方面，我们应当牢记：

1. 由于我国所处的政治形势和地理位置使然，所以我们不可能指望，在与任何海洋大国交战时能够保护好我国的海上贸易。实际上，即便是海军占有优势，如今也无法确保一国海上贸易的安全了。我国本身就为过去的敌人提供了这方面的一个最佳证据。因此，就算我国拥有一支实力比敌人强大的海面部队，假如敌人知道如何利用其潜艇部队的话，那我们也必须放弃我国的海上贸易才行。此外，就算我国的海面部队确实获胜并成功地阻断了敌国的海上贸易，这也只会对我们可能的敌国之一——即英国——产生决定性的不利影响。其他列强都有陆上边界，它们通过陆上边界或多或少都可以进口充足的补给；而我方海军获胜并成功阻断海上贸易会决定性地对其产生不利影响的英国，碰巧又是海上实力最强的国家，与之进行较量就算不是不可能，肯定也是非常困难的。

因此，实际上来说，我国的海面舰队不可能获得什么积极的战果，就像上一次世界大战中我国那支大舰队的遭遇一样。所以，最好的办法就是放弃舰队，并将我们的资源用在别处。没有舰队之后，我们就不会眼睁睁地看着舰队被敌人打垮，或者只能泊在某个地方躲起来了。这样一来，我们就会让敌方的海面部队无用武之地，因为后者会找不到对手，眼前只有空空荡荡的海面。

我们所关注的，首先便是让敌国舰队无法从海上袭击我国的沿海地区；其次则是阻断敌方的海上贸易。这一切，我国的潜艇部队都能够做到。所以，在海洋方面，我国应当朝着这个方向努力才是。

无法捍卫我国的海上交通贸易之后，我们就会被迫去寻找没有此种交通贸易也能进行战争的恰当方式了。在这一点上，我们应当考虑到，我国总是能够与中立国建立起贸易联系的，除非我们像是在上一场战争中所遭遇的那样，再次被敌人完全包围起来了。不管怎样，由于做好最坏的打算是我们的职责所在，所以政府应当及时采取措施，来应对此种极端的情况才是。上一次世界大战的经验表明，这个问题是能够解决的；并且战争时间越短暂，解决起来就越容易。

2. 在陆上，我们将会发现，自己面对的是一支支实力强大的陆军；即便是按照最有利的设想——即这些陆军不得不采取防御态势——它们也会具有强大的抵抗实力，使得我们要付出巨大的代价才能打垮它们。这些陆军背后的各个国家，都会通过中立国，不断地为部队补充给养，因为我们无力对这些国家实施海上封锁；所以，各国都会继续把所有的资源投到战线上，从而扩大战争的规模并延长战争的时间。要想在陆上进行有利于我方的决战——也就是说，成功地消灭这支庞大的抵抗力量——根据最好的假设，我们也不得不进行长久的猛烈作战，并且耗费巨额的资金和大批的抵抗力量；而更糟的是，我们始终还会因为无法从海上获得补给而受到拖累。最有利的结局是，我国可能会战胜；但我们也会发现，我方最终将陷入民穷财尽的境地，就像上一场战争中我们的那些敌对国家一样。

此外，我们最好记住，我国可能无法在战场上投入优势兵力；并且，不言而喻，我们很有可能还会面对一个敌国的优势兵力。经验业已表明，一方必须拥有一支优势极大的兵力，拥有优势极大的武器装备，才能突破战争的胶着状态。因此，尽管可以轻而易举地采取守势，但我国却很难发动有任何成功可能性的攻势。

在地面，此次战争将会呈现出与上一次世界大战大都相同的特点来，因为地面部队的武器装备和编制方面并未发生什么实质性的改变。最喜欢采取防御态势的一方，将会利用防御体系的威力，来迫使敌人陷入一种胶着战。

人们，尤其是国外的人，曾经认为这种胶着战是战争艺术上的一种倒退；但实际上，这不过是一些特殊的技术条件所导致的一种状态罢了，而战争艺术也必须适应这些特殊的技术条件。现在，尤其是在国外，人们有一种想要通过各种各样的计谋来让交战双方回到运动战的倾向；可这种倾向注定是实现不了的，因为没有哪种计谋能够改变导致出现胶着战的那些深层原因。各个大国的边境，长度都不足以让它们将各自庞大的现代化陆军充分部署开来——这种情况，将导致形成连绵不断的战线——而速射武器的威力也已日益增强，从而增加了防御的意义。下一场战争将不会如参战者所愿,仍然会出现上一次世界大战中呈现出来的那种胶着之势,而后者也是当时参战者所不愿看到的。可以肯定地说,在未来战争中,少量兵力在地面上就能够挡住大量的军队。因此,试图在地面获取胜利,并不符合我们的利益。

3. 在空中,我们将发现,自己的处境好于在陆上或者海上,因为在空中我方与可能之敌处于平等的地位,并且此种情况与我国技术知识和工业的发展关系不大。这才是我国应当不如敌人所愿地寻求决定性胜利的一个战场。要想做到这一点,我们必须能够在空中战争逐渐展开的同时,顶住敌方的地面部队,并且无需海上贸易就能生存下去。为了处于有利位置来打赢战争,我方必须将大部分力量集中于空中才是。

通过限制我国陆军和海军的目标,只让它们执行那些为了充分发挥空军威力而确实需要的任务,我方自然就能够增强空军的实力,并且对陆军和海军进行相应的削减。为了在最短的时间内尽可能迅速地决出胜负,我们必须对敌方领土上最脆弱、最重要的中心城市发动最密集、最猛烈的作战行动。我国空军的目标,应当是尽可能迅速地瓦解敌国民众的战斗意志。

报告中称,德国政府经过激烈的讨论之后,才接受了总参谋部在此份备忘录中提出的那些观点和思想。有份国际公约禁止使用航空化学武器,而对手无寸铁的普通民众使用此种残暴的武器,也已经受到了世界舆论的一致谴责。因此,在德国政府看来,要完全按照罗伊斯将军的想法,让该国的战争组织正好建立在对手无寸铁的民众毫无限制地使用航空化学武器的基础上,这种做法似乎既违背了社会公德,也是政治上的失策。不过,罗伊斯将军最终还是成功了,原因则在于下述几个方面:

1. 列强都在忙着装备航空化学武器,并且每个国家都郑重其事地承诺,除非敌人首先使用,否则它们就不会使用这些武器。这种情况清楚地表明,列强都不相信别的国家会尊重禁止使用航空化学武器的那份国际公约。这种普遍的不信任感,纯粹是自然而然、合乎情理的,因为谁也没有理由相信,自己的敌人会放弃使用可能证明有用的任何武器。所有国家都会做好打航空化学战的准备,而一旦爆发战争,它们也都会很乐意地发动航空化学战的。既然国家的其他资源全都投入到了战争之中,那么这些航空化学武器又怎么可能会留着不用呢?出于某种原因而认为这样做符合本国利益的那一方,必定是会毫不犹豫地去践踏任何公约的;当然,这一方也不会愿意放弃任何取胜的机会。这样,另一方便会被迫以牙还牙,于是航空化学战及其所带来的惨状便会上演了。无论一方是希望遵守公约禁令还是违反公约禁令,在这两种情况下,都必须做好面对航空化学战的准备才行。

2. 准备好面对不测之事的人，必须通过让自己有把握获得成功的方式去面对。因此，要想成功地应对航空化学战，那么无论航空化学战是在何时、何地打响，一方都必须确保已方能够打赢才是。等待敌人发动这种战争，然后再仓促招架，就会失去一种极大的优势；这会让已方在战争爆发之后，从一开始就被动地陷入一种不利的局面。

3. 在本能的利己主义和民族存亡问题面前，所有的公约都会失去任何意义，而所有的人道主义情感也都会毫无作用。唯一需要考虑的原则，便是必须杀戮他人，同时免遭他人杀戮。

自1927年始，通过设立国防部和总参谋部，德国开始了一场彻底的军事改革，从而废除了不同的军事部门。总参谋长的职责极其重要。他负责将指定用于国防的所有资源恰当地分配给三军。由于他明白战争问题的复杂性，所以他的任务便是确定三军的重要性，以便从整体上赋予三军最大的战争实力。

总参谋长并不是在完全独立的情况下行使这一重要职责的，因为他必须将自己的计划提交国家元首批准。如果计划遭到否决，总参谋长自然就会辞职，因为我们想象得到，他是不可能按照与自己想法相左的观点去让武装部队备战的。另一方面，倘若计划获得批准，那就会赋予他至高无上的权力，因为国防部本质上是一个行政机构，负责根据总参谋部制定的政策来组织武装部队。一旦战争爆发，总参谋长便成了全国武装力量的总司令，这一事实也使得总参谋长一职更加重要了。

起初，组成德国总参谋部的，都是一些从部队中选拔出来的、受过良好的教育、比较聪明、思想比较开明的军官。他们的任务，便是在平时和战时协助总参谋长行使职权。同时，德国还成立了军事研究院；总参谋部里的一些军官将由总参谋长亲自指导，在其中研究协同作战的问题。1930年，首批军官从军事研究院毕业了。成立这一机构的根本目的，就是将准备和运用所有武装部队的权力集中于一人之手，以便根据各个兵种的作战目标，对它们进行统一的指挥。这就向武装部队的各个组成部分更加强调地指出，战争的最大要求便是打赢。这也使得每一支武装部队都明白，战时无论指派给它的任务是什么，这一任务都与其他部队的任务一样重要，因为对于获取胜利来说，所有任务都是不可或缺的。

一旦获得国家元首批准，这个集权机构便让罗伊斯将军能够将自己的想法付诸实践，并且能够向武装部队反复灌输那种构成各种战争潜力之精神基础的心理训练了。

地面部队的备战，受到了这样一种观念的影响：地面部队应当能够坚定地进行抵抗，并且消耗尽可能少的资源，以便能够将大部分资源给予那些直接进行决战的部队。我们都很清楚当时国外盛行的那些思想，所以德国陆军一开始就将不得不面对敌方大规模进攻的打击，这是意料之中的事情。不过，德军认为，无论敌方攻势规模如何巨大，在遭到顽强抵抗之后，敌人很快便会精疲力竭的；因为在战争初期，没有哪个国家会准备好了长期进攻所必需的大量武器装备。事实上，没有哪个国家自信能够做到这一点，因为它们一心所想的都是各自的工业动员计划，都是依靠进行工业动员来生产出战争机器所需的武器装备。

因此，首要的问题就是，在关键性的战争初期如何生存下来——即在战争伊始敌方就拥有的那些武装部队的进攻中生存下来。一旦敌方的初始力量业已削弱殆尽，那么只要期间战争并没有在另一个战场上分出胜负，我方就会有时间来为应对别的意外情况做准备了。

必须将敌人控制在一条稳定的战线上，这一点通过顽强而灵活的抵抗便可相当容易地做到；这种抵抗的目的，不是执着于寸土必争，而是让敌人陷入进退不得的困境。这时，我们只需尽快形成一条由小口径速射武器组成的、连续不断的战线，并且不断进行增援，使战线越来越牢固就可以了。在和平时期，我们也必须仔细研究此种战线的性质，预先勾勒出其要点，比如部署武器弹药与其他装备的恰当位置在哪儿，如何利用好离边境最近的居民，尤其是如何利用好参加体育俱乐部的年轻人，如何给每一个人都指派好位置和任务，以及如何尽可能迅速地在危险地点后方集结起后备力量，以便根据需要随时随地将后备力量投入作战行动。这样，在敌人能够动员起足够的武器装备和人员、并且使得敌方的进攻变得真正危险之前，我方很可能就已经准备好了一切。归根结底，这种备战任务，一个小小的机构便全都可以完成。

地面部队的使用，依据的就是这些标准；不过，预定采取防御态势，并没有妨碍或者削弱德国陆军的进攻精神。相反，在训练部队和军官的过程中，通过教导他们采取防御态势是为了最终采取进攻态势，通过教育每支部队——无论这支部队规模有多小、作用是多么不重要——决不能失去采取攻势的任何机会，德国还让这种进攻精神变得更加重要了。

海军的目标，只限于捍卫本国沿海地区，使之免遭敌人的海上进攻，并且通过开发潜艇以及其他隐秘武器，来阻断敌方的海上交通贸易。业已建造的巡洋舰虽说仍在服役，但根据"首要任务需要宝贵的人才、而人才不应当浪费在不重要的任务上"这一理论，战争爆发之后，这些巡洋舰就会闲置起来。

因为德国已经确定在空中战场寻求决定性的胜利，并且决定将最大力量集中于空中，所以其"独立空军"便是专门用于进攻而组建起来的；德国不但在物资装备和武器上做到了这一点，而且人员的思想和心理上也做好了此种准备。所有的次要目标，都须服从于给予"独立空军"最大作战实力的要求，因此德国废除了辅助航空兵和防空兵。

第四章　物质准备——法国和比利时

（两国陆军和海军的备战，都是遵循传统的原则进行。）

□法国的空军

陆军的辅助航空兵：法、比两国的战争理念，将战争最根本的任务赋予了陆军，因此两国都为大型地面部队配备了大量的空军。这些辅助性的航空力量，由下述专业兵种所组成：

1. 战略侦察。
2. 战术侦察和联络。
3. 火炮观测。
4. 歼击——针对正在作战、行军或扎营的敌军。
5. 驱逐——对不同作战单元行动范围之上的天空实施警戒。
6. 轰炸——对与地面行动直接相关的目标实施空中打击。

对于在辅助航空兵中加入驱逐单元和轰炸单元的问题，法国国防委员会曾经进行过仔细的讨论，因为空军部舍不得将其认为本属于"独立空军"的空中武器让给辅助航空兵。不过，陆军部长的意见最终占了上风；因为他提出，陆军不可能总是依赖于"独立空军"来提供必要的密切协作，除非"独立空军"处于陆军的指挥之下。

不考虑所属专业兵种，每个空军中队都由6架一线飞机及2架后备飞机组成。2个空军中队组成一个空军大队，3个大队组成一个团，2个团组成一个旅。不同作战单元的兵力配置如下：

	一线兵力		
	中队数	飞机数	后备飞机数
1. 每个集团军:			
1个战略侦察团	6	36	12
1个战术侦察大队	2	12	4
1个歼击团	6	36	12
1个驱逐旅	12	72	24
1个轰炸旅	12	72	24
集团军总计	38	228	76
2. 每个兵团:			
1个战略侦察大队	2	12	4
1个战术侦察大队	2	12	4
1个歼击团	6	36	12
1个驱逐团	6	36	12
兵团总计	16	96	32
3. 每个军:			
1个战术侦察大队	2	12	4
1个火炮观测大队	2	12	4
1个驱逐大队	2	12	4
军中总计	6	36	12
4. 每个步兵师:			
由军指挥部根据需要，将空中武器分配给各个师。			
5. 每个摩托化师或骑兵师:			
1个战术侦察中队	1	6	2
1个驱逐中队	1	6	2
1个歼击中队	1	6	2
摩托化或骑兵师总计	3	18	6

由于法国军方已经决定，首次动员时必须集结起3个集团军，其中包括7个兵团、30个军、10个摩托化师以及12个骑兵师，故我们可以预计法国辅助航空兵的组成情况如下：

	一线兵力		
	中队数	飞机数	后备飞机数
1. 战略侦察：			
3个团（属于集团军）	18	108	36
7个大队（属于兵团）	14	84	28
战略侦察编制总计	32	192	64
2. 战术侦察：			
3个大队（属于集团军）	6	36	12
7个大队（属于兵团）	14	84	28
30个大队（属于军）	60	360	120
10个中队（属于摩托化师）	10	60	20
12个中队（属于骑兵师）	12	72	24
战术侦察编制总计	102	612	204
3. 火炮观测：			
30个大队（属于军）	60	360	120
4. 驱逐：			
3个旅（属于集团军）	36	216	72
7个团（属于兵团）	42	252	84
30个大队（属于军）	60	360	120
10个中队（属于摩托化师）	10	60	20
12个中队（属于骑兵师）	12	72	24
驱逐编制总计	160	960	320
5. 歼击：			
3个团（属于集团军）	18	108	36
7个团（属于兵团）	42	252	84
10个中队（属于摩托化师）	10	60	20
12个中队（属于骑兵师）	12	72	24
歼击编制总计	82	492	164
6. 轰炸：			
3个旅（属于集团军）	36	216	72

因此，陆军中的辅助航空兵兵力便包括：

中队数		飞机数	后备飞机数
32个	用于战略侦察	192	64
102个	用于战术侦察	612	204
60个	用于火炮观测	360	120
160个	用于驱逐	960	320
82个	用于歼击	492	164
36个	用于轰炸	216	72
472个	总计	2832	944

这就是法国战时空军的编制。在和平时期，其中只保持着半数的空军中队（即236个），每个中队包括4架飞机（总计944架）。在平时，辅助航空兵部队包括训练、指挥和人员培训等方面都由驻地所属的各个军管辖。至于航空技术培训和专业物资供应，则由专门的航空督察团负责——其中一个负责战略侦察，一个负责战术侦察，其余的按照专业兵种，依此类推。反过来，这些督察团又由隶属于空军部的航空总督察团。

隶属于陆军部的航空管理总局，也是一个负责与空军部进行联络的机构。根据陆军部与空军部之间的协议，航空管理总局应当向航空总督察团申请和接收所有的专业人员和物资，并将这些人员和物资分配给隶属各军司令部管辖的作战单元。

战争爆发之后，还应当设立下述机构：

1. 隶属于陆军最高指挥部的航空兵总指挥部。
2. 3个集团军的航空兵指挥部。
3. 7个兵团的航空兵指挥部。
4. 30个军的航空兵指挥部。
5. 10个摩托化师的航空兵指挥部。
6. 12个骑兵师的航空兵指挥部。

在战时，航空总督察团及下辖的各个专门航空督察团，将经过一个由兵团司令部管辖的航空兵监管处，继续负责专业人员和物资的补给工作，并且按照陆军部长和空军部长所达成的协议，组建新的作战单元。

［法国最高统帅部的一份报告称：］这一制度看上去相当麻烦，而且并不完美，因为它使得辅助航空兵接受两种不同的组织管辖，必然会导致出现种种

官僚主义弊端，导致出现责任分散的现象；即便平时不会，到了战时，这一点肯定也会导致严重的后果。另一方面，倘若辅助航空兵分别由陆军部和海军部管辖，结果便会使类似的机构成倍增加，从而产生出更多不同的弊端和麻烦。

两害相权，必须取其轻——也就是说，必须采用将人员和航空物资生产的管理权集中于空军部这一个机构手中的制度，然后再由空军部来将这些人员和物资分配给使用航空兵的各个单位——即陆军部、海军部、"独立空军"和防空部。

一旦动员起来，每个中队都必须全员满编，并且利用后备人员和物资，组建成另一个中队。组建起来之后，原有的每个中队必须在12个小时内做好立即行动的准备，而后备中队也应当在24个小时内做好作战准备。

海军的辅助航空兵：海军的辅助航空兵承担着下述任务：

1. 非舰载空军的任务是：

（1）海军基地的防空。

（2）潜艇侦察和护航任务。

（3）远程侦察。

（4）参与舰队的作战行动。

2. 舰载（弹射起飞的或者航空母舰上的）空军的任务是：

（1）保护巡航中的海军部队免遭空中打击。

（2）在巡航中进行空中侦察。

（3）在作战行动中进行战术协作。

为了实现这个目标，我们设想：

1. 海军基地的对空防御任务需要：60个水上驱逐中队，共360架一线飞机和120架后备飞机。

2. 潜艇侦察和护航任务需要：20个短程水上侦察中队，共120架一线飞机和40架后备飞机。

3. 远程侦察任务需要：20个远程水上侦察中队，共120架一线飞机和40架后备飞机。

4. 参与舰队作战行动的任务需要：20个水上轰炸中队，共120架一线飞机和40架后备飞机；6个水上鱼雷中队，共36架一线飞机和12架后备飞机。

非舰载空军兵力总计为126个中队，配有756架一线飞机和252架后备飞机。

舰载空军的兵力情况是：

1. 保护巡航中的海军部队免遭空中打击需要：80架弹射起飞的水上驱逐机。

2. 在巡航中进行空中侦察需要：80架弹射起飞的水上侦察机。

3．在作战行动中进行战术协作需要：80架水上驱逐机，40架水上轰炸机，20架水上鱼雷机，它们全都属于航空母舰上的舰载机。

总计需要300架舰载飞机。

海军辅助航空兵的兵力，包括后备力量，总计为1308架飞机。

至于隶属关系，海军辅助航空兵的情况与陆军辅助航空兵的情况类似。

"独立空军"："独立空军"承担的任务如下：

1．进击敌方空军，以获得或者巩固空中优势。

2．对敌方领土实施进攻。

3．直接与陆军或海军协同作战，并且最终为上述两军建制配属的辅助航空兵提供支援。

"独立空军"完全隶属于空军部；战争爆发后，"独立空军"司令由内阁任命，并且所授军衔和职权与陆、海两军司令相同。

"独立空军"的主力由轰炸单元和驱逐单元所组成；除此主力，还有专门的侦察单元，以便"独立空军"能够自行进行侦察。

"独立空军"的战时编制如下：

空军旅	中队数	一线飞机数	后备飞机数
5个驱逐旅	60	360	120
2个日间轰炸旅	24	144	48
4个夜间轰炸旅	48	288	96
1个战略侦察团	6	36	12
总计	138	828	276

对空防御：由于已经适当考虑到敌人发动大规模空中进攻和航空化学进攻战的可能性，因此法国航空管理总局与空军部联手，煞费苦心地组建起了国土防空部队，并且拨出了充足的经费。所有的防空部队、高炮部队和对空防御武器全都由该局指挥，而到了战时，则应组建一个国土防空总司令部来指挥该局。

虽然法国知道，别的国家——也包括德国——都正在用战斗轰炸机组建空中歼击部队，这些战斗轰炸机武器装备强大，适合于进行空战，并且能够携带大量的炸弹，可法国却没有怎么重视这一新颖的做法；因为法国觉得，上一次世界大战的经验并未证明此种做法有什么道理。据说，这些速度很慢、无法迅速机动的飞机在战斗中根本无法保持队形，并且总是会陷入孤立无援、被敌方编队进击的驱逐机中队围攻的境地，所以总是处于绝对的劣势。此外，人们还认为，它们（在口径和射程方面）可能占有优势的武器装备，可以被进击的驱逐机轻而易举地化解掉；后者在速度和机动性上都占有优势，因此总能避开前者的火力，而前者这种大型的飞机还会成为防空火炮的理想靶子。人们还认为，只需要派具有高度机动性的单座战机去对付它们就足够了；并且，考虑到两种战机的相对造价来说，就更是如此了，因为用数架小型飞机去对付一架大飞机始终都会更加有效，只需每架小型战机分别攻击战斗轰炸机的各个重要部位就行了。

至于防空——即在本国领空对前来进击本国中心城市的敌机展开驱逐行动——法国采用的是预警型驱逐机；它们能够以很高的速度升空，并且具有续航50分钟至60分钟的作战半径——这段时间，就足以让它们上升到进攻高度与敌机作战，然后再返回机场了。

防空航空兵：这一兵种包括50个预警驱逐机大队，每个大队由2个中队组成，每个中队配备有6架飞机（总计100个中队，600架飞机）。

至于高炮部队，它们装备的是75毫米口径的高射炮，其高爆榴霰弹每枚重约7公斤。高射炮装在移动平台上，最大有效射程达5千米。

高炮部队由10个高炮团组成，每个团包括：

2个防空排炮旅

1个防空探照营

1个通信连

其中，每个防空排炮旅包括：

3个高炮连（分成4个班，每个班配备2门75毫米口径的高炮和1挺高射机枪）

1个高射机枪班（每班配备8挺机枪）

每个防空探照营包括：

4个防空探照连（分成6个班，每个班配备1台探照灯、1台声波定位仪和1挺高射机枪）

每个通信连包括：

2个通信班

3个报务员班

总计起来，每个高炮团装备有：

48门75毫米口径的高炮

168挺高射机枪

96台探照灯

96台声波定位仪

所以，总计是480门高炮和1680挺机枪。

在平时，只保留着预警驱逐机大队和高炮团的主力，即：

1．50个预警驱逐机中队，每个中队配备4架飞机。一旦动员起来，每个中队都必须补满6架飞机的编制，并且组建一个孪生中队，成立相应的大队指挥部。所需物资装备都已经准备好了，储存在调配仓库里；而国内的后备人员则必须在6个小时内到其所属中队报到。所有人员都须定期回到所属部队，从而保持着常训不懈的良好状态。

2．10个高炮旅（每个旅包括3个连，而每个连又分成2个班），连同1个探照连、1个通信班和1个报务员班。在动员的时候，这10个旅必须通过补满编制并组建10个孪生旅，从而组成战时编制所要求的10个团。所需的物资装备都储存在仓库里，而本国的后备人员也始终都保持着有效的训练。一旦动员起来，这些后备人员必须在6小时内到各自所属的旅报到。即便是在平时，空中预警单元和高炮部队也驻扎在需要保护的中心城市附近；这样，战争爆发之后，我方只需把这些部队抽离那些不易受到攻击的驻地，调往敌人会集中实施攻击的地方就行了。

国土防空总司令部必须通过手中掌握着的这些武器装备（即50个预警驱逐机大队和10个高炮团），负责不属于陆、海两军管辖之领土的防空任务。人们认为，位于陆、海两军作战区域内的那些领土的防御任务，应当由陆、海两军来负责，所以两军必须利用各自的辅助航空兵和高炮部队来进行防御。

充分动员起来之后，法国空军的兵力情况如下：

类别	中队数	飞机数			
		一线飞机	后备飞机	非隶属飞机	总计
陆军辅助航空兵	472	2832	944		3776
海军辅助航空兵	126	756	252	300	1308
"独立空军"	138	828	276		1104
对空防御	100	600			600
总计	836	5016	1472	300	6788

此处并未考虑殖民地的航空兵，因为战时它们必须继续留守各个殖民地。

□比利时的空军

比利时的空军，几乎是与法国空军完全一样地组建起来的。

陆军的辅助航空兵包括：

	一线兵力		
	中队数	飞机数	后备飞机数
1. 陆军最高指挥部：			
1个战略侦察大队	2	12	4
1个战术侦察大队	2	12	4
1个歼击团	6	36	12
1个驱逐旅	12	72	24
1个轰炸旅	12	72	24
总计	34	204	68
2. 各个军、摩托化步兵师和骑兵师的空军配比，与法国相应的大型部队相同。			

至于动员，我们设想初期有5个军、2个摩托化步兵师和2个骑兵师，从而确定其空军编制如下：

	一线兵力		
	中队数	飞机数	后备飞机数
1. 战略侦察：			
1个大队（属于陆军最高指挥部）	2	12	2
2. 战术侦察：			
1个大队（属于陆军最高指挥部）	2	12	4
5个大队（属于各军）	10	60	20
2个中队（属于摩托化步兵师）	2	12	4
2个中队（属于骑兵师）	2	12	4
总计	16	96	32
3. 火炮观测：			
5个大队（属于各军）	10	60	20
4. 驱逐：			
1个旅（属于陆军最高指挥部）	12	72	24

	一线兵力		
	中队数	飞机数	后备飞机数
5个大队（属于各军）	10	60	20
2个中队（属于摩托化步兵师）	2	12	4
2个中队（属于骑兵师）	2	12	4
总计	26	156	52
5. 歼击：			
1个团（属于陆军最高指挥部）	6	36	12
2个中队（属于摩托化步兵师）	2	12	4
2个中队（属于骑兵师）	2	12	4
总计	10	60	20
6. 轰炸：			
1个旅（属于陆军最高指挥部）	12	72	24

因此，陆军辅助航空兵的编制情况如下：

中队数		一线飞机数	后备飞机数
2个	用于战略侦察	12	4
16个	用于战术侦察	96	32
10个	用于火炮观测	60	20
26个	用于驱逐	156	52
10个	用于歼击	60	20
12个	用于轰炸	72	24
76个中队	总计	456	152

海军的辅助航空兵包括：

1. 用于海军基地的防空：10个水上驱逐机中队，配备60架一线飞机和20架后备飞机。

2. 用于潜艇侦测和反潜护航任务：10个水上侦察中队，配备60架一线飞机和20架后备飞机。

3. 用于远程侦察：2个水上战略侦察中队，配备12架一线飞机和4架后备飞机。

总计为22个中队，132架一线飞机和44架后备飞机。

"独立空军"：将会利用陆军最高指挥部下辖的空军，来对敌人的领土实施空中进攻。

对空防御：这方面会组建成一个独立的机构，在编制上包括：

6个驱逐机大队，每个大队下设2个中队（总计配备72架飞机）；

1个高炮团（配备48门75毫米口径的高射炮和168挺机枪）。

比利时空军在首次动员之后的总兵力，如下表所示：

类别	飞机数			
	中队数	一线飞机数	后备飞机数	总计
陆军辅助航空兵	76	456	152	608
海军辅助航空兵	22	132	44	176
对空防御	12	72		72
总计	110	660	196	856

法–比盟军空军力量的战时编制，根据兵种不同，如下表所示：

序号	兵种	法国		比利时		总计	
		中队数	飞机数	中队数	飞机数	中队数	飞机数
1	战略侦察	38	228	2	12	40	240
2	战术侦察	102	612	16	96	118	708
3	火炮观测	60	360	10	60	70	420
4	驱逐	220	1320	26	156	246	1476
5	歼击	82	492	10	60	92	552
6–7	日、夜间轰炸	108	648	12	72	120	720
8	水上驱逐	60	360	10	60	70	420
9	水上战略侦察	20	120	2	12	22	132
10	水上战术侦察	20	120	10	60	30	180
11	水上轰炸	20	120			20	120
12	水上鱼雷	6	36			6	36
13	舰载水上飞机		300				300
14	防空驱逐	100	600	12	72	112	672
总计		836	5316	110	660	946	5976

而平时的编制情况则如下：

法国：

中队数		飞机数
236	陆军辅助航空兵	994
63	海军辅助航空兵	252
69	"独立空军"	276
50	预警	200
418	**总计**	1722

比利时：

中队数		飞机数
38	陆军辅助航空兵	152
11	海军辅助航空兵	44
6	预警	24
55	**总计**	220

□动员

两国都采取了及时的措施，确保成功地动员起了空军各个兵种。通过这些措施，空军始终准备好了2倍于战时编制所需的人员，并且对这些人员进行了充分的训练。

按照战时编制设想的各作战单元所需的物资储备，也都已准备妥当，并且储存在机动仓库内。

前文已经提到，配备4架飞机的每个中队，都必须将其飞机数量扩充至8架，其中6架是一线飞机，2架是后备飞机。此外，还要求每个中队通过组建出另一个规模一样的中队，从而让其兵力规模扩大一倍。因此，每个中队的机动仓库里必须存有12架飞机，以及这12架飞机的所有配件。

据估计，在战争中，每个中队每月会损失三分之一的兵力；因此，法国空军每个月需要补充大约2000架新飞机。人们严重质疑工业企业能否生产出那么多的飞机来，尤其是在战争最初的那几个月里；于是，法国决定给每个中队多配备2架后备飞机，以做二线备用。这样，每个配备了4架飞机的中队，其机动仓库里便都储备了16架飞机以及相应的配件。人们认为，这样就足以让所有的中队起码在战争最初的两个月内，无需补充战机便能够保持充分的作战实力。

储存如此大量的航空物资，必然会花费巨额的储存、维护和保管费用。此外，随着时间推移，这些物资会过时，有的甚至还没用过便得淘汰掉。但是，我们不可能采取别的什么制度，因为一旦开始动员，所有物资就得准备妥当才行。我们必须不断地用新的型号来更换这些军备，才能让空军跟得上科学技术和工业方面的进步；因此法国决定，每5年就将所有军备彻底更新一次。这意味着每年必须制造出3000架新飞机；可即便如此，储备的一些飞机机龄还是会达到5年，甚至6年。

这种情况，引起了一些军事批评家的批评；他们说，每年花费巨资来购买飞机和发动机，最终却只是让它们在军用仓库里变得过时，这种做法是不对的。他们坚持认为，更好的办法是通过大规模生产的方式，将空军的兵力限制在平时所需或者稍高于平时所需的数量，而让工业企业时刻准备着生产出最现代化的、性能得到了改良的飞机。不过，此种批评的依据，却是战争会给法国留出足以让大规模生产发挥作用的时间这种不可靠的假设。其他一些批评者则痛惜，法国空军采取的飞机型号十分复杂；这种局面，是专业兵种众多、航空工业中相互竞争的企业众多造成的。

战争开始之后不久，《轴心》杂志上刊登了一篇文章，在航空界引起了轩然大波；可署名为"某某司令"的作者，却一直保持着匿名。

[某某司令写道：]在法国，空军似乎是为了任何目的，但就是并非为了战争而组建的。技术专家们只把空军看成是一种空气动力学现象。他们不断地想出并设计出性能特点得到了改良的新型飞机，就像空气动力学和工业不断进步那样。空军按照顺序接受的一种新型飞机，本来应当是用于某种目的。可用于什么目的呢？哦，还不知道呢；首先必须对这种飞机加以研究和试验才是。于是，另一帮技术人员便会围着这架飞机，看看如何去处理它。接下来，通过换换这里、动动那里、装上照相机、机枪、炸弹架和其他配件，这架新型飞机最终便变成了一架军用飞机。

然后，又来了只会从另一个角度考虑问题的战术专家。他们所追求的，始终都是专业化。在战时，从轰炸到运输货物，使用飞机的方法有很多。想象力较丰富的人，会发明出飞机的新用途；而他们每次想要的，自然都是适合于这一用途的飞机。并且，毫无疑问的是，比如，谁又能辩驳说，炸弹架对于运输货物来说是多余的呢？

接下来就是制造飞机、发动机和配件的各个企业了。在它们看来，企业拥有做生意和谋生的权利，因此同它们做生意就成了政府的义务。好吧，在那种情况下，政府的义务便是向它们订购政府想要的飞机，而不管它们想要制造出什么样的飞机。

　　这样一来，由于航空技术的进步以及专业化形式种类极其繁复，并且多亏了飞机制造商之间的竞争，我国空军最明显的特点便变成了多样化。如果我没有搞错的话，我国空军拥有14个机种，即：战略侦察机、战术侦察机、日间轰炸机、夜间轰炸机、火炮观测机、歼击机、驱逐机、预警驱逐机、远程水上侦察机、短程水上侦察机、水上驱逐机、水上轰炸机、水上鱼雷机以及水上弹射机。那么，从理论上来说，我国的飞行中队里就有14种军备物资。

　　从理论上来看，确实如此；可实际上，我国飞机的类型更是多得令人不可思议。在我国的机动仓库里，还有超过了6年的军备物资；所以，从机龄来看，我国每一种飞机都有着数种型号。比如说，我们有3种不同的战术侦察机型号：1927型、1929型和1930型。不过，1927型是由甲公司和乙公司制造的，1929型是由丙公司和丁公司制造的，而1930型又是由戊公司和己公司生产的；所以，光是这一种飞机，我们的型号就不少6个。而这还没有将飞机引擎的不同型号算进去呢。

　　其他机种的型号更多。我们不妨来看一看驱逐机这一机种。众所周知，这种飞机始终都得保持最新款式，所以其更新换代的速度是很快的。实际上，新的型号一个接一个地出现，所以如今我们已经有了9个不同的型号，这还不包括预警驱逐机在内——预警驱逐机本身又有6个不同的型号。

　　要是我没弄错的话，我国空军所拥有的这14个机种，型号总计超过了60个。由于我国空军平时的编制是大约400个飞行中队，因此我们可以说，平均起来，只有6、7个中队所用的飞机是同一型号的。

　　但是，将来万一爆发战争的话，用我们这些形形色色、样品式的武器去作战，会有什么样的结果呢？

　　毋庸置疑，法国的航空工业有着设备精良的工厂、本领高强的技师以及技术熟练的工人，能够生产出一流的飞机和发动机，而法国有着辉煌传统的各个科研机构，也会为空中武器的技术发展做出重大的贡献。不过，这些卓越的努力或许并非始终都得到了很好的引导。负责空军编制的当局，完全沉迷在某某司令所痛惜的、型号繁多的飞机里而不能自拔。此种型号繁多的局面，使得不同飞行中队的作战价值产生了差异，这种差异当然会依各个中队所用的武器种类而定。一个装备了1932型飞机的驱逐机中队，作战效率自然会高于一个只装备有1928型飞机的驱逐机中队。可那些配备1928型飞机的中队，也不能仅仅因为有一种更好的飞机型号投入使用了，就被淘汰掉。这些飞行中队必须保留下来，直到其中的飞机能够用一种更好的型号来取代。因此，法国决定将那些最新的机种配备给"独立空军"，而那些过时了的装备，则转给各个辅助航空兵兵种。结果，战争爆发之后，法国驱逐机的装配情况便如下表所示了：

作战单元	所需中队数	飞机配备					
		1932型	1931型	1930型	1929型	1928型	1927型
"独立空军"	60	42	18				
集团军	36		22	14			
兵团	42			26	16		
军	60				24	36	
摩托化师	10					4	6
骑兵师	12						12
总计	220	42	40	40	40	40	18

〔法国最高统帅部的报告中称：〕即便是假定此种分配方法符合某种合乎逻辑的使用标准，另一方面它也会导致出现两种缺陷，一种是精神上的，一种是物质上的。

1. 要想在分配最新装备的过程中遵循优先原则，就必须按照从主要作战单元到次要作战单元的顺序逐级往下分配。"独立空军"中一个飞行中队的装备置换完毕之后，旧的装备转给集团军的一个中队，并且依此类推，直到骑兵师的飞行中队也完成此种装备置换。只有到了此时，旧装备才被彻底淘汰掉了。而出于训练和士气这两个显而易见的原因，其中的人员并未轮换。这种装备轮换，是一件复杂而花费巨大的事情；可为了遵循优先原则，又不得不这样做。否则的话，战争爆发之后我们就会发现，我国的"独立空军"里全都是老式装备。

2. 此种优先原则无疑会给飞行人员的士气带来不利的影响。例如，骑兵师中队里的人会不由自主地认为受到了蔑视，因为他们只能用老式飞机，而其他单位的飞行中队却有更好、更新的装备。

而大部分新式装备都储存在机动仓库里的事实，也让这种情况变得更加糟糕了。如此一来，工厂每交付的20架新飞机中，只有4架配备给了飞行中队，还有12架放进了该中队的机动仓库里（其中4架用于最终补全该中队的编制，8架用于组建一个新的飞行中队），剩下的4架则被送到了二线仓库。不过，倘若平时就将这些新飞机全都配备给现有的飞行中队，那么一旦爆发战争，就不可能动员起全都配备了同种飞机的飞行中队了。

□机场、航空中心和编组中心

法、比两国领土上，到处都修建了大量的机场，供平时驻扎空军并储存达到战时满编所需装备物资之用。这些机场有两种类型：一线机场和二线机场。一线机场包括在战时必须用作现役空军基地的所有机场，二线机场则指那些计划用作补充中心、训练场地、新的空军部队组建中心以及完成其他次要任务的机场。

比利时境内的所有机场，全都被划入了一线机场。法国的一线机场，则位于一个纵深达100公里至150公里、且与陆上和海上边境平行的区域群内，从而能够充分应对可能爆发的战争。这些区域又被分成数个相互毗连的较小区域，并且每个较小的区域都有一个航空中心在行使职责。

所有面对某条指定边界的航空中心，都被分入了不同的编组中心，旨在应对战时可能发生的各种情况。东部编组中心的预定任务是对德国作战，包括亚眠、圣昆廷、苏瓦松、兰斯、沙隆、圣迪济耶、休蒙和第戎等地的航空中心。

编组中心、航空中心以及机场都被视为补给中心，并且由空军部管辖。

比利时只有一个编组中心，它与法国的东部编组中心形成了一体化。其中包括根特、布鲁塞尔和那慕尔三个航空中心。

每个编组中心所辖的机场，尤其是东部编组中心所辖的机场，都能容纳战时编制下"独立空军"需要的所有空中力量，以及陆军辅助航空兵所需的全部空中力量。实际上：

1. 在沙隆、圣迪耶济、休蒙和第戎的永久性机场上，平时驻有"独立空军"的69个飞行中队。它们相应的仓库中，存放着补全这69个中队的编制并且组建另外69个姊妹中队所要的全部军需物资。这样一来，"独立空军"便可以在与战时部署相同的战线上动员部队了。发出动员令之后，从后备队召回的人员应当在6个小时内，向"独立空军"报到。

2. 东部编组中心所辖的那些永久性机场上，即便是在平时，也驻扎着陆军辅助航空兵中大约三分之一的飞行中队。准确地说，这些飞行中队都隶属于东部陆军各个军、摩托化步兵师和骑兵师；而在它们的仓库里，也存放着补全其编制并组建其孪生中队所需的军备物资。

3. 在平时，陆军辅助航空兵其余三分之二的飞行中队，全都驻扎在始终面对着东部边境的永久性二线机场上。在动员期间，这些中队应当补足编制并且扩大一倍的兵力，然后飞往各自的前线驻地。

4. 除了东部编组中心所辖的那些永久性机场，还有其他称为战时机场的机场；它们规模巨大、数量众多，可以容纳下"独立空军"和陆军辅助航空兵的所有兵力。

5. 除了"独立空军"的69个飞行中队、辅助航空兵的80个中队以及机动仓库，东部编组中心所辖的机场中还建有行政大楼、办公室、仓库、商店等设施；因此，它们便成了很容易识别并且容易遭到攻击的目标。出于谨慎这种显而易见的原因，一旦完成动员，这些机场便应当清空；而其中的空中力量，也应当转移到作战基地去。

作战基地只是一个着陆场地，通常都被草皮覆盖着；而在其周围，则建有汽油和润滑油补给仓库——它们全都散开分布，并且做了很好的伪装。陆军最高指挥部司令已经选定了辅助航空兵各个作战基地的位置，它们与陆军的部署阵线都协调一致。"独立空军"司令也为自己的部队选定了作战基地。所有基地都配备了良好的电报、电话和无线电通信设施。倘若我们想一想，这些机场必须为610个飞行中队提供服务，那我们就能明白，这些机场进行安排和组织的工作量是多么的巨大。

□物资供应——燃油和润滑油

两国已经决定，作战基地的仓库里都应当常备发动机燃料供应，至少应当足以支持所有飞机飞行30个小时。由于总共大约有5000架平均功率为500马力的战机，所以总功率是250万马力。在东部编组中心，机场的常备库存为15000吨至20000吨汽油、1000吨至1500吨润滑油。因此，估计每个中队平均存有25吨至30吨汽油。让生产汽油和润滑油的公司在每个基地建立一个齐全的服务站，每个服务站的规模都足以存储25吨至30吨汽油，便解决了这一问题。此外，两国还采取措施，确保战时每天都能够持续供应足以让战机飞行30个小时的汽油和润滑油（即2000吨汽油和100吨润滑油）。东部编组中心即便是在平时，也配备了200辆载重量为4吨的卡车来提供此种服务，而到了战时，这些卡车的数量还会增加到600辆；除了汽油和润滑油公司的油罐车，其余卡车都是从私营单位征用的。有了这些卡车，各个航空中心便能从先遣仓库中调取它们所需的油料，来加满各个机场的储油罐了。

储存航空汽油和润滑油的先遣仓库，设在诺伊莱、桑利斯、维莱科特莱、拉斐塔、瓦多尼斯和默伦附近。所以总共有6个先遣仓库，其总容量是12万吨汽油和6000吨润滑油，足供"独立空军"和辅助航空兵的所有战机飞行200个小时之用。这些先遣仓库都是1930年建成的。它们很坚固，都是半地下结构，能防轰炸，并且在空中很难发现，因为燃料都是经由管道输送到两三公里以外的出口。尽管这些仓库的存在和位置都应当属于军事机密，但关于它们的一些情报，却早已泄漏出去了。

这些仓库中的油料，则是通过铁路，从位于拉瓦尔、沙特尔、奥尔良、布尔日、利摩日、昂古莱姆和昂热之间那些大型的中央油库运来的；而这些港口附近地区大型炼油厂的油料，都会优先送到这一地区。

为了满足航空兵保持全面作战实力的需要，包括满足各个训练学校、修理厂、汽车以及卡车的用油需要，据估计，在战争持续期间，按每天平均飞行3个小时计算，每日需要供应5000吨汽油和250吨润滑油。因此，3个月的战争将需要45万吨汽油和23000吨润滑油，这就意味着需要进口225万吨原油。

□航空军备——武器和弹药

补充军需装备极其困难，因为不同飞行中队的武器装备也是五花八门。这一工作下放到了各个航空中心；它们从先遣仓库里调取军需装备，再将这些军需装备分配到各个作战基地去。在先遣仓库里，存放有每种武器进行维修和补充所需的配件。其间的军需装备，都是从中央仓库得到补充的，而中央仓库里的武器装备，又是由各个工厂进行补给的。在平时，仓库为每种武器都常备着一定比例的零配件；但战争一旦开始，所有的老式装备就必须停止生产，而各个工厂则应当将全部产能投入改进和新式军需物资的生产中去。要想成为合格的航空军备生产商，各个工厂必须证明，自己有能力在接到通知的8天后，将产量提高到现有产量的4倍。

□地面对空防御力量的组织

这方面的基本思路始终都是，在做得到的情况下，不要将防空力量分散至预定的中枢要地，而应当建立起全面保护国家领土的防空战线。巴黎自然会是敌方空中打击的首要目标，尤其是在与德国开战的情况下，因为巴黎距边境只有2个小时的飞行距离。因此，法国划定了两条大型的防空战线，来保卫该国首都，保卫首都与这两条防线之间的领土。

我们已经看到，法国准备了50个预警驱逐大队（包括100个飞行中队，总计600架飞机），而比利时则有6个预警驱逐大队（包括12个飞行中队，总计72架飞机）。这些大队在各个航空卫戍区之间的分配情况如下：

航空卫戍区	比利时的防空驱逐大队
布鲁塞尔	第一、二大队
列日	第三、四大队
那慕尔	第五、六大队
航空卫戍区	**法国的防空驱逐大队**
梅济耶尔	第一、二大队
斯特奈	第三、四大队
梅斯	第五、六大队
南锡	第七、八大队
埃皮纳勒	第九、十大队

这8个航空卫戍区（包括32个飞行中队，总计192架飞机）形成了第一条防空战线，并由驻扎在斯特奈的部队直接指挥。

航空卫戍区	法国的防空驱逐大队
亚眠	第十一、十二、十三大队
圣昆廷	第十四、十五、十六大队
拉昂	第十七、十八、十九大队
兰斯	第二十、二十一、二十二大队
沙隆	第二十三、二十四、二十五大队
特鲁瓦	第二十六、二十七、二十八大队
欧塞尔	第二十九、三十、三十一大队
纳维尔	第三十二、三十三、三十四大队

这8个航空卫戍区（包括24个大队、48个中队，总计288架飞机）组成了第二条防空战线，并由驻扎在沙隆的部队直接指挥。

航空卫戍区	法国的防空驱逐大队
乌杜安	第三十五、三十六、三十七、三十八大队
朗布依埃	第三十九、四十、四十一大队
埃唐普	第四十二、四十三、四十四大队
马莱塞尔贝	第四十五、四十六大队
内穆尔	第四十七、四十八大队
维尔纳夫	第四十九、五十大队

这6个航空卫戍区（包括16个大队、32个中队，总计192架飞机）组成了直接保卫巴黎的防空战线，并且由巴黎防空部队直接指挥。两条防空战线以及巴黎防空战线的指挥部，均隶属于防空总司令部。

除了各个航空卫戍区，在国内可能发生具有一定重要性的空中进攻行动的那些地方，战时还会驻有"独立空军"和陆军辅助航空兵。这220个飞行中队，应当驻扎在东部编组中心的各个作战基地上（包括鲁昂、亚眠、圣昆廷、苏瓦松、兰斯、纽夏特、休蒙和第戎这8个航空中心）——也就是说，它们必须差不多部署在第一条防空战线上。在比利时，该国辅助航空兵的26个驱逐中队应当驻扎在布鲁塞尔、那慕尔和列日这几个航空中心。该国总共还有240多个飞行中

队（总计1440架飞机）可用，在必要的时候能够与担负防空任务的那112个中队
（总计672架飞机）协同作战。

两国对驱逐机的装备都给予了密切关注，因此驱逐机的性能都很卓越。

	中队数	飞机型号	外加中队数	飞机型号
"独立空军"	42	1932	18	1931
集团军	22	1931	14	1930
兵团	26	1930	16	1929
军	24	1929	36	1928
摩托化步兵师	4	1928	6	1927
骑兵师	12	1927		

1932型驱逐机的功率达1000马力，并且在机身前部装有一门20毫米口径的
火炮。其余型号的飞机都是500马力（1927型除外），装有两挺机枪。不同型号
的飞机之间差异很小；而在速度、爬升能力、机动性和最大飞行高度等方面，
它们基本上都表现出了优良的性能。各个防空驱逐大队配备的1929型、1930型
和1931型预警驱逐机，与其他型号之间的差别不过就是爬升速度更快罢了；而
这一点，则是将其续航距离限制为1小时而非3小时的结果。

所有驱逐机大队和预警驱逐部队，都得到了完善的技术训练和战术训练。
除了编队进攻，法国还研究了一种对大型轰炸机进行骑兵冲锋式进攻的方法。

为了实施此种进攻，飞行员必须驾驶着战机全速冲向敌机，并且在两机相
撞之前的那一刻跳伞逃生，然后降落到地面上。

法国沿着整个边境设立了一种最好的侦察体系，并且同一套完善的通信体
系结合起来，使得情报能够送达所有的相关部门。

所有的防空团都已经分散部署到了巴黎（这里有6个团）和其他重要的中心
城市，以保护其中那些至关重要的工厂。

第五章　物质准备——德国

□空军

战争爆发之时，德国的"独立空军"由15个飞行大队组成，每个大队又包括10个作战分队和1个侦察中队。每个飞行大队内部的装备全都相同；其中，有8个大队配备的是2000马力的飞机，6个大队配备了3000马力的飞机，1个大队配备的是6000马力的飞机。每个作战分队，都由3个飞行中队所组成；其中，每个飞行中队都配备了3架飞机，还有1架后备飞机。总计为：

作战分队	马力	飞机数
80	2000	800
60	3000	600
10	6000	100

作战分队是德国"独立空军"的战术单位。

德国"独立空军"的编制是由总参谋长罗伊斯将军制定，并于1928年春季开始实施的。在那以前，主要是因为《凡尔赛和约》给德国强加了种种限制，所以德国空军一直都默默无闻。按照罗伊斯将军的想法，"独立空军"必须是一种能够对敌方领土实施进攻的合适武器，并且此种进攻应当强大到足以迅速打垮敌人的抵抗，尤其是迅速打败敌人的精神抵抗。因此，"独立空军"必须能够：（1）击溃敌方的抵抗力量后，飞越敌方的领土；（2）在飞越敌方领土时，实施有效的空中打击。

第一个要求，属于作战能力的要求。在《士兵指南》中，罗伊斯将军如此写道：

"独立空军"的作战能力，在于整合其各个组成部分作战的能力。战术单位，即飞行中队，必须视为体现作战能力的单位；因此，无论是从本质人还是从定义上来说，飞行中队都必须是一个不可分割的整体。[这段话写于1928

年。到了1930年，由于有了新的经验，因此战术单位变成了由3个飞行中队所组成的作战分队。]

战术单位的作战能力，由其中单架飞机的武器装备来衡量。

从飞行员到技术人员，每个人的心中都应当牢固地确立一种观念，这就是："独立空军"的目标并不是为了飞行而飞行，而是在飞行的过程中实施作战行动；因此，战机就是一种能够飞行的一体化武器，而不是一种装备了武器的飞行器。技术人员应当朝着创造出一种最强大的一体化武器而努力，因为战争是用武器来进行的。飞行人员的任务，便是在空中战场上有效地利用这种最强大的一体化武器，因为战争是用武器来决出胜负的。

空军应当完全由同一种型号的飞机，即战斗轰炸机所组成。技术人员必须研究战斗轰炸机的类型，始终都力求让机型变得完美和更强大，并且根据下面这一原则开始着手：让此种机型的飞机因续航距离、飞行速度、武器装备——即进行空战以及针对地面部队作战的武器装备——和防护措施等特点更好地协调起来，从而变得更加完美。

必须通过补贴和实质性的奖励，鼓励全国性的航空企业生产出始终都更加完善的航空装备。为"独立空军"挑选军需装备的种类，完全是飞行人员的职责。他们是必须驾驶飞机的人，所以他们也是评判飞机价值的不二人选。我们决不能忘记，技术人员应当听取飞行员的经验，而决不能反其道而行之。

选定了机种或型号后，政府将按照所需数量向航空企业订购；而航空企业应当组成垄断联盟，以便在其成员企业间分配政府的订单。

"独立空军"的技术部门应当从不参与任何设计或实验活动。负责评估他人产品的技术人员，自己再去生产这些产品就不合适了。因此，"独立空军"的技术部门，应当只是执行测试和控制这样的本职任务。

对地面实施空中打击的效率，应当更多地取决于武器的质量，而非取决于武器的数量。化学家们应当始终牢记，只要让化学武器的威力提高一倍，就能让一支空军的进攻实力增大一倍。

这些明确的规定，很清楚地说明了空军希望从工业中得到什么；因此，工业企业也知道自己的处境，完全明白自己应当干什么。由于战机被人们视作一种一体化的武器，因此武器装备也成了战机基本的组成部分，而不再被看成附带设备了。工业企业不再生产具有某种定型航空特点的飞机，而是开始生产有着优异的空气动力学特点的战机了。

战机上的武器装备必须精心设计，以免留下任何火力死角，并且易于操作才行。武器装备必须威力强大，拥有良好的瞄准和射击装置。了解了"独立空军"的需求之后，航空工业中的技术部门便应当专心致志地工作，制造出武器装备完整的飞机，并将其提交"独立空军"最高司令部核验。

1928年功率达2000马力的飞机制造出来，并被"独立空军"采用了。这种飞机的主要特点如下〔作者注：后文列举的飞机数据，源自G·A·科拉多·库斯托萨上尉发表于《航空杂志》1929年5月第5期上一篇题为《中等吨位和大吨位战机》的文章。〕：

机翼面积：115平方米

空机重量：4500公斤

武器重量：500公斤

乘员重量（5人）：400公斤

飞机连同武器与机组总重：5400公斤

当起飞重量为8000公斤时，这种飞机的最大飞行高度为7000米，并且能够装载2600公斤的燃料和炸弹。飞机的续航时间，不携带炸弹时为7小时，携带700公斤炸弹时为5小时。

当起飞重量为9000公斤时，这种飞机的最大飞行高度为6500米，并且能够装载3600公斤的燃料和炸弹。飞机的续航时间，携带1000公斤炸弹时为7小时，携带2000公斤炸弹时为5小时。

当起飞重量为10000公斤时，这种飞机的最大飞行高度为5600米，并且能够装载4600公斤的燃料和炸弹。飞机的续航时间，携带1000公斤炸弹时为12小时，携带2000公斤炸弹时为9小时。

当起飞重量达到最大，即11000公斤时，这种飞机的最大飞行高度为4800米，并且能够装载5600公斤的燃料和炸弹。飞机的续航时间，携带1000公斤炸弹时为12小时，携带2000公斤炸弹时为9小时。

其武器装备包括2门20毫米口径的火炮，一门装在前部，另一门装在机翼后方；还有1挺12毫米口径的机枪，从尾翼下方对外开火。

德军第一批订购了200架此种型号的飞机，并将其型号名定为"2000/1928"。这批战机是在1929年交付的，并且分配给了第一、二大队。与此同时，2000/1929型飞机也投产了。这种飞机与2000/1928型相似，但做了一定的改进。德军也订购了200架此种型号的飞机。

1929年春，德国制造出了3000马力的飞机并为军方所认可，于是后者又订购了200架。3000马力的这种飞机的特性如下：

机翼面积：230平方米

空机重量：9000公斤

武器重量：1660公斤

乘员重量（9人）：720公斤

飞机连同武器与机组总重：11380公斤

当起飞重量为16000公斤时，这种飞机的最大飞行高度为6000米，并且能够装载4620公斤的燃料和炸弹。飞机的续航时间，不携带炸弹时为1小时[1]，携带1000公斤炸弹时为6小时。

当起飞重量为18000公斤时，这种飞机的最大飞行高度为4900米，并且能够装载6620公斤的燃料和炸弹。飞机的续航时间，携带2000公斤炸弹时为8小时，携带3000公斤炸弹时为6小时。

当起飞重量达到最大，为21000公斤时，这种飞机的最大飞行高度为3500米，并且能够装载9620公斤的燃料和炸弹。飞机的续航时间，携带2000公斤炸弹时为12小时，携带5000公斤炸弹时为8小时。

其武器装备包括1门装在前部的37毫米口径火炮，2门装在两侧的20毫米口径火炮，1门装在机翼后方的25毫米口径火炮，以及从机身下方开火的1挺12毫米口径机枪。

1930年春季，装备2000马力战机的第三、四大队以及装备3000马力战机的第一、二大队都收到了各自的武器装备。

在此期间，德国还制造出了6000马力的飞机，也为军方所认可了。这种飞机的特性是：

机翼面积：460平方米

空机重量：20000公斤

武器重量：2500公斤

乘员重量（16人）：1300公斤

飞机连同武器与机组总重：23800公斤

当起飞重量为36000公斤时，这种飞机的最大飞行高度为5000米，并且能够装载12200公斤的燃料和炸弹。飞机的续航时间，不携带炸弹时为9至10小时，携带2000公斤炸弹时为6小时，携带4600公斤炸弹时则为6小时。

当起飞重量为39000公斤时，这种飞机的最大飞行高度为4000米，并且能够装载15200公斤的燃料和炸弹。飞机的续航时间，携带2000公斤炸弹时为12小时，携带5000公斤炸弹时为9小时。

当起飞重量为42000公斤时，这种飞机的最大飞行高度为3500米，并且能够装载18200公斤的燃料和炸弹。飞机的续航时间，携带2000公斤炸弹时为15小时，携带8000公斤炸弹时为9小时。

其武器装备包括2门37毫米口径的火炮、2门20毫米口径的火炮，以及3挺12

---

[1]　此处似乎不合逻辑。根据意大利语原著应为"8小时"，故此处当属英译本之误。

毫米口径的机枪。

军方这一批订购了50架6000马力的飞机，同时还订购了200架2000/1930型和200架3000/1930型战机。于是，1931年春季，配备2000马力飞机的第五、六大队，配备3000马力飞机的第三、四大队，以及半个配备6000马力飞机的大队，都收到了各自的武器装备。那一年，德国军方并未认可其他的新机型，而是又订购了200架新的2000/1931型、200架3000/1931型和50架6000/1931型飞机。这些战机在1932年春季开始服役，其中2000马力的飞机分配给了第七、八大队，3000马力的飞机分配给了第五、六大队，而6000马力的飞机则分配给了另外半个大队。战争爆发之时，德军已经决定淘汰掉功率为2000马力的机型，并且订购了200架3000/1932型和50架6000/1932型飞机。

因此，战争爆发之时，德国"独立空军"的组成情况就是：

大队	机型	飞机数
第一和第二	2000/1928	200
第三和第四	2000/1929	200
第五和第六	2000/1930	200
第七和第八	2000/1931	200
第一和第二	3000/1929	200
第三和第四	3000/1930	200
第五和第六	3000/1931	200
半个大队	6000/1930	50
半个大队	6000/1931	50

总计是1500架飞机，分成3种主型、6种变型。还有15个侦察中队——每个大队都有一个侦察中队——每个中队配备了12架飞机。这些侦察中队装备的都是高速单座战机（飞行速度为每小时300公里），机上装有固定式机枪，续航时间为3小时。之所以组建侦察中队，是为了充分发挥那些技术高超的飞行员的主动性；侦察中队的使用方式并没有明确加以规定，因为这主要取决于单个飞行员的胆识。

"独立空军"始终都做好了作战准备，非但在军需装备上是如此，在人员方面也是如此（共有12800人）。开始动员之后，这些人员的数量将会增加一倍，以便补充因伤亡导致的缺员。航空装备必须持续服役4年；在此期间，这些装备全都会得到充分有效的维护和保养。

据估计，在战时，一架飞机能够性能良好地飞行1000个小时——当然，被敌人击落不算。战机若是已经服役一年，那么这个估计数字应当减至750个小时；若是服役两年，则减至500个小时，若是服役三年，还会减至250个小时。

航空企业的正常生产能力，可以供应整个"独立空军"每年所需飞机的四分之一；不过，一旦出现紧急情况，这些企业也能迅速增加产量。

"独立空军"所掌握的武器装备，总计是800门37毫米口径的火炮、3600门20毫米口径的火炮和1700挺12毫米口径的机枪；而其炸弹携带量则是，从起飞地开始算，每次飞行距离平均为500公里时，可携弹3000吨至4000吨。其中战机的总功率达到了400万马力，费用据估计为40亿里拉。

在平时，"独立空军"的各个大队都驻扎在波茨坦、诺伊鲁平、马格德堡、莱比锡、埃尔福特、布劳恩斯贝格、卡塞尔和富尔达等地的大型永久性机

德国的驱逐机

德国的BV-141侦察机

场上，以及法尔兰德湖（位于波茨坦附近）和拉策堡湖（位于吕贝克附近）的永久性水上基地里。

一旦爆发战争，"独立空军"还能根据面对的是哪个敌国来使用其他一些指定的机场。例如，要是与法国开战的话，就会给每个中队指定某一个防区；而在这些防区里，早已配有了专门的军用机场（即纯粹的起降机场，配有储备汽油、润滑油、武器和弹药的仓库），并且数量上还远远超过了战时所需。

配备2000马力战机的那8个大队，驻扎情况如下：

队别	防区
第一大队	横跨韦塞尔–明斯特一线
第二大队	横跨杜塞尔多夫–哈根–韦塞尔一线
第三大队	横跨科隆–奥尔珀一线
第四大队	横跨林茨–锡根一线
第五大队	横跨科布伦茨–韦茨拉尔一线
第六大队	横跨美茵茨–哈南一线
第七大队	横跨曼海姆–阿沙芬堡一线
第八大队	横跨布莱萨赫–比伯拉赫一线

装备3000马力战机的那6个大队，驻扎情况如下：

队别	防区
第九大队	横跨明斯特–奥斯纳布吕克一线
第十大队	横跨韦塞尔–帕德伯恩一线
第十一大队	横跨锡根–瓦尔堡一线
第十二大队	横跨瓦尔堡–卡塞尔一线
第十三大队	横跨哈南–富尔达一线
第十四大队	横跨维尔茨堡–迈宁根一线

配备6000马力飞机的大队将驻扎在斯坦因洪德尔、迪默、施韦齐纳和普劳厄等湖区。

每一个防区中，都设有一个补给处，其军需物资由二线仓库来进行补充。每个补给处都负责为一个大队随时提供补给；这一任务相对比较轻松，因为每个大队的装备都是相同的。

每个基地储备的燃油和润滑油，都足以供在此处着陆的每支空军部队飞行30个小时，而武器弹药则足够让每支空军部队装备5次，每次飞行30个小时。由于容纳"独立空军"的基地多于战时所需，故实际上它们能够为每支空军部队提供装载10次、每次飞行40个小时至60个小时的物资。燃油和润滑油库里，总计存储着大约5万吨汽油和2500吨润滑油。

至于炸弹补充量，军方估计，每架飞机每次飞行的平均耗弹量，2000马力、3000马力和6000马力的机型分别为1吨、2吨和3吨。据此，军方估计，整支"独立空军"每次飞行需要3100吨炸弹；而在作战基地里，则储备了3万吨炸弹。

二线仓库存储的燃油和润滑油，足够确保整支"独立空军"飞行100个小时，而炸弹则足以确保整支"独立空军"实施20次夜间轰炸。军方认为，这个量至少足以确保与敌交战30天；而在此期间，各个兵工厂每天还能够制造出3000吨到4000吨的炸弹。战争一爆发，那些长期处于战备状态的大队，便可以按照已经接到的密令，立即采取行动了。

作战基地里的后勤人员，都是从附近地区招募来的。二线仓库则是自行解决其人员和运输工具的问题。每个大队在平时都会进行飞往所属作战基地的训练；这样，每个大队都非常熟悉其作战基地，尤其是熟悉基地的补给勤务。

罗伊斯将军的想法是，在战争一触即发的时候，"独立空军"就应当开始猛攻敌方领土，犹如一根紧绷的发条突然松开一样，可能毫无征兆地发动最猛烈的进攻，使得敌人毫无喘息之机，而己方也当一鼓作气，以便在尽可能短的时间内集中力量打击敌人，并且获得最大的震慑效果。

由于有条不紊地做好了准备，所以物质上已是万事俱备，使得"独立空军"一听到召唤便能够跃起出击了。在精神上，罗伊斯将军也特别注意，向德国空军的全体官兵灌输了其任务都极其重要的意识。各个大队、分队、中队的指挥官和机长，以及飞行员、机枪手、投弹手和机师，都为各自的兵种起着决定性作用这种相同而坚定不移的信心所激励着；这些精心选拔出来的人员，全都深知自己任务的重要性，并且深知履行此种职责极其危险，需要付出最大的牺牲，需要最英勇的自我牺牲精神。

飞机的庞大机型，导致出现了机长这一角色；机长在飞机上的任务，与一名舰长在舰船上的任务是一样的，从而确保了机组人员更守纪律和更好地相互配合。

德军已经规定，用作战分队（包括3个中队、9架飞机）取代飞行中队为战术单位，以便让整体作战的观念更好地深入全体官兵的心中。根据1930年版的《士兵作战指南》，作战分队始终都必须当成一个整体来加以使用，并且毫无例外。分队始终都保持着相同的飞行编队——即各个中队纵列排成上阶梯队。

中队指挥官驾机位于该中队纵列的中心位置，而分队指挥官的位置则与中枢中队指挥官的位置相同。编队中央带有分队指挥官标志的那架飞机，便是编队的领机；由于需要实施的机动动作不多，因此只需极少的几种信号就行了。主要信号的作用是：（1）变密集队形（正常队形）为疏开队形，以便减少遭到防空火力击中的可能性，或者变疏开队形为密集队形；（2）从横列变为纵队，或者从纵队变成横列，以改变航向。

无论遭遇的敌机数量有多少，作战分队都必须应战，这是一条基本的原则。发现敌机后，不管敌机从哪个方向发动进攻，作战分队都应当在不打散队形的情况下，继续沿自己的航向飞行，但要做好敌机一进入射程之内便开火的准备。这种战术，是符合当时形势下一些固定不变的事实的。作战分队的飞行速度和机动性无法与进击的驱逐机群相比，而作战分队也不能避战，所以，为了避战而进行的任何机动都是白费力气。由于不管愿不愿意，作战分队都必须应战，因此它唯一

第一次世界大战中使用飞艇和飞机作战

能做的，便是让自己处于最有利的位置来面对战斗；那就是，保持原有队形，从而让每架战机都能在击退进犯之敌的过程中，与其他战机相互配合。所以，在进击之敌靠近的时候，整个分队便只能保持好队形，继续沉着冷静地沿着自己的航线飞行。

保持好队形，是作战分队抵御进攻的最佳办法；而所有飞行人员的心中，也都已经牢固地树立起了这种认识。就算是在平时，在最简单的训练过后，他们也必须编队飞行。在战时，倘若不是紧急情况，飞出编队会被认为是临阵脱逃的行为。根据前面已经提到的《士兵作战指南》，作战分队要完成的任务都做出了明确的规定，而作战分队也必须竭尽全力地去完成这些任务（"直到耗尽全部力量"）。

返回机场后，空军各作战单位必须准备好尽快重新起飞。我已经说过，动员起来之后，飞行人员的数量已经增加了一倍，因此始终都有精神抖擞的机组，随时准备着起飞。这样做的目的，在于将航空物资最大限度地利用起来。一架战机一旦降落，机师班便会接手，将油箱重新加满，将武器、弹药和炸弹装上飞机，

等等，以便在必要的时候，这些飞机能够由新的机组驾驶，重新升空。

每个作战分队都配有1架备用飞机。在飞机被击落或者严重受损等紧急情况下，分队也可以只起飞4架战机。不过，倘若损失已经让整个分队的兵力减至低于6架飞机，那么大队指挥官便有权减少分队的数量，以便让各个分队的兵力保持在最低限度之上。

赋予飞机更大的作战灵活性这个问题，军方已经努力研究过了。因此，视具体情况而定，通过减少飞机的载弹量就能很容易地增加战机的续航时间，并且反之亦然；也可增加载弹量并相应地减少武器重量，并且反之亦然。

对政治中心、工业中心、交通中心以及其他中心城市进行打击时，无需极其精确地开火，就能达到令人恐惧的效果——尤其是对敌方士气产生巨大的影响。出于这一原因，军方采用了一种非常简单的炸弹；炸弹重量全都为50公斤，但分成了3个不同的种类——炸药炸弹、燃烧弹和毒气弹（芥子气型），并且分别按照1：3：6的比例来使用。将炸弹一个接一个地投下的方法，空军已经不再使用了。战机都装上了炸弹架，因此每个中队一次就能相继投下20吨炸弹（每架飞机投1吨），每次投弹之间相距15米至20米。炸弹架的开关，装在机长面前的一块仪表盘上。

每次投弹，都会在长约300米至500米的地面上连续不断地发生20次爆炸。此种轰炸行动，是各个中队根据分队指挥官的命令来实施的。一个中队每实施一次投弹，都会让一个宽200米、长300米至500米的区域里连续发生三波爆炸，每一波为20次爆炸。可由分队中的两个、甚至是全部三个中队同时实施轰炸行动；因此，如果每架战机投下1吨炸弹的话，那么一个分队便可以覆盖一个宽200米至300米、长600米的区域。在轰炸行动中，假如让各个中队接连出击，每架飞机投下1吨炸弹，那么一支分队便可以覆盖一个200米至300米宽、2公里或3公里长的区域。所以，假如一个分队的战机分别能够装载2吨、4吨、6吨或8吨炸弹的话，那么这个分队就能覆盖宽度为200米至300米，长度分别为3公里、6公里、9公里或12公里的区域。

这种方法，本身就很适合于施放烟幕，因此战机上也配备了烟雾弹。人们认为，烟幕会让高炮连队看不见战机。所以在投放炸弹时，一半是烟雾弹、一半是毒气弹；当然，在投放时还会考虑到风向。

战争一旦爆发，民用航空的所有工具，便都须由"独立空军"来掌控了。其中既包括物资，也包括人员。为数众多的民用航空公司所使用的飞机，在制造时都已经考虑到了最终将它们用于战争这个方面。每种不同型号的飞机，都储存有合适的武器装备，只待动员令一下，便随时都可以安装到飞机上去。民航人员随即就须军事化，并且形成战时机组，形成由这些飞机所组成的中队，并指定出分队的指挥官。通过定期召回军队，与"独立空军"各个分队一起服役，全体人员都持续得到了作战训练。虽说转为军用的民航飞机显然不会像专业的军用飞机那样有效，但还是可以用它们来实施一些不那么重要的作战行动。

德国甚至还设想过，要对体育运动方面的业余航空设施加以利用。其目的在于，利用热爱此种飞行活动的年轻人的热情和精力。虽说这方面还没有做出什么明确的安排，但人们却很肯定地认为，到了适当的时候，这些设施自然会在战争计划中占有一席之地的。

对空防御受到了严格的限制，只能使用驻扎在最重要的中心城市里的那些高炮连队；不过人们却寄望，这种对空防御能够阻止坚定不移的敌人实施空中进攻。

德国还利用适当的宣传来让民众确信，保护他们免遭空中打击确确实实是做不到的，因此，让那些本可以在进攻行动中发挥出更大作用的武器装备失去机动性，这种做法就是一种浪费。最好的办法就是，通过对敌方领土发动果断的大规模进攻，来阻止敌人对我方领土发动进攻；并且，通过让民众看到己方大批空军气势磅礴地侵入敌方领空，来保持民众高昂的士气。不过，正如其他列强已经做到的那样，德国还是采取了被认为有用的全部措施，来在一定程度上保护民众免遭敌人的空中打击。

第二编

第六章 法－比同盟的作战计划

法、比两国总参谋部制订的作战计划非常简单——就是在莱茵河一线进行防御，而在前线的其他地方展开进攻。两国的地面部队，已经分成了3个庞大的集团军：

1. 北方集团军：这个集团军包括比利时兵团和2个法国兵团，并且由一个指挥部统一指挥。比利时兵团由5个军、2个摩托化师和3个骑兵师组成；而2个法国兵团则包括8个军、5个摩托化师和6个骑兵师。因此，北方集团军一共有13个军、7个摩托化师和8个骑兵师。根据动员要求，这个集团军应当沿着两条战线展开部署：比利时兵团部署在列日和纽夏特之间，而2个法国兵团则部署在里尔和斯特奈之间。在战争初期，第二条战线应当通过预先安排好的部队机动，与第一条战线保持联络。

2. 南方集团军：这个集团军由3个法国兵团组成，其中又包括14个军、5个摩托化师和6个骑兵师。这个集团军应当沿着蒙特梅迪和米卢斯之间的边境展开部署，并在蒙特梅迪与北方集团军相连。

3. 中央集团军：这个集团军由2个法国兵团组成，其中包括8个军。它应当在第二条战线上位于休蒙和圣孟舒尔德之间的梅斯左侧进行机动，并根据情况等候向前开进。

□空军

我已经指出，法国的"独立空军"平时驻扎并活动于沙隆、圣迪济耶、休蒙和第戎等航空中心的永久性机场上。其作战基地，则沿着梅斯左右两侧，分布在从斯特奈到贝尔福特一线。

选择沿着此线展开部署，与战时使用"独立空军"的观念是一致的。尽管"独立空军"的组建宗旨是为了用自身的兵力实施独立的作战行动，但根据法国人的观念，"独立空军"应当与其他兵种协同作战来取得最终的胜利，因此它必须按照适于推进业已赋予给陆军去完成的这一首要任务的方式来发挥作用。

法–比同盟的作战目标之一，便是将敌人赶到莱茵河对岸；而要想让陆军更轻易地完成这一任务，就必须在莱茵河左侧袭扰敌人，摧毁河上的桥梁并破坏敌人左侧的铁路交通。

法国"独立空军"预先确定的部署防线是很不错的，因为从这些防线出发，轰炸机飞行1个小时便可以到达莱茵河与法–比边境之间的全部领土，从而能够用己方的驱逐机对这些领土进行保护。

□辅助航空兵

陆军集团军必须让其下属的辅助航空兵、尤其是驱逐机做好随时奉命出击的准备，以便能够应对一切预见到了的或者不可预见的意外情况；特别是在动员期间，各集团军都必须做到这一点。为此目的，驱逐机和轰炸机部队的部署情况如下：

北方集团军：

集团军航空兵——第一驱逐旅，驻扎在富尔米南部。

集团军航空兵——第一轰炸旅，驻扎在吉斯南部。

比利时兵团航空兵——比利时驱逐旅，驻扎在罗什福尔北部。

比利时兵团航空兵——比利时轰炸旅，驻扎在那慕尔北部。

比利时兵团航空兵——驱逐大队（5个），驻扎在前线。

法国第一兵团航空兵——第一驱逐团，驻扎在莫伯日南部。

法国第二兵团航空兵——第二驱逐团，驻扎在梅济耶尔南部。

法国第二兵团航空兵——驱逐大队（8个），驻扎在前线。

南方集团军：

集团军航空兵——第三驱逐旅，驻扎在南锡北部。

集团军航空兵——第三轰炸旅，驻扎在梅斯南部。

第三兵团航空兵——第三驱逐团，驻扎在蒂翁维尔南部。

第四兵团航空兵——第四驱逐团，驻扎在圣阿沃尔德南部。

第五兵团航空兵——第五驱逐团，驻扎在萨尔堡南部。

第五兵团航空兵——驱逐大队（14个），驻扎在前线。

南方集团军：

集团军航空兵——第二驱逐旅，驻扎在圣迪济耶北部。

集团军航空兵——第二轰炸旅，驻扎在维特里北部。

第六兵团航空兵——第六驱逐团，驻扎在叙伊佩南部。

第七兵团航空兵——第七驱逐团，驻扎在圣迪济耶南部。

第八兵团航空兵——驱逐大队（8个），驻扎在前线。

辅助航空兵都由其所属集团军专门指挥，并且通常而言，集团军司令部必须自行配备警戒其部属防线上空的驱逐机；但尽管如此，在遭遇大规模空袭的情况下，防空司令也有权向辅助航空兵的驱逐机部队直接下达命令，只要同时通知各个集团军司令部就行。在某些特别严重的情况下，辅助航空兵的驱逐机部队还可以主动采取行动。

□秘密动员

在战争爆发之前的一周内，航空当局已经能够秘密动员起下属的部分空军力量了——具体来说，就是立即需要使用那一部分空军，以及能够就地动员、无需太过明显地调动人员和物资的部队。这样，到了6月15日傍晚，法国的"独立空军"已经有5个驱逐旅进入了战时满员状态。在6个轰炸旅中，只有常备的那些中队动员起来了，但并不包括它们新组建起来的孪生中队；因此，轰炸兵力只有全面动员起来后有望达到的一半。各侦察团的情况也是这样。"独立空军"中的所有部队，都奉命留在永久性的机场上，而没有转移到各自的作战基地去，目的是为了不引起敌人的怀疑。至于辅助航空兵，法-比盟军只是将其中的驱逐机部队

第一次世界大战中德国的88毫米高射炮

动员到了战时所需的兵力，以便击退敌方一开始可能发动的袭击。

所以，到了6月15日傍晚，下述作战单元都达到了战时满员状态：隶属于集团军的3个驱逐旅，7个指定给兵团的驱逐团，以及比利时的驱逐旅。沿着边境完成了动员的，是30个配属给各军的驱逐机中队——这些飞行中队在全面动员起来之后，将组成隶属于各军的30个飞行大队。同样，不管是法国的还是比利时的，所有防空驱逐大队、高炮团，以及所有负责警戒、情报和信号勤务的部队，全都被动员起来并随时准备行动了。

总之，到了6月15日傍晚，由于进行了秘密动员，法、比两国所有的防空兵力和防空资源都已经达到了战时满员状态，并且准备好采取行动了。隶属于"独立空军"和辅助航空兵的所有驱逐机部队也已经完全动员起来了，只有隶

属于各军的那30个辅助航空兵驱逐大队例外，因为它们的30个孪生大队还没有组建起来。换言之就是，只有30个驱逐机中队还没有做好准备，而它们在第二天，即16日，就会动员起来。

由于德国在海上战场的位置并不重要，因此海军的辅助航空兵并未采取任何措施来进行秘密动员。

□6月16日之兵力部署

尽管到6月15日晚上10点的时候，双方已经不抱有避免开战的任何希望了，但法–比同盟仍然不愿采取任何决定性的措施。出于人道主义以及两国的历史声望，它们都不愿意承担发动战争的责任，因此巴黎和布鲁塞尔花了数个小时进行极其频繁的电报交流；直到凌晨2点，德国便发出了那封著名的电报，声明从那时起，德国自认为已与法、比两国处于交战状态，所以德国的"独立空军"将在早上6点至7点间侵入法、比两国领空，并且为战争所迫，将不得不轰炸武装部队进行动员、集结或其他调遣活动的所有中枢要地。

虽然这一警告很简短，但德国也相当于放弃了出敌不意的优势。大家都认识到，德国之所以发出此种警告，是因为过后它就可以在遭

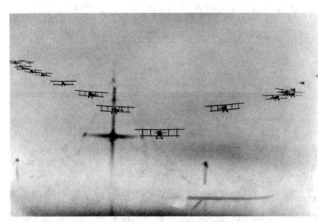

第一次世界大战中的战机编队

到世界舆论的谴责时，为该国毫无限制地使用航空化学武器进行某种正当的辩护了。尤其是在战争的最初数日里，武装部队会在从大到小的所有中心要地进行集结和调遣，因此法–比同盟的所有中心城市都受到了同样的威胁。

盟国军方无视敌人发出威胁时的傲慢语气，决定采取主动，侵入敌方领土；为了实现这一目标，盟国军方发出了下述命令：

1. "独立空军"的第一和第四驱逐旅应于早上6时开始，沿科布伦茨–美茵茨–阿沙芬堡–维尔茨堡一段上空巡逻，击退试图向边境推进的任何德军。

2. 比利时驱逐旅的第一团应当出于同一目的，而在早上6时开始，沿科隆–科布伦茨前线进行巡逻。

3. "独立空军"的4个夜间轰炸旅，应当率其现有的飞行中队——即战时

编制的一半兵力——立即起飞，根据业已制定的作战计划，摧毁莱茵河上的桥梁和最重要的火车站。

4. "独立空军"的2个日间轰炸旅，应当率其现有的轰炸机——即战时编制的一半兵力——在6时越过边境，去轰炸汉诺威、马格德堡、莱比锡和德累斯顿等城市。

5. "独立空军"的侦察团应当率其现有的侦察机——即战时编制的一半兵力——向柏林方向进行侦察。

6. 在没有接到进一步的命令之前，所有隶属于"独立空军"和辅助航空兵的驱逐部队，都由防空总司令部直接指挥。

为了将率先违反国际公约规定的责任推到德国身上，法–比同盟下令，轰炸行动应当只针对火车站，并且只使用高爆炸弹。法、比两国的空中作战人员在获悉敌人发出的威胁之后，都决心殊死一战，打掉德国人的傲慢之气。

第七章　德国的作战计划

德国的作战计划，前面已经大致地进行过概述了。简而言之，就是在空中打败敌人，同时在地面上顶住敌人，从而能够给敌人带来沉重的损失，迫使敌人停止战斗。"独立空军"的作战计划设想了一系列的进攻行动，以达到打败敌人的空中力量和对敌方领土实施空中打击的双重目标。第一种进攻行动，必须在战争刚刚开始的时候发动，力求在敌方的动员过程中打击敌人的空中力量。无论如何，为了更轻易地打败敌军并让敌人觉得自己技不如人，必须尽"独立空军"的全部兵力去进攻。"独立空军"的各个作战单元都应当时刻保持着战备状态，从而随时准备行动。由于平时都是驻扎在永久性的机场上，因此它们都进行过训练，一旦爆发战争，它们就应当从这些机场起飞，待执行完首次任务返回的时候，再降落到各自的作战基地上去。

为了让"独立空军"正确地实施对敌作战的任务，其规模庞大的主力——包括150个师和1500架大型战斗轰炸机——必须组织严密，同时又具有灵活性才行。这一主力被严密地组织成了一个个攻击纵列，而将每一个攻击纵列分成若干个攻击波，又让这一主力变得很灵活了。进攻行动必须在一条广阔的战线上展开——通常都是整个边境的长度，这既是为了让空军部队具有充裕的活动空间，也是为了让敌方兵力尽可能地展开。因此，德国空军的主力沿着整个前线，组成了数个并排的攻击纵列。

每个纵列都应当朝着一个指定的方向展开行动，以完成指派的任务，并且分成若干个支队，各支队之间保持着一定的距离——通常是半个小时的飞行距离，即100公里，鱼贯前进。所有纵列都应当在同一时间采取行动，因此所有的先遣支队都必须在同一个钟点到达同一条指定的起飞线上。这样一来，空军主力每隔一定的时间——通常是半个小时——便会发起一波进攻行动。

这就是德国"独立空军"预先制定出来的大规模进攻方式，也是德国实际应用的进攻方式，只是根据具体情况，在纵列数量和进攻次数方面有所变化罢了。

通过"独立空军"的第一种进攻行动，罗伊斯将军想要达到下述双重目标：打败敌人的空中力量，并且让敌国民众觉得本国领空已经被敌人控制。为了实现这一目标，"独立空军"必须侵入敌方领空才行；但德国也不能指望，法-比同盟会无动于衷，任由敌人进入其领空、在其领空飞上数个小时，并随意对其领土上的中心城市发动进攻。毫无疑问，盟军会让自己的部队投入战斗，试图消灭德国空军或者将其赶跑。不过，盟军会使用哪一种空中力量呢？当然就是适于实现这一目标的空中力量，即盟军的预警驱逐部队和驱逐机部队了。假如德军决意飞越敌方领土，并且假定盟军有同样的决心阻止敌人这样做，那么双方之间必然就会爆发一场真正的空战；而这也将是德国空军主力和盟军能够集结起来与之对抗的所有驱逐机部队、预警驱逐部队之间的一场战斗。

我已经说过，每个进攻纵列都必须根据作战命令中的指示，采取特定的作战行动，沿着指定的路线飞行，并完成自己的作战任务。每个纵列都被分成了若干个支队，而每个支队中又含有一定数量的分队。根据作战命令，每个分队都是从其所属的纵队指挥官那里，获得关于飞行路线、作战任务等方面的明确指示，并且完全明白必须竭尽全力去执行这些命令。因此，在发动进攻时，尽管每个分队都是"独立空军"这一庞大的有机整体中的组成部分，但在执行任务方面，却都保持着各自的独立性；每个分队都不需要依赖其他分队的帮助，只需独自行动就可以了。只要分队还在，分队的目的就只有一个——无论出现什么样的情况，都必须沿着指定的路线前进。

通过给每个进攻纵队按照比例配备分队，并且将这些分队细分成若干个进攻波，从而使得各个分队都能够灵活作战，作战命令便会得到极为一致的执行；对于"独立空军"的所有作战单元来说，尽管每个作战单元都是单独行动，但它们都知道，自己的前后左右都有相同的作战单元在飞行。然而，在行动过程中，没有哪个分队知道前一波或者后一波进攻中其他分队的遭遇。一整波进攻的飞机可能会被敌人全数歼灭了，而后面那一波进攻的战机对此却一无所知，因为它们之间相隔有100公里之远。从起飞到返回降落，其间长达数个小时，每个分队都是完全独立地执行任务，除非被敌人歼灭或者严重受损而执行不了任务。

乍一想来，我们可能认为，各个分队不能相互协作、不能彼此支援的这种局面，是一种缺陷。可恰好相反，这正是此种编制的优势所在，因为各作战单元之间的协作，存在于作战单元之外，是不以单个指挥官的意志为转移的。这是给整个组织赋予了灵活性后，随之而来的、合乎逻辑的结果，是整个组织灵活性本身所固有的特点，并不是随着时间和情况不同而产生的；而这些优势也始终都存在着，并且连续不断地发挥着作用。

"独立空军"中每一个没有被敌人歼灭的作战单元，都会飞向其目的地并执行其指定的任务，以此来表明它已经把自己的意志加到了敌人身上。在此种情况下，每一个回到了己方机场的作战单元，都可以认为自己取得了胜利。

[罗伊斯将军在其《回忆录》里写道：]面对"独立空军"沿着整个前线一波又一波地发动的大规模进攻时，盟军的作战行动只能说是毫无组织、混乱不堪。盟军抱有一种陈旧的空战观念，好像他们仍然生活在1918年似的。他们确信，空战将会沿着与上一次世界大战大致相同的战线进行，其间唯一的区别，就是此次战争中战机的尺寸更大、武器装备也更强大罢了；事实上，盟国空军的组织编制，差不多就是效法1914年至1918年间的那种编制。所以，面对我方有着明确目标的大规模进攻行动之后，盟军便发现他们被打了个措手不及，变得毫无组织了。

对盟军为应付我方进攻而采取的措施，许多人都提出了强烈的批评。不过，除了倾尽其驱逐机部队来对抗我方，盟军还有什么别的办法呢？

我们必须记住，盟军拥有进行空战的驱逐机部队和预警驱逐部队；不过，他们却认为这些部队应当用于实施专门而独特的空中行动。法国"独立空军"中驱逐机部队的主要任务，便是为轰炸部队开路，并且协助轰炸部队去完成其指定的任务；辅助航空兵中驱逐机部队的主要任务，则是协助己方辅助航空兵与敌方的辅助航空兵作战；而预警驱逐部队的任务，则始终都是与威胁到其防御范围内那些中心城市的敌方部队作战。这些目标全都具有特殊性和短暂性；它们当中，根本就看不到击溃敌方空中力量这一首要目标。结果，盟军并没有什么合适而有效的手段，来对付一个决意要在空中击败它们的敌人；因此，盟军除了利用手头已有的力量——而不管其作用如何——就别无选择了。

盟军的防空司令部，能够对其寄予厚望的那些作战单元下达命令吗？对于在一条长达500公里至600公里的前线上空发生的战事，他们又能看到或者了解到多少呢？他们所知的，不过是驻扎在遥远之处的各个情报站传递回来的情报罢了；可此种情报就算发出时是正确的，待防空司令部收到之后，形势也已经变得大不相同了。所以，他们只能根据这种业已时过境迁的情报，来向驻扎在很可能达数百公里之外的部队下达命令。反过来，驱逐机部队接到这些命令之后，又不得不加以判读，使之适应此业已改变的形势；而此种形势，与它们接到的命令所依据的那种情况，自然是完全不同了。此外，驱逐机部队还只能是在起飞之前、在地面上来对这些命令进行判读；此时，它们可能并没有看到敌机，可能没有获得准确的情报，甚至无法确定起飞之后，会不会与敌遭遇呢。部队在这种情况下起飞，显然是前途未卜。

看到了第一波进攻的敌机之后，盟军便会派出一支驱逐机部队去进行对抗。这波敌机要么会被消灭，要么没被消灭；倘属后者，那么这波敌机便会继续执行其任务。接下来，盟军又会看到另一波进攻的敌机了。此种对弈，会持续数个小时。经过一定时间的战斗之后，驱逐机部队必须降落，因为它们的续航时间有限（比如说，预警驱逐部队的续航时间只有1个小时）；可被迫放弃作战之后，它们又会发现自己身处何种境地呢？

那么，如何才能有效地利用己方的部队呢？如何利用并分配它们去应对随之而来的、数量和规模未知的进攻之敌呢？盟军能够给部队下达什么样的命令呢？一切都很不确定；而在面对此种可怕的、不确定的情况时，除了一看到敌人就将己方的部队派出去与之对抗，盟军就别无他法了。并且，只要己方部队一息尚存，盟军便不可能按照一种明确而协调的计划去作战。只要"独立空军"像一个有机的整体那样去发动进攻，并且组织严密，对方的防御力量便总是会被打得溃不成军、乱成一团的。

反过来，驱逐机部队又该如何行动呢？它们只能按照实际出现的情况那样去行动。一旦升空，它们便必须对看到的首批敌机编队发动进攻。考虑到它们在特定时刻的作战方式并不相同，因此驱逐机部队和战斗轰炸机部队之间的战斗，必定会呈现出下述特点：驱逐机部队会打散成若干个分队，而战斗轰炸机部队则会长久地保持其编队。倘若不考虑进攻的结果，那么，即便是驱逐机部队暂时没有遭受任何损失，它也不再是一个完整的作战单元了；可战斗轰炸机部队不管损失有多惨重，始终都会是一个完整的作战单元。进攻结束之后，会剩下一定数量的驱逐机；为了让它们能够与同一支战斗轰炸机部队再次交战，或者进攻下一支战斗轰炸机部队，它们首先必须重新组织成作战单元，否则就只能任凭它们变成一架架单独作战的驱逐机了；而在后面这种情况下，这些驱逐机由于必须独自对抗正规编队的敌军，所以会让自己陷入严重的劣势之中。驱逐机部队的本质，决定了它们在进攻行动中，必定会丧失大部分的进攻实力。

在某个时刻，侵入盟国领空、实力根据受损情况或强或弱的、一定数量的进攻之敌，必定会遭遇到盟国的驱逐机部队；可后者的实力，非但因为受损而被削弱了，还因为被打散成了分队而丧失了任何的有机联系，变成了一架架必须着陆之后才能再飞的孤机。自然，到了那个时候，我方的"独立空军"就已经赢得了战斗；因为随着一波波进攻的战机继续侵入并飞越敌方领空，敌方的防御力量只能进行一种毫无组织、混乱不堪的抵抗，不可能改变战争的结局了。

倘若进攻方拥有明确的目标和实现这一目标的手段，明白自己要往哪里去和做什么，并且给每支部队都指定清楚明确且与其他部队协调一致的任务，那么相对于防御方来说，进攻方就拥有了一种绝对决定性的优势，因为防御方将陷入一种必须抵挡方向未知、兵力也未知的闪电式袭击的境地。

这位德国全国武装部队的总司令相当自信，认为该国的"独立空军"（其作战单位在物质上和精神上都是一个有机的、不可分割的整体，其中兵力达150个分队，1500架大型战斗轰炸机形成了"独立空军"组织严密而又灵活机动的主力）能够成功地击溃敌军，并且会不费吹灰之力地做到这一点。不过，德国的作战计划还是规定，所有部队和后备战机都毫无例外地必须参与作战行动。

后来，有人对这种部署提出了批评，称罗伊斯将军这样做是孤注一掷；万一运气不好的话——总是有这种可能性的——德国空军就会全军覆灭。罗伊斯将军回应这种批评说，让这种"运气不好"非但可能、而且极为可能出现的最好办法，就是在交战的时候，留着后备部队不用；因为后备部队不参战，极有可能导致德国战败，而万一德国战败的话，这些后备部队就会被战胜的敌人轻而易举地消灭掉。

"独立空军"侵入敌方领空的做法，并非只是一种姿态，即并非只是为了表明我方拥有在敌国领空飞行的实力。如果只是一种姿态的话，敌人虽说可能会进行抵抗，但很可能不会进行极其坚决的抵抗。因此，从第一次作战行动开始，空军就必须进攻敌方的地面目标。这种进攻行动，会刺激敌人做出最强烈的反应；而这一点，则正是这位全国武装部队的总司令真正希望看到的，因为他的战略就是迫使敌人立即进行决战，并且，他也不愿让敌人保存什么实力。

所以，德国军方决定，在第一次作战行动中，"独立空军"必须能够对敌方领土发动进攻。由于第一批进击的空军会因敌方的抵抗而遭受较为重大的损失，因此军方决定，第一波进击的战机分队并不携带炸弹，而是增加了武器装备的数量。但后续各波进攻的战机，都必须携带规定的炸弹量。

在飞去进攻的时候，各个分队通常都必须保持在其载重量所允许的最大高度飞行，以迫使敌机爬升并在高空作战。特别是一开始的时候，连轰炸行动也须在高空实施，以避开敌方的高射炮；而由于第一次行动的目的旨在实现精神打击的效果，所以就更须这样做。

考虑到广义上的"攻击"概念，德国人曾经认为，最好是将前线尽可能地扩大，从而迫使盟军的兵力变得更加分散；这也就是说，一旦飞过边境，最好是让所有进攻的纵队呈扇形散开，覆盖盟国的全部领土。由于进攻纵队下属的各个支队必然会沿着规定的路线飞行，除非是被敌人消灭了，所以可将最有利的任务分派给它们——即在击溃敌方空中力量之后，它们必须继续前进，尽可能长久地深入敌方领空，尽可能给敌方造成物质和精神上的最大损失，并且刺激敌方继续出击，以便进一步消耗其实力。出于这些原因，德军不同进攻纵队的飞行路线，都是按照下述标准来确定的：通过进攻敌方远离边境的政治中心和铁路中心，甚至是进攻敌方的首都，来让敌人马上感觉到他们丧失了制空权。

对于"独立空军"首次作战行动的进攻计划，德国已经详尽缜密地进行了研究，连最小的细节也未放过；因此，待"独立空军"司令发出进攻信号之后，所有作战单元的指挥官，从上到下，就都清楚自己必须干什么。

德国已经规定，假设首次进攻行动取得了胜利，那么在接下来的各次进攻中，"独立空军"的任务便是切断各个战区中盟国陆军同其各自领土之间的联系；更精确一点来说，就是在贝尔福特、埃皮纳勒、图勒、兰斯、沙勒维尔、吉维特、迪南、那慕尔、圣特龙和通赫伦一线上，切断盟军通往法国和比利时的公路和铁路交通线，以阻止盟军轻易而有序地获得援兵和给养补充，并且牵制住位于这一线和边境间的盟国陆军的行动。

正如罗伊斯将军在其《回忆录》中所说的那样，在这一点上，他的观点只是起到了部分作用。当敌人的空军已经被削弱成了一支可以忽略的力量后，他是希望能够利用"独立空军"去直接打击敌方国内的抵抗力量。换言之就是，他是想通过倾尽"独立空军"之力，毫无限制地进攻敌方最重要、最脆弱的中心城市，以便让敌方民众陷入无可忍受的生存境地，并迫使他们求和，来实现自己理论的最终目标。在罗伊斯将军看来，这将是结束战争的一条最迅速、最经济、让交战双方的流血牺牲和财富损失减到最小的途径，因为敌人的瓦解主要是精神压力所导致的，而不是别的原因所导致的。不过，德国政府并未接受罗伊斯将军这些极端的思想，或者说，德国政府起码也是有所保留地接受了他的这些思想。由于面临着强大的反对意见，所以罗伊斯将军退了一步，同意一旦夺得制空权，就在前线用"独立空军"对盟国陆军在其部署战线上的集结和作战行动进行阻滞和袭扰。

要想达到这一目的，德军必须切断从法、比两国领土通往前线的一部分公路和铁路交通线，并且让这些交通线在预先确定好的一段时间内无法打通。虽说这并不容易，但还是可以做到的，尤其是在夺得制空权之后，如果德国的"独立空军"还剩有足够的兵力来发动这样一种进攻的话。假如这种进攻行动失利，那么，德国便可以将罗伊斯将军那些极端的思想付诸实施了。

在盟国陆军部署区域和法、比两国其余领土之间选出一条分隔线，这条线经过贝尔福特、埃皮纳勒、图勒、兰斯、沙勒维尔、吉维特、迪南、那慕尔、圣特龙和通赫伦，将会围成一个平行于法、比两国边境、纵深达80公里至100公里的封闭区域；倘若切断这一区域与法、比两国其余领土的交通联系，自然就会让盟军陷入极大的困境。

当然，德军的目的并不是要立即切断所有的公路和铁路交通线。他们认为，没有必要那样做。倘若我们想一想，在一开始的数日之内，盟国陆军的全部兵力和军需装备都必须穿过这条斜线，而后盟军维持生活和作战所需的一切给养也都必须穿过这条斜线才能到达，那么我们很容易就能认识到，即便是部分切断那些公路和铁路交通线，也会严重地破坏盟国陆军的动员和集结，从而严重地干扰到盟军随后的作战行动。通过持续切断这些至关重要的交通补给线——哪怕只是切断其中的一部分，也会削弱敌人的前线实力——以便在适当的时机更加轻易地击溃敌人，这一点是可想而知的。除了这些物质性的影响，我们还须考虑到这种交通补给中断对正在向作战区域开进的部队所产生的精神影响；因为这些部队必须停下来，等到突袭的敌机飞走后，才能继续前进了。

德军还精心制定了一个完善而详尽的计划，准备利用"独立空军"来隔断盟军的各个作战区域。

德国已经全面地研究过盟军进行动员和集结所需的铁路交通情况。铁路不可能隐藏起来；而涉及到铁路的一切，也都可以轻而易举地估算出来。盟军可能动员起来的兵力数量，并不是什么秘密。根据这些情报——即便是这些情报并不精确，我们也可以估计出，盟国穿过这条选定分隔线的铁路当中，哪条很重要，哪条不重要。同样，对于普通公路的重要性，我们也是可以估计出来的。

针对穿过那条斜线的每一条普通公路和铁路，尤其是针对那些最重要的公路和铁路线，德国都预先制定了一个专门的作战计划，其中详细说明了应当如何对每条公路和铁路线实施进攻，才能达到预期的效果。通常来说，德军并没有计划去摧毁桥梁、铁轨以及其他的道路设施；德军进攻的目的，旨在用化学弹、燃烧弹和毒气弹对普通公路和铁路经过的中心城市进行轰炸，使之变成难以接近、更是难以通行的火海区和毒气区，从而在这些交通补给线沿线形成一个个禁区。阻断每一条公路或铁路的作战计划中，都指明了应当轰炸的中心城市，以及每个中心城市应当投下的炸弹量（每个中心城市投放10吨、20吨或30吨炸弹）。对于什么地方、什么时候必须反复实施轰炸，以便持续阻断敌方的交通运输，也都进行了说明。因为每次飞行能够携带2000吨炸弹，所以按每次轰炸平均投弹20吨来计算，德国的"独立空军"每次飞行都可以对盟国的150个中心城市实施轰炸。

由于实施此种阻断计划需要一定数量的空军兵力，所以罗伊斯将军必须自己来做出判断，手下的"独立空军"夺得制空权之后，剩余的兵力是否能够满足实施阻断计划的需要。假如不够，那么他就可以按照自己的极端理论，随心所欲地运用空军力量了。

德国知道，敌方拥有日间和夜间轰炸部队。敌方当然会使用这些部队；又因为德国没有驱逐机和预警驱逐机，所以敌方更会这样做。如何保卫德国的中心城市，使它们免遭盟军轰炸部队的此种进攻呢？对于这个问题，罗伊斯将军写道：

一旦敌方的防空部队被消灭，那么就算是盟军也不会再剩下什么驱逐机了；所以，战争就会是在盟军的轰炸部队和德国的战斗轰炸机部队之间继续进行了。

显然，我方的战斗轰炸机部队应当不失时机，尽量阻止敌方的轰炸机部队实施进攻行动才是。这样一来，随后就会出现两种相同的作战行动，因为每一方都会尽力让敌人遭受最大的损失。那么交战双方中，哪一方会获胜呢？在同等的条件下，自然就是拥有最大的进攻实力、能够打击敌人地面目标的那一方了。

正是出于这个原因，我才将所有的国家资源全都投入到了"独立空军"上，以此来尽量赋予"独立空军"打击敌方地面目标的最大进攻实力。

尽管赋予了我国"独立空军"此种实力，但从理论上来讲，我们还是无法阻止敌人轰炸我国中心城市的。我之所以说从理论上来讲，是因为在实践中，我们可以依赖并利用我方打击地面目标的较大进攻实力，哪怕是单凭此种潜在的实力，来阻止敌方对我国领土发动进攻。事实上，实际情况也正是如此。

□6月16日之兵力部署

6月15日，德国收到了本国大使冯·托普里茨发自巴黎的电报，当时帝国议会仍在召开期间。这就意味着战争开始了；任何人都无力再阻挡它以雷霆万钧之势爆发。即便是那些最强烈地反对采取极端手段的人，也不得不顺应此种必然之势。已经没有讨论的时间和余地了；除了采取行动，已无别的办法。总动员令于午夜时分发出，而担任全国武装部队总司令的罗伊斯将军则向议会宣布，德国空军将在同一天，即6月16日早上6时至7时间，侵入敌方领空，以便开始瓦解敌人的国家抵抗力量。

为了打消一些国会议员在最后一刻对于不加限制地使用航空化学武器问题的疑虑，罗伊斯将军提议将自己的意图通报给敌方，以便敌方能够采取必要的反制措施。既然手头拥有阻止敌方武装部队进行动员和集结的武器，那么不用它们，等着敌人做好战斗准备，就将是对祖国的一种犯罪。敌人有责任去防御和保护己方打算实施诸如动员和集结等战争行动的中枢要地；敌人有义务将那些中心城市里的平民百姓疏散出去。认为可以将手无寸铁的平民百姓、妇孺老幼当成挡箭牌，这种想法是很幼稚的；事实上，警告都是多余的，因为每个人都知道、也应该知道，

第一次世界大战中德军使用的火炮

战争就是战争。

这就是德国6月16日凌晨2时那次著名的无线电广播的由来。

德国外交部长曾经说，这样一种警告意味着放弃了出敌不意的优势；对此，罗伊斯将军回应道，真正出敌不意的是"独立空军"，而不是"独立空军"采取行动的时间。

就任国家武装部队总司令一职之后，罗伊斯将军马上用无线电向"独立空军"发出了如下命令：

令空军部队各级指挥员：

X时将是今晨6时。

我深信各位将恪尽职守，并且"独立空军"将因此而于日落之前决定战争胜负。

"X时"所涉及的作战命令，包括下述主要指令：

作战理念：沿着整个边境展开大规模、一波一波的连续进攻，加强左翼，以便从南部包围巴黎，并且通过轰炸敌方的主要交通线来击溃敌人，从而给敌人留下敌方已经丧失制空权的直接印象。

兵力："独立空军"的所有兵力，包括各个分队的后备战机。

兵力分配：组建8个进攻纵队，即：

第1纵队——由配备2000马力飞机的第一大队组成，编为3个支队，每队下辖4个、4个和2个分队。

第2纵队——由配备2000马力飞机的第二大队组成，编为3个支队，同第1纵队。

第3纵队——由配备2000马力飞机的第三大队组成，编为3个支队，同第1纵队。

第4纵队——由配备2000马力飞机的第四大队组成，编为3个支队，同第1纵队。

第5纵队——由配备2000马力飞机的第五大队和配备3000马力飞机的第九大队组成，编为8个支队，每队分别下辖2个、2个、2个和4个配备2000马力飞机的分队，以及2个、2个、2个和4个配备3000马力飞机的分队。

第6纵队——由配备2000马力飞机的第六大队和配备3000马力飞机的第十大队组成，编为8个支队，同第5纵队，并且加上1个支队，下辖1个配备6000马力飞机的分队。

第7纵队——由配备2000马力飞机的第七大队、配备3000马力飞机的第十一和第十二大队以及配备6000马力飞机的第十五大队组成，编为8个支队，每队分别下辖2个、2个、2个和6个配备2000马力飞机的分队，以及4个、4个、4个和8

个配备3000马力飞机的分队，外加4个配备6000马力飞机的分队。

第8纵队——由配备2000马力飞机的第八大队、配备3000马力飞机的第十三和第十四大队组成，编为7个支队，每队下辖2个、2个、2个和6个配备2000马力飞机的分队，以及4个、4个、4个和8个配备3000马力飞机的分队，外加1个支队，下辖3个配备6000马力飞机的分队。

每个支队之间保持半个小时的飞行距离（即100公里），并且每个支队中的分队都编队飞行。

攻击波次：

在X时，8个进攻纵队的先遣支队必须沿帕德伯恩、科巴赫、基森、哈南、阿沙芬堡、维尔茨堡、安斯巴赫和乌尔姆一线展开。

因此，应当形成8个攻击波次：

第1波——8个纵队的先遣支队，包括24个配备2000马力飞机的分队。

第一次世界大战中的英国轻型轰炸机

第2波——8个纵队的先遣支队，包括24个配备2000马力飞机的分队。

第3波——8个纵队的先遣支队[1]，包括23个配备2000马力飞机的分队。

第4波——第5、第6、第7、第8纵队的先遣支队，包括8个配备2000马力飞机的分队和8个配备3000马力飞机的分队。

第5波——第5、第6、第7、第8纵队的先遣支队，包括12个配备3000马力飞机的分队。

第6波——第5、第6、第7、第8纵队的先遣支队，包括12个配备3000马力飞机的分队和3个配备6000马力飞机的分队。

第7波——第5、第6、第7、第8纵队的先遣支队，包括20个配备3000马力飞机的分队和4个配备6000马力飞机的分队。

第8波——第5、第6、第7、第8纵队的先遣支队，包括8个配备3000马力飞机的分队和3个配备6000马力飞机的分队。

---

[1]　第一、二、三波中的先遣支队，英译本均为the 8th columns（第8纵队），似乎有误。根据上下文和意大利原著，应为"8个纵队"才是。

每个纵队的路线和任务：

此处指定给不同攻击纵队的路线，就是每个纵队整体的飞行方向；同样，指定给不同攻击纵队的任务，也是每个纵队整体的全局任务。据此，各纵队司令应当经由各个大队指挥官，给其下属的分队规定飞行路线并分配任务。

第1纵队——路线：帕德伯恩、奥伊彭、列日、布鲁塞尔、里尔、阿布维尔、鲁昂、杜勒克斯、科尔贝、沙隆、各作战基地（共计10个小时的飞行时间）。任务：轰炸法国北部某个大型的中心城市，以产生精神影响。

第2纵队——路线：哥廷根、圣维特、那慕尔、瓦朗西安、吉萨尔斯、默朗、埃唐普、默伦、圣迪济耶、各作战基地（共计10个小时的飞行时间）。任务：轰炸法国北部某个大型的中心城市，以产生精神影响。

第3纵队——路线：基森、梅尔齐希、斯特奈、兰斯、维尔纳夫，然后沿着与第5纵队相同的路线飞行。任务：轰炸斯特奈和兰斯地区的机场（共计10个小时的飞行时间）。

第4纵队——路线：哈南、萨尔布吕肯、凡尔登、沙隆、桑斯，然后沿着与第6纵队相同的路线飞行。任务：轰炸凡尔登和沙隆地区的机场（共计10个小时的飞行时间）。

第5纵队——路线：阿沙芬堡、皮尔马森斯、南锡、圣迪济耶、罗米伊、勒芒、阿朗松、鲁昂、亚眠、拉昂、凡尔登、各作战基地（共计10个小时的飞行时间）。任务：轰炸巴黎和法国西部、西南部之间的铁路交通线（图尔-巴黎、昂热-巴黎、奥尔良-巴黎、勒芒-巴黎、勒阿弗尔-巴黎等）。

第6纵队——路线：维尔茨堡、贝尔格察贝恩、沙尔姆、休蒙、特鲁瓦、桑斯、奥尔良、沙特尔、吉萨尔斯、博韦、苏瓦松、埃佩尔奈、图勒、南锡、各作战基地（共计10个小时的飞行时间）。任务：轰炸下述铁路交通线：特鲁瓦-巴黎、第戎-巴黎、纳维尔-巴黎、图尔-巴黎、昂热-巴黎和勒芒-巴黎等铁路。

第7纵队——路线：安斯巴赫、斯特拉斯堡、勒米尔蒙、纳维尔、巴黎、各作战基地（共计10个小时的飞行时间）。任务：威慑法国首都，并破坏巴黎郊区，尤其是破坏有大型工业企业的郊区。为了有力地展示我国的制空权，隶属于第十一、第十二和第十四大队并且位于高空当中的各个分队，应当围着巴黎及其郊区飞行，并投下所载炸弹（1200吨）。第十一和第十二大队最先的两个支队应当携带烟雾弹，以便在需要的时候遮挡敌人高炮部队的视线，但无论如何，都应当给敌国民众留下深刻印象。

第8纵队——路线：乌尔姆、布莱萨赫、贝桑松、沙隆，然后再按不同路线飞行（共计12个小时的飞行时间）。任务：对下述遥远的中心城市实施进攻，以便影响到这些地方的民众：克莱蒙费朗、利摩日、波尔多、罗阿纳、图卢兹、里昂、圣艾蒂安、瓦朗斯、阿维尼翁、尼姆、蒙彼利埃、阿尔勒、艾克斯、博尔格和格勒诺布尔。

行动指南：最先两波进攻的纵队飞机不应当携带炸弹，而应当携带起码为平时两倍的武器弹药。各攻击波始终都应当保持在所携炸弹量允许的最大高度飞行。通常来说，要避开有高炮部队保卫的目标。

侦察部队——15个侦察机中队应当在H+2时［作者注：一个标注时间因素的军用代号。］左右抵达兰斯、斯特奈、休蒙和沙尔姆的上空；据估计，这些地方的战斗将会最为激烈，故侦察部队在此应当发挥其主动性。

这些作战命令，即将发动起那台巨大的进攻机器；而这台机器一旦发动，就停不下来了。

一旦为了在规定的时间率先发动各波进攻而从机场起飞之后，每个分队（帕德伯恩、哥廷根、基森、安斯巴赫、乌尔姆）便都有一个明确的任务需要完成：沿着规定的路线前进，执行规定的轰炸任务。

分队无需考虑其他方面的情况；它知道自己的前后左右都有其他分队在飞行，而它唯一需要注意的，就是在沿着自己的路线飞行时，击退任何可能的来犯之敌。

要想抵挡这些作战行动，敌人除了用驱逐机部队进攻我方分队之外，就别无他法了。万一遭到此种进攻的话，不管碰到的是什么样的敌人，不管自身会遭受什么样的损失，也不管我们深入敌方领土有多远，这些分队都不应当改变自己的飞行路线——反正改变也没有什么用。各分队必须在各自的飞行路线上应战，并且始终都要牢记，各分队都是一个有机的进攻主力中的组成部分，只有通过完成指定给各个组成部分的作战行动，才能实现这个进攻主力的最终目标。

当兵力减至只剩2架飞机时，分队便可以撤退；但它撤退后，只能加入紧随其后、且可以在10分钟至20分钟内赶到的那个支队。

一旦所有飞机上的弹药全都消耗殆尽，一个分队便可以在其指挥官的命令下返航（虽说可以，但军方并不鼓励这样做）。在此种情况下，该分队必须原路返回，并在自己的作战基地着陆。虽说分队指挥官可以自行判断是否在规定的时间之前返航，但他必须牢记，除了情况特殊，否则就应当尽量避免此种返航；因为仅凭各个分队出现在敌人的领土上空，就能证明我方的实力。

从兵力分配上来看，显然一开始德军的部署似乎是右翼较强，其目的或许是为了将敌军引向北方，但后来左翼的兵力却变成最强了——也就是说，德军准备用左翼兵力，从西面侵入巴黎所处纬度以南以及巴黎周边地区的所有法国领土了。

尽管战争之神眷顾德国一方，但这一作战计划还是因为其学究式的死板，而遭到了一些杰出军事史学家的严厉批评。

制定这一计划的罗伊斯将军是如此回应这些批评的：

我当然从未抱有过这种想法，说我方的"独立空军"能够成功地飞越敌方领空，并且始终保持着我在计划中所示的那种匀称的编队队形。我比其他任何人更清楚一个事实，那就是我手下的作战分队并非是在死板的棋盘之上机械地移动着的死板的棋子，而是一个个有生命的实体。我已经用我的作战计划，将一种按照我所指出的道路走到底并且比钢铁更硬的意志，灌输到了这些有生命的实体及其每一个分队当中。对我而言，这就足矣！

就算鱼贯前进、相继飞行着的各个攻击波，彼此之间无法精确地保持着那种规定的距离，又有什么关系呢？只要各个分队都在飞行着，那么先起飞的分队必然会飞在那些后起飞的分队前面。要说我给每个分队都规定了明确的路线和明确的任务，那么我之所以这样做，原因就在于我知道，除非被敌人消灭，否则我方所有的分队都是会坚持各自的飞行路线的。此外，我也清楚，我方的机组人员都很英勇。我知道，除非是被敌人消灭了，否则我方的各个分队一旦踏上征途，就不可能有别的不同表现。用我方左翼的4个纵队，在3个半小时之内，我就可以让我方五分之四以上的兵力向敌方前线的一段发起猛攻。我们的敌人必将落败，而事实上敌人也一败涂地了！

就在战争爆发前的那一天，除了例行事务，即俗话所说的"整装待发"之外，德国的"独立空军"无事可做；不过，要让那些巨大的战争机器马上行动起来，有罗伊斯将军于6月16日凌晨1时发出的那道命令就足够了。

第八章　6月16日之战

　　虽说要想简洁而准确地对史称"6月16日之战"的那场大战加以描述并不容易，但我还是应当试一试，根据最近公布的一些官方文件，以及目睹和参与了这场巨大悲剧的一些人的个人证言，来对这场战争进行描述。

　　在前文中，我已经概述过6月15日傍晚以及第二天交战双方的形势；而现在，为了让我的叙述符合其本来的方向，我会按照正确的时间和空间来叙述其中的战事。

　　确切地说，战斗始于那天早上6时到6时一刻之间；当时，双方的首批空军开始交战了。尽管如此，在那时之前还发生了一些作战行动；虽说这些作战行动也属于此次战争的组成部分，但它们却并未影响到此战的结果。其中的一个例子，便是法国"独立空军"的4个夜间轰炸旅所实施的作战行动。根据命令，那天凌晨3时至3时半之间，这几个旅越过了位于卢森堡和莱茵河之间的法、比边境，去轰炸科隆、波恩、科布伦茨、宾根、沃尔姆斯、曼海姆和施派尔等目标。盟军实施这些轰炸行动，旨在摧毁莱茵河上的普通公路桥梁和铁路桥梁。

　　当时，法国这些夜间轰炸旅的兵力只有战时编制的一半（所有常备的飞行中队都已满员，但它们的孪生中队还没有动员起来——也就是说，每个旅只有6个中队，总共36架战机）。所以，轰炸行动是以团为单位，即3个中队来进行的；一路上，盟军并未遭到敌方抵抗，而敌方起码从表面上来看，也只是实行了灯火管制。轰炸行动分别用了500公斤和1000公斤炸弹，对敌方造成了大范围的破坏，尤其是科隆和科布伦茨两地的桥梁，受损更为严重。

　　同一天早上6时到6时半之间，这4个旅完好无损地回师，并且降落到了各自的作战基地上。

　　在6点钟的时候，德国政府向全世界的广播电台播送了第一份战争公报。这份公报，值得我们来引述一下。

　　柏林，6月16日——6时。

　　今晨4时至5时之间，法国空军越过莱茵河地区，向科隆、波恩、科布伦茨、宾根、美茵茨、沃尔姆斯、曼海姆和施派尔等城市投下了成百上千吨的炸弹、燃烧弹和毒气弹。人员伤亡和建筑受损不计其数；有数千市民和老幼妇孺丧生，或者变得奄奄一息。

德国政府已经下令其"独立空军"采取报复行动。

这份公报极力夸大了法国轰炸行动的效果。就算有市民被击中，伤亡人数也不会很大，而且法军也没有使用毒气弹。

但是，德国政府利用这些轰炸行动，在世界舆论面前谴责盟军，说盟军率先毫无限制地使用航空化学武器；而其目的，则只是为了证明德国使用航空化学武器有正当理由，因为德国已经决定使用这种武器了。

全世界的报纸都用号外刊发了这份公报；这让全世界人民都大为震惊，而盟国政府的种种否认也无法消除这种印象——因为盟国在进行否认时，只能试图解释并说明它们那样做的理由。即便到了后来，德国的"独立空军"毫无顾忌地发动了可怕的航空化学进攻战后，这种印象还是阴魂不散；许多人仍然确信是盟国率先违反了国际公约，而德国不过是行使了报复这种正当的权利罢了。

□6时之形势

由于双方进行的兵力部署，所以6时双方的形势如下：

盟军：

1. 比利时驱逐旅第一团（包括6个飞行中队，共计36架战机）正在科隆－科布伦茨上空巡逻，其下方的战线长约80公里，该旅飞行高度约5000米。

2. 法国第二、第四驱逐旅（包括4个团、24个中队，共计144架战机）正在巡逻，前者位于科布伦茨－美茵茨上空，后者位于美茵茨－阿沙芬堡上空，其下方的战线各长100多公里，两旅飞行高度约5000米。

（为了描述空中的位置，我们始终都必须参照地面上的某些固定之处才行。读者必须在心中进行必要的参照。由于天空具有诸多独特性，空中位置只能是某一特定时刻参照于地面固定之处的位置，因此，我们只能将地面参照物当成一种普通的标志，而不能当成别的什么东西。比如，说某支空军在某一时刻位于科布伦茨－美茵茨前线5000米的上空时，我们的意思并不是说，那支空军真的就在那儿，并且所有兵力全都展开部署，成一直线地位于科布伦茨和美茵茨之间一个垂直平面上5000米的高处，而是指组成这支空军的所有部队，那时都处在从科布伦茨垂直面到美茵茨垂直面这条直线内侧或外侧10公里左右、高度约5000米的空中。）

德军：

1. 配备2000马力飞机的第一大队（第1纵队）的4个分队已经抵达帕德伯恩上空，正朝科隆飞去；这4个分队（共计40架功率为2000马力的战机）将在早上6：30左右与比利时驱逐旅的第一团交上火。

2．配备2000马力飞机的第二大队（第2纵队）的4个分队已经抵达哥廷根上空，正朝洪内夫（莱茵河）飞去；这4个分队（共计40架功率为2000马力的战机）将与比利时驱逐旅的第一团交火。

3．配备2000马力飞机的第三大队（第3纵队）的4个分队已经抵达基森上空，正朝圣戈亚（莱茵河）飞去；配备2000马力飞机的第四大队（第4纵队）的4个分队已经抵达哈南上空，正朝美茵茨飞去。这8个分队很快将与法国第二驱逐旅交上火。

4．配备2000马力飞机的第五大队（第5纵队）的2个分队已经抵达阿沙芬堡。配备2000马力飞机的第六大队（第6纵队）的2个分队已经抵达维尔茨堡上空。这4个分队（共计40架功率为2000马力的战机）已经遇上了法国第六驱逐旅的部分作战单元。

第一次世界大战中的法国火炮

5．配备2000马力飞机的第七大队（第7纵队）的2个分队已经抵达安斯巴赫上空，并且正在飞往斯特拉斯堡。

6．配备2000马力飞机的第八大队（第8纵队）的2个分队已经抵达乌尔姆空域，并且正在飞往布莱萨赫。

暂时来看，最后这两个纵队一路畅通，没有遇到敌人的抵抗力量。

到了6时，第5纵队和第6纵队的先遣支队，已经与法国第四驱逐旅的一些分队开始交战。战斗在6时至6：30间逐渐展开，并且一直都是向北推进；而到了6：30左右，战斗便是在从科隆经由科布伦茨、克罗伊茨纳赫、路德维希姆到海德堡的战线上空进行了。

在科隆和洪内夫上空，比利时驱逐旅第一团向组成德军第1、2纵队首个攻击波的那8个配有2000马力战机的分队发动了进攻。对阵的是6个驱逐机中队（共计36架战机）和8个战斗轰炸机分队（共计80架2000马力的战机）。在科布伦茨和克罗伊茨纳赫上空，法国第二驱逐旅对组成德军第1、2纵队首个攻击波的那8个配备2000马力战机的分队发动了进攻。那里是12个驱逐机中队（共计72架战机）对阵4个战斗轰炸机分队（共计40架2000马力的战机）。

根据法国和德国出版的、由参与了6月16日那场惨烈之战的军官们所撰写的许多回忆录和报告，我们就能够充分、正确地了解到当时的情况。

盟国正在巡逻或者正准备派出去对抗敌军主力的驱逐机部队，一看到敌军，便试图占据有利的进攻位置。而德军的各个分队不管看没看到敌军，都会沿着各自的路线前进，并且不会改变原来的队形。这使得速度更快、机动性更强的驱逐机部队能够轻而易举地选择进攻方向，因为敌人的编队并未打算避开此种进攻，而敌人也没有实施任何机动来改变其所处位置。由于必须进攻结合密集的敌机编队，所以盟军的驱逐机部队便试图飞到德军编队的上方，并用己方所有的战机将编队包围，以便让编队四面受敌，从而分散编队的火力。

盟军的驱逐机是以中队或大队（包括2个中队）为单位行动的；这是说，它们在发动进攻的那一刻之前，都会保持着这样一种编队。每个中队又细分为两个"半个中队"（包括3架飞机），并且每个"半个中队"通常都是朝着一个方向发动进攻。于是，一个大队有4个进攻方向，一个中队有2个进攻方向；它们都必须同时聚焦于敌人身上。在平时的训练中，盟军就特别注意了此种机动方式，而实践最终也表明，这种机动方式很有效；事实上，只要是成功地利用这种方法，盟国部队每次都获得了最佳的战果。

德军的各个分队都忠于上级的指令，不管遭到什么部队的攻击，不管攻击来自哪个方向，都始终保持着密集的编队队形，并且不会偏离规定的航线。

那天每个分队的兵力都是10架战机，而不是战时编制所规定的9架，因为分队的那架后备战机也算上了。因此，倘若一个分队遭到一个大队的12架驱逐机同时进攻——这种情况很少出现——那么，分队的火力通常都要强于这些驱逐机正面射击的火力。倘若只有一个中队单独进攻分队，或者更糟的是，只有半个中队去进攻一个分队，那么进攻方的劣势便会大大增加；因为在这两种情况下，德军的分队编队便可以将火力集中在少数几个方向上。在德军那些大型的飞机上，武器装备都是精心安置的，既容易操作，又不受风力影响，而且还是由一些训练有素的人员来操纵的。此外，由于在承受进攻时，编队队形并不是非得做任何机动，因此从开火这一目的来看，其中的战机就像是一个个稳定的射击平台。一个飞行员倘若独自驾驶一架战机去进攻一个分队，哪怕这个中队已经损失了三分之一或者一半的兵力，那他也是一个纯粹的傻瓜；不过，盟军中还是有数位飞行员，尝试过此种英勇的壮举。

当一支驱逐机部队——不管是一个大队还是一个中队——实施进攻之后，无论进攻的结果如何，这支驱逐机部队都会陷入混乱之中，其战机散布于四面八方，并且不用指望它能够迅速重新集结起来，编好队形，以便对同一敌方分队或者其他敌军再次发动进攻。另一方面，经受住了打击的德军分队即便严重受损，也会继续保持航向和队形——或是原有队形，或是减员队形，视其损失而定。然后，除非任由敌人不受干扰地前进，否则每架驱逐机便只能各自展开进攻了。对于盟军的绝大多数驱逐机作战人员来说，不加抵抗、任由敌人前进是一种不可容忍的想法；所以，他们在整支部队的集体进攻结束之后，还会一而再、再而三地独自驾机进攻。这种英勇的行为，尤其是在6月16日之战中，只给德军的战斗轰炸机分队造成了微不足道的损失，而给盟国的驱逐机部队却可能带来了大部分损失。

德国战斗轰炸机分队在飞往目的地、无论损失如何都保持队形不变的过程中所表现出来的那种明显的泰然自若，让习惯了机动的盟军飞行员们都大惑不解；不过，此种泰然自若构成了各个分队本身的巨大实力，而德军分队中的全体作战人员，也都深知这一点。

从离开机场的那一刻起，各个分队的机组人员就明白，万一途中遭遇敌军的话，他们除了应战之外，别无他法。因此，他们能做的就是，尽量在最有利的条件下去应战——也就是说，保持密集的队形，因为这种队形不仅让编队中的所有战机都能够相互支援，还让编队中的所有战机都能够轻易地发现敌机，并且准确地向敌机开火。因此，机上没有什么事情会让机组人员分神；他们的任务就是眼观六路、耳听八方，并且恰当地使用武器，发挥出武器的最大威力。飞行员的任务，就是保持好队形，沿着规定的路线前线；其余机组人员则只有一个念头，那就是尽可能迅速地发现并击中最危险的敌机。编队队形如此安排，使得己方有多少飞机，视野便被分割成了多少个区域；而射击任务的此种分工，使得整个分队即便是在减了员的情况下，也仍然是一种强大的战争工具。

就算是在双方都有大批部队交火的情况下，此种战斗仍会是以一系列由驱逐机部队实施的、对战斗轰炸机部队发动的攻击而告结束。正如德军各个分队无法将所有飞机沿着前线排成一行那样，盟军的驱逐机部队也无法同时发动进攻。这样一来，可能就会出现这样的情况：在某一地区，一个德军分队可能接连受到2个、3个甚至4个驱逐机大队或中队的攻击；在另一个地区，可能仅有单个飞行员在驾机进攻；还有一些地区，德军分队则可能根本就碰不到敌人。

空战常常会呈现出一种混乱无序的状况：驱逐机部队或者单架战机不时地向战斗轰炸机分队猛扑过去，而后者一心想着只要还能飞，就得继续前进；四周到处都是即将坠毁或者试图着陆的战斗轰炸机和驱逐机。慢慢地，激烈的战斗将会松弛下来；随着驱逐机部队被消灭，进攻也会停止；那些为数不多、幸存下来的驱逐机，尤其是预警驱逐机，由于耗尽了弹药或者燃料，所以会试图着陆去补充弹药和燃料；而德军的战斗轰炸机分队尽管兵力减弱了，但还是会继续朝着各自的目的地前进。

正如我们已经看到的那样，第1、第2攻击纵队那8个配备2000马力飞机的先遣分队，与比利时驱逐旅第一团之间的首次战斗，是早上6：30左右在科隆和洪内夫附近的上空爆发的。

这6个驱逐机中队和8个战斗轰炸机分队之间的战斗，更准确一点来说，是发生在科隆、洪内夫、奥伊彭和圣维特的上空。比利时的各个中队表现得异常神勇，不顾己方兵力大不如敌（是36架战机对阵80架战机），轮番出击。不过，到了7时左右，幸存下来的那些驱逐机（参与进攻的战机中，只剩下四分之一了）由于耗尽了弹药，只能降落了；而德军配备2000马力飞机的分队在损失了12架战机之后，正于韦尔维耶和圣维特上空约6000米的高度飞行。

大约6：30的时候，驻守在比利时边境的观察哨便已向比利时防空司令部报告，有一支庞大的德国空军主力正在越过边境前来，而比利时驱逐旅第一团也已被迫退出战斗。比利时防空司令部已经从其他渠道得知了越过边境的敌军规模，便于7：15左右命令比利时驱逐旅第二团，以及布鲁塞尔、那慕尔和列日的航空卫戍区（共计12个预警驱逐中队）前去迎击业已侵入比利时领空的敌军。

这些空军部队在7：30至8时之间开始起飞。

7：30，组成第1、第2纵队首个攻击波的那8个战斗轰炸机分队，正以高炮部队射程之外的高度飞过布鲁塞尔上空，前往里尔和瓦朗西安，而比利时驱逐部队的一些战机正在试图追上它们。

但在7：30左右，前线观察哨向比利时防空司令部报告，又有一支大型的德国空军主力正在越过奥伊彭和圣维特之间的边境。这就是组成第1、第2纵队第二个攻击波的那8个战斗轰炸机分队。

比利时防空司令部勉勉强强才及时改变了下达给驱逐机部队的命令，派遣其中的一半兵力（总计6个预警驱逐机中队）前去对付这第二个攻击波。第一波的那8个分队（在之前的战斗中已经遭受了一定的损失）在里尔和瓦朗西安上空，被紧随其后、于8时左右派出的第一批驱逐机部队赶上了；而大致与此同时，第二波的那8个分队在布鲁塞尔和那慕尔上空，也与其余的那6个预警驱逐机中队遭遇了。同时，边境上的观察哨也在发送报告，说还有一支德军主力正在越过边境而来。它们就是组成第1、第2纵队第三个进攻波的那6个战斗轰炸机分队。

此时，比利时防空司令部只剩下5个隶属于各军的驱逐机中队了；但司令部认为，让这些剩余的辅助航空兵部队去冒险，是一种不明智的做法。法国防空司令部已经获悉比利时空域的战事，因为到了8时，德军首个进攻波的战斗轰炸机分队，正在里尔和瓦朗西安越过法、比两国的边境地区。于是，法国防空司令部下令第一辅助航空兵驱逐旅（隶属于北方集团军）以及亚眠、圣昆廷和拉昂3地的航空卫戍部队起飞，去迎击敌人。法国派出了12个驱逐机中队和18个预警驱逐机中队，总计是30个中队、180架战机，这些部队在8：30起飞，前去迎击德军的第一波战斗轰炸机分队；而德军的这些分队，正被后方比利时驱逐旅第二团（6个中队）以及6个比利时预警驱逐机中队（总计12个中队和72架战机）追击着。

在阿拉斯、康布雷、亚眠和佩罗纳四地的上空，德军首个攻击波的那8个战斗轰炸机分队（已因损失而实力削弱了）与法、比两国的42个驱逐机中队，在随后的8时至9时间爆发了一场可怕的混战。盟军有252架驱逐机，对阵德军大约70架战斗轰炸机。德军那8个战斗轰炸机分队全军覆灭，没有一架战机幸存。可这次胜利，也让盟军付出了损失大约150架战机的代价。

也是在8时至9时之间，德军第二个攻击波的8个分队与比利时的6个预警驱逐机中队，也开始在布鲁塞尔、那慕尔、沙勒罗瓦和龙塞四地的上空交上了火。此处是80架战斗轰炸机对阵36架驱逐机。到了9时左右，组成第二攻击波的这8个分队，在己方损失了大约12架战斗轰炸机并消灭了敌方约30架驱逐机之后，抵达了阿拉斯和康布雷上空；在这里，它们遭到了盟军驱逐部队的攻击，而后者业已消灭了组成德军第一个攻击波的那8个分队。当时，这些盟军部队——大约有80架战机——刚刚作完战，正乱成一团呢。尽管如此，盟军还是勇敢地发动了进击，只不过都属于单机进攻罢了。到了9：30左右，第二攻击波的8个分队在兵力损失了大约一小半之后，抵达了亚眠和阿布维尔上空；而幸存下来的盟军驱逐机则正在降落，准备加油和重新组织作战。

在9时，法国防空司令部接到报告，说在鲁贝和里尔上空出现了另一支德国空军主力，并且正在对鲁贝进行轰炸。这支德军，就是组成第三个攻击波的那4个战斗轰炸机分队，它们几乎如入无人之境地越过了比利时领空。这4个分队中的一个分队，向鲁贝投下了10吨炸弹。

法国防空司令部命令隶属于第一兵团的第一辅助航空兵驱逐团去迎击德军。第一辅助航空兵驱逐团在9：30左右升空并飞往里尔。不过，由于在空中游弋了很久都没有遭遇敌军，所以该团在12时至12：30间返回了己方机场。

到了10时，组成德军第二个攻击波的那8个分队到达了鲁昂上空，而组成第三个攻击波的那4个分队则抵达了阿布维尔上空。它们向这个中心城市投下了10吨炸弹。

差不多与此同时，法国防空司令部也将隶属于第二兵团的第一辅助航空兵驱逐团派往了鲁昂。

我们已经描述了从6时至10时在比利时领空和法国北部领空发生的战事，它们本身都是6月16日之战全局中的重大战事。在此战的这一局部战场上，双方分别动用了20个战斗轰炸机分队（共计200架功率为2000马力的战机）、24个驱逐机中队和30个预警驱逐机中队（总计324架战机）参战。

到了10时，双方的形势分别如下：

德军：

第1、第2纵队的第一个进攻波（8个分队，共计80架战机）已经完全被消灭。

第二波（共计8个分队）兵力已经折损近半，正在鲁昂上空飞行。

第三波（4个分队，共计40架战机）几乎完好无损，正在阿布维尔上空飞行，并且已经对鲁贝和阿布维尔两地进行了轰炸。

总体上来看，第1、第2攻击纵队已经折损近半兵力，即损失了大约100架功率为2000马力的战机。

盟军：

比利时驱逐旅和布鲁塞尔、那慕尔、列日这3支航空卫戍部队（包括12个驱逐机中队和12个预警驱逐机中队，总计144架战机），只剩下40架左右的战机了。

比军的5个辅助航空兵驱逐机大队完好无损，并且即将动员组建其中各个中队的孪生中队。第一辅助航空兵驱逐旅（隶属于北方集团军）的72架战机中，只剩下了大约30架。亚眠、圣昆廷和拉昂三地的航空卫戍部队（18个中队，总计108架预警驱逐机），兵力已经折损大约一半。2个辅助航空兵驱逐团（隶属于第一兵团和第二兵团）正在空中搜索敌机。现存的兵力还有隶属于各军的辅助航空兵驱逐机大队，它们正准备动员组建其中各个中队的孪生中队。

总的来说，盟军已经损失了200多架战机。

6：30左右，在科布伦茨、克罗伊茨纳赫、凯泽兰特恩、施派尔和海德堡等地的空中，第3、第4、第5和第6攻击纵队的先遣分队（共计12个配备2000马力战机的分队）和法国"独立空军"的第二、第六驱逐旅都加入了战斗。这次战斗，发生在莱茵河地区的上空——由144架驱逐机，对阵120架功率为2000马力的战斗轰炸机。

到了7时，组成第一攻击波的那12个分队在兵力已经折损了三分之一后，正越过梅尔齐希和贝尔格察贝恩之间的边界，朝西南方向飞行，后面跟着大约50架进行追击的盟军驱逐机；这些驱逐机在经过了勇猛却几乎没有什么效果的单机作战之后，都已经耗尽了弹药，后来不得不降落了。

也是在7时，4个战斗轰炸机分队（总计40架2000马力的战斗轰炸机）越过了斯特拉斯堡和布莱萨赫之间的边境，朝着西南方向飞行。

当时，法国防空司令部下令：

1. "独立空军"的第一、第二驱逐旅去进攻越过梅尔齐希和贝尔格察贝恩之间边境的敌军主力。这支主力已经遭到了某些损失；

2. "独立空军"的第五驱逐旅去进攻越过斯特拉斯堡和布莱萨赫之间边境的敌军主力；

3. 凡尔登、梅斯、南锡和埃皮纳勒三地的航空卫戍部队做好进攻准备，敌军可能有别的主力来进犯这些地方；

4. 中央集团军和南方集团军的各个辅助航空兵驱逐旅、各兵团的辅助航空兵驱逐团以及各军业已动员起来的驱逐机中队，原地待命。

到了7：30，组成第一攻击波（隶属于第3、第4、第5和第6纵队）的12个战斗轰炸机分队在因受创而减至原有兵力的三分之二后，抵达了斯特奈–凡尔登–南锡–沙尔姆前线；在这里，它们必须承受法国"独立空军"第一、第二驱逐旅部队发动的首轮进攻。与此同时，组成上述进攻纵队第二个攻击波的另外12个战斗轰炸机分队，正在越过梅尔齐希和贝尔格察贝恩之间的边境。

也是在7：30，构成第7、第8纵队首个攻击波的那4个分队，极其顺利地抵达了勒米尔蒙和贝桑松的上空；在那里，它们遭到了法国"独立空军"第五驱逐旅的进攻，而组成相同纵队第二个攻击波的另外4个分队，则正在越过斯特拉斯堡和布莱萨赫之间的边境。

在7：30至8时之间，兰斯、斯特奈、凡尔登、沙尔姆、休蒙、圣迪济耶和沙隆等地上空爆发了一场战斗，交战的是德军第一个攻击波的那些分队和法国的2个驱逐旅。由12个兵力业已减至正常编制三分之二的德军战斗轰炸机分队，对阵盟军的24个驱逐机中队。

法国空军展开了猛烈而大胆的进攻；他们似乎都渴望着牺牲自己；德军那80架战斗轰炸机，大部分都被摧毁了；只有寥寥数架幸存的战机能够撤退回去，加入到了下一个攻击波。不过，法国那2个驱逐旅也损失惨重；而到了8时，当德军第二个攻击波的12个分队完好无损地出现在斯特奈、凡尔登、图尔和沙尔姆上空时，法军已经七零八落，完全乱成一团了。只有少数落了单的飞行员，驾驶着弹药也已不足的驱逐机进行了抵抗。

在7：30至8：00之间，组成德军第7、第8纵队首个攻击波的那4个分队和法国"独立空军"的第五驱

第一次世界大战中使用飞艇和飞机作战

逐旅，在沃苏勒、第戎和贝桑松的上空也交上了火。在此，是法国的72架驱逐机，对阵德军的40架战斗轰炸机。

到了8时，在损失了大约一半兵力之后，这4个分队抵达了第戎和沙隆上空；而组成第二个攻击波的另外4个分队，也已抵达勒米尔蒙–贝桑松前线。

参与了进攻这第二个攻击波的法国第五驱逐旅余部，此时已被全部歼灭。

在8时左右，德军的15个巡逻机中队抵达了兰斯、斯特奈、休蒙和沙尔姆的上空。它们配有180架速度极快的驱逐机，全都由德国最出色的飞行员驾驶。一到达战斗现场，它们便纷纷单枪匹马，与正在攻击战斗轰炸机分队的法国战机交起火来。

在法国防空司令看来，在8时左右，双方的形势是这个样子的：

在斯特奈、凡尔登、图尔和沙尔姆战线，一支规模庞大、几乎完好无损的大型敌机主力正在高空向正东方向飞行。在其后约100公里、几乎就在边境之上的地方，另一支规模庞大的大型敌机主力似乎正在沿着同一航线前来。往南，在第戎、沙隆战线，有一支业已遭受了一定损失的敌机主力；它的后面又有另一支几乎完好无损的主力；而在更往后的莱茵河上，还有一支同样庞大的敌军主力。

根据法国空军侦察团下属部队发送的情报，他们还发现了其他一些规模庞大、跟随业已入侵法国领空的敌军而来的德国空军主力部队。

法国空军的各个驱逐旅都已经遭受了巨大的损失，因此需要时间来重新组织部队。目前不可能对这些部队提出进一步的要求。

面对这样一种形势，法国防空司令决定将两军集结起来，并且命令仍然可用的部队全都尽快地向敌人发起进攻。此时，法国仍然可用的部队是：

斯特奈、梅斯、南锡和埃皮纳勒的航空卫成部队，总计16个中队，96架预警驱逐机。兰斯、沙隆、特鲁瓦和欧塞尔的二线航空卫成部队，共计24个中队，144架预警驱逐机。南方集团军和中央集团军的第一和第二辅助航空兵驱逐旅，共计24个中队，144架战机。各兵团下属的7个辅助航空兵驱逐团，共计42个中队，252架战机。各军所属的20个驱逐机中队，共计20个中队，120架战机。总计是126个中队，756架战机。

进攻命令是8时发出的；数分钟后，第一批空军部队开始起飞。8：30左右，一场大规模的战斗便开始了。

到了8：30，德国各个攻击纵队的形势如下：

（一）第3、第4、第5和第6纵队：

1. 第一攻击波——已被歼灭。

2. 第二攻击波——12个配有2000马力战机的分队，几乎完好无损地抵达了兰斯-沙隆-圣迪济耶-休蒙前线。

3．第三攻击波——8个配有2000马力战机的分队完整无损，已经抵达了斯特奈-图尔-沙尔姆前线。

4．第四攻击波——8个配有2000马力战机的分队完整无损，已经抵达梅尔齐希和贝尔格察贝恩之间的边境地区。

（二）第7和第8纵队：

5．第一攻击波——兵力减损到了只剩数架飞机，它们已经抵达了纳维尔-穆兰前线。

6．第二攻击波——4个配有2000马力飞机的分队几乎完好无损，已经抵达了第戎-沙隆前线。

7．第三攻击波——12个配备2000马力战机的分队完整无损，已经抵达勒米尔蒙-贝桑松前线。

8．第四攻击波——8个配备3000马力战机的分队完整无损，正在越过斯特拉斯堡和布莱萨赫之间的边境。

所以，不包括损失的兵力在内，德军当时在法国领空共有44个配备2000马力战机和8个配备3000马力战机的编制满员分队，兵力共计440架2000马力的战机和80架3000马力的战机。

法国的756架驱逐机向德国这520架大型的战斗轰炸机猛扑过去。德军中比较深入法国领空的那些攻击波，自然会率先感受到这种猛攻所带来的压力。于是，隶属第3、第4、第5和第6纵队的第二个攻击波（12个配备2000马力战机、几乎完整无损的分队）在兰斯和欧塞尔上空被击溃；其中幸存下来的数架战机，撤退到了第三个攻击波（8个配备2000马力战机的分队）中。而第三个攻击波也折损了大部分战机，然后撤退到了第四个攻击波（8个配有2000马力战机的分队）中；后者当时已经抵达斯特奈-图勒-沙尔姆前线。第四个攻击波也遭到了法军的猛烈进攻，但当时法国的驱逐机部队刚刚完成了一项艰巨的任务（击落了德军大约200架战斗轰炸机），损失惨重，剩下的驱逐机全都分散在空中。就在此时，由4个配有3000马力战机的分队所组成的第五个攻击波，又在梅尔齐希和贝尔格察贝恩之间侵入了法国领土上空。第7和第8纵队的第一、二个攻击波被法军击溃，并且差不多全军覆灭了；第三个攻击波也遭到了猛烈进攻，但与其他防区的情况一样，法军在这里的进攻力量也减弱了。于是，第三个攻击波在兵力折损近半之后，抵达了第戎-沙隆前线，它后面的第四个攻击波到达了勒米尔蒙和贝桑松的上空；而第五个攻击波（8个配备3000马力战机的分队），则正在越过斯特拉斯堡和布莱萨赫之间的边境。

在9时，位于巴黎所处纬线以南之法国领空中的德国"独立空军"，形势如下：

（一）第3、第4、第5和第6纵队：

1．第一、第二和第三个攻击波——已被歼灭。

2．第四个攻击波（8个配有2000马力战机的分队）兵力减到了一半左右，正在斯特奈-沙尔姆前线朝兰斯-欧塞尔前线飞去。

3．第五个攻击波（4个配备3000马力战机的分队）正处于梅尔齐希和贝尔格察贝恩之间的边境上空。

（二）第7和第8纵队：

1．第一和第二个攻击波——已被歼灭。

2．第三个攻击波（12个配备2000马力战机的分队）兵力已经减至近半，正位于第戎-沙隆前线。

3．第四个攻击波（8个配有3000马力战机的分队）正位于勒米尔蒙-贝桑松前线。

4．第五个攻击波（8个配有3000马力战机的分队）正位于斯特拉斯堡-布莱萨赫前线。

在这个空中战区，德国的"独立空军"损失了大约500架2000马力的战斗轰炸机；而法国防空部队也只剩下数个预警驱逐机大队和大约100架单独的、七零八落的驱逐机了；同时，德军却还有10个配备2000马力战机的分队和20个配备3000马力战机的分队，正在法国领空沿着指定的路线前进。第六、第七和第八个攻击波也将抵达，其中又有40个配备3000马力战机的分队和10个配备6000马力战机的分队。

于是，在10：30左右，将有10个配备2000马力战机的分队、60个配备3000马力战机的分队和10个配备6000马力战机的分队，总计达800架大型战斗轰炸机的一支德军主力，在巴黎所处纬线以南的法国领空飞行。而法国防空部，却根本无法进行任何明显的抵抗了。

所以，自上午9时起，6月16日之战便可看成是德国的"独立空军"取胜了；事实上，自那以后，再也没有发生什么重大的空战了。德军的各个攻击纵队，都可以几乎毫不受阻地沿着指定的路线前进，执行分派给它们的轰炸任务，然后损失轻微地返回各自的作战基地。

德国在上午8时发布的战报如下：

于今晨7时进入法、比两国领空的"独立空军"，已经击溃了盟国空军，然后轰炸了波尔多、利摩日、克莱蒙费朗、图卢兹、罗阿纳、里昂、圣艾蒂安、瓦朗斯、阿维尼翁、尼姆、蒙彼利埃、阿尔勒、艾克斯、博尔格、格勒诺布尔、第戎、纳维尔、布尔日、图尔、勒芒、鲁昂、亚眠、鲁贝以及其他一些城市；此外，我方还在巴黎郊区投下了1000余吨炸弹。

如今，没有任何人、任何事情能够阻止我国"独立空军"向可能合适的地方每日至少投下3000吨炸弹了；而自明日起，我方"独立空军"将每日执行这一任务，直至敌国承认失败为止。

今日8时左右，盟国一些飞行中队向汉诺威、马格德堡、莱比锡和德累斯顿等市投掷了炸弹。此种行动毫无意义，只造成了无益于战争结局的破坏；若想避免遭到严厉报复，盟军就不准再次实施此种行动。从现在起，德国的每一个中心城市哪怕再遭到一枚炸弹的打击，我国"独立空军"也会接到命令，去彻底摧毁敌方同样重要的一个中心城市。

6月16日的战事，让盟国政府深感震惊。

当天一大早就开始收到的消息，让盟国政府马上就感受到了两国空军的劣势。而当德军配有3000马力和6000马力战机的各个分队开始在巴黎郊区投下炸弹、在物质和精神上都造成了严重破坏之后，这种感觉就变得更加强烈、更加令人痛苦了。全国各个战区都不断传来消息，说那些原本以为不会受到敌方入侵的边远城市也遭到了轰炸；各地还纷纷强烈要求立即采取对空防御措施。看起来，好像空中到处都有敌人。

盟军的驱逐机部队和预警驱逐机部队大部分都被敌人歼灭了，只剩下数百架驱逐机，并且它们还需重新组建成中队；但尽管如此，它们也无法确保能够应付德军的进一步攻击。虽说盟军还有其他一些飞行中队，可这些中队都是专门用于执行别的任务，并非用于进行空战的，尤其是并不适于与德国的战斗轰炸机作战。然而，在16日夜间，盟国空军当局还是试图集结所有可用的空中武器，甚至是临时凑合起来的，打算抵抗敌方的下一步进攻。德国8时战报中的报复威胁，激怒了法国的领导人，他们决定不予理会。实际上，他们已经命令法国"独立空军"的夜间轰炸旅，于当日晚间前去轰炸德国的科隆、科布伦茨、美茵茨和法兰克福等城市。

在16日这一天，德国的"独立空军"损失了：

1. 大约600架功率为2000马力的战机。
2. 大约40架功率为3000马力的战机。
3. 3架功率为6000马力的战机。

在16日夜间，配备2000马力战机的分队余部被重新组建成了2个大队（第一大队和第二大队），各自下辖10个分队，每个分队配备9架飞机。

下达给"独立空军"的作战命令，规定它们在17日要执行下述任务：

切断横跨从贝尔福特出发，经过埃皮纳勒、图勒、兰斯、沙勒维尔、吉维特、迪南、那慕尔和圣特龙，直到通赫伦那条斜线的所有公路和铁路交通线。

此次进攻，必须由8个纵队来实施；每个纵队分成3个攻击波，各攻击波之间的飞行间距为半个小时。由于飞行时间约为5个小时，因此功率为2000马力的战机必须携带3吨炸弹，而功率为3000马力和6000马力的战机则必须分别携带5吨和8吨炸弹。

第1纵队和第2纵队中，都必须有1个配备2000马力战机的大队（下辖10个分队，总计90架飞机）和1个配备6000马力战机的分队（总计9架飞机），分成3个攻击波，兵力各为4个、4个和2个配备2000马力战机的分队，外加1个配有6000马力战机的分队。这两个纵队总计携带了600吨炸弹；它们还须负责切断比利时境内从通赫伦至迪南的交通线。

其余6个纵队中，每个纵队都必须有1个配备3000马力战机的大队（下辖10个分队，共计90架飞机），分成3个攻击波，兵力各为4个、3个和3个分队。第4、第5、第6和第7纵队的最后一个攻击波，还得加上2个配备6000马力战机的分队（总计18架飞机）。每个纵队携带大约500吨炸弹。

第3纵队和第4纵队，必须负责切断兰斯和吉维特之间的交通；第5纵队和第6纵队，负责切断兰斯和图勒之间的交通；第7纵队和第8纵队，则负责切断图勒和贝尔福特之间的交通线。第一个攻击波必须在5时越过边境；而各个分队一旦完成任务，必须以最大的飞行高度、沿着最短的路线返回各自的机场。

第九章　6月17日之作战行动

17日凌晨1时左右，科隆、美茵茨、科布伦茨和法兰克福这几个城市遭到了法国"独立空军"4个夜间轰炸旅的轰炸。在16日，这些轰炸旅就已经完成动员，兵力达到了正常的战时编制（每个旅为12个飞行中队，共计72架战机），因此每个旅负责轰炸这4个城市中的一个，投下了大约100吨的炸弹、燃烧弹和毒气弹。轰炸给这几个城市造成了巨大的破坏。到处都燃起了大火，而由于毒气的蔓延阻止了救援，所以这4个城市几乎完全变成了废墟。

6时左右，德军司令部发布了下述公报：

在夜间1时至2时，盟军轰炸了科隆、科布伦茨、美茵茨和法兰克福。

因此，德国"独立空军"将于今日下午4时至5时彻底摧毁那慕尔、苏瓦松、沙隆和特鲁瓦，在此警告四市居民尽快撤出。

如若盟军胆敢再对德国其他城市实施任何轰炸，我方将下令"独立空军"彻底摧毁布鲁塞尔和巴黎。

与此同时，就在7时，德国"独立空军"的第一个攻击波已经越过了边境。德军有250架大型战斗轰炸机（确切地说是288架，其中72架是功率为2000马力的战机，216架是功率为3000马力的战机），而与之作战的，则是盟军幸存下来的为数不多、于16日夜间重新组织起来的驱逐机部队。此次进攻，尽管盟军击落了少量德国战机，但德军各个纵队还是完成了指定的任务。事实上，到了8时，盟国有公路和铁路经过的150多座城市，都遭到了平均达20吨炸弹的轰炸。

自早上6时起，德国"独立空军"的巡逻机中队便一直在那慕尔、苏瓦松、沙隆和特鲁瓦等地上空飞行，散发印有德国那份威胁性公报的传单。还有数千份传单，也散发到了巴黎、布鲁塞尔以及盟国的其他数市。

自早上6时开始看到的新闻报道，马上让盟国政府觉得极其不妙了。这些新闻报道让盟国政府确信，两国确实不可能阻止并反击敌方的空中行动；德军的空中行动显然正在按照预定的计划展开，这一点在不久后就变得很明显了。

毫无疑问，敌人的目的是尽量让盟国部队难以动员和集结起来。事实上，被毁的公路和铁路线已经数不胜数、范围广泛，而且在许多地方都已阻断或者严重地妨碍到了铁路交通。

　　各地的行政当局和军事当局，都开始心急如焚地要求得到防空武器。100多座有铁路线或者大型公路干线经过的重要城市都成了火海一片，并且笼罩在毒气当中；在有些情况下，毒气还随风飘散，让死亡和恐惧蔓延到了整个乡村。

　　部队派出的许多小分队都不得不停下来，因为他们根本无法前往并支援这些遭了殃的城市。由于深刻地感受到了轰炸的可怕后果，看到了敌机在己方的领空大摇大摆地自由飞行，所以尽管诅咒敌人手段的残暴，但他们对没有采取充分的保护措施来应对此种不测的本国空军当局，自然也会心生怨恨。

　　在此种情况下，盟国当局就不得不严肃对待德国公报中发出的那种威胁了；而在行政当局和军事当局之间，这个问题却引发出了尖锐的分歧。

　　军方认为，疏散受到威胁的城市里的居民，就是公开承认盟国空军的无能为力，因此军方坚决不同意这样做。不过，当问到他们能否保证这些受到威胁的城市拥有充分的防御力量时，他们却不得不承认自己无法保证这一点。那么，不下令疏散这些无法保卫的城市里的居民，这个责任又该由谁来承担呢？虽说己方空军无能为力是一种现实，是一种可怕的现实，但他们必须面对并承认这一点。此时才是战争的第二天；而在第一天，就已经有大批的敌方战斗轰炸机飞到了巴黎和布鲁塞尔的上空，并且几乎是一路畅通，向各个城市投下了成百上千吨的炸弹，连那些离边境最远的城市也未能幸免。现在，盟国还只需忍受向敌人的最后通牒低头的屈辱；而到了明天，要是敌人认为合适的话，很可能巴黎和布鲁塞尔的居民也得疏散了！这样的话，又会出现什么结果呢？为什么耗资巨大的空军，在这么短的时间内就被彻底摧毁了呢？这又是谁的过错呢？双方进行了长时间激烈的、有时甚至是极其令人沮丧的辩论；但最终，在10时左右，盟国还是下达了疏散受威胁城市里居民的命令。

　　不出所料，这道命令产生了巨大的影响，连两国首都也不可能不受波及了；盟国已经肯定地认为，它们已经在空中战败，只能任由敌人宰割，毫无希望了。在受到威胁的那些城市里，由于看到了敌军飞行员投下的传单，人们自然已经变得骚动不安，所以疏散命令引起了一定的混乱和恐慌。然而，绝大多数居民还是冷静地进行了疏散；而在那些城市的周围，盟国空军的余部也在紧张忙碌地进行集结。

　　德国向"独立空军"下达的讨伐性作战命令，在兵力分配问题上的计划与之前的一样；唯一的改变，便是在如下分派的任务方面：

　　1. 第1纵队和第2纵队——摧毁那慕尔。

　　2. 第3纵队和第4纵队——摧毁苏瓦松。

　　3. 第5纵队和第6纵队——摧毁沙隆。

4．第7纵队和第8纵队——摧毁特鲁瓦。

德国"独立空军"所辖各部，有4个小时左右的时间来补充燃料和装载炸弹。功率为2000马力、3000马力和6000马力的战机，规定的载弹量分别是2吨、3吨和6吨。据估计，摧毁每个预定的城市，需要500吨炸弹。

根据《"独立空军"士兵指南》，为了整体摧毁而进行的轰炸，必须在最大飞行高度实施；各个分队必须沿着从不同方向将目标分割开来的路线飞到目标上空，并且对比目标本身更大的表面区域进行轰炸。由于化学炸弹（燃烧弹或毒气弹）威力巨大，因此向一个中等规模的城市投下10000枚50公斤的炸弹（总重为500吨），无疑就可以彻底将其摧毁。

从机场出发时，必须留出充足的时间，以便让各个纵队的先遣攻击波都在下午4时抵达各自目标区域的上空。

我们无需再来详细描述这一段战事，因为许多亲历者都已经在他们的作品当中充分地进行过描述，其中一些人还因为形象生动和描述能力而变得很赫赫有名了。我们只需说，在下午4时至5时，尽管盟军为数不多的可用驱逐机部队表现得很英勇，但那4个城市全都变成了无法靠近的火海，就在原本居于其中、此时都已在附近乡村找到避难所和住处的市民眼前，化成了焦土。

晚上9时，德国又发布了如下公报：

今晨6时至8时，"独立空军"开始执行切断敌军作战区域内公路和铁路交通线的任务，向横跨上述公路和铁路交通线的约150座城市投放了3000多吨炸弹。

今天下午4时至5时，"独立空军"为保卫德国的各个城市，被迫摧毁了那慕尔、苏瓦松、沙隆和特鲁瓦四个城市，盟国政府已经按照我方发出的警告，疏散了这些城市里的居民。

明日，"独立空军"将继续实施系统的作战行动，旨在阻止盟国陆军集结。……

从此时起，19××年战争的历史对我们来说，就没有更多的价值了。